索·恩 历史图书馆

共济会
四百年

The Craft
HOW THE FREEMASONS MADE
THE MODERN WORLD

JOHN DICKIE

〔英〕约翰·迪基/著

迩東晨/译

社会科学文献出版社
SOCIAL SCIENCES ACADEMIC PRESS (CHINA)

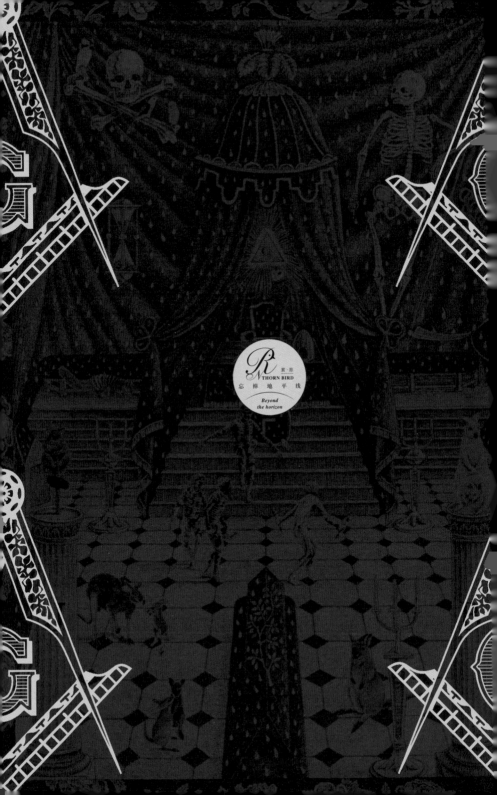

历史图书馆丛书序

　　自然科学和人工智能技术的进步与哲学社会科学的发展水乳交融，共同深刻地改变着我们的思考和行动方式。碎片化阅读和深度阅读是始终共存又相得益彰的两种学习形态。在大众传媒极大地便利了实时资讯传播，提供了琳琅满目的个性化趣味的同时，我们也需要主动应对多元化的刺激，习得深度处理、记忆信息的技能，构建自身完整的知识体系。这正是我们坚守深度阅读的阵地，推出历史图书馆丛书的初衷。

　　阅读权威、经典的好书有助于我们认识世界、认识自我，对思考人类命运和当下现实大有裨益。因此，收录进历史图书馆丛书的优秀作品主要以重大历史事件为研究对象，它们往往对一个国家或地区，乃至对全球产生了深远的影响，同时反映了一个较长历史时段的发展趋势。这些著作是研究者经年累月在一个领域深耕的成果，梳理了某个事件、领域或学科的脉络，是全景式、集大成的学术著作。它们涉及世界史、国别/区域史、考古研究、海外中国研究、文化史等，在研究和写作上各具魅力，在知识和观点上相互映照，未来也将接受学术发展与社会发展的不断考验。而除了历史事件，人对历史进程的走向也起着关键作用，个体因素往往是我们看待历史发展不可忽视的一点，因此重要历史人物将被收录在索·恩即将推出的人物档案馆丛书中。

　　尤其在21世纪的今天，人类社会面临着全球性的疾病、战乱、环境恶化、资源限制等挑战。仍如狄更斯所说，"这是一个最好的时代，这是一个最坏的时代"，索·恩历史图书馆丛书愿与读者共读历史，共思当下，在日新月异的信息洪流中形成更审慎和周全的判断，既敏锐捕获新知，又不迷失于信息，透过不同视角看到更广大的时代图景。

社会科学文献出版社

索·恩编辑部

献给艾里斯、夏洛特和埃利奥特

目　录

第1章 里斯本：约翰·库斯托的秘密

1743年3月14日，40岁的伦敦珠宝商约翰·库斯托先生刚走出里斯本的一家咖啡馆，就被人抓住，戴上手铐，塞进了一辆轻便马车里。不久之后，他发现自己置身于欧洲最令人恐惧的建筑之一，那就是巍然矗立在罗西乌广场北端的异端裁判所神圣法庭葡萄牙总部——埃斯陶斯宫（Estaus Palace）①。

与此前被带到那里的数百名女巫、异教徒和犹太人一样，库斯托也被剃成光头，全身外衣尽除，仅剩亚麻布内衣遮体。他被关在地牢里，受到严密看管。这里严禁囚犯交谈，不得发出任何声响：一名大咳不止的囚犯禁不住一顿乱棒的打击，昏死了过去。这里的囚犯不得联系亲友，禁止携带个人物品，不准读书——甚至不能读《圣经》。这是为了确保神圣良知在发声时不受任何干扰，同时让囚犯可以无拘无束、充分地想象异端裁判所宣判和处决罪人或邪教徒仪式上将要施予他的恐怖情景。这一宣示宗教正义的壮观景象始于游街示众，并在祈祷、咒语和公开处决中达到高潮。处决的方式有两种：对那些在最后一刻皈依天主教的人施以仁慈的绞刑；对那些顽固不悔者，动用苦不堪言的火刑。

根据库斯托的描述，异端裁判员刚开始审问他时还表现出要从精神上予以救助的意味。尽管如此，他明显地感觉到自己的任何回答都是徒劳的。最终，他受到传唤，被人从牢房带到神圣法庭庭长面前，后者面无表情、冷冰冰地宣读了指控——

---

① 始建于1450年，作为来访的外国政要和贵族在里斯本的住宿地。16世纪成为异端裁判所的驻地。这座宫殿在1836年毁于大火。1842年到1846年，在其原址上修建玛丽亚二世国家剧院（Teatro Nacional D. Maria II）并保留至今。——译者注（本书脚注均为译者注）

他公然违背教宗训诫，加入共济会，该会实为亵渎神明、鸡奸等诸多可憎罪行的复合体，其组织内部恪守不得违背的保密性及排斥妇女之规即为明证。此状确属对整个王国的极大冒犯，而库斯托拒绝向审判员供述共济会所举行集会之真实意图及其阴谋计划。更有甚者，他竟坚称共济会自身向善。有鉴于此，异端裁判所代诉人（proctor）要求，该囚犯可被依照最严重罪行予以起诉；并为实现此目的，冀望法庭行使其全部权力，不惜以酷刑相待。

库斯托被带到一座塔楼里一间正方形、没有窗户的小屋。屋门两边都塞着棉絮，以减弱室内的尖叫声。屋内唯一的光亮来自桌子上的两根蜡烛，坐在那里的法庭文书已准备好记录他的供词。一名医生和一名外科医生从阴影中回头看着他。

四个彪形大汉上来抓住他，把他紧绑在一个水平的架子上，并在他脖子上套上了一个铁项圈。他们在他双脚上系上绳圈，猛然用力将他的四肢拉直到最大限度。紧接着他们又用绳子捆住库斯托的四肢，每条胳膊和腿都各缠两圈，并由拷问者抓住穿过架子的绳头。库斯托觉得绑在身上的绳子越勒越紧，最后嵌入他的皮肉里。鲜血溅到了他身下的地板上。有人告诉他，如果他在这种折磨中死去，那只能怪他自己太顽固。在他的惨叫声中，审判员仍不停地向他发问。什么是共济会？它的宪章是什么？在聚会时都有哪些活动？最终，他晕了过去，被抬回地牢。

过了6周，裁判员们再次提审他，这次换了一种方式：他被施以可怕的吊刑（strappado）。这次库斯托直立着，双臂被刑讯者缓缓扭向背后，掌心朝外，直到双手的手背贴在一起。随后，他的胳膊被人慢慢向上拉起，直到肩关节脱臼，他开始口吐鲜血。他祈求上天赐予他忍耐的力量，与此同时，审判员们不停追问。共济会是宗教吗？为什么不吸纳女人？是因为你

们都是鸡奸者吗？

　　刑讯结束后，医生给库斯托正骨。待身体恢复了两个月之后，他又一次遭受了酷刑折磨。这一次，他的躯体被锁链缠绕，手腕也被系上了铁链。滑轮把锁链拉得越来越紧，渐渐开始挤压他的内脏，使他的手腕和胳膊脱臼。共济会为什么要保密？你们在隐瞒什么？

　　库斯托告诉我们，他在埃斯陶斯宫的地牢里总共待了 16 个月，其间遭受了 9 次酷刑折磨，就这样一直熬到 1744 年 6 月 21 日，终于轮到他参加异端裁判法庭举行的宣判和处决仪式。当游街示众结束之后，他的 8 名狱友被执行火刑，活活烧死，而他侥幸活了下来，仅被判处了 4 年苦役，在桨帆船上做划桨的奴隶。这一判决带来的些许自由让他有机会联系到朋友，听说了他不幸遭遇的朋友找到英国政府出面交涉，这才让他获释。

　　库斯托于 1744 年 12 月 15 日回到伦敦，随即打算将这段经历诉诸笔端。在他刚刚动笔之际，1745 年的"詹姆斯党叛乱"爆发了。"英俊王子"查理·斯图亚特（Bonnie Prince Charlie Stuart）在苏格兰高地竖起军旗，决意要夺回他作为天主教徒对曾属于他祖父之王位的继承权。詹姆斯党的军队长驱直入，打到了英格兰中心的德比市，让首都伦敦人心惶惶。尽管这场叛乱最终被粉碎，但它重新激起了公众对记录罗马教廷野蛮行径的读物的兴趣。《约翰·库斯托为共济会蒙难记》（*The Sufferings of John Coustos for Free-Masonry*）这本书，连同折磨过其作者的全套刑具的版画应运而生，满足了人们的需求。库斯托一夜之间成了名人。这本书被翻译成了多种语言，到 19 世纪还在印刷发行。它将共济会及其"不容侵犯

的秘密"殉道者的形象呈现在世人眼前。

只不过事实真相与库斯托的描述存在一些出入。两个多世纪之后，异端裁判所审讯他的记录被从里斯本档案中找出来，从中可以看出他确实供述了他原本要誓死保守的共济会秘密。置身于刑讯室并慑于异端裁判法庭最终判决和执行的可怕前景，他很明智地招认了一切。实际上，异端裁判官一开口问，他就毫无保留地回答了所有的问题。

他主动供认的举动并没有让他免于酷刑的折磨。葡萄牙的裁判官们几乎可以随心所欲地动用酷刑，根本不需要找借口。他们给库斯托施了两次刑，每次持续时间刚好超过 15 分钟，就为了确保他说实话。但他从未被施以吊刑或用锁链缠绕躯体的某种无名酷刑。

还有一件事库斯托没有告诉读者，即假如里斯本的裁判官足够努力，他们就能找到公开出版的资料，从而得到他们想知道的内容，比如萨姆·普里查德（Sam Prichard）于 1730 年出版的小册子《共济会解析》（*Masonry Dissected*）。自共济会问世之后，各种揭秘的出版物也纷纷流传于世。因此，共济会的秘密从来都算不上什么秘密。

库斯托显然禁不住扮英雄的强烈诱惑。因此，一旦重获自由，他就开始篡改自己的经历，编造了一个流传久远的骗人故事：共济会会员是一些重大或危险真理的保有者，只有少数被选中的人才能接触到这些真理，他们发誓要不惜一切代价加以捍卫。

共济会"不容侵犯的秘密"具有难以捉摸且强大有力的特性，它源源不断地滋养着一直笼罩在共济会组织之上的魅力和猜疑。它激发忠诚，也招致麻烦。保密是一种游戏，库斯托和裁判官都身陷其中。然而，有一点我相信约翰·库斯托肯定也领悟到了，即对于共济会来说，秘密本身不如那些保守秘密的

6

故事重要。保密性是理解共济会发展史的钥匙，掌握它，我们就能开启关于我们生活的世界是如何被创造出来的丰富叙事的宝库。

库斯托真正供述的其实是涉及共济会会员生活核心的奇怪仪式，以及隐含其中的哲理。我们首先要学会鉴赏那些被明确列入保密范畴的仪式及其理念，然后才能真正探知共济会会员的内心。我会借助库斯托的供词，在本书第 2 章简述有关仪式的全部秘密以飨读者。然而，共济会的历史远不止于此。正如库斯托的故事所揭示的那样，在洞悉这些核心奥秘之前，我们需要想清楚，我们对于共济会的历史，以及在其中起着如此重要作用的保密性，究竟怀有怎样一种期待。

当约翰·库斯托落入葡萄牙异端裁判所时，共济会这个有时被会员们称为"手艺会"（the Craft）的兄弟会的历史早已全面展开。在库斯托的时代，有关共济会的传说是将它的起源追溯至所罗门王神殿的建造者。如今，在大量学术调查工作的帮助下，人们认定它有文献记载的历史开端比库斯托早了将近150 年。本书第 3 章将描述它的起源。

当库斯托被捕时，共济会在某些重要方面也是一个新生事物。经过一番无以尽述的密谋，该社团于 1717 年在伦敦采用了全新的组织形态和规则手册。此后不久，共济会取得了组织上的巨大成功，并以惊人的速度在世界各地传播开来。它是大不列颠在文化输出方面最成功的杰作之一，堪与网球、足球和高尔夫等运动项目媲美。它又借约翰·库斯托之手从伦敦移植到了法国和葡萄牙。我将在第 4 章返回到库斯托的时代，讲述作为本书接下来的主线，一个逐渐演变为全球性的故事在伦敦的源头。

就共济会的本质而言，它自库斯托时代以后就一直没有改变：它是一个由男性且只有男性组成的团体，他们立誓结盟，共同遵行一种自我完善的方法。这种方法以仪式为核心，在与外界隔绝的情况下进行，应用的符号代表道德品质。其中一些最重要的符号源自石匠的工作，因而该组织也得名"自由石匠"，我们也将它与直角尺和圆规、围裙和手套等标志相关联。

假如共济会的故事仅此而已，它的历史将会变得寡然无趣。然而事实正相反，在保密性这个催化剂的作用下，它变得非同凡响和引人注目。首先，保密性犹如磁石般吸引了数百万人加入"手艺会"。在1743年的审讯中，库斯托解释说，在一定程度上保密性只是吸引新会员的诱饵："保密自然会挑起人们的好奇心，它推动着众人成群结队地加入这个社团。"在新会员中当然也不乏一些卓越和善良的人，这也使得所有成员都为他们同门兄弟中的杰出人物感到骄傲。库斯托就宣称自己"非常荣幸能加入一个拥有多位基督教国王、品质高贵的王子和优秀人物的团体"。人们愿意跻身于"自由石匠"行列中，部分原因是这个专属团队的身份可以给一个人打上优秀品质的标记。保密性确保了排他性：获知了共济会秘密之后，无论是什么秘密，"手艺会自由石匠"就拥有了一种特权，使之与普通工匠区分开来。

库斯托时代之后，著名共济会会员的名单越来越长。这个"手艺会"总喜欢提请人们注意其成员中包括众多国家的缔造者：朱塞佩·加里波第（Giuseppe Garibaldi）、西蒙·玻利瓦尔（Simón Bolívar）、莫蒂拉尔·尼赫鲁（Motilal Nehru）和乔治·华盛顿，其中华盛顿是在《约翰·库斯托为共济会蒙难记》出版6年后正式加入了共济会。另外，共有5位英格兰国王和包括华盛顿在内不少于14位美国总统成为共济会会员。共济会还以拥有众多知名作家而自豪，其中包

8

括苏格兰民族诗人罗伯特·彭斯（Robert Burns）;《危险的关系》(1782年)作者，皮埃尔·肖代洛·德拉克洛（Pierre Choderlos de Laclos）;大侦探夏洛克·福尔摩斯这一人物的塑造者柯南道尔;以及德国文学巨匠约翰·沃尔夫冈·冯·歌德。名列其中的还有一些著名作曲家，如沃尔夫冈·阿马多伊斯·莫扎特、约瑟夫·海顿和让·西贝柳斯。共济会会员名单中的著名运动员则包括美国著名职业高尔夫球手阿诺德·帕尔默、加勒比地区板球巨人克莱夫·劳埃德、美国拳击手休格·雷·罗宾逊和美国职业篮球运动员沙奎尔·奥尼尔。还有许多艺人，比如美国魔术师哈里·霍迪尼、英国喜剧演员彼得·塞勒斯、美国歌手及钢琴家纳塔·金·科尔和奥列佛·哈台。共济会会员中的企业家有汽车界的亨利·福特、洗涤剂先驱威廉·利弗和采矿业大亨塞西尔·罗兹等巨头。还有一些"自由石匠"在截然不同的领域取得了卓越成就，形成了鲜明对比，例如驰骋疆场的戴维·克罗克特和舞文弄墨的奥斯卡·王尔德，动画大师华特·迪士尼和政治巨人温斯顿·丘吉尔，登月宇航员巴兹·奥尔德林和西部先驱原名威廉·F.科迪的"水牛比尔"，银匠保罗·里维尔和歌手罗伊·罗杰斯，音乐家埃林顿公爵和军事家威灵顿公爵。

如今，英国有40万名共济会会员，美国有110万名，世界各地另有大约600万名。以前他们的人数还要更多。

如此众多的显赫人物，如此庞大的会员规模，足见保密性具有多么大的魔力，以及"手艺会"所拥有的广泛而持久的影响力。许多著名的共济会会员将在本书各个章节中现身。他们的故事，以及每个人在共济会生活中展露的独特风格，无不令人心驰神往，但更令人着迷的还是共济会组织本身——一种将男性如亲兄弟般结为一体的形式，借着其内在神秘性所生成的强大影响力在全球蔓延并存续数百年。

　　"手艺会"被移植到哪里，它的影响力就会渗透到当地社会中。仅举一个例子：在不经意间，会所关起门来举行的一些私下活动，就将我们认为与现代公共生活息息相关的价值观传播开来。"自由石匠"们长期以来孜孜以求的理想生活，无外乎宗教和种族宽容、民主、世界主义，以及法律面前人人平等。

　　然而，我在本书中讲述的故事，远远超出了我刚才提到的那种启蒙运动价值观的范畴。在共济会帮助塑造我们的现代性的过程中，与光明相伴相生的还有大量黑暗，比如帝国主义和全球战争、国家和民族的建立和毁坏、独裁专制和宗教狂热。

　　这促使我想就拷问库斯托的异端审判官说一句话。我们需要首先了解共济会的敌人是怎样看待"自由石匠"及其神神秘秘的表现的，这将帮助我们理解是什么让他们在18世纪的大多数人眼里都显得那么另类，又是什么让他们直到今天仍然与众不同，以及是什么让他们的历史值得被详细讲述。

　　1738年，以建造罗马特雷维喷泉（许愿池）而闻名的教宗克雷芒十二世发布教宗训谕（In eminenti apostolatus specula），明令查禁共济会，革除其全部会员的教籍，并责成异端裁判所深入追查它内部的运作方式。约翰·库斯托并不是这场追查行动中唯一的受害者。

　　教宗及其异端审判官有充分且紧迫的理由心生疑虑。共济会显然是宗教性的，且带有一些邪恶的色彩。人们很快得知，共济会专门给神起了一个名字：宇宙的伟大建筑师。它的成员祈祷，进行宗教宣誓，举行特定仪式。然而，他们声称自己的"手艺会"不是宗教。会员们说，共济会无意调停不同的神圣愿景，也不遵循某种特别的神学路线。事实上，正如库斯托与葡萄牙异端审判官们争辩时所说的那样，"在[我们的]兄弟会中，不允许谈论宗教话题"。这一禁令是为了防止兄弟之间起冲突，并避免惹麻烦。然而，在一个致力于垄断真理的教会眼里，"手艺会"所倡导的良心自由散发出异端邪说的臭味，也不足为奇。

10 共济会的英国渊源也使它令人起疑。它出自一个如此怪异的国家——拥有强势的议会、选举制度和报刊，这个出身注定让"自由石匠"们被视为外来的威胁。他们没准就是间谍。

它甚至有可能是一个颠覆分子组成的全球性组织。不仅共济会的英国出身使它显得可疑，它表现出的国际性同样如此。共济会会员自视为世界公民，不是任何人的臣民。

共济会还吸收了形形色色的成员：技工、商人、律师、演员、犹太人，甚至古怪的非洲人。简直就是一个人类社会成员的大杂烩。但他们又不是传统意义上的门客群体，簇拥在一个强大的贵族领主门下获得庇护。虽然许多贵族参与其中，但他们似乎并不总能发号施令。实际上，根本弄不清楚是否有任何人在发号施令。对于那些认为社会等级是由万能的上帝决定的人来说，这确实令人担忧。

当然，共济会一直说他们不参与政治。但话说回来，任何一个头脑正常的阴谋家都不会给你一个别的说法。在一个绝对君权属于常态的时代，很少有国家像我们可能知道的那样有开放的政治生活。无论是什么理由，拉帮结伙都构成了对既定秩序的潜在威胁。对于共济会的敌人来说，共济会禁止会众在会所中谈论政治的做法无关紧要，宗教团体都这样，这就够了。

所以在天主教会看来，共济会显然是危险的。这个兄弟会诡秘的行事方式加剧了人们的忧虑。约翰·库斯托声称他所在的兄弟会没有不可告人的秘密议程，相反，"慈善和友情"构成了"这个社团的根基和灵魂"。石匠们至今还说着非常相似的话。里斯本的异端审判官反驳库斯托的话让人感觉就像是出自当代人之口："假如这个'自由石匠'社团真是如此光明磊落，他们就没有任何理由如此煞费苦心地隐藏秘密。"如今，共济会会员听到人们称他们的兄弟会是秘密团体时会大为恼火。"我们不是秘密社团，"他们反驳说，"我们不过是一个有秘密的社团。"这很难称得上盖棺论定般的反驳。一旦说出你有秘密，那么你无论表现得多么正直和开诚布公都不会让人真正放心：哪怕持一丝怀疑态度的人，都会认为你仍在隐瞒某些重要的事情。因此，毫不奇怪，梵蒂冈从未放弃其对"手艺会"从一开始就怀有的敌意，并仍然坚信它散布在各地的会所是滋养无神论的恶毒巢穴。

共济会的仇敌们常常显露出一种特殊的思维方式：阴谋论。我们认为它是出于对共济会的恐惧而编造出来的。自 19 世纪初以来，有关共济会阴谋的传说一直流传于世，从似是而非到离奇诡异，总之是各种稀奇古怪的传闻。诸如共济会毒害了莫扎特；开膛手杰克是共济会会员，共济会掩盖了他的行踪；共济会会员策划了法国大革命、意大利统一、奥斯曼帝国解体和俄国革命等历史上的重大事件。互联网上充斥着探讨"光明会"（Illuminati）①的网站。作为共济会的一个分支，光明会成员订立了神秘盟约，要努力实施一项统治世界的邪恶计划；U2 乐队主唱博诺（保罗·大卫·休森）、比尔·盖茨和说唱歌手杰伊·Z（肖恩·科里·卡特）等皆名列其中。

其中一些迷思是无害的，它们很像青少年互相讲述的"我简直无法相信但这是千真万确的"鬼故事，只是让大家吓得一哆嗦而已。有些则非常危险。墨索里尼、希特勒和佛朗哥怀疑共济会搞阴谋，因此杀害了数千人。伊斯兰世界同样具有强烈的反共济会传统。

---

①　又译为"光照派"。

共济会会员在入会时宣誓保持沉默，不向外界透露本会秘密，这构成了阴谋论无限发挥的全部条件。共济会的秘密犹如一口井，只有打井人知道它有多深。我们其余的人只能任由目光沿着井壁向下窥视，想象着井里的状况。就在我们从井口处凝视水面，推测下面可能潜伏着什么的时候，黢黑的水面将我们的焦虑反射回来，除此一无所获。归根结底，这就是为什么共济会的每一步动向都会引发人们的误解、怀疑和敌意。因此，在梳理共济会的历史时，如果不同时描述它的仇敌，那就不是完整的共济会历史。

"石匠们"是一个古老传统的继承者。如果你问他们中的任何一员，他都会告诉你一些共济会的历史。许多人认为历史研究是他们加深理解"手艺会"谜团的重要组成部分。

然而，直到最近，共济会会员仍坚持将他们的历史视为机密——仅限于会内兄弟们了解的事。非会员不得进入总会所的档案馆和图书馆。后来，也不过就在一代人的时间之前，聪慧过人的会员们意识到共济会的历史太重要了，不能成为创始人的专属财产。因为共济会在塑造我们的世界方面发挥了作用，它的历史属于我们所有人。如今，非共济会会员的史学家经常在总会所档案馆中现身。他们的工作既是对共济会杰出史学家所做努力的补充，也提出了挑战，同时还绘制出了一个令人兴奋和不断拓展的调查领域。我写作本书的目的之一，就是将上述一些研究成果呈献给更多的读者。

共济会会员对自己历史的自豪感使得他们的研究实际上更多偏向身份叙事：他们的目标与其说是挖掘历史真相，倒不如说是为了提振会内兄弟们的团队精神。约翰·库斯托所作《约翰·库斯托为共济会蒙难记》是许多共济会叙事的典范，因它描绘了一幅黑白分明的画面，凸显出宽容、睿智和兄弟之爱的行会传统与愤怒、不可理喻的反共济会之力之间的鲜明对比。

共济会本应是一个体现慈善、友情、道德和心灵提升的团体，它的确也是这么做的。该团体有一条规定，倘若想要入会的兄弟动机不纯，比如想借机获得职业提升的机会或谋求其他个人利益，他将会被拒之门外。这样的规则自有其不容轻视的权威，但把它们当作掩饰卑鄙目的的幌子，就不免显得过于自负和偏狭了。假如史学家无视这个行会中所蕴含的更高尚的原动力，那么他最终呈现给世人的无非是一管之见。

然而，就共济会会员本身而言，他们过于内敛，鲜有提及该会历史上一个不容否认的重要主题：人际关系。与其他人一样，共济会会员也会与人建立联系。在适当的情况下，共济会会所可以成为发展人际关系的好地方，建立联系的理由当然也是五花八门、有好有坏的。我要在这里为共济会说一句好话。例如，在英国，男性的圈子大多会吸引背景相似的人：一所著名私校的同学，或一群志趣相投的酒馆酒友。与那些圈子一样，共济会也将女性排除在外。但不同之处在于，它可以跨越不同的社会阶层——或者至少是各个社会阶层中更具代表性的人物。会员们会指出，他们在仪式上戴手套的原因很简单，就是为了让兄弟们无法区分公爵的手和清洁工的手。即便如此，会所有时也会沦为裙带关系甚至阴暗密谋的温床。并非所有涉及共济会的阴谋论和对其行为不轨的怀疑都是胡说八道或毫无道理。此外，共济会的理念——由神话、仪式和保守秘密打造的男性伙伴关系的模板，从一开始就被证明具有传染性，并且超出了会员们的控制能力：它以无数不同的方式被采用，被改造，被合理使用，也被滥用。西西里黑手党和三 K 党共享着该行会 DNA 链条中的重要部分。

13

　　我写这本书的动力之一是我想要冲破共济会身份叙事，或者不分青红皂白怀疑一切的人，执意纠缠共济会会员互惠互利之举的困囿，从而反映出五彩斑斓和层次丰富的人类经验。我不愿居高临下地纵览共济会波诡云谲、跌宕起伏的发展历程，而是选择潜入世界史上特别重要的时间和地点，沉浸其中，细细品味它们富有变化的质感。我遵循的首要原则是认定共济会从未能使自己与世隔绝。共济会是在 17 和 18 世纪英国那种特殊环境下被打造成型的，它经受了后世环境的锤炼，在适应新情况的同时保持了自身可辨识的特性。让我感兴趣的是共济会与外部社会之间的互动。共济会协助造就了现代人，尤其在他们的理想主义和社团主义倾向方面。至于女性，我接下来会有更多的话要说。（这同样适用于那些被异端裁判称为"鸡奸者"的群体。）

　　我们的好奇心连绵不绝。会所聚会上发生了什么事？你们到底有什么要隐瞒的？说到共济会，我们中的大多数人都与里斯本的异端裁判有共同之处。除了对鸡奸的疑问以外，他们提出的问题也是我们想要问的。当今的互联网已经把共济会的秘密揭了个底朝天。然而，我们这些非会员似乎总有一种意犹未尽的感觉。总是听说有人在拍一部新的电视纪录片，信誓旦旦地宣称这部片子将曝光前所未有的发现，直击共济会最隐秘之处。揭秘共济会的作品源源不断地出炉，似乎永远不会枯竭。

　　共济会的隐秘比任何人揭露出来的都要丰富。它更复杂，更微妙，而且我恰好认为，调查研究的过程更有趣。它有许多模式，与形形色色的迷思和误解交织且纠缠在一起，最终成为它不可分割的一部分。 但在它的核心之中，正如约翰·库斯托坦白的那样，深藏着一出在一座神殿门口上演的庄严戏剧，它的场景设定在时空之外……

第 2 章　无名之地：户兰·亚比*的离奇死亡

15　　　一名身系工匠围裙的男子挥舞着一把出鞘的剑，让你交出你的钱、钥匙、手机——所有维系你的人身与外部世界的金属制品。他蒙上你的双眼之后，你感觉自己右胳膊上的衣袖被卷起，接着是左边的裤腿被卷至膝盖以上。你经人引导把左胳膊上的袖子褪下来，裸露出你的胸膛。一个活结绳圈被套在你的头上。

　　你向前迈出一步。你的共济会生活便开始了。

＊　Hiram Abiff：在共济会的描述中，他是所罗门神殿的建筑师。但在钦定版《圣经》（KJV）中，只有《旧约·列王纪上》第 7 章第 13~14 节中一个名为"户兰"（Hiram）的人物最接近共济会的说法，"他是拿弗他利支派中一个寡妇的儿子，他父亲是推罗人，作铜匠的。户兰满有智慧，聪明，技能，善于各样铜作"（和合本）。在新国际版《圣经》（NIV）中最接近的人物是《旧约·历代志下》第 2 章第 12 节中的"Huram Abi"，虽存在细节上的出入，但可视为同一个人。其中，Huram 是 Hiram 的变体，Abi 或 Ab（还有 Abiff 或 Abif 的拼法）在希伯来语中意指"无父亲的"——符合《圣经》中的描述。全名又译"海姆勒·阿比夫"；译者出于贴近和合本《圣经》风格的考虑，选择了"户兰·亚比"的译法。

走到这一步，一名满怀抱负的"石匠"算是正式跨进了 ₁₆
会所大门，但这还没完，前面还有更多的关口等着他。我接下
来描绘的一系列入会仪式与约翰·库斯托在舰队街的彩虹咖啡
馆所经历的非常接近。接连不断的仪式分别标志着一个人的入
会，以及他在行会内的地位变化。这些地位的标志被称为级别
（degrees）。共济会会员级别仪式活动的核心就是秘密。

里斯本的异端裁判称这些仪式是"荒谬的"。几个世纪以
来，许多讽刺作家都赞同这一说法。因此，你大可嘲笑共济会
的仪式，这一点都不难，也没什么新鲜的。但随着我对共济会
的了解越来越多，有些嘲笑让我听着越来越刺耳，因为它蒙蔽
了我们的双眼，看不出他们其实与我们何其相似，从而化解了
我们深入了解共济会的愿望。

当我们嘲笑别人的仪式时，我们忘记了自己的生活其实是
在无形中高度仪式化的。我们鼓掌以示谢意，相见时握手，举
杯时说"干杯"等，这些日常习惯动作都是仪式。无论我们的
生活变得多么物质化或自动化，无论我们对自然选择和宇宙大
爆炸怀有多么充足的信心，我们永远也摆脱不了对礼仪的需
求，因为它在组织社会生活方面具有无可替代的影响力。出
生、结婚和死亡，无一不需要我们举行仪式，以让我们心安理
得地接受这些事实。

与我们大多数人相比，共济会的普通会员更了解严肃认真
的仪式所具有的魔力。入会仪式比其他经历具有更强烈的暗示
性，它告诉我们，一个人从此脱胎换骨，焕然一新。熟悉的仪
式能使人们建立密切联系，因为它们是大家共享的体验，处于
同一个参考系之内。然而，仪式也有一种倾向，让我们怀疑那
些以不同方式举行仪式的人。虽然我并不信教，但我是在英国
国教的文化中长大的。因此，当面对穆斯林的麦加朝觐之旅、
犹太人举行的割礼仪式或印度教吠陀祭祀时，像我这样的人最

初往往会觉得他们的举动十分怪异。可以肯定的是，任何不熟悉共济会仪式及其使用的术语的人，至少会觉得它们令人难以捉摸。这就需要我们付出些许耐心和同情。所幸我们不必像共济会会员那样花费大量时间来牢记他们所谓"运作"中的所有话语和动作，只需些许知识就可以欣赏共济会的历史。

　　蒙着眼睛的候选人被带进会所后，会被要求跪下来祈祷。然后他被带着在房间里转 3 圈，然后被介绍给分会的高级官员，他们将证实他已年满 21 岁，"有好名声"并且是"生来自由"的。

　　按照会长的指示，候选人要立下一系列誓言，特别是他信仰某个神，以及他之所以想成为会员并非出自"贪财或其他不可告人的动机"。然后是按特定的步法迈步。候选人向前迈 3 步，每一步的跨度要超过前一步，一只脚的脚跟与另一只脚的脚背呈直角相接，用双脚走出一个正方形（以此表示直角工具）。完成步法后，他必须立即用双腿走出另一个正方形，裸露的左膝单膝跪在祭坛前，右脚向前踩在地上。然后，他被要求把手放在他选择的《圣经》、《古兰经》或其他任何"神圣法典"之上。此时，他将发誓绝不在学习共济会的秘密时做笔记。假如他泄露了共济会的秘密，惩罚方式令人毛骨悚然。他至少要经受下述中的一种，"……割断我的喉咙，拔掉我的舌头，把我埋在低潮线处的海沙中，那里离海岸只有一根船用缆绳的距离，潮水在 24 小时内有规律地涨落两次"。说完这些话并以亲吻"神圣法典"的方式保证信守誓言之后，他就成了一名"初学"会员。随后，他的眼罩被摘下，并被告知共济会有三大"象征性的光"。第一个被摊开摆放在他面前的祭坛上，并且是与世界主要宗教共有的——"神圣法典"，它是信仰指南。第二个和第三个是共济会的徽章，展示在世界各地的建筑、围裙和胸针上，分别是代表正直的直角尺和代表自我控制的圆规。

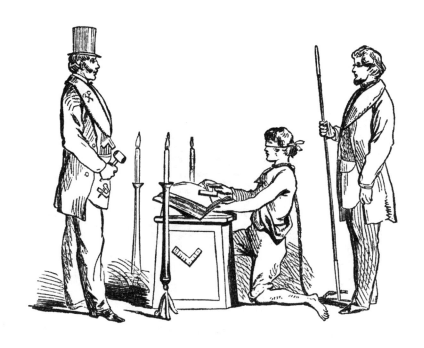

这时，入会的兄弟被人扶着站起来，并被引导到会长的右手边。他看到众兄弟围坐在会堂周边，向他投来庄重而慈祥的目光。他可以回以同样的注目礼，也可以借机端详呈长方形的会堂内部，特别是它那著名的黑白格棋盘地板。在库斯托的时代，棋盘图案通常是用粉笔画的——他就是这样告诉审判官的。

室内的陈设激起了这位新人的好奇心。例如，那两根独立的支柱，它们大致齐肩高，顶部各有一个球体。在摆放"神圣法典"的祭坛周围，还有 3 根被分别置于微型立柱上的蜡烛。

它们都是古希腊建筑风格，但每根立柱的样式各不相同。一个是科林斯式，顶部有精心雕刻的树叶形状。另外两个分别是纤巧的爱奥尼式和精壮的多立克式。毫无疑问，这一切都带有共济会的象征意义。但在这个阶段，会长仅限于解释蜡烛（共济会术语中的"小光"）的寓意。它们代表了在新会员的共济会生活中陪伴他的三个向导：太阳、月亮和本会会长。库斯托透露说，这是因为"太阳给白天带来光明，月亮给夜晚带来光明，所以会长必须管制和指导他的官员和学徒"。

会长继续讲解。共济会有多个级别，这个被称为入门学徒的级别只是第一个。因此新入会的兄弟还会在将来经历更多的仪式。目前，他获准学习共济会会员们所说的秘密手势、标记和暗语。

手势，用于提醒背叛共济会秘密的人将遭受的惩罚，即（正如库斯托供认的那样）做出"右手放在喉咙前，试图割断它"的样子。

标记，也被共济会称为"按握"，就是我们这些局外人所知的共济会式握手。根据库斯托的说法，它的目的是让一名会员"在世界上的任何地方都能被其他兄弟识别出来，同时自己也能够辨别真假，防止误认"。会长示范这种握手方式时，将他的拇指置于初学者食指的第一个指关节上。

20

最后是暗语，BOAZ（波阿斯），它是所罗门神殿入口处两根立柱之一的名称，《圣经·列王纪上》中有记载。共济会的许多象征都源自所罗门神殿及其建造者。这个暗语得到共济会的严密守护，会员们只能拼写，但不能完整地念出来。当然，库斯托把这一切都告诉了抓捕他的人。波阿斯也具有象征意义：它代表着力量。

紧接着，入会新人还要向会堂里的官员们做另一轮陈述，每次都与他们交流一次手势、标记和暗语。这个过程结束后，他便具备了接受共济会羊皮围裙的资格。

随后，新人要发誓接济陷入困境的共济会会员及其家人，至此他觉得整个程序已接近结束。他的感觉没错，但他仍然需要了解与"入门学徒"级别相应的象征性工具，包括一个24英寸的量具（或尺子）、一把小木槌（或棒槌）和一个凿子，它们各有寓意，提示会员充分利用时间、努力工作和坚持不懈的重要性。他还要学习更多的符号和抽象名词。很多内容涉及真理、荣誉和美德，还有谨慎、节制和坚韧，善行和慈善，以及忠诚、服从和——自然是必不可少的保密。他还被告知更多的规则，比如要履行社会义务，绝不"破坏社会的和平以及良好秩序"。

随后，整个流程终于进入尾声，最后一项表明会所关闭的仪式耗时较长，其中包括更多的手势、祈祷、敲击、庄重的话语和庄严的动作。在持续了足足一个小时的仪式结束后，兄弟们聚餐庆祝新人加入。

新入会的兄弟在大吃大喝之余，不免心生疑问，这一切究竟意味着什么？所有庄重的承诺和可怕的警告都是为了让他踯

21

身于一群兄弟中间，作为被选者守护性命攸关的秘密。他加入了这个团体，但秘密在哪里？他学到的一切都只是关于秘密的秘密。他知悉了手势、按握、暗语等等。然而这些都指向一个命题，即他需要努力成为一个正派的人。

他心想，自己目前只是"学徒"，也许要再晋一级才有资格得知真相。然而，在等待了一段时间之后，他发现共济会的第二和第三级（分别被称为"技工"和"导师"）的晋级仪式其实与入会仪式大同小异。

在进入第二级（"技工"）的仪式上，学徒要裸露右膝和右胸——与入会仪式正相反。第二种按握法或石匠式握手要用大拇指按压中指的指关节，而不是食指。其中的寓意和第一级一样简单，只是略有不同：晋级候选人被告知，除了要做一个正派的人，他还应设法认识这个世界。晋级者以其胸膛被撕裂，心脏被掏出并被秃鹫吃掉的痛苦起誓。此处所用暗语是"雅斤"（JACHIN），即所罗门神殿入口处另一根柱子的名称。

22　　　在从"技工"升入"导师"的仪式开始时，候选人要脱掉上衣，裸露双膝。导师级别的握手方式是将手指从中指和无名指之间分开，像斯波克的手势^①一样。惩罚违背誓言者的方式是人被劈为两半，把肠子烧成灰，撒在地上。此处所用的暗语是"马哈波恩"（MAHABONE），它的确切含义不明，但有人说在某种语言中，它意指"会所的门是敞开的"。

――――――――――――

①　指《星际迷航》中斯波克的招牌动作，即中指与食指并拢，无名指与小指并拢，大拇指尽可能地张开。

在这三个仪式中，为导师级别举办的典礼最重要，是正式确立共济会会员身份流程中的高潮。它耗时最长，以死亡为主题。尽管如此，它的整个进程看起来颇有趣味。众兄弟表演了一出微缩剧，重现了所罗门神庙建筑师户兰·亚比遭谋杀的情景。故事大意是，他因拒绝透露一位导师的秘密，头部遭到连续重击而亡。晋级候选人扮演户兰，其余人冲着他吼叫，并做出对他拳打脚踢的样子。众人把他"埋"进一个粗布袋子里，并抬着布袋里的他在会所内列队绕行。最后，在导师的握手和一种赋予生命的共济会式拥抱的魔力作用下，户兰·亚比复活。

晋升导师级别的候选人在典礼中经受的象征性虐待，意在迫使他泄露共济会的秘密

23　　　一个人获准加入共济会时被授予的级别蕴含着三重机密：入会仪式本身是一重秘密，在仪式进程中立下的多个毒誓严禁外传，以及不同符号暗含的秘密。当最隐秘和骇人听闻的谜团露出真容时，晋升导师级别的典礼便画上了句号。共济会的终极秘密是——死亡一事非同小可，它让人们对事物有了新的看法。

　　上述内容真的就是它的全部。共济会承诺要揭示隐藏的真理，但事实证明那重重迷雾遮掩的只是一些令人不快的大实话而已。正如二级技工的仪式所解释的那样，"手艺会"无非是"隐身于寓言、呈现在符号之中的一种特殊道德体系"。

　　坊间有各种关于共济会内部分级的传闻。你可能听过33级的说法，但事实上第三级导师就是最高级别了，只是随着时
24 间的推移，热情的兄弟们发展了许多他们称之为"副级别"的称号。以苏格兰礼为例，它增加了30个额外的级别，定级方式错综复杂。在英伦三岛，这一派以玫瑰十字会为人所知。我们只需记住一点，这些副级别全都是从前述3个核心级别派生出来的。我曾问过一位会员为何如此热衷于获取一个又一个副级别，他只是说"这很容易上瘾"。它们的共同点是皆无新奇之处：它们成立的基础都是一样的，即寓言、普通的道德规则和仪式上的团结感。唯一值得一提的是，各个级别在符号和华丽服装的运用上存在极大的想象和发挥的空间。

　　我们不能无视共济会仪式令人着迷的特性，同时也不应该认为共济会会员通过他们的仪式所表达的品德和哲学思想是陈词滥调。所有象征物隐含的意义看起来都极其平淡无奇——做一个好人，尽可能增进见识，拥抱宗教宽容。相比之下，许多正统宗教兜售的却是危险而可笑的观念，如烧死女巫、杀死异教徒、贬损罪人等。如此看来，共济会会员要遵守的人生准则令人感觉无比温馨。

　　石匠们会一再强调他们的兄弟会不是宗教。其他人可能会反驳说，如果它如同宗教般具备了相应的仪式和标志，并涉足与宗教并无二致的道德和精神领域，那么声称自己不是一种宗教就显得有些强词夺理了。也许我们可以将共济会视为一种次级宗教：它倡导良心自由，允许男性个体在复杂的神学问题上做出自己的决定，同时提供了一个精神上的建设性框架，让众人和平共处。嘲笑它并不难，难的是找到抨击它的理由，毕竟众多会员也为慈善事业做出了巨大努力。

　　当约翰·库斯托向葡萄牙异端裁判法庭坦白这一切时，他们曾反复断言他"值得信赖"。但在他回答有关所有仪式的意义何在这个问题时，他就不再"值得信赖"了。以下是异端审判官记录的内容——

　　[库斯托]说：举行[那些仪式]的唯一目的就是保密，所有会员都要保密。

　　问：如果上述规则和其他仪式的唯一动机，如他所述，注定只是为了保守机密，那么，鉴于这种秘密附带着极其重大和非同寻常的惩罚，其终极目的是什么[……]？

　　[库斯托]说：这种仪式的终极目的就是这种隐秘性。

　　石匠们神神秘秘的表现就是为了营造一种秘密氛围，并非真要掩盖什么东西。换句话说，共济会内部煞费苦心的秘密崇拜实为出于仪式的需要而杜撰的。对违背誓言的可怕惩罚只是戏剧性的虚张声势——永远不会得到真正落实。不出所料，异端审判官们根本不买库斯托的账，认定他"吞吞吐吐、闪烁其词，具有欺骗性"。这就是他遭受酷刑折磨的缘由：他口中的共济会真相完全没有说服力。

　　尽管库斯托并非他自诩的英雄，但他没有为迎合异端审判官的期望而胡编乱造，这一点足以为他赢得人们永久的称颂。他可以轻而易举地编造共济会亵渎神明的恶行，从而让那些施刑者感觉他们没有白费功夫。大约在同一时间，意大利共济会会员托马索·克鲁代利（Tommaso Crudeli）①在佛罗伦萨被异端裁判所逮捕，对他的指控是基于一名内部人士的说法，即在会所内，一名资深会员为新会员们手淫，然后迫使他们用自己的精液签署一份可怕的誓言：你可以认定他们犯下了任何罪，唯独鸡奸除外。如此说来，在一定程度上，库斯托曾是一个殉道者：令人扫兴的结局。然而，就从那时起，像他这样的共济会会员，以及像异端裁判所这类共济会的敌人，都开始放纵内心的冲动，千方百计地要探察共济会子虚乌有的秘密。这种讽刺意味成为贯穿后续许多故事的主线。最后，虽然传说中的共济会秘密并无纯粹意义上的秘密可言，但自它问世以来，世界各地的会内兄弟及其敌人一直以秘密为题大做文章，并由此生发出无数奇闻逸事。

---

① 出生于托斯卡纳的自由思想家、诗人和律师。1735 年，他加入了英格兰总会所在意大利设立的首个英格兰会所。1739 年 5 月，罗马异端裁判所逮捕了克鲁代利，并将他关押了近两年。他的遭遇导致身体状况急剧变差，他在获释 4 年后去世，被铭记为全球共济会的第一位殉道者。

第 3 章　爱丁堡：记忆术

字母 "G" 表示……

共济会在其仪式中使用的最重要的象征——围裙和立柱，直角尺和泥刀，均源自石匠的工作。共济会会员认为，这些物品除了具有道德意义外，还在默默叙述着共济会与中世纪工匠生活之间的渊源。在无数有关共济会的指南中，都存在一个说法：共济会起源于中世纪的石匠行会或基尔特（guild）。它的另一个名称，"手艺会"，凝缩着这样一种信念：从 "手艺" 的一般意义上来理解，它就是 "行会" 的同义词。共济会会员们发现，他们是中世纪石匠直系后人的说法令人心驰神往。它将他们与著名的索尔兹伯里大教堂、林肯大教堂以及约克大教堂建造者维系在一起，它还散发着浓厚的 "快乐英格兰"（Merrie England）①的气息。

然而，在试图论证当时的行会如何演变为共济会会所时，共济会的历史学家们陷入了难以自圆其说的困境，因为中世纪的石匠们特别不善于组建行会。在 14 世纪和 15 世纪的英格兰，几乎每个城镇的每种体面的行业都有自己的同业公会。屠夫们有，面包师们有，烛台制造者们有。即使古时候一些稀有行当的从业者，如鞋匠、马具工匠、毛皮商和皮革匠人等，都有组织完善的行会……每一种行业都有，唯独石匠没有。

理由很简单，加工石头的工作不够多。在中世纪的英格兰，大多数建筑都没采用石头，而是木骨泥墙结构，这种低劣的建筑材料是由枝条、秸秆、黏土和动物粪便混合而成。正因如此，人们更需要木匠和专职盖茅草屋顶的工人，而石匠的用

---

① 意指源于 19 世纪初，兴盛于维多利亚时代和爱德华时代的一种怀旧情绪，尤其流行于文学界，其代表人物是英国著名历史小说家沃尔特·司各特爵士。他们认为在过去的英格兰，人们过着一种田园牧歌式的生活。

武之地则少之又少。结果，在大多数地方，石匠少得可怜，想要凑足人数玩一场像样的骰子游戏都不容易，更不用说组织一个行会了。那些真的组织起来的石匠，通常也是与建筑行业中的其他工人混在一起，尤其是木工（也就是细木工人）。

石匠们居无定所，哪里有活干他们就去哪里。一旦某时某处难得要修建一座石桥或石屋，他们就会聚集起来。在许多情况下，石匠与普通工人之间并无明显差别。在建造城堡、修道院和大教堂之类规模宏大的项目时，业主要从各地招募大量石匠。这类招聘常常是强制性的——这在当时被称为"empressment"（"热心"的意思）。所有石匠要接受与国王或主教签约的石匠大师的统领。属于精英阶层的石匠大师同样四海为家，但他们每个人都拥有强大的影响力。因此传统意义的行会几乎不可能同时替石匠和劳工群体代言。

无可争辩的事实是，在中世纪英格兰所有手艺人当中，石匠是最不可能组建并确保他们的行会历经数百年风吹雨打，最终演变为共济会那样一个兄弟会的群体。经过数代人不懈的努力，共济会史学家们仍然无法在他们所称的实干型石匠，与当今的思索型石匠（"自由石匠"）之间建立关联，前者工作时使用凿子和铅垂线，肌肉发达且满手老茧，而后者手中的工具仅具有哲学意义，无实用价值。

如果中世纪的行会并非上述两类石匠之间代代相传的纽带，那什么东西才是呢？我们无法从中世纪石匠们的工作和生活中找到正确答案，只能设法解读他们的文化和故事，因为隐含于其中的诸多元素后来被整合进了共济会。这是接近真相的唯一途径。

29 　中世纪所有行业的集体生活充斥着规则、仪式和神话。他们要举行通关仪式。他们为保守商业机密和加强团结而发下毒誓。他们要牢记戒律和口令，其中一些是用来识破可能出现在城门口找工作的骗子。他们会举办庆祝圣日的宴会。他们还有一些寓言故事，比如用科尔多瓦皮制作高档皮鞋的匠人们相信，在他们的庇护者圣休（St Hugh）殉难后，他的骨头化作了鞋匠的工具。

英国各地的石匠们拥有丰富的戒律、标志和传说，由此弥补了他们在行会组织上的欠缺。著名的《老律令》（Old Charges）囊括了石匠们的全部知识和故事，石匠们背诵，至今口口相传。人类的记忆本来就容易出错，《老律令》的内容变化很大，有增有减，有混淆，也有遗漏。不时会有另一个版本的《老律令》问世。历经岁月磨砺而幸存下来的最早文本是韵文体，它长达 826 行的内容更容易记忆，它就是在全球共济会组织中为人熟知的《钦定诗》（Regius Poem）。它究竟出自哪里、何时问世均无定论。很可能出自什罗普郡，大概是 1430 年。

《老律令》罗列的规章制度均被中世纪工匠们普遍采用，从一般性的仪容、仪表方面的忠告（不要在教堂诅咒，不要用餐巾擦鼻涕），到专门用于管理石匠工作和生活的规定等，应有尽有。因此，领班的石匠大师要发放公平合理的工钱给他的手下，以保证施工质量。但真正使得石匠们的《老律令》引人注目，且将我们引向共济会形成初期踪迹的，是石匠们口口相传的神话，它讲述了共济会诞生初期的故事，以及一些杰出的匠人如何经过世世代代艰苦卓绝的努力使之流传至今。

这个故事的主人公出身显赫：古希腊知识分子与《创世纪》和《列王记》中的一些大胡子聚集一处，把酒言欢。其中一些人在这里具有不可或缺的作用，因为他们后来被整合进了共济会的传说中。一位是赫尔墨斯·特里斯墨吉斯忒斯（Hermes Trismegistus）①，这位博学的哲人在诺亚大洪水之

30

---

① 意为"三重伟大的赫尔墨斯"，或者简称为赫尔墨斯（又译"赫耳墨斯"）。是希腊神话中的神祇赫尔墨斯和古埃及智慧神透特（Thoth）的综摄或类并。据说赫尔墨斯著有炼金术理论集大成者《翠玉录》，掌握着三大神秘学知识：炼金术、占星术、魔法。

后，重新发现了砖石建筑的几何规则，深谋远虑的石匠们曾在大洪水之前将这些规则凿在两根石柱上。希腊数学家欧几里得是另一位伟大的石匠，因为古埃及人从他那里学到了所有工匠必备的凿石和砌石知识，从而建成了金字塔。接下来是所罗门王，他雇用了4万之众的工匠为他建造神殿，最终成就了一座凝聚着石匠技能和学识的伟大建筑。所罗门王手下的首席工匠来自推罗（Tyre），在这个故事后来的版本中，那位工匠被人们称为户兰·亚比，而这个户兰·亚比注定要在共济会的晋升第三级仪式中充当主角。

共济会的神话显露出一种崇高感：来自五湖四海的技工团体赋予自身一个不亚于任何王朝的古老而强大的血统。同时他们还自视学识渊博。《老律令》将石匠的手艺与几何学联系在一起：这就是被称为"几何之父"的古希腊数学家欧几里得得到尊崇的原因。石匠们认为砌石和几何学终究是一回事。几何是一种非常严肃的追求，它与语法和逻辑、修辞和算术、音乐和天文学等学科共同构成了中世纪大学的核心课程。事实上，《老律令》认为几何学 – 砌石工程在人类所有知识领域中独享尊荣。共济会会员至今仍然尊崇几何，认为它隐喻着宇宙的基础秩序。作为共济会的标志，经常与直角尺和圆规一起出现的大写英文字母G代表几何（Geometry）和上帝（God）。

诸如此类的说法仍然不足以在《老律令》和共济会之间建立真正的历史联系。（共济会史学家绞尽脑汁，试图将中世纪的英国石匠与当今的共济会会员联系起来，但也仅此而已。）

在历经数世纪故弄玄虚（我们将会看清，18世纪的共济会会员是这方面的始作俑者）之后，我们直到最近几年才看到一个有关共济会起源令人信服的记述。这项突破性发现始见于1988年发表的学术研究成果。我们如今理解的共济会并非起源于中世纪，而是诞生于中世纪世界分崩离析、现代世界即将破茧而出之时。此外，孕育该社团的也不是中世纪英格兰的行会和哥特式教堂，而是文艺复兴时期苏格兰首都爱丁堡的宫廷。

苏格兰的所罗门王

宗教改革运动使得欧洲四分五裂。在 1517 年之前，神圣罗马教廷是通往上帝的唯一途径，也是国王权威的唯一保证。罗马稳居基督教世界的中心。在整个欧洲大陆上，气势恢宏的哥特式大教堂，以其高耸入云、流传恒久的雄伟姿态宣示着存续于人类事务之中的天启秩序。

随后，路德发起挑战，新教诞生。基督教出现了不可弥补的裂痕。君主们相继与罗马教廷决裂。宗教战争的时代拉开了帷幕。对新思想的渴求，以及对传播这些思想的印刷纸张的需求，在整个欧洲大陆蔓延开来。在半个欧洲，之前构成基督信仰的一些观念，如炼狱学说和对圣物及圣像的崇拜，此后被视为敌基督的行为。

在苏格兰，宗教改革的冲击来得虽晚但更加猛烈。从 1560 年开始，宗教建筑经受了新教狂热的全面冲击。苏格兰人中的新教信徒以其狂暴的表现而引人注目，他们砸碎了恶魔崇拜的雕像、彩色玻璃窗和石饰品。作为苏格兰规模最大的宗教建筑，圣安德鲁斯大教堂由无数虔诚的匠人历时一个半世纪辛苦建成，但令人痛惜的是，这座杰出的建筑因此遭到损毁并被遗弃。在爱丁堡，一群暴徒洗劫并破坏了国王的墓地——荷里路德修道院（Holyrood Abbey）。苏格兰新教教会的信徒们深信，上帝喜欢简朴、寒酸到令人发指的礼拜场所——一个仅由碎石墙建成的长方形盒子就足够了。因此，苏格兰石匠比大多数人更有理由对宗教改革感到沮丧。从此以后不再需要建造和维护大教堂、修道院或精致的小教堂。失去像教会这样的客户对他们来说简直就是灭顶之灾。

被怀疑是女巫的人被带至苏格兰国王詹姆斯六世（1566-1625）面前。取自詹姆斯本人的研究《鬼魔学》

　　更糟糕的是，王室权威荡然无存，一些大型王室建筑项目随即停工。苏格兰国王詹姆斯六世从各方面来说都是宗教改革的产物，即使以当时的标准来看，他的成长过程也充满了动荡不安。詹姆斯的母亲是苏格兰的玛丽女王，一名天主教徒。玛丽后来嫁的那个贵族极有可能是刺杀詹姆斯生父的主谋，她因此信誉尽失，被迫流亡。随之而来的是历时 6 年的内战，年仅 13 个月大的詹姆斯被绑架，并在斯特灵（Stirling）的一个教区教堂举办了潦草的加冕仪式。小国王是由新教徒带大的，他那些态度恶劣的老师声称他的母亲是一个女巫。与此同时，宫廷中各个派系为满足自身的贪欲围绕着他展开争权夺利的斗争。忙于争斗和掠夺的苏格兰贵族就像纯种的强盗。

1585 年，年仅 19 岁的詹姆斯终于摆脱了最后一位贵族共治者，开始亲政。在接下来的 15 年里，他耐心而机智地驯服了宗教极端分子，并实行了一定程度的宽容政策。他赢得了贵族阶层的支持，贵族之间暴力相向的现象也渐渐稀少了。当英格兰女王伊丽莎白一世于 1587 年将他母亲斩首时，他十分明智地仅仅提出了冠冕堂皇的抗议。随着时间的推移，继终身不婚无子的伊丽莎白一世之后，詹姆斯将苏格兰与英格兰王位集于一身的可能性变得越来越大。

除了在政治上取得了卓越成就之外，詹姆斯还是一位知识分子：诗人和神学家，也是王权理论和实践方面论著的作者。他于 1597 年推出的一部关于巫术的专著《鬼魔学》（*Daemonologie*），成为莎士比亚在《麦克白》（1606 年）中描述的女巫的原型。既是学者也是国王的詹姆斯复兴了苏格兰宫廷，并进一步对欧洲文艺复兴敞开了大门。贵族们在游历法国和意大利之后，带回来各种各样流行于世的知识：从诗歌理论、医学和军事技术，到炼金术、占星术和魔法，诸如此类，无所不涉。

詹姆斯从贵族和知识分子中精挑细选了一些人，组建了一个只忠于他的行政机构。其中一个新人名叫威廉·肖（William Schaw），他是一个游历甚广、修养很高的小户贵族。肖被任命为工程总管，负责建造、整修和维护苏格兰国王名下的所有建筑。他还负责安排王室举行的所有仪式。

与其他北欧知识分子一样，肖对文艺复兴时期社会思潮回归古典范例寻求灵感的方式十分着迷。他最看重的古典文献是公元前 1 世纪的《建筑学》（*De architectura*），作者马尔库斯·维特鲁威·波利奥（Marcus Vitruvius Pollio）是在尤利乌斯·恺撒手下服役的军事工程师和建筑商。维特鲁威认为，建筑设计需要的是知识分子，而非单纯的建造者。在他的影响下，老派建筑大师的声望式微，文艺复兴时期的欧洲文化景观中冉冉升起一颗新星：建筑师。威廉·肖将成为苏格兰第一个享有建筑师称号的人。

1594年2月，一个王位继承人诞生于斯特灵城堡，消息传来，王室上下一片欢腾。詹姆斯国王决心让男婴的洗礼仪式尽显高雅和虔诚。为此，他下令在城堡里迅速建造一座全新的礼拜堂。肖负责设计，并从全国各地招纳顶尖的石匠参与这项工程。斯特灵皇家礼拜堂有着佛罗伦萨风格的拱形窗户，是英国最早的文艺复兴时期建筑。与梵蒂冈建于1470年代的西斯廷礼拜堂一样，皇家礼拜堂的规格和样式均以《列王纪》中描述的所罗门神殿为模型。苏格兰宫廷中的一名英格兰特使称它为"所罗门大神殿"。作为《旧约全书》中君王智慧的化身，所罗门王就成了詹姆斯这种学者型君主酷爱自比的形象，苏格兰宫廷诗人也毫不掩饰地将两者相提并论，在多个王室游行活动中也出现了将詹姆斯六世比作所罗门王的情形。

四年之后，在爱丁堡的荷里路德宫（Holyrood Palace），肖代表他的"所罗门王"展开了一个秘密谈判，谈判对手是一群石匠大师，其中一些人参与了斯特灵皇家礼拜堂的建设。这次会谈具有重大历史意义，因为它将流行于詹姆斯六世宫廷中的文艺复兴文化注入到了如《老律令》中体现的关于中世纪石匠工作的传说中。最终结果就是共济会的诞生。

苏格兰石匠与英格兰的一样，都缺乏组织上的力量：他们的行会也包括各种手工艺人。宗教改革进一步削弱了他们的力量。但在国王詹姆斯六世大权在握之后，大型建设项目的数量开始上升。可以说，石匠命运出现了转机。在与肖会面之前的几年里，石匠们开始在当地组建仅限于石匠组成的团体，这些团体与行会分离，也不为行会所知。他们将这些团体称为"小屋"（Lodge）——这个称谓源自建筑工地上搭建的临时棚屋。从此以后，"小屋"逐渐失去了它本来的意义，变成了一个组织特有的名称——"会所"。

肖在 1598 年与石匠大师们会面时还另有大计在心，他把这个新生的共济会组织视为笼络一批具备影响力的追随者进入宫廷的绝佳通道。他想把自己打造成一个全国性的石匠保护人，一个石匠"总管"。在这个过程中，石匠们的"小屋"将成为一个永久性国家级组织的一部分，定期举行会议并保存书面记录。这种体系将与地方一级的城镇行会平行存在，但与行会不同的是，它专属于石匠，并直达国王。

肖的"会所"在行会和地方当局的眼皮底下秘密运作。虽然"会所"的会议都有书面记录，但严禁外传；即使在那时，记录在案的也只有建筑上的具体事务。但是，"肖氏会所"涉足的领域远远不止实用性的事务。一份 17 世纪"苏格兰会所"文件说得很明白，确有"绝不能写下的秘密"。但我们可以辨识出这些不成文秘密的线索，其中第一个就存在于肖和石匠之间订立的协议当中。

寄生在宫廷中的肖深知投人所好有多重要。为了培养石匠们的集体荣誉感，他特地在 12 月 27 日，即福音传道者圣约翰节召集会议，不知何故，石匠们将这一节日视为他们这个行业专享的圣日。（福音传道者圣约翰节对共济会会员来说仍然是神圣的，6 月 24 日的施洗者圣约翰节亦如此。）肖还在他起草的协议中大段引用了《老律令》的内容，他向石匠们承诺，新的会所体制将允许他们实行那些长期以来人们孜孜以求的规则。肖或许还向石匠们保证，自视为"苏格兰所罗门王"的国王只会同情他们的需求。

这个调门定得很高，但肖仍觉得不够，他还要从文艺复兴的文化中汲取一些对石匠们具有强大吸引力的元素。他规定所有石匠和学徒都应该接受"记忆术及其科学的磨炼"（tryall of the art of memorie and science thairof）。这是肖最具创

36

新性的举动。作为一名石匠，当然需要记住很多东西，尤其是《老律令》。肖现在告诉聚集在他周围的石匠，他们不仅仅是在记忆，而且是在践行记忆的艺术和科学。

想要理解肖在这里是怎样将御心之术发挥到了极致的，我们需要首先对文艺复兴思想的周边知识加以了解。《记忆术》是欧洲文化最喜欢从古典传承中借用的作品之一。在推崇《记忆术》的人物中，最著名的是古罗马演说家西塞罗，他在每一次演讲中都要引用。众所周知，詹姆斯六世的御用诗人之一给他讲授了记忆术的一些内容。它的诀窍是想象你沿着一条固定路线穿过一栋大楼。经过的每个房间代表你演讲的一段。房间中的每个特征（如立柱、祭坛、地板上的瓷砖图案）都代表了你想要表达的特定观点。记忆术的资深实践者可以储存和回忆一篇长篇大论中的每一个单词。

在文艺复兴时期，一些哲学家开始将记忆术与寻求智慧联系起来。原因是他们认为上帝亲自践行着记忆术，以代码的形式将宇宙的终极秘密写入他创造的世界中。

实践记忆术的少数精英人物本身是他们那个时代的理论物理学家。他们开辟的前景令人振奋，但也有潜在的危险。人类能够应付他们随时可能揭示出的宏图伟略吗？从中重现的真理与《圣经》教义存在对立怎么办？出于这些原因，部分文艺复兴时期的知识分子仅在纯学术机构和秘密社团中进行研究。他们通过使用更多的代码和符号来隐藏他们的发现，防止被凡夫俗子们看到。在这些研究者苦苦寻求神秘知识的过程中，他们发现被认为是半神半人的古代智者赫尔墨斯·特里斯墨吉斯忒斯所著的一系列作品具有无可抗拒的魅力。事实上，赫尔墨斯神智学（Hermeticist）[①]正是因他而得名。作为英国著

---

① 一种源自赫尔墨斯的神秘主义哲学和神学。

名的赫尔墨斯神智学的信奉者，举止诡秘的亚历山大·迪克森（Alexander Dicsone）是 1590 年代苏格兰宫廷的常客，詹姆斯六世经常让他充当信使和宣传者。

肖实际上是在告诉苏格兰石匠，他们也是赫尔墨斯神智学的门生。他们只是尚未意识到，自己其实正置身于人类最崇高的哲学追索的最前沿。正如维特鲁威在《建筑学》中推介的那样，他们既是建筑者，也是知识分子。赫尔墨斯神智学与石匠的《老律令》所记述的许多民间传说完美契合。几何。太古时代流传下来的神秘智慧。赫尔墨斯·特里斯墨吉斯忒斯：根据《老律令》的记载，正是这位智者在洪水之后将他发现的工匠智慧的结晶刻在了一根石柱上。致力于追求神秘真理的秘密团体。作为神圣知识宝库的伟大建筑。《记忆术》。当然，还有到处显现的符号、象征等等。中世纪时期石匠们口口相传的手艺文化，与文艺复兴时期宫廷文化中富有学识的赫尔墨斯神智学汇集一处，在相互激荡中释放出无比惊人的能量。它带来了无穷无尽的可能性。它结出的硕果之一，便是石匠们的"会所"很快就从一种组织形式演变成了一个虚虚实实的场所，在那里石匠们可以一起练习记忆术。会所内的构造和装饰，如立柱、有图案的地板等，均有特定寓意，而暗含其中的真相将工匠仪式的表演转化为十分宏大，甚至近乎神奇的东西。如今的共济会会所就是演练记忆术的剧院。

在肖的影响下，会所仍然会聚着众多实干型石匠，但他们也开始转向思考型石匠，借用共济会历史学家的术语来说，他们开始举办具有哲学指向的仪式。

肖与石匠们的谈判从未达成令人满意的成果。他起草了会所章程，但于 1602 年不幸去世。他设想中的石匠总管一职也随之烟消云散。此后的政治变革终结了石匠和爱丁堡权力中心之间的任何稳定交易。1603 年，伊丽莎白一世去世。苏格兰

38

的詹姆斯六世成为英格兰的詹姆斯一世，两个王国合并。

尽管如此，肖在各地建立的会所网络还是生存了下来并开始四处扩散。截至1710年，苏格兰全境大约有30家会所。不仅如此，我们所知在肖的时代即已问世的苏格兰会所中，有80%至今仍然存在。位于基尔温宁（Kilwinning）、爱丁堡和斯特灵的会所是世界上最古老的共济会会所，迄今已存在了400多年。随着时间的推移，苏格兰共济会会员们对这种悠久的历史传承深感自豪。

回顾历史，我们可以透过肖当时的所作所为，看到詹姆斯六世时期文艺复兴中的宫廷文化，在石匠会所内部引发了连锁反应。在接下来的数十年里，借着因肖而来的名望，这些会所渐渐吸引了越来越多的绅士。

充足的资金是成员增多的一个重要原因。新入会的绅士与手工工匠不同，他们对共济会宴会或葬礼基金慷慨捐助，此举大受欢迎。他们还可能带来额外的工作机会。

宗教改革在宗教和政治领域掀起的惊涛骇浪也激发了外来者对会所的兴趣。苏格兰的石匠结为同道的原因是他们所在的行业，而不是他们的信仰；他们中既有新教徒也有天主教徒。宗教改革教会他们把事业放在信仰之前。肖本人是一名天主教徒，他已经学会了在新教宫廷中生存和发达所需的谨慎和顺从。会所曾经是一个避风港，今天依然如此。之所以说共济会帮助缔造了现代世界，部分原因就在于它提供了一个避难所，让人们可以远离动乱中的外部世界。

威廉·肖与石匠们早在1598年的会面创造了一个会所体系，其中的每个会所都基于一个特定的地区。在会所内部，成员们基于《记忆术》演练秘密仪式，并培养了中世纪工匠传说和文艺复兴时期一些学术成果混合的特质。他们注重互帮互助、兄弟情谊和不分教派的虔诚形式。但是，这些会所的成员还算不上我们所理解的"自由石匠"（共济会）成员，因为首先，他们并不认可"自由石匠"这个在苏格兰几乎不为人知的标签；其次，他们还没有形成集中化的组织架构；最后，这些会所仍然与石匠的工作需求紧密相关。

依照苏格兰模式组建的肖氏会所在向南传播到英格兰的过程中，逐渐开始向现代共济会转变，在那里他们被统称为"接受会"（Acception）。

自由和被接受的石匠

共济会会员常以更正规的"自由和被接受的石匠"（Free and Accepted Masons）之名自称。他们中很少有人意识到这个称谓中"被接受"（Accepted）的部分实际上意味着什么。在"自由的"和"被接受的"这两个形容词中，后者更有助于我们追溯该组织早期在英格兰发展的不同阶段。 40

"自由石匠"（freemason）原指加工"易切砂岩"或"毛石"（free stone）——纹理细密的砂岩或石灰石的工匠。易切砂岩石匠或毛石石匠是将石头切割成型的手艺人，而不是那种用修整好的石块砌墙的普通工人。随着时间的推移，这个称谓开始指向任何加工石材的高级工匠，并在演化的过程中，变成了"自由石匠"[①]。即使在我们如今所知的共济会组织正式确立后，人们仍然沿用这一称谓——沿用这个不太严谨的术语给史学家们造成了极大困扰。

在英格兰，只有当历史文件提及"被接受的石匠"或一个被称为"接受会"的秘密组织时，我们才能确定他们正是当今兄弟会的前身，因为他们的仪式与肖氏会所以及现代共济会的

---

① 原来的"free stone mason"（毛石石匠）逐渐简化为"free mason"，因"free"又以"自由"之意常见，所以"free mason"中译时成为约定俗成的"自由石匠"。

仪式高度相似。随着"接受会"的传播，越来越多有关"绝不能写下的秘密"的证据被泄露出来。久而久之，英格兰"被接受的石匠"渐渐将"自由石匠"（共济会）的名称据为己有。

詹姆斯六世的儿子查理一世在位期间发生的骇人听闻的事件，对肖氏会所向南传入英格兰起到了决定性作用。1638年，一本祈祷书让苏格兰人争执不下，并引发持续十几年的内战，这场争端直到1651年才最终落下帷幕。此战导致英伦诸岛陷入人间地狱，在总共750万居民中，估计有80万人被杀害。大约40%的战前爱尔兰人口死亡。在腥风血雨中艰难求生的人们发现，与通过符号寻求启蒙的赫尔墨斯式古老神秘的探索相比，石匠版的追求形式提供了一处更适宜的精神庇护所。

伊莱亚斯·阿什莫尔（1617~1692年）

伊莱亚斯·阿什莫尔（Elias Ashmole）是英格兰西米德 41
兰地区斯塔福德郡人，于1646年10月成为一名被接受的石
匠——记录他入会仪式的日记是提及英格兰存在这种仪式最早
的记录之一。举行入会仪式的地点和阿什莫尔当时正在做的
事都具有重大历史价值。他入会的地点是兰开夏郡沃灵顿市
（Warrington），因为有姻亲住在附近，他所在的王党武装战
败后便投奔这里休养。在内战的大部分时间里，兰开夏郡被一
支苏格兰军队占领。这支部队被认为是传播苏格兰会所信仰和
习俗的主要渠道之一。（爱丁堡肖氏会所的记录表明，1641年
5月，驻扎在英格兰北部的苏格兰军队中有不少服役的石匠，
他们为参加内战的其他军官举办过入会仪式。）

阿什莫尔的军人身份使他成为一个特别理想的入会候选
人：他是一名炮兵军官。会所成员们太了解维特鲁威了，这位
受人尊敬的《建筑学》作者本人就曾是恺撒军团中的重武器专
家，负责制造和操作各种重型投射装置。熟谙轨迹和伟大几何
学知识的炮兵完全称得上荣誉石匠。

阿什莫尔不仅涉猎广泛，还（在我们看来）具有非常特别
的癖好。他是古文物学家，热衷于研究、编目和收集从古钱币
到罕见动物标本的一切古物。牛津阿什莫尔博物馆（Oxford's
Ashmolean Museum）就建立在他所收藏的手工艺品基础之
上，这是今天他最为人所知的成就。他研究纹章学到了痴迷
的程度，而他作为占星家的洞察力备受国王查理二世（King
Charles Ⅱ）的推崇。他研究了神奇的魔符和炼金术，认为自
己被赋予了源自水星运动的智慧力量。

正是这些深奥的追求吸引着绅士们加入会所。其中一个实 42
例便是阿什莫尔对玫瑰十字会（Rosicrucianism）表现出了浓
厚兴趣，这在当时来说也算是推崇秘密社团和神秘智慧时尚的
一部分。在1610年代中期，一则来自德国的传闻震惊了欧洲

文化界，传闻称有人发现了一个已存在数百年、神秘且神圣的兄弟会。它被称为蔷薇十字团（Rosicrucian Order），或玫瑰十字会（Order of the Rose Cross）。这个社团的名称源于其创始人，一个名叫克里斯蒂安·罗森克罗伊茨（Christian Rosenkreuz）的神秘主义者和医生，他在去东方的旅行中获悉了一些惊天秘密。玫瑰十字会倡导的教义本身是赫尔墨斯神智学和基督教的大杂烩，它宣告一个新的精神时代即将到来。

唉，就像它的创始人一样，蔷薇十字团纯属子虚乌有。它是一则寓言，甚至可能是一个彻头彻尾的骗局。但这并没有阻止人们想加入它，或者被它的想法激励。一些被吸引到苏格兰和英格兰会所的绅士说不定以为自己加入的是蔷薇十字团，或类似的组织。即使他们没有这么想，蔷薇十字团的神话也帮助他们给共济会增添了更多的象征意义。例如，户兰·亚比的死亡和复活仪式就被认为来源于蔷薇十字团的招魂术。

阿什莫尔入会后便一直是"接受会"会员。1682年，他在伦敦参加了一个"被接受的石匠"举行的会议。他在日记里告诉我们，"我是他们中的资深会员（我已入会35年了）"，然后，"我们在齐普赛德（Cheapeside）的半月酒馆共进晚餐，这个专为新入会成员举行的晚宴场面非常隆重"。

有关"接受会"仪式最详细的描述来自阿什莫尔的出生地斯塔福德郡，从中可以看出它与共济会的仪式有明显的相似之处。1686年，牛津大学的化学教授罗伯特·普洛特（Robert Plot）发表了一篇关于该郡的报道，其中有数页内容涉及"被接受的石匠"。普洛特教授本人并没有入会。然而，他不仅在牛津大学任教，还是该大学新成立的阿什莫尔博物馆的管理员，所以阿什莫尔很可能是他的内部消息来源。

普洛特认为这个兄弟会鬼鬼祟祟的表现十分可疑，并得出结论，他们很可能要干些"坏事"。不管怎么说，他了解到的情况足够多了，完全可以算作重要证据。"被接受的石匠"的入会仪式是在"一次聚会（在一个也被称为会所的地方）中进行的，与会者中必须有至少 5 名或 6 名社团的元老，他们将接受候选人呈交的手套……"他进一步解释说，入会仪式"主要包括某些秘密符号的交流，这样他们就可以在全国各地认出彼此"。加入"接受会"的途径有两条：要么你是石匠；要么你是德高望重的人，愿意"被接纳"或"被接受"——这个社团因此得名"接受会"。

除了内战之外，其他社会变革也增加了会所在全英国的吸引力。文艺复兴始于 15 世纪的意大利，旨在重新发现古典文化思想。到 17 世纪中叶，古人已经被全面超越。亚里士多德能通过印刷书刊传播他的真知灼见吗？腓尼基人发现美洲大陆了吗？恺撒的军团能部署大炮吗？从显微镜到怀表，从火枪子弹到气泵，一系列有用的新奇事物不仅胜过古典世界所能提供的任何东西，还提升了技术人员的技能和知识。新发现的对技术的喜爱正在缩小精神生活和与世界亲身接触之间的差距。一个善于思考的绅士可以从工匠那里学到一些东西，这似乎不再令人反感。全能的上帝是宇宙的伟大建筑师的想法不再是一种贬义的类比。

17 世纪末和 18 世纪初，随着越来越多的绅士被招募到肖氏会所和"接受会"，更多关于他们的仪式和信仰的信息浮出水面。会所保留了更多书面记录，他们甚至记录了"绝不能写下的秘密"，以方便指导绅士们入会。肖氏会所和"被接受的石匠"采用了大体一致的誓言、秘符和神话，与约翰·库斯托在 1743 年向里斯本异端裁判所描述的、如今依然在使用的共济会仪式有着诸多相似之处。例如，新人在入会时要发誓保守秘密，如有违反则会遭受"被埋在无人知晓的涨潮区域内"的痛苦。他们需要学习如何使用一些标识或符号，包括一个割喉

44

的手势和一种握手方式："某些秘密的符号是手手相传的"。共济会采用了一个关于该组织起源于所罗门神殿的神话故事。他们发明了两个暗语：波阿斯和雅斤（神庙入口处两根立柱的名称）。

到目前为止，共济会的演化进程还很缓慢。大约在1700年，即在威廉·肖与苏格兰石匠大师那场具有催化作用的会议之后的一个世纪，该组织虽已遍布各地，但仍然处于松散状态，并局限于石匠们的工作生活。在苏格兰之外，比如在斯塔福德郡和柴郡等地区，以及在约克和伦敦等城市，"被接受的石匠"团体开始聚集起来，这是共济会发展史上的重大动向。

共济会最终破茧而出需要的不仅仅是时间。最先出现的催生事件，是1666年9月2日从伦敦布丁巷托马斯·法里纳的面包店燃起的星星之火，也就是让伦敦浴火重生的那场灾难。这场大火在5天内吞噬了整个伦敦城。城市重建持续了50年之久，这项浩大的工程需要英格兰最伟大石匠们的高超技能。

第 4 章　伦敦：在鹅和烤架酒馆的招牌处

封　顶

1708 年 10 月 26 日，一小群人攀上搭在圣保罗大教堂穹顶周边脚手架最上层的木板，教堂圆顶上刚刚覆盖了一层产自德比郡的优质铅板。稍做喘息之后，他们便开始放眼四望，尽情欣赏眼前美好的景色。

从大教堂西侧双塔处眺望，可见温莎城堡矗立在美丽的风景中。向北望去，人们可以看到汉普斯特德（Hampstead）和海格特（Highate）郁郁葱葱的小山丘。放眼向东，他们的视线可以一直延伸至海边，蜿蜒曲折的泰晤士河尽收眼底，他们可以看到泰晤士河上挤满了各种商船和驳船，给伦敦人带来了波士顿、巴巴多斯和孟加拉的财富。在这个高度，人们已听不到大教堂周围街道的喧嚣，但伦敦特有的煤烟气味仍然钻进大家的鼻孔。事实上，在视野范围内，在开阔田野的尽头，各种建筑物兀然出现——在西边的皮卡迪利（Piccadilly）和东边的白教堂一带，煤烟会遮挡很大一部分视野。尽管如此，教堂的尖顶和塔楼仍顽强地从煤烟中显露出来。这些人对那些建筑的了解程度就如他们对自家孩子的面孔一样。这个是舰队街上的圣布赖德教堂，它有着柔美的宝塔造型。那个是曲巷（Crooked Lane）里圆柱尖塔的圣迈克尔教堂，它有着曲线优雅的弧形扶壁。还有保罗码头的圣贝尼特教堂，那是肯定不会被人认错的，这座石砌墙角的红砖建筑，拥有一个优雅的圆顶和灯笼造型的顶部。每一座教堂都是崭新的，也是独一无二的，每一座都是对上帝荣耀的高贵见证，是对聚集在高高脚手架上人们的精湛技艺的见证，更是对 1666 年伦敦大火劫难之后人们努力复兴这座城市的岁月的见证。

现代共济会诞生之际，从南面看到的圣保罗大教堂和出自雷恩之手的各个教堂

克里斯托弗·雷恩爵士（Sir Christopher Wren）作为此次伦敦重建的灵魂人物，是圣保罗大教堂以及为这座城市增光添彩的 51 座新教堂的总建筑师。那天，雷恩爵士也来到了圣保罗大教堂。然而，76 岁的他已不能登高，只好在下面等着，由他儿子带领的一群人举行了大教堂的封顶仪式。那是短暂但庄严的时刻，最后一块石头被放入大教堂穹顶之上的灯笼里。

最后一块石材就位之后，人们有一种大功告成的感觉。这不仅仅是因为克里斯托弗·雷恩爵士由此成为史上首位全程监管了大教堂建造工程的建筑师，还因为除了雷恩自家以外，多个家庭都与全新的圣保罗大教堂结下了不解情缘，参与其中的每个人都能讲述一段令人感慨的故事。1675 年 6 月大教堂项目奠基时，雷恩的儿子克里斯托弗只有 4 个月大。33 年后，当初尚在襁褓中的婴儿已成长为他父亲的得力助手，无愧于主持封顶仪式的荣誉。1675 年，出席奠基仪式的还有深得雷恩信任的石匠大师托马斯·斯特朗（Thomas Strong）。斯特朗去世后，他的弟弟爱德华顺利接替了他，现在参加了封顶仪式。站在爱德华·斯特朗旁边的是他儿子，也叫爱德华，他是小克里斯托弗·雷恩的知心朋友。小爱德华·斯特朗负责建造了他们正在收尾的大灯笼造型。

然而，那天登上穹顶上方脚手架的诸位并非纯粹因为亲情、友情乃至一代人的共同努力而聚集一处。雷恩家族的一份回忆录为后人记述了这一时刻，并清楚地表明，当时参加封顶仪式的那群人其实都是兄弟会成员："测量师之子克里斯托弗·雷恩在大灯笼造型的最高点安放了最后一块石头，他受父亲委托，在负责实施这项工程的杰出工匠斯特朗先生、他的儿子和其他自由和被接受的石匠的见证下，完成了这一工作。""自由和被接受的石匠"。看到没有？斯特朗全家都是接受会成员。当老爱德华·斯特朗于 1724 年去世时，一份周报称他为"英格兰资历最深厚的石匠和自由石匠之一"。第二年，斯特朗的儿子小爱德华的名字出现于在格林尼治集会的一个石匠会所的成员名单上。

克里斯托弗·雷恩父子也都是"被接受的石匠"。克里斯托弗爵士于 1691 年 5 月 18 日"被接受的石匠兄弟会在圣保罗大教堂举行的一次大型集会上"被"接受为兄弟"。在雷恩去世后，多家报纸在悼词中都称他为"自由石匠"，鉴于这位伟人肯定不是职业石匠，这就只能意味着他是"接受会"的一员。小克里斯托弗·雷恩的会员身份确切无疑：他将在 1729 年担任他所在石匠会所的会长。

就我们所知，另有一些"被接受的石匠"参与了伦敦的重建。托马斯·怀斯（Thomas Wise，1618~1685 年）是执业石匠大师，他承接了圣保罗大教堂的一些前期工程；众所周知，他在 1682 年主持了一次接受会会议。约翰·汤普森（John Thompson，？~1700 年）是一名"被接受的石匠"，他承包了多个由雷恩负责的伦敦城教堂的建筑工程，其中包括位于伦巴第街的圣维达斯（St Vedast's）教堂、圣玛莉里波（St

⁴⁹

Mary-le-Bow）教堂和万圣（All Hallows）教堂。

作为建筑师，雷恩父子与大师级建造者们关系密切，而后者是接受会的中坚力量。除了雷恩父子，另有一些与建筑行业根本不沾边的公众人物获准加入了接受会。1708 年，即圣保罗大教堂举行封顶仪式那年，伦敦生活的一个记录者将接受会称为"许多贵族和绅士参加的兄弟会"。

伦敦的接受会起初是作为伦敦石匠联合体（London Company of Masons）的分部运作的：在最早追溯到 1630 年的行会档案中鲜见它的记录。伦敦石匠联合体是为数不多的石匠行会之一，成立于 14 世纪中期，并于 1481 年被授予穿戴行会制服的权利。但与其他行业不同的是，这是一个专为建筑行业内的精英们开设的俱乐部，不向普通工匠开放。伦敦接受会的会员资格只能通过邀请才能获得且入会费也很高，加入伦敦工匠行会的花费本就够高的了，再加入这个会中会要付出两倍于前者的代价。专门研究共济会早期历史的一位史学大家曾形容接受会是"伦敦行会内部的一个专属单元"。在 17 世纪末，接受会逐渐成长为一个独立组织。

因此可以说，伦敦"被接受的石匠"是精英中的精英——斯特朗一家很可能是这个小圈子里的。老爱德华从他的石匠父亲那里继承了分布在两个郡的采石场。除了来自家传采石场的收入之外，斯特朗一家还能获得一笔数额相当可观的工程费，他们是圣保罗大教堂和雷恩设计的教堂的部分工程的主要承包商，并为实施这些工程组建了人数众多的石匠团队。他们还承建了许多其他著名的项目，包括皇家海军医院、格林尼治、布莱尼姆宫，也就是位于牛津郡的丘吉尔庄园。斯特朗家财力雄厚：因为政府常常拖欠承包款，他们经常不得不自掏腰包，预付巨额人员工资和工程材料费用。他们甚至一度贷款给政府，以确保圣保罗大教堂的修建工程能持续下去。老爱德华·斯特朗还参与了房产投机，他在临终之际将几处乡间别墅遗赠给儿子。简言之，斯特朗一家根本就不像是共济会传说中身世卑微的中世纪工匠，他们和接受会的其他成员都借着伦敦大火后流入重建英格兰首都的巨额公共资金发了大财。

圣保罗大教堂的封顶仪式标志着伦敦重建和资金流入势头的结束。实际上，重建资金的大头来自政府征收的煤炭税，正是这种燃料的烟雾遮住了圣保罗大教堂穹顶上的视野。政府对煤炭征收的 3 种税中的最后一种于 1716 年 9 月到期，到了次年年初重建预算就耗尽了。伦敦市的重建工程也已完成。

伦敦的接受会无疑具有排外性且地位显赫，但它在外的名声并不大。伦敦重建的结束触发了一系列事件的发生，而这些事件将使接受会成为世界上最著名的秘密社团。

克里斯托弗·雷恩爵士不仅是个天才，还是一个在各方面都无可挑剔的大好人。他性情温和，忠于朋友，工作认真负责，完全没有沾染腐败的恶习——在 18 世纪的英格兰，这简直可以与基督教圣人比肩了。人们完全有理由将他描绘成共济会理想的化身。但雷恩爵士已经上了年纪，已完成了他的历史使命，并且变成了一个在政治上易于惹祸上身的目标。1718年 4 月，雷恩爵士被解除了皇家测量师之职，一直以来他担任的这个职务更像是一种荣誉称号，以表彰他毕生取得的成就。取代他的那个人是个政治上有企图心的官吏，此人一上任便着手报复雷恩，指控他管理不善。

雷恩面临的问题不仅仅是煤炭税已经消耗殆尽，更严重的是，他在那个时代的重大政治斗争中站错了队。在 17 世纪和18 世纪初的英国历史中，宗教问题以及议会和君主制之间的关系是各方争执的两大焦点，这一点从 1688~1699 年的"光荣革命"中可以清楚地看出。斯图亚特王朝的詹姆斯二世与他的天主教妻子生下了一个天主教男性继承人，他还梦想着效仿天主教欧洲的专制主义享有神赐的绝对权威。所以，在光荣革命中，憎恶天主教和专制王权的一派推举詹姆斯的女儿玛丽及其荷兰丈夫威廉登上王位，玛丽和威廉均是新教信徒。从那时起，国王和女王要想保有权力，就必须事先征得上议院和下议院的批准。然而，即使在光荣革命之后，同样的宗教和政治问题依旧阴魂不散，具体表现为托利党（Tories）和辉格党（Whigs）之间的斗争。

托利党是王权和英国圣公会（Anglican Church）的支持者。保守主义的托利党甚至走到了支持天主教和詹姆斯党人的地步，筹划着让在光荣革命中被废黜的詹姆斯二世的天主教儿子夺回王位。在光荣革命后的数十年里，詹姆斯党人发动的叛乱此起彼伏。

相比之下，辉格党则是君主立宪政体的支持者，主张君权必须受到议会的约束，并赞同在新教君主主持下的英国国教体制中实行一定程度的宗教宽容。

1714 年，无继承人的安妮女王去世，这将两党之间的斗争推向了危急关头。安妮是斯图亚特王朝的成员，宗教上是保守的圣公会教徒，政治上是托利党人。唯一看似合理的新教继承人是德国汉诺威的选帝侯乔治，他是路德宗信徒，政治立场基本上偏向辉格党。于是，选帝侯以乔治一世的名号登上了英国王位，并开启了汉诺威王朝。辉格党人随后便展开了肆无忌惮的夺权活动。他们将占据了具有影响力职位的托利党人从行政机构、专业领域、军队、大学和教会逐一清除。克里斯托弗·雷恩爵士遭到攻击是因为他是著名的保守党人：他的家族效忠斯图亚特王朝的历史可以追溯到内战前他父亲为查理一世效力的时候。接替他职位的官吏则是辉格党人。对雷恩的指控一年后被驳回，他的继任者因无能和腐败而被撤职。但这件事足以证明，无论这位建筑师多么杰出，多么德高望重，他在政治斗争中也是不堪一击的。

托利党和辉格党之间权力平衡的巨大变化，以及伦敦重建的结束，终止了托利党对伦敦接受会的庇护，正是这种关系使得伦敦接受会的建筑承包商们在过去半个世纪里变得如此富有。该轮到辉格党掌控大局，把接受会纳入他们的羽翼之下了。

德萨居利耶博士

鹅和烤架酒馆坐落在圣保罗教堂庭院街，在这条位于大教堂南侧的街上，聚集着众多酒馆和书店，早在伦敦大火发生之前，此处就已经是这座城市的文化生活中心了。鹅和烤架酒馆与"自由和被接受的石匠"之间存在某种特殊的渊源。虽然缺乏书面记录为证，但很可能克里斯托弗·雷恩爵士就是于1691 年在这里被"接受"的。

1717 年 6 月 24 日，即施洗者圣约翰节那天，来自 4 个不同石匠会所的成员在鹅和烤架酒馆聚会。每个会所以其成员聚集的酒馆命名：德鲁里巷（Drury Lane）附近帕克巷（Parker's Lane）的"皇冠"、科文特花园（Covent Garden）查尔斯街的"苹果树"、威斯敏斯特海峡街（Channel Row）的"大酒杯和葡萄"，还有"鹅和烤架"酒馆。

这次会谈的主题是选举一个名为安东尼·塞尔（Anthony Sayer）的普通绅士书商出任行会的新设职位：总会长。这个会议具有深远的历史意义。此后，一个总会所横空出世，声称有权决定和实施整个兄弟会的规则。现代共济会将 1717 年的那一天视为自己的诞生日；2017 年，世界各地的共济会兄弟们庆祝了 300 周年纪念日。

在鹅和烤架酒馆举行的会议是这个行会发展史上的一个重要转折点。但我们对如此重要的历史事件知之甚少，令人迷

53

惑不解。它没有留下任何实质性的痕迹：鹅和烤架酒馆以及另外 3 个创始会所聚会的酒馆也早已被拆除。更蹊跷的是，通常会一丝不苟地记录自身活动的会员们，却在当时没有做任何会议记录。接下来我们将会看到，有人试图掩盖真相的猜测并非毫无根据。1717 年至 1723 年是共济会历史上最重要的时期，但也是迷雾重重的时期。它值得被放在历史显微镜下仔细观察。

就在伦敦城重建资金耗尽，辉格党东山再起之际，后来众所周知的总会所诞生了。创建总会所的人都心怀远大理想，具有令人敬仰的社交能力，而且都是辉格党人。从他们中一位核心人物的素描肖像中，我们可以学到很多东西，这个人就是鹅和烤架酒馆会议的真正操办者：约翰·西奥菲勒斯·德萨居利耶（John Theophilus Desaguliers）博士。

德萨居利耶博士是一个关键人物，他以一种特有的方式塑造了这个行会的历史、仪式和价值观，并一直延续至今。他不只是总会所的主要创建者之一，还将教育讲座引入会所聚会，并帮助建立了总会所附属的慈善机构。他周游四方，帮助这个行会在欧洲大陆开枝散叶。

像包括约翰·库斯托在内的许多早期石匠一样，德萨居利耶出身于一个法国新教难民家庭——他的父亲是胡格诺派教徒。与许多胡格诺派教徒一样，其实也和许多移民一样，德萨居利耶雄心勃勃，奋发图强，渴望融入主流社会当中。尽管早年生活环境艰苦，他还是上了牛津大学，并开始从事神职工作。但是对德萨居利耶来说，神职工作似乎只是达到目的的手段，他因冗长乏味的布道而声名欠佳。

他同时还从事着一种集科学家、公共讲师和表演者身份于一身的工作，这才是他真正兴趣所在。作为牛津大学的学生，他被艾萨克·牛顿爵士迷住了，开始满怀热情地做一些引人注目的实验以验证牛顿的理论。在启蒙运动时期的英格兰，尤其是在伦敦，愿意出高价欣赏这种演示的人不少。多亏了牛顿，德萨居利耶博士不需要按惯例支付会员费，而是应邀加入了皇家学会，在那里平民和贵族共同追求科学知识，并同享随之而来的显赫地位。德萨居利耶甚至被雇来筹办实验。他将成为牛顿的主要演示者，以及一个竞争激烈的领域的首席公共讲师。1717 年，鹅和烤架酒馆会议的那一年，"头脑聪颖的德萨居利耶先生"应邀去乔治国王面前展示他的实验。这是他首次参与由王室主办的这类活动，随后他又多次出入宫廷，并得到了十分可观的酬劳。德萨居利耶的生意越做越大，还以工程顾问的身份替人们解决一些实际问题，比如酿造啤酒、给煤矿排水、组织烟火表演以及维修下议院建筑物上的烟囱等。

多才多艺的约翰·德萨居利耶能取得如此显著的成就，大部分要归功于他具备的一种特殊才能，那就是他擅于结交有影响力的辉格党朋友。1716 年，他应邀充当詹姆斯·布里奇斯（James Brydges）的专职牧师，后者不久后就成为钱多斯公爵一世（1st Duke of Chandos），这位辉格党大人物的支持对他事业的发达起到了至关重要的作用。他的人脉从此得以迅速扩展，并深入到科学家及其贵族赞助人的圈子里。他取得成功的标志之一，就是他在 1720 年代设法找来不少大人物充当自己孩子的教父教母，其中除了艾萨克·牛顿爵士，还有卡纳封侯爵（the Marquis of Carnarvon）和麦克尔斯菲尔德伯爵（the Earl of Macclesfield），前者是尚多斯公爵在世的长子，后者则是一位极其富有的辉格党朝臣和大法官，后来因收受巨额贿赂而被起诉。对于像德萨居利耶这样的难民的儿子来说，能攀上如此高枝令人刮目相看。

约翰·西奥菲勒斯·德萨居利耶（1683~1744 年）
（图片下方的说明涉及炫耀他与钱多斯公爵相识的内容）

55   德萨居利耶以广泛交友和自我推销为生。共济会是他个人策略的一部分。在一个权力和财富仍然高度集中在拥有土地和头衔的人手中的社会里，那些想要提升自己的人别无选择，只能结交拥有社会影响力的朋友。因此，我们不应以为德萨居利耶如此渴求人际关系网，以至于他和许多其他像他一样的行会成员对共济会的价值观缺乏诚意。事实上，他对行会的重视程度近乎病态。他利用自己在总会所中掌握的权力，消除了一些会所举行仪式时不够严肃的倾向：1690 年代的一份手稿谈到入会候选人会被"1000 种令人厌恶的姿势和鬼脸"恐吓。在德萨居利耶之后，共济会的运作方式变得更加庄重。

56   崇尚科学的德萨居利耶博士竟会迷上共济会这种充斥着原始信仰的兄弟会，我们对此也不应感到奇怪。当然，他进行了著名的实验来戳穿诸如永动机之类的愚蠢神话。然而，他毕竟生活在一个科学和迷信之间的界限远未清晰划定的时代。艾萨克·牛顿爵士本人就相信炼金术可以找到魔法石和长生不老药；虽然这位伟人并非"被接受的石匠"，但他仔细研究了所罗门神殿的设计，试图从中琢磨出古老的真理。

对德萨居利耶来说，共济会与他的个人抱负、政治观点和求知激情完全契合。他与那些代表辉格党政权最糟糕一面，权欲熏心的官吏完全不同。他打造的共济会汲取了辉格党哲学中稀有的高雅养分：他甚至赋诗一首，将牛顿系统、共济会符号和汉诺威王室融为一体，呈现出一幅天下大同的愿景。但是德萨居利耶的政治活动在总会所的形成中仍然起到了至关重要的作用。在总会所的创建以及随后共济会迅速扩张的过程中，一些具有重大影响力的辉格党人与他在幕后结盟，尤其是两个群体。其中之一是伦敦皇家学会的自然哲学家们。从 1714 年到 1747 年，皇家学会的秘书全是共济会会员。二是辉格党共济会会员占多数的地方治安官群体。他们负责维护伦敦的社会秩序，同时还要履行另外一些职责，如为酒馆发放营业许可证。正如一位熟谙早期共济会关系网发展的史学家所说的那样，"许多伦敦共济会会员正是辉格党政府最喜欢的人，他们循规蹈矩并坚守维持现状的立场，由他们充当治安官再合适不过了"。在辉格党掌权的伦敦，作为对政治忠诚的回报，共济会给人们提供了一个途径，使他们能获得与建筑业毫无关联的声望和影响力。辉格党入局的直接影响是最终打断了"劳力者"和"劳心者"，即职业石匠与自由石匠之间的纽带。

1717 年在鹅和烤架酒馆召开了标志着共济会正式形成的重大会议之后，共济会的方方面面便被打上了辉格党权威的烙印。但是该行会的后续历史也被一场几乎导致辉格党政权垮台的危机影响。乔治一世加冕后，留给辉格党夺权的时间窗口转瞬即逝。1720 年，"南海泡沫"（The South Sea

Bubble）① 的灾难性事件充分暴露了政体的虚弱。整个精英阶层，包括辉格党和托利党，都与助长南海公司股价暴涨的欺诈和腐败有牵连，其中大多数人在泡沫破裂时都遭受了惨重损失。一夜之间，挽救既得利益集团成为各方优先考虑的政治事务。罗伯特·沃波尔爵士以辉格党内温和派首领的角色提出了一项应对危机的方案，防止国内经济体系全面崩溃。此后，沃波尔还将统领一个官官相护与腐败程度空前严重的政治体制，执政时间长达 20 多年。如今，人们普遍认定他为第一位英国首相。

从沃波尔身上，我们可以看出手艺会在某种程度上涉足了这一系列事件。尽管无法查明确切日期，但可以确认沃波尔最迟在 1731 年即已入会，成了自由石匠。自由和被接受的石匠之间，就像整个英国政界表现出的状态一样，南海泡沫破灭令极度恐慌的人们迫不及待地捐弃前嫌，握手言和。辉格党仍然主政，但他们的态度谦逊了许多。共济会不惜一切代价寻求内部和平，需要将自己与辉格党政权紧紧绑在一起。1721 年，德萨居利耶仰仗自己的人脉，招募了辉格党内部人士、皇家学会成员蒙塔古公爵，使之成为共济会第一位贵族出身的总会长。

在德萨居利耶的推动下，蒙塔古公爵后来下令，以加强辉格党总会所权威为基调编写一部石匠守则。这部手册还要包含共济会组织的官定历史——以此隐藏涉及总会所成立内情并会引发政治纠纷的任何内容，其中包括在鹅和烤架酒馆会议期间发生的任何事情。

---

① 1711 年，南海公司（South Sea Company）成立以帮助英国政府解决因参与西班牙王位继承战争而欠下的高达 1000 万英镑债务。作为回报，公司获得英国对南美洲及太平洋群岛地区的贸易垄断权，而这两个地区在当时被坊间视为商机无限，公司发行的股票因而受到热捧。1720 年春天到秋天，投资狂潮引发的股价暴涨和暴跌最终失控，导致金融领域的大混乱。

和谐与历史

到目前为止，共济会史上最重要的一部文献就是《共济会宪章——内含最古老、最正宗、最尊贵的兄弟会之渊源、戒律、法规等》[①]。该文献首次出版于1723年，而当它于1738年修订再版时，共济会，以及后来居上的总会，已颇具规模。

这本书的核心内容是"自由石匠之戒条"：这是一部让共济会成长为如今模样的指南。《共济会宪章》还针对会所的运作方式制定了一些新法规，其用意明显是为了帮助确立总会所的主导地位。例如，其中一条规定：任何未经授权自行设立会所的人都将被视为"反叛者"。此外，还有一些更传统的基本守则，这些通常被会员们称为他们历史传承的既成原则。我们已经在别处了解到了不少这类既成原则，比如在约翰·库斯托的供词中，以及至今还在入会仪式上予以解释的戒律。共济会会员必须尊重当权者，并保守兄弟会的秘密。所有会员都是平等的：明文规定"众兄弟一律平等"。他们必须奉行宗教和种族宽容准则："我们不分民族、方言、家族和语言。"他们不可以是"愚蠢的无神论者"，也不会因信仰的不同而起纷争，因为他们全都信奉"宇宙的伟大建筑师"。宗教不在会所讨论的话题之内。女人不能入会，缺乏人身自由的人，也就是"奴隶"，也不能入会。（随着共济会的发展，这条禁令会给它带来很多麻烦。）最重要的一条规定是共济会会员必须坚决抵制任何拉帮结派的活动："坚决反对任何形式的政治活动。"鉴于总会所成立的背景，这条禁令显得有些虚伪。

除了既成原则以外，《共济会宪章》还包含了这个兄弟会

59

[①]　The Constitutions of the Freemasons. Containing the History, Charges, Regulations &c. of that Most Ancient and Right Worshipful Fraternity，以下简称《共济会宪章》。

的历史，其中大部分内容是虚构的——就像中世纪石匠的《老律令》一样离谱，而后者又恰恰是它的主要素材来源之一。《共济会宪章》的扉页上注明它于1723年，也就是共济会纪元5723年出版。共济会对自身在永恒秩序中所处的地位如此自信，以至于他们认为自己是一种智慧的守护者，而这种智慧可以追溯到公元前4000年的世界之初。因此，共济会的历史始于世上第一人：亚当一定是"心上铭刻着石匠技能"的一个人，因为他教导了儿子该隐，而该隐建造了一座城市——因此他肯定是一名石匠。亚当的直系男性后裔诺亚也是一名石匠，因为尽管他的方舟是由木头而不是石头制成的，但它"肯定是基于几何学并依据石匠技法制作的"。古代以色列人被掳至埃及期间学会了这门手艺，他们"组成了一个完整的石匠王国，在他们的大师摩西的带领下，得到了很好的指导。在荒野中他经常安排他们进入一间普通小屋"。历史画卷就如此轻松活泼地展开了。在18世纪早期，这种历史写作风格没有任何异常之处。这个借用了时间错位的伎俩遵循的原则十分简单：史上任何人，只要建造了稍有些纪念意义的东西，这个人就会被划入共济会会员的行列。例如，古罗马帝国开国皇帝屋大维被"合理地认为"是"罗马会所的总会长"。很自然地，这种人为编纂的共济会传统的登峰造极之作，就是将建造耶路撒冷所罗门神殿当作自身的历史，并且一直持续至今。

《共济会宪章》中的《历史篇》所叙述的"历史事件"，不过是兄弟般和谐相处的石匠们个人事迹的罗列。《历史篇》中只有个别段落暴露出它偏向辉格党的意图，尤其是涉及托利党的克里斯托弗·雷恩爵士身处困境时期的那些段落。

这部文献的1723年原版确实数次提到了雷恩。但鉴于早期的共济会会员对英国的新古典主义建筑及其在共济会传统中的地位非常自豪，而且雷恩是一位完全主导英国建筑领域的新古典主义建筑师，有关他的描述就显得十分简短、勉强。它连承认雷恩是行会成员这一点都没做到，这说明辉格党主导的共济会根本不想把他当作自己人。

1738 年再版时，有关雷恩的内容更详尽，但也更具贬低倾向。诚然，在这个版本中，雷恩在优秀建筑师的名人堂中占据了应有的一席之地。他的自由石匠身份也得到了认可，称他在 1666 年担任共济会副总会长，并在数年后出任总会长。（上述日期和头衔可能毫无意义，因为这部宪章把从奥古斯都到国王查理一世的每个人都称为总会长。）但在描述 1717 年总会所成立一事时，1738 年版有多处宣称，伦敦的几个会所被迫在鹅和烤架酒馆会议上采取主动，因为他们觉得雷恩"忽视"他们。也有人声称，从 1708 年他儿子在圣保罗大教堂放上最后一块石头的那一刻起，身为总会长的雷恩就开始心不在焉，玩忽职守。

在由《共济会宪章》绘就的共济会和平与和谐的世界里，"玩忽职守"恐怕是用来批评会内兄弟最严厉的措辞了。这个评价丝毫没有考虑到雷恩的年龄和虚弱的身体：当精神石匠代表们在鹅和烤架酒馆开会时，他已将近 85 岁，并在《共济会宪章》首次出版那年去世。而在它的第二版问世时，总会所已经安全地建立起来了，此时雷恩已经去世 15 年，但他与保守党的联系仍然让他遭到中伤。

种种迹象表明，整件事十分蹊跷，幕后一定大有文章，而在编撰历史时借题发挥，顺便抨击雷恩的做法只是这部文献的一个可疑之处。它提到在共济会近代的不同时期发生过重要历史文献遭毁坏的事情。特别值得一提的是，1720 年，即南海泡沫危机的那一年，"在一些秘密会所，有关兄弟会及其会所、条例、律令、机密和做法……价值连城的手稿（尚未正式出版）被谨小慎微的兄弟们在匆忙之间全部烧毁"。这种现象实在令人费解，对这种清除历史记录之举的唯一解释就是"害怕

61

被人发现"和防止它们落入"陌生人之手"。很显然，有人想抹去过去发生的一些事，而《共济会宪章》在记述这段时也只是一笔带过，无意深究个中原因。

春秋笔法并不局限于此。从我迄今汇总的情况来看，《共济会宪章》的历史部分对一些史实只字不提。例如，1723年版本甚至没有提及1717年在鹅和烤架酒馆举行的重要会议。而1738年版本只是简单介绍了那次会议及其在总会所的创立中所起的作用。但它除了告诉我们会议已经召开，并列明4个参会会所之外，没有其他实质性内容。因此，我们永远不可能知道当天那个酒馆里到底发生了什么。我们也只能得出一个结论，即创建现代共济会的约翰·德萨居利耶博士等人在设立总会所时，打破了此前这个兄弟会所立的不参政禁忌：他们开始沉溺于低级的、争权夺利的党派政治。

接受会也被排除在外。我们只能猜测这是因为它被托利党玷污了。

再往前溯，苏格兰的会所和深受王室工程总管威廉·肖影响的会所也从共济会官方正史中消失了。《共济会宪章》厚颜无耻地向我们呈现了一个英格兰化的叙事基调，仅仅在参考书目中提到了几条苏格兰会所珍贵的"记录和传统"。

《共济会宪章》是由一位名叫詹姆斯·安德森（James Anderson）的学者，在德萨居利耶博士的密切指导下编写完成的，所以肖氏会所遭到冷遇就显得格外引人注目了。安德森简直就是苏格兰石匠的完美化身：一个红头发的非国教遵守派（Nonconformist）①牧师，父亲是阿伯丁肖氏会所的资深会员。

---

① 在16世纪下半叶至17世纪期间，英国国教内兴起"清教派"改革运动，主张清除英国教会里非《圣经》成分，尤指罗马天主教色彩，强调《圣经》是教会信仰与行为的唯一真正根源。自1660年查理二世恢复王权后，该派信徒名称从"清教徒"变为"非国教遵守派"或非国教徒（Dissenters）。

《共济会宪章》将苏格兰从共济会历史中删除的原因不止一个。首先是偏见。当许多像安德森这样的苏格兰人搬到伦敦时，英格兰人对他们持有刻板的印象：滑稽的口音，红头发，不知如何正确如厕，等等。更重要的是，苏格兰因其宗教极端主义而令人紧张不安：天主教的詹姆斯党和非国教遵守派在苏格兰境内十分盛行。最后，苏格兰是斯图亚特王朝的祖籍，托利党和詹姆斯党人均是其坚定的支持者。苏格兰意味着争执不休，这是聚集在总会所周围的辉格党石匠们想要极力避免的。于是，苏格兰在早期手艺会发展史中扮演的关键角色就被抹掉了。肖可能在爱丁堡教过工匠们记忆术，但在伦敦写就的《共济会宪章》传授给他们的则是遗忘术。难怪自那以后共济会会员很难追踪到他们真实的发展史。

然而，1722 年，在《共济会宪章》中语焉不详的共济会历史正式出版之前，各方还是产生了争议，这次争端差点导致灾难性的后果。

一决高下

两个男人犹如橄榄球中后卫队员那样，摆出优雅姿态，相对而立。他们头戴假发，身披天鹅绒和貂皮长袍，从此装束上看，他们肯定是贵族出身。他们所处的场景是方形瓷砖地板和一个无顶的古典柱廊呈几何形状延伸向远处的拱门。悬浮在他们之间的是以希腊文的 "Eureka!"（我找到了！）为标题的欧几里得第 47 条命题示意图：直角三角形斜边的平方等于两条直角边的平方和。在天上，太阳神阿波罗乘着他的战车上升到了最高点。我们看向左边，那个人显得比另一个人年长些，他优雅地伸手递交两件东西：共济会圆规和卷轴，卷轴上显示出"宪章"一词。我们再看向右边，另一个人微微鞠躬，表示他恭敬地接受。整个场景呈现着匀称与和谐、尊严与睿智，这其

63

实是共济会的众多愿景之一。

我刚才描述的画是为庆贺 1723 年版共济会宪章的出版而特意制作的卷首插画。插画中心位置那个刻着"宪章"字样的卷轴指的就是这一版宪章。尽管这个作品描绘了非常理想化的场景，但它刻画的是一个真实的事件。画中间偏左递交圆规和卷轴的贵族是第二代蒙塔古公爵约翰·蒙塔古，共济会首位贵族出身的总会长，正是他于 1721 年 9 月下令编撰《共济会宪章》。当这部宪章于 1723 年问世时，主持总会所的是第二任出身贵族的总会长菲利普·沃顿（Philip Wharton），第一代沃顿公爵，在画中立于右侧接受圆规和卷轴。

插画的用意是让我们想象一个总会所权力平稳交接的场景，以及《共济会宪章》润物细无声般融入了兄弟们的生活。然而，这幅画其实还想让我们忘记这样一个事实：第一代沃顿公爵是一个浪荡子、酒鬼、政治投机者、渎神者、败家子和叛徒，他在现代共济会蹒跚学步时几乎摧毁了它。

在蒙塔古担任总会长数周之后，也就是 1721 年夏天，沃顿才加入共济会。他当时还很年轻，才 22 岁，因此总会所可能是觉得他足够单纯，可以更容易地习得手艺会做事的方式。果真如此的话，这种愿望很快就落空了。入会仪式结束后，沃顿违反行规，穿戴着新围裙和手套一路招摇着回了他在蓓尔美尔（Pall Mall）街的家。麻烦即将来临。

64　　　无论是谁提议沃顿加入共济会，都可能是为了激怒以约翰·德萨居利耶博士为首，统领着总会所的辉格党人。沃顿性格多变，喜怒无常。1715 年，年仅 16 岁的他和一位少将的女儿私奔了。数周之后，他父亲去世，将公爵爵位传给了他，此后他就像一匹脱了缰的野马，更加随心所欲，放荡不羁。翌年，他背叛了家族的辉格党传统，前往法国拜访詹姆斯·弗朗西斯·爱德华·斯图亚特——信奉天主教的"老王位觊觎者"，那时

《共济会章程》（1723 年）卷首插画展示着两位尊贵的总会长，
他们是现代共济会成立隐情中的核心人物

詹姆斯党人正密谋将他推上王位。要说这次会议涉嫌谋反一点
都不过分：沃顿从"老王位觊觎者"那里获得了一个贵族封
号。辉格党的建制派不无耐心地做出种种努力，期望他能浪子
回头。但到了 1719 年，他成立了地狱火俱乐部，专干亵渎神
明和圣物的事。沃顿还是个赌徒和酒鬼。更糟糕的是，此时他
已经无可救药地欠下詹姆斯党放债人太多的债务，并将巨额抵
押贷款来的现金投进了南海泡沫。他在 1720 年的崩盘中损失
了 12 万英镑（相当于今天的 1400 万英镑左右），并因此在上
议院猛烈抨击辉格党政府。1721 年末，他又投票支持辉格党
政府——但只是在收受了大笔贿赂之后。

　　沃顿不只是变色龙，还野心勃勃。1722 年 6 月，在加入

65

共济会仅仅 10 个月之后，他便夺取了总会长之职。就在蒙塔古公爵将被认定连任的年度宴会前一天，沃顿召集行会内托利党人开会，并被众人推举为下一任总会长。次日，在"伦敦书籍印刷出版经销同业公会会所"（Stationers' Hall）举行的宴会上，辉格党人促成了最终的妥协方案：沃顿为总会长，值得信赖的辉格党人德萨居利耶博士当他的副手。尽管如此，宴会上还是出现了众人醉酒后的对峙。托利党人放声高唱詹姆斯二世党人的进行曲《当吾王重享王座时》。这种行为无异于公然挑衅，而且肯定会在这个地域的任何一家酒馆引发一场打斗。辉格党人则以向乔治国王和"现政府"敬酒作为回应。

在因政治分歧停滞很长时间之后，总会所内部两派虽然还处于脆弱的休战状态，但《共济会宪章》最终在 1723 年 1 月获准刊行——全本还配上了描绘新旧总会长平稳交接的虚构场景的卷首插图。宪章的出版是沃顿公爵担任总会长时期取得的唯一成就。人们原以为他担任总会长后言行会有所节制，而实际上他越来越口无遮拦地公开发表支持詹姆斯党的言论，众人的希望就此破灭——而此时，军队正在海德公园扎营，以防发生叛乱。一种可怕的前景近在眼前：共济会有可能犯下叛国罪。

撤换沃顿的机会终于来了。在 1723 年 6 月施洗者圣约翰节的宴会上，德萨居利耶提出，辉格党人达尔基思伯爵（Earl of Dalkeith）并无政治野心，是容易被各派接受替代沃顿的合适人选。沃顿最初可能认可这个方案，但当他得知德萨居利耶博士将再次当选副总会长时，他要求重新计票，然后愤然离去。

沃顿一直有令人难堪的举动。1724 年，他创立了哥尔摩根（Gormogons）古圣教团，这个昙花一现的秘密社团，旨在仿效共济会，此事引起了舆论的广泛关注。翌年，沃顿为了躲避他的妻子、债主和政敌，逃往国外，并试图发动一场毫无章法的詹姆斯党人叛乱。他随后皈依了罗马天主教。但他荒淫无度、嗜酒如命的生活方式，很快就让他在欧洲大陆的詹姆斯党人中信誉尽失。他还被辉格党政府以叛国罪为由剥夺了头衔，后来穷困潦倒，最终于 1731 年因酗酒过量而亡。

随着沃顿的退出，脱胎于手艺会的现代共济会逐渐成长壮大。《共济会宪章》抹杀了几乎所有政治内斗的痕迹，并为后世包装了一个和平与和谐的历史故事。这个行会注定会迅速成长。但要做到这一点，还需要有人给它添把火。

是酒，你们这些石匠，让你们获得自由

继蒙塔古和沃顿之后，每一任英格兰会所总会长都是勋爵、子爵、伯爵、侯爵、公爵或亲王。共济会完全有资格自诩为"王室技艺"。尽管共济会会员都在谈论兄弟友情，但来自社会最高层的资金对兄弟会的影响是有目共睹的。这可以用一个实例来证明：总会所本来一直是在酒馆楼上的单间聚会，在蒙塔古公爵成为总会长之后，他们开始在伦敦一些宽敞的公共礼堂聚会。

多亏了贵族和王室的赞助，来自各行各业的人一旦跨过会所的门槛，就相当于打开了一座充满了可利用的人脉关系的宝库。比如作家和艺术家在此找到了客户和赞助商。英格兰－苏格兰画家杰里迈亚·戴维森（Jeremiah Davidson）在会所遇见了第二代阿索尔（Atholl）公爵詹姆斯·默里，一番交谈后，公爵提出让画家给自己画一幅肖像；类似的委托随之而来。在 18 世纪后期，苏格兰诗人罗伯特·彭斯在一次会所聚会时被人引见给第 14 代格伦凯恩（Glencairn）伯爵詹姆斯·坎宁安（James Cunningham）。诗人后来称颂伯爵为"我的第一位，我最敬爱的赞助人和恩人"。1786 年，共济会提供资

67

金出版了彭斯的第一部诗集《主要用苏格兰方言写的诗》，使他一举成名。基尔马诺克（Kilmarnock）会所，以及会内的一些富有的兄弟，纷纷预订了这本诗集。为了回报大家的鼎力相助，彭斯专门赋诗表达对共济会生活的热情向往。此举堪称兄弟会公关的妙招。

除了人际关系网以外，共济会还有另一大吸引力，那就是慈善。在公办福利或医疗保险缺失的时代，家庭最终要靠亲戚朋友解囊相助才能渡过难关。加入行会并支付会费，意味着防备未来生活上的困境。

尽管共济会竭力以古老的外表展示自己，但它在根子上并没有老气横秋，而是颇具现代之风。其现代性还体现在它汲取了伦敦生活的一些独特之处，并将其提炼、包装以便输往海外。虽然贵人资助之举并无任何现代性可言，但 18 世纪的共济会确实给赞助注入了一种明显的现代风格。1737 年 11 月，在基尤（Kew）会所举行的一次特别会议上，共济会引入了第一位王室成员：威尔士亲王弗雷德里克。虽然弗雷德里克没有担任共济会的职务，但作为王位继承人，他屈尊经受了和其他兄弟一样蒙着眼睛、露着膝盖、穿起围裙的烦琐入会礼仪，这一事实给兄弟会带来了巨大影响力。它强烈地暗示着，至少在会所这个象征性舞台上，皇亲国戚和贩夫走卒之间存在一定程度的平等，并共同服膺共济会的理想。

恐怕也就是在英国，贵族与社会地位低下者之间才能缔结这种奇特的伙伴关系，这在欧洲大陆的任何地方都是难以想象的。首先，英国比许多其他国家有更大的社会流动性：新兴的商业货币与传统的地产财富开始缓慢地聚合。在 18 世纪时，一些外国人在考察英国时注意到，想要区分英国社会中的不同阶级是多么困难。在欧洲大陆，一名男子的装束能清楚表明他的社会地位及职业，而英国的中下层阶级却倾向于模仿高于他们的阶层的着装风格。在共济会会所内，围裙和徽章被用来区分会员们在兄弟会中的地位，而不是用来表明他们在社会上拥有财富的多寡或权力的大小。一种正统的平等主义植根于共济会精神之中。正如《共济会宪章》规定的那样，会内"众兄弟一律平等"。

共济会偏爱仪式和公平的宪章规则，这种倾向也具有时代的特征。当时一个流行的政治口号就提到了"英式自由"（English liberty）。（无论是那时还是现在，人们用"English"一词时总是不能把英格兰和英国严格区分开来。）不管怎样，共济会采纳了辉格党打着"英式自由"旗号的宪政思想，并将其细化为一种兄弟会的规矩。

石匠们在几乎与世隔绝的会所中聚会，这使他们可以毫无顾忌地开展一些实验或尝试，推出一些不为外部世界接受的规章制度和行为方式。共济会是民主的：成员是从提出申请的候选人中挑选的，会所官员则是从会员中选出。共济会的管理人员采用轮换制，每个官员任期是一至两年。换句话说，早期的共济会试图将"英式自由"从单纯的宪政口号转变为某种实践中的乌托邦。

良心自由是英式自由的核心内容。在英格兰，辉格党人施行的政治解决方案也是一种宗教解决方案——这使得共济会打的宽容牌具有了新的意义。当然，这个英式自由与其说是对社会真实状况的高度概括，不如说它只是一句口号。圣公会已被奉为国教，至少40%的英国人口不属于该解决方案所支持的正统教会。犹太人和更极端的新教教派，如一位论派（Unitarians），被排除在外。天主教徒被视为内贼。尽管有这些限制，在英国大部分地区，宗教信仰与政治权力之间的联系仍比欧洲大陆诸国松散得多。官方圣公会教会与各种形式的非国教新教，如浸信会和贵格会之间的关系虽然紧张不安，但还

69

维持着表面上的相互容忍和共存。政治上的忠诚与信仰上的一致性被和缓地分隔开。

一些知识分子也对宗教多元化的观念推崇备至。自然神论亦如此，这个语义宽泛的专用术语表示了对造物主上帝的信仰，并认为他的仁慈意志不是通过任何特定的教会，而是在自然的和谐中展示出来。

共济会在这种氛围中如鱼得水，并趁机进一步发扬光大。在威廉·肖在爱丁堡詹姆斯六世的宫廷中主事那段时间之后，各地会所就一直是免受宗派冲突干扰的避风港。在忠于这一传统的同时，18世纪的兄弟们必须是宗教信徒，但是他们可以遵循自己良心的指引，采取任何方式敬拜"宇宙的伟大建筑师"。会所内部洋溢着宽容的气氛，不少自然神论者混迹其间。甚至早在1720年代的伦敦就已经有犹太人加入了共济会；到了1730年，一个伦敦会所的会长是犹太人。值得注意的是，1730年1月，第八代诺福克公爵托马斯·霍华德（Thomas Howard）成为共济会的第一位天主教信徒的会长。在大致认清了共济会产生的背景之后，我们就能体会到石匠们的秘密崇拜策略多么有独创性。早期的石匠希望借助于他们在主流宗教中看到的那种虔诚和庄严的形式，传达他们的友爱互通。但在一个教派争端日趋紧张的时代，除非他们信条的核心内容仅有为数不多且轻描淡写的道德原则，否则，只要他们稍微往里添加些神学内容，就有可能让兄弟间纷争骤起，往日的友情荡然无存。因此，他们相当巧妙地发展了一种以保密为内核的信条，它既令人肃然起敬，又几乎空无一物。

在18世纪的共济会中，会员们在社会阶层和宗教信仰上的差异也在酒精的浸泡中渐渐软化了。共济会会员个个喜欢喝酒。当年的伦敦堪称醉酒之都，但即使在那种不可救药的酗酒文化中，共济会会员也因他们的超级豪饮而远近闻名。早在 1723 年，在一本名为《醉酒颂》（*The Praise of Drunkenness*）的滑稽作品中，手艺会的"海量酒徒"就赢得了特别的喝彩——

是酒，你们这些石匠，让你们获得自由，酒神巴克斯是自由之父。

1736 年的一幅雕刻作品让一个醉得不成样子的石匠永垂青史。这个名为《夜晚》的作品描绘了一个乱哄哄的场景：烂醉如泥的尊者尊主（Worshipful Master）①（通过他的围裙和三角板徽章来识别）在会所守门人（Tyler）②的搀扶下，踉踉跄跄走过查令十字街；往上看，有人正在他们头顶上方倾倒夜壶。尽管这幅图饱含讽刺意味，但它的确概括了早期共济会的一些重要事实。毕竟，它的创作者，伟大的艺术家贺加斯（William Hogarth）就是共济会会员。位于这幅画中心的尊者尊主是托马斯·德维尔（Thomas de Veil），他是一个立场无比坚定的辉格党人，于 1729 年被任命为地方治安官。德维尔主持了许多根据备受争议的反酒令《1736 年杜松子酒法案》提起的诉讼案——这幅版画就是专门嘲讽他的。德维尔忠于职守的表现后来得到了政府嘉奖，他获得了一份待遇丰厚的闲职并被授予骑士身份。

---

① 共济会会所会长（Master），通常会挂衔"尊者尊主"（在苏格兰礼中通常被称为"右尊主"）。总会长（Grand Master）通常挂衔"至尊主"（Most Worshipful）。法国共济会组织（大东方）则使用"可敬的"（Vénérable）来尊称他们的会长。

② 又译"司卫"，也被称作会所"外卫"，持出鞘之剑守卫大门，仅允许有资格参加会所会议的人通过大门。

贺加斯的"一天四次"系列作品（1736~1738 年）之一《夜晚》。
可见一个酩酊大醉的共济会会员身着社团特有的围裙并佩戴着三角板徽章

71　　　因此，在开怀畅饮中培养兄弟情谊是会所历史至关重要的一部分：相互间勾肩搭背，拍打背部以示关系亲密。如今的人们也是如此。但是共济会从来都不是大家可以畅饮无度的聚会。共济会的宴会（或用该会的术语"喜庆筵席"）有自己的规则和仪式。一名共济会会员，无论他在外面享有多么高贵的社会地位，都要轮流在席间为他的弟兄们添酒上菜。大家要同唱会歌，要以共济会特有的方式祝酒。在 18 世纪，聚集在一起的弟兄们通常会为国王、手艺会、会长、总会长、会内各级官员和学徒的健康干杯……这种有礼有节的喜庆筵席是强化兄弟关系、促使大家紧密团结的有力方式。

　　由此可以清楚地看出，许多早期的共济会会所都是以"鹅和烤架"这样的客栈或酒馆命名的，这种现象并非巧合。但这不是聚众畅饮那么简单。在 18 世纪初期，酒馆显然成了社会生活革命的中心。在酒馆聚会是迅猛发展的现代化潮流之一，而共济会恰好以其在酒馆聚会的做法站在了社会发展的潮头。

在 17 世纪后期，英格兰的酒吧数量急剧增加，质量也在提高，尤其是在城市里。咖啡屋也一样，其中一些是由酒馆转型而来的，还在继续售卖酒精饮品。当总会所成立时，伦敦营业的咖啡屋数量惊人，多达 2000 家。这些场所，既不是私密的，也不是完全公开的，满足了人们以新的方式互动的需求。城市规模在不断扩大，城市生活也变得空前丰富。都市社会日益发达，变得更具流动性和多样化。无论你是记者还是政治家，建筑师还是商人，店主还是律师，去酒馆或咖啡屋的目的就是在寻欢作乐和谋求利益的同时扩大交往范围。

客栈创造了它们自己的群体娱乐形式，安排斗鸡和幻灯表演，也举办音乐会和科学讲座。但是在伦敦酒吧中萌发的最重要的社会趋势是人们掀起了参加各种俱乐部和社团的热潮。游客们不禁注意到，首都拥有"数不清的俱乐部，或社团，有辅导人学习知识或技能的，还有帮人保持良好情绪和快乐心情的"。

无论你对什么有兴趣，历史或园艺、赌博或辩论、医学或体育，伦敦都有一个俱乐部适合你。风行于 18 世纪的结社狂潮很容易成为人们嘲弄的对象。内德·沃德（Ned Ward）创作于 1756 年的讽刺作品《伦敦和威斯敏斯特市所有杰出俱乐部和社团的完整且幽默的记述》解释了一些想象中的社团的做法，如无鼻俱乐部（为因梅毒而毁容的人服务）、约克郡俱乐部（成员们要插科打诨，装疯卖傻，就像他们在巨蟒剧团的讽刺短剧《四个约克郡人》中扮演的角色那样）和放屁俱乐部。后者每周都在克里普尔盖特（Cripplegate）的一家酒馆聚会，

72

目的是"用他们令人作呕的响屁毒化邻近的空气"。

有一大批真正的俱乐部是以恶作剧的形式成立的，还有一些名称稀奇古怪、不知所云的俱乐部：紫色协会、Potentisignittarians 以及瓦卡特（Wacut）兄弟之类……与此同时，有些俱乐部出了名，最终扬名海外，比如皇家学会。它成立于 1660 年，最初作为"促进物理 – 数学体验式学习的学院"，帮助确立现代科学方法。一些政治俱乐部则聚集了手握重权的达官贵人。许多社团都有入会仪式，一些社团声称可以使人获得深奥的知识。共济会是迄今最成功的例子。

共济会把握住了时代的情绪。形形色色的俱乐部不受政府干扰，这表明，英国是一个比欧洲大陆上许多国家都更加开放的国家。这里还存在不受官方管控的喧闹的媒体。18 世纪伦敦的出版商、报刊、咖啡馆和酒馆是政治的实验室。此时此地的共济会会所也不例外。共济会并不一定支持某个特定的政纲，甚至未必会提供一个可以自由表达不同政见的场所。我们已经发现，在这里针对政治议题展开辩论并不受欢迎。然而，共济会确实提供了政治实践方面的培训。该行会高度形式化的仪式和礼仪，让来自各种背景的男子学到了在现代机构工作所需的多种技能——谨言慎行、演讲艺术、解读宪章准则，同时指导年轻的兄弟们并评判他们的性格。会员们可以在共济会会所的封闭空间里，学习并具备一个开放社会所需的资质。同样重要的是，频繁出入会所的男性有限，存在同质化倾向，久而久之，他们开始自以为是，认为自己在以普世价值的名义发言。举个例子，我们只需要回想一下约翰·库斯托的遭遇。异端裁判所对他的审讯记录表明，他自始至终都表现得十分沉稳和雄辩。我敢打赌，他会把这些条理清晰、能言善辩的技巧归功于共济会的培养。他自述所受苦难的那本书也清楚地表明，他在利用共济会的普世价值玩政治方面是多么狡黠。

自由石匠们被惊到了

早期共济会会员们对女性秉持什么样的成见呢？

共济会将女性拒之门外的做法，实际上是违背了该行会所宣称的普遍包容准则。1723 年版的《共济会宪章》首次以书面形式明确禁止女性入会："被接受为会所成员者必须是善良而诚实的男人，生来自由，已达到成熟且能谨言慎行的年龄，不接受奴隶，不接受女人，也不接受道德败坏或品质恶劣的男人，必须有好名声。"该文献没有解释为什么排斥女性。早期总会所的石匠们并没有把性别歧视当回事，他们只是觉得宪章不过重申了现有的、仅限男性参加的惯例而已。

时至今日，在关于早期共济会性别歧视问题上，共济会有了一个官方说法：它反映了当时的社会经济状况。在 18 世纪，妇女被全面禁止进入公共权力场所，不得涉足财产和政治、政府和法律、商业和贸易等领域。假如当时姐妹们加入了兄弟会，那真是惊世骇俗了。

从另一个角度说，18 世纪的英国妇女并没有满腔热情地奔向各地会所，也不会强烈要求加入共济会。在英格兰共济会领导层人员的构成中，骨干是中下层贵族、专业人士和商业阶级。这个阶层的女眷们出于社交的需求自有别的去处。如果一位女士寻求的是举止得当、成员身份多种多样的群体，她可以去剧院、带休闲娱乐设施的花园、教区聚会室或水疗中心。这些新颖独特的英国女性社会生活场所有一个共同点，就是它们受到精心管理以避免对女士礼仪造成威胁。相比之下，共济会会所似乎是为了羞辱任何胆敢闯进的女人而设立的。共济会会规表现出的隐秘性成为流言蜚语的助燃剂。对任何一位淑女来说，纵酒狂欢的石匠盛宴会显得很粗俗。对大多数上流社会的女人来说，加入共济会会所与一只胳膊下夹着一只公鸡，另一只胳膊下夹着一瓶麦芽酒去参加斗鸡活动没什么本质差别。

因此，当共济会史学家们将会所内没有女性的现象归咎于18世纪的风尚时，他们并没有全错。但是我们也不能就此饶了他们。因为那样的话，我们将无法解释为什么许多18世纪的兄弟会因为不接受女性的规则而感到难堪。

启蒙思潮中的一个重要趋势使得共济会陷入被动，不得不为自己的立场申辩。那就是当时的人们普遍认为，女性在教化男性方面发挥着重要作用。男人在共济会会所这种与世隔绝的环境中很容易堕落成愚笨的人，除非有女性在场抑制住他们的野蛮本性。作为回应，共济会围绕其排斥女性的政策摆出了一大堆漏洞百出的理由。在无数的演讲和小册子中，共济会会员抗议说，他们尊重女性，只是所有的人，共济会会员也不例外，都存在相互竞争和嫉妒的倾向，因此当他们所处的环境中存在一些丰满性感的女性，就无法保证他们还会守护共济会的和谐精神。他们继续辩称，无论如何，兄弟们都被他们所崇敬的传统束缚住了手脚：妇女入会禁令始于中世纪，石匠们对此也无能为力。当然，兄弟会方面也经常做些努力，设法安抚共济会会员的妻子们，邀请她们参加开放的晚宴和舞会，并让她们聆听一些演讲，从而认识到自己能嫁给工匠是多么幸运。

在为会所性别政策辩护的种种理由中，有一条最为普遍：妇女们喜欢八卦，她们无法保守兄弟会的秘密。沿着这一思路进一步推想，人们不由会得出结论，共济会以为所有女性都对它的秘密充满好奇——这一观点在18世纪中叶出现，在仅限共济会内部消遣的黄色图片《自由石匠们被惊到了》（1754年？）中体现得淋漓尽致。

图片表现的是某个会所的聚会被搅乱。惊慌失措的兄弟们四处寻找掩护，共济会的物品散落在桌子和地板上。有个兄弟甚至朝着骚乱的源头开枪。让会所一片混乱的竟然是某个女人的两条腿，膝盖之上赤裸着，从天花板悬垂下来。从图片的文字说明可知，这个女人实际上是一个名叫莫尔的女仆，她出于好奇，爬进了会所上方的阁楼，急切地想窥探聚会，了解共济会的秘密。但她"不慎失足"跌落，双脚插穿了天花板。于是，本想窥探石匠隐秘的她，却将其裙内的"春光"展现给了满屋的男人。事实上，以会长及其副手们为首，大多数会员都紧盯着她展露无遗的隐私部位。这个故事的有趣之处在于，它一方面在警告"爱打听的姑娘们"窥探他人隐私有风险，另一方面又在暗示兄弟们对别人的隐私怀有同样强烈的好奇心。

　　共济会对1723年宪章禁止女性入会的辩解是站不住脚的。显而易见，创造一个男性专属的环境从一开始就是这个兄弟会的重要特性。即使在那个时候，局外人也清楚地认识到，这个行会严格排斥女性的做法十分怪异。这就是为什么讽刺作家会从女共济会会员的假想出发制作了很多喜剧。其中一篇讽刺短文出现在1724年伦敦的一个杂志上：它通过报道一个子虚乌有的"自由裁缝姐妹会"的规则和历史来讽喻《共济会宪章》。社会上广泛传播着会所内部盛行同性恋的说法。

蜚声国际的炼金术

在1717年鹅和烤架酒馆会议之前，没有什么迹象表明共济会有多大发展潜力。1717年后，它开始兴旺发达。在1721年选举总会长的集会上，参会者代表了12个伦敦会所。到了1725年，总会所名录上就有61个伦敦"常规"会所——也就是那些承认其权威的会所。这个体系开始流行：在同一年爱尔兰建立了自己的总会所，许多苏格兰的会所接受了1736年建立的总会所的领导。截至1738年，伦敦的总会所在首都下辖106个会所，在境内其他地方还管辖着47个会所，范围从诺福克郡诺里奇市到威尔士边境的切斯特，从西南部的普利茅斯到东北部的泰恩河畔纽卡斯尔。

成功净化了共济会早期历史的《共济会宪章》取得了重大胜利。这本书很快被翻译成流行于欧洲大陆的所有主要语言，推动了共济会福音的传播。在1730年的费城，一个求知欲旺盛的年轻印刷工人加入了不久前才成立的共济会。四年后，他成为会所的会长，并为他的兄弟们重新发行了这部宪章：这是共济会在美洲首次发行自身的印刷品。印刷工名叫本杰明·富兰克林，而他印制的宪章版本将把北美变成共济会蓬勃发展的最肥沃土壤。

1738年，共济会满怀信心地推出《共济会宪章》第二版的那年，伦敦的总会所还可以夸耀自己在孟加拉、西班牙、法国、俄国、德国、瑞士、葡萄牙、意大利、南美、加勒比地区

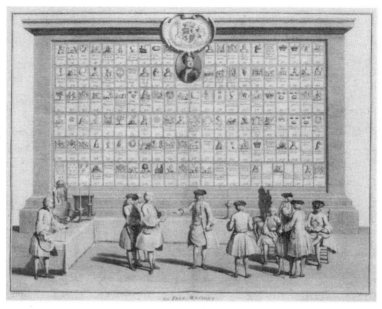

法国画家贝尔纳·皮卡尔（Bernard Picart）创作于1736年的作品颂扬了共济会在全国和国际上的传播。壁画上一块镶嵌板就代表一家会所

和西非拥有了特许成立的前哨会所。伊斯坦布尔第一家共济会会所成立于1720年代，阿勒颇的第一家成立于1730年代。共济会支持的世界主义成为一些人的生活方式，他们沿着贸易和帝国的路线到达了全球几乎每个角落。

共济会成长为一股不容忽视的势力——尤其是因为它变得日益高调和公开化。会员们公开列队游行的活动很快成为共济会日历上的主要内容。1737年4月28日，总会所的官员们以及众兄弟"都穿着得体"，戴着手套和围裙，"以非常庄严的方式"从他们总会长在蓓尔美尔街的新房子出发，一路穿城而过，来到伦敦桥附近的鱼贩厅（Fishmonger's Hall），并在那里举行了总会所大会。在行进中，有"定音鼓、小号和法国号的三支乐队"给他们伴奏。8个月后，在4000多英里外的南

卡罗来纳州查尔斯顿，美国人举行了一场几乎一模一样的游行
活动，游行队伍抵达目的地后，停泊在港口的船上鸣响礼炮，
并以"为女士们举办的舞会和娱乐项目"结束了这场盛大的
庆典。

在世界各地成立的新会所的最诱人之处，就是它们经常会
举办让人们恣意狂欢的喜庆活动。例如，在1780年代的维也
纳，音乐家莫扎特和他的会友们在真和谐（True Harmony）会
所举办了酒宴，席间有人唱起俗不可耐的小曲，有人用共济会仪
式上专用的馒刀将大量的食物送进食客张大的嘴里。就连同属这
个会所的"交响乐之父"，"老爹"海顿也参与了这场狂欢。

世人开始从一个由宗教信仰主导的世界，走进一个信仰不
再那么虔诚、受教育程度更高、流动性更强的世界，共济会只
是这个旅途中的一个过渡教习所。共济会倡导的兄弟般相处的
方式渐渐得到更多人的认同，由此使得这个兄弟会变成了一所
国际学校，教授的主要课程就是我们现在所谓的世俗主义，即
原则上，教会应该与国家政权保持距离，做到互不相扰。许多
外国会所，如1740年代异端裁判所重点打击的里斯本和佛罗
伦萨的会所，就同时吸收了新教信徒和天主教信徒。宗教宽容
是共济会在北美取得成功的秘诀，而这里的英国殖民地本身就
起源于宗教异议，非国教遵守派被迫远走他乡，来此寻求宗教
宽容的新生活。

一代又一代的共济会会员也会在这个兄弟会中找到一种相
互融合、广泛交往，以及结交有社会影响力的朋友的方式。共
济会成立以后，受人尊敬、雄心勃勃的中产阶级男性成员一直
是它取得成功的关键。事实上，假如我们现在生活在一个男性
中产阶级主导的世界里的说法成立，那么很大一部分功劳和／
或过失都要归功于和／或归咎于共济会。

在通过本书后续章节和随后的历史年代追溯共济会的命

运时，我们也将梳理与之相关的各种普世理想跌宕起伏的发展
历程，那些理想都是置身于 18 世纪时期的英国自由石匠们从
他们所在的社会中提炼出来的：兄弟友情、世俗主义和宗教宽
容、世界主义、平等主义等等。但是整个共济会项目从一开始
就陷入了自相矛盾的泥潭。虽然它在理论上奉行平等主义原
则，但在实践中却设置了一道财务门槛：会费奇高。会员身份
的吸引力一直都与昂贵的收藏品相关：徽章、腰带、围裙和珠
宝。（作为一名珠宝商，约翰·库斯托深知他的兄弟们就是他
的现成客户。）此外，当共济会的普世价值被一个自诩为道德
精英的群体以秘密运作的方式加以宣扬时，它们就变得自相矛
盾了：这是一种仅限于成员参与的民主，一种俱乐部形式的世
界主义。最令人震惊的是，这个兄弟会在传统上将女性拒之门
外，并在它所染指的任何生活领域都强化了对女性的排斥。共
济会的乌托邦向所有人开放，但有些人是例外。

　　这种内在冲突使得共济会在 1717 年鹅和烤架酒馆会议后，
对长达 300 年的社会、政治和宗教压力都非常敏感。事实上，
共济会历史的迷人之处，恰恰在于这些更广泛的社会力量与共
济会创造的精神特质之间持续不断的互动。

　　就像在伦敦酒馆喧闹中进行的一些不可重复的炼金术表演
一样，现代共济会也是由各种不稳定成分混合反应而成的。其
中充溢着对葡萄酒和麦芽酒的饥渴；对俱乐部带给人们的新社
会生活的憧憬；对近水楼台先得月的渴望，是势利眼和兄弟
情、政治野心和慈善事业的混合体。与此同时，它又沉湎于仪
式和神秘主义，偏爱理性的言说，在政治和宗教纷争中表现出
选择中庸之道的精明，甚至不惜涂抹历史真相以求会内兄弟和
睦相处。1717 年至 1723 年，走上历史舞台的汉诺威王朝与
手握重权的辉格党共同创造了一种特殊的政治环境，在这种环
境的锤炼下，共济会开始传播的价值观与其起源之初相比更胜

一筹。

就这样，从涓涓细流的源头走出的共济会，逐渐扩张并将其触角伸向地球的每个角落。但它向外发展之初并非一帆风顺，它刚刚越过英吉利海峡，就遇到了麻烦。

第5章 巴黎：向基督及其崇拜开战；向国王及其王权开战

埃奇韦尔路的景观

1796年，法国已面目全非。

路边的祭坛和十字架被打碎了，许多教堂里的圣像和雕像都被清除，或者干脆被人随意扔到了外面，任其被日晒雨淋。修道院和修女院都变成了仓库、马厩或兵营，鲁昂大教堂变成了火药厂。在许多地方，几年前还混迹于人群中的教士和修士都不见了。取而代之的是流落街头的穷人，他们失去了教会慈善机构的庇护。礼拜天安静得出奇，因为教堂的钟已被熔化，换来的是枪炮。

许多曾经辉煌的城堡，如今呈现给人们的是被烟熏火燎过的外墙。在地里干活的只有小孩和老人。青壮年大多已应征入伍，被送上了欧洲战场；逃兵变成了强盗，沿着破败的大道袭击路人，劫掠财物。

在巴黎，动乱的痕迹同样触目惊心。巴士底狱高耸阴森的围墙已经消失，一个木材场占据了这个地方。布洛涅森林（Bois de Boulogne）中的树木大部分都被砍了。像圣日耳曼郊区这样的富人区人口大幅减少，街上杂草丛生，富人们的豪宅都被打上了"国家财产"的标志。大理石和青铜雕像被拆除，空出的基座上被安置了用木材和石膏制作的替代品。许多建筑拱门和大门上镶嵌的王室徽章和贵族纹章被人砸掉，取而代之的是当时流行的一些标语——"法国人民承认至高的存在和灵魂的不朽""自由、平等、博爱或死亡"。但即使是这些也被人篡改过或有些残缺。大街上很危险，人们街谈巷议的都是抢劫和谋杀的恐怖事件。恐惧和怀疑已经渗透到民众内心深处，以至于任何人只要戴的帽子上没有三色帽徽就有被当场逮捕的危险。

造成这种浩劫的革命还没有结束。事实上，法国庞大且日益得势的军队还一心想要输出大革命。然而，在1796年，法国变得相对平静了，这让欧洲从震惊和惶恐中缓过神来，开始反思并寻求一种解释。法国大革命令世人迷惑不解。从那以后，历史学家一直在围绕着它爆发的根本原因而争吵不休。但是有一个人，一位神父，已经找到了一个令人信服的解释。

修道院院长奥古斯丁·德巴吕埃尔（Augustin de Barruel）在伦敦郊区埃奇韦尔路25号一所幽静的房子里，苦思冥想着法国大革命给社会造成的空前劫难。他坐在书桌前回顾着当时的情景，耳边可以听到给市民们供应牛奶的奶牛哞哞的叫声。我们从他仅存的一幅画像可知，他是一位个头矮小的秃顶男人，长长的鼻子挺立在黯然神伤的双眼之间，眼神中流露出他对曾亲眼看见的恐怖景象的悲伤。他曾在两个贵族家中辅导他们的孩子，这两家的城堡都被狂暴的农民夷为平地。他的精神导师，安托万·德诺亚克（Antoine de Nolhac）神父，于1791年10月在阿维尼翁（Avignon）的监狱中被革命者杀害。在担惊受怕了11个月后，因为害怕可能发生的大屠杀，德巴吕埃尔辗转逃到了英国，并全力以赴地投入写作。

奥古斯丁·德巴吕埃尔（1741~1820年）

1797 年，详尽阐述法国大革命来龙去脉的五卷本《追溯雅各宾派历史的回忆录》（*Memoirs Illustrating the History of Jacobinism*）一书出版，德巴吕埃尔开宗明义地简述了他的论点——

> 法国大革命中的每一件事，包括最骇人听闻的所有行为在内，都是事先被预见、预谋、预先安排、议定和决定的；一切都是由深不可测的邪恶造成的，因为一切都是由一些人预谋和指挥的，而这些人独自掌握着将长期以来在秘密社团内部酿造的各种图谋串起来的主线。

法国大革命是共济会卑鄙阴谋结出的恶果。

德巴吕埃尔警告那些在国外观察这个阴谋的人。他们绝不能自欺欺人地认为，最激进的革命者雅各宾派已于 1794 年下台，危险已经过去。相反，这场阴谋是国际性的，它才刚刚开始，它是针对你们的孩子而来的。"如果雅各宾主义占了上风，那么你们的宗教信仰、你们的法律体系、你们的私有财产，乃至所有形态的政府和公民社会，都将一一终结。你们会丧失所有财富、田地、房屋（包括最简陋的木棚草房），以及孩子们，你们终将一无所有。"

读过神父这本书的人都觉得它惊心动魄。英国国会议员兼政治理论家埃德蒙·伯克是神父的坚定支持者，他致信德巴吕埃尔，表示"所有精彩的叙述都有文件和证据的支持，这些文件和证据具有完备的司法规律性和准确性"。甚至所持政治理念与伯克截然不同的诗人珀西·雪莱，也如饥似渴地通读了《追溯雅各宾派历史的回忆录》。这是一个似乎任何制度、传统、纪念碑都无法抵挡那场政治灾难的时代。有了德巴吕埃尔的洞见，一切似乎突然说得通了。这件事并不是无缘无故发生的，有个群体对此负有责任。这部著作成为那个时代受到广泛追捧的书籍之一。

现代阴谋论就这样横空出世了。

《追溯雅各宾派历史的回忆录》一书的观点实在是愚不可及。它对我们理解法国大革命产生的根源没有任何帮助。然而，它至今仍具有不小的启迪作用，告诫我们阴谋论思维方式是怎样将复杂的事情简单化，又让我们误以为简单化是聪明的做法。

德巴吕埃尔的论点存在非常明显的缺陷，即整个法国共济会根本就没有一个大家公认的领导核心，更遑论大家团结一致，共同执行某个政治计划了。回顾大革命前的法国，正如我将在本章中所做的，我们可以看到法国共济会用各行其是的方式建立各个会所。18 世纪的法国共济会由各色人等组成，其中许多人我会在本书中多次提到。我们将还原他们在大革命之前、期间以及之后的表现。在本章结尾，我们还会看到他们被赋予德巴吕埃尔所设想的阴谋家角色的样子，这时的他们已然面目皆非。真相逐渐露出水面之后，我们会发现《追溯雅各宾派历史的回忆录》一书的显著特点之一，就是他在不惜用削足适履、断章取义和蓄意曲解的方式处理有关共济会历史的材料，从而满足他偏狭的执念之前，究竟搜集了多少有关共济会历史的资料。

难以理清的苏格兰乱麻

据称法国的第一个共济会会所是于 1725 年或 1726 年在巴黎成立的，也就是在英格兰的《共济会宪章》出版数年后。随后又有几个会所诞生。创建这些会所的是英国人。起初他们在吸引法国人入会方面进展甚微，因为他们分别支持辉格党和托利党，双方势不两立。最终，为了维持和平，一位不偏不倚的法国公爵被任命为总会长，入会的法国人这才多了起来。

地缘政治决定了英国共济会与其法国分支之间的分庭抗礼将是永久性的：1744 年后，两国在 18 世纪的大部分时间里均处于战争状态。会所数量增加了，他们的成员变得更加法国化。到 1780 年代末，法国共有大约 1000 个会所，成员数量无法精确统计，但估计在 5 万至 10 万之间。共济会成为法国生活的一部分。用一位历史学家的话来说，是一团"难以理清的苏格兰乱麻"。

鉴于仪式的戏剧性和团结性是共济会的核心，石匠们经常要改进和精细化仪式，并创立一些新仪式。当 1723 年《共济会宪章》出现时，石匠只需通过两个级别，即学徒和技工，就能成为正式会员。到 1738 年《共济会宪章》再版时，增加了一级——导师。这 3 个基础等级——有时被称为"蓝色"或"手艺"级别——今天仍然有效，我在第 2 章中对它们进行了概述。但是早期共济会的创造力并没有就此止步。在 1740 年代，又出现了一个被称为皇家拱门石匠（Royal Arch Mason）的额外级别——它只对担任过会所会长的成员开放。（应该澄清一下，被授予导师级别跟担任会所会长不是一回事。后者在不同的共济会传统中被称为尊者尊主或尊师，是被选来掌管会所事务的人。）皇家拱门级别的出现很快导致了一个竞争性总会所的成立，英格兰共济会中的这个对立派一直存在了 60 多年，双方都指责对方是共济会异端。

这样的纠纷是共济会的先天性隐患。除非有一种被广泛接受的形式，一种将它神圣化的传统和一个支持它的机构，否则任何仪式，无论是共济会的还是其他的，都没有多大的凝聚力。参与一种令人感觉新奇的仪式是一回事，真正迷上它又是另一回事。每当共济会创造出一个新级别时，一些人就会提出关乎共济会权威的尴尬问题。比如，谁负责将新出炉的圣礼正

86

式编入法典，并对正统的和伪造的版本加以区分？众人时常会就此展开激烈争论，因为许多石匠觉得他们的身份就依赖于严格遵守行会规矩。这种隐患经常跨国传播。资深会员要花费太多时间来协商一件事：在众多共济会派别中，他们应该将哪些会所视为与自己是同宗同源的，并予以正式认可。

尽管可以尝试，但没有一个总会所能独占共济会的"品牌"。它刚刚抵达法国，就开始失控了。

1736 年 12 月，著名石匠和詹姆斯党人思想家安德鲁·迈克尔·拉姆齐（Andrew Michael Ramsay）① 在巴黎的会所大会上发表演讲，这次演讲注定要在共济会世界引起轰动。几个月后，他发给枢机主教、路易十五的首席大臣弗勒里一份修改后的演讲稿，目的是想说服他共济会与天主教是可以和谐共处的。拉姆齐的讲话引起了人们的警惕：这很可能是促使枢机主教下令警方突袭巴黎会所的原因。年迈的拉姆齐为避免进一步激怒枢机主教，便退出了所有共济会的活动。

如果说拉姆齐的演讲在实现短期目标方面遭遇了惨败，那么它于 1738 年公开刊行后，则对法国兄弟会产生了深远的影响。他演讲的大部分内容其实很一般，基本上是简单回顾了《共济会宪章》阐述的手艺会神话和哲学理念。但拉姆齐在一个非常重要的方面偏离了宪章的叙事基调：他添加了十字军远征的内容。他声称，十字军骑士进入圣地后重新发现了所罗门神殿和共济会的秘密，并利用它们恢复基督徒的使命感，正是这种使命感激励着他们以基督之名占领了耶路撒冷。拉姆齐解释说，共济会十字军曾发誓要重建神殿，并效仿以色列人"一手操弄镘刀和灰泥，一手挥舞长剑和圆盾"。

---

① 政治思想家、作家，在共济会中担任"总司讲"（Grand Orator）之职，以"拉姆齐骑士"广为人知。他出生于苏格兰，但成年后在法国度过了大半生。

　　在唤起十字军以及中世纪骑士文化的过程中，拉姆齐挖掘出庞大的意象和神话资源，它们很快就产生了复杂的共济会级别体系——苏格兰礼。为什么选择苏格兰？虽说拉姆齐是苏格兰人，但个中理由并不明朗。拉姆齐的新十字军神话认为他的故乡在保存和传播共济会传统方面发挥了关键作用。他声称，1286 年，当圣地几乎全部丧失的时候，一位骑士首领将共济会的神秘之物带回苏格兰并予以妥善保管。两者之间的关联也就这么多了。事实上，法国是苏格兰礼的全部源头。但援引苏格兰无疑具有绕过伦敦及其总会所的地缘政治优势。因此，苏格兰在共济会发展中的真正作用虽已在《共济会宪章》中被删除，却披着一种纯然神话般的伪装在法国回归。

　　拉姆齐激发了法国石匠的创新狂潮。截至 1743 年，他们可以通过 3 个新设立的苏格兰礼的级别向上发展，每个级别都有各自精心制作的符号、详尽的仪式和道德寓意。截至 1755 年，巴黎有 5 个等级，里昂等地有 7 个。这种增长很快变成了指数级增长，而且越来越混乱，最后需要举行仪式的级别数量迅速升至数十个。法国共济会最权威的史书曾用"热带雨林"一词形容自 1750 年代涌现出来的众多级别。其中一些带有苏格兰礼的原始骑士精神的味道，如"亚瑟王圆桌骑士""当选哲学家骑士""阿尔戈英雄骑士""卡多什骑士"。法国兄弟还热衷于拥有几十个诸如"苏格兰学院的苏格兰人""墨西拿的苏格兰人""天国耶路撒冷的苏格兰人""苏格兰式英格兰人"等充满异国情调的古苏格兰头衔。还有更多晦涩难懂的苏格兰礼级别，源自某种深不可测的灵感——"神智学导师""埃斯梅拉达餐桌导师""帕拉塞尔苏斯的同伴"……

　　共济会传入法国时，还带来了十分丰富的象征主义。苏格兰礼建立在符号和密码、神话和仪式等元素的多种组合之上，其中包括骑士精神、《圣经》、神秘学、玫瑰十字会、炼金术、

88

希腊和埃及传说、黄道带、卡巴拉（Kabbalah，犹太教传统神秘哲学）。摩尼教（Manichaeism）成为富有戏剧性仪式的一个特别重要的来源。它是一种信仰体系，由一位 3 世纪的伊朗先知创立。根据该教教义，宇宙处于善与恶、精神与物质、光明与黑暗相互争斗之中。共济会内部的各个等级被组合成繁复叠加、互不相容的仪式体系，这些仪式体系因其所在地区和派别而形态各异，比如闪耀之星仪式、被照亮的神智论者、非洲的建筑师。

89 　　可以想见，兄弟和睦的精神在 1760 年代经受了严峻考验。1764 年 6 月，在法国兰斯一个会所内的两个派别互相辱骂，并以手杖为武器在街头大打出手，令围观者困惑不已。1767 年 2 月，在一次会议演变成一场混战后，政府暂时关闭了总会所。

　　法国共济会总会所不堪重负，终至失控，高层领导机构随之瓦解。这种混乱局面一直持续到 1773 年，随着一个新的全国性管理机构——法国大东方（Grand Orient）的建立，共济会各派才最终实现了和平共处。该机构由国王的堂兄路易·菲利普主持，他后来承袭了奥尔良公爵的头衔。理论上，苏格兰礼的级别属于大东方的管辖范围，但它花了 15 年的时间，经过无数次令人绝望的谈判之后，才促成了法国共济会的主要派别在形式上的统一。级别数量继续激增，潘多拉的盒子被打开了。

　　那么，究竟是什么东西在推动着共济会级别的过度膨胀？答案就是势利眼，即人们注重身份等级的心态。与英国相比，法国的社会阶级更加固化，并采取法定形式的等级制。神职人员位于第一等级，贵族位于第二等级，其他人均属于第三等级。每个等级内部还存在根深蒂固的贵贱高下之分。以贵族人数在法国社会中的占比衡量，他们在共济会会所中的人数过多。共济会的成功在很大程度上要归功于他们，也归功于该群体的势利心理。贵族们热衷于在远离凡尔赛宫严格控制的环境中相互交往。他们还意识到自己有必要扩大交往范围，而不是仅仅局限于贵族院和沙龙里的那些人。从这个意义上说，共济会的功能之一就是在富人和受过良好教育的人中间淡化身份界限。但共济会的价值观绝不能被视为拆除整个等级制度的许可证。因此，社会阶级的所有层次都必须在会所这个超脱尘世的氛围中重新创设。通过创设越来越高的级别、越来越严格的选拔程序和越来越昂贵的徽章，苏格兰礼将小店主和小商人限制在较低的层级中。传统的骑士制度为这种做法提供了一个能够服众的理由。相形之下，英国共济会的做法是在自由石匠与中世纪石匠之间建立某种关联，由此让人感觉这个兄弟会像是一个手工艺人的联合体，而拉姆齐虚构的有关共济会源于十字军骑士及其骑士精神的寓言，则确切无疑地散发着浓重的贵族气息。

宗教和种族偏见也刺激着苏格兰礼的级别数量持续增长。法国缺乏英国在政治上趋于宽容的原动力。罗马教宗也没有足够大的权力，以在法国国王的领地推行他于 1738 年颁布的对共济会会员的驱逐令。因此，许多新的苏格兰礼级别被赋予了共济会强烈的天主教色彩。许多法国共济会会员表达了传统形式的天主教特有的排他主义。1767 年，马赛的完美真诚会所记录了十分露骨的规定："所有亵渎者（也就是非共济会会员），即不幸出身为犹太人、穆斯林或黑人的那些人不得被推荐为会员。"在许多地方，共济会的宽容理念被人们刻意忽略了。

九姐妹会所

和在英国一样，在法国许多兄弟加入共济会也是为了交友、娱乐和建立关系网，他们几乎没有时间去钻研繁杂的苏格兰礼的级别。这一时期的一位威尼斯冒险家兼浪子贾科莫·卡萨诺瓦（Giacomo Casanova）是法国的常客，他热情地向跟他一样的游子们推荐共济会："在当今这个时代，任何一个四处游荡的年轻人，想要了解这个伟大世界，不想觉得低人一等或者被排除在同侪之外，就必须投身被人称为共济会的组织。"卡萨诺瓦说到做到，他利用自己在共济会的关系一路招摇撞骗，走遍了欧洲。

91　　　共济会也可以帮人实现更高的追求。一些早期的法国兄弟被会所的哲学气质吸引：兄弟们共同遵守宪章规则，践行宗教自由，并紧跟时代潮流崇尚科学、理性和古老的真理。18世纪后期，一些共济会会所成为以沙龙、咖啡馆、俱乐部和社团的形式不断涌现的知识舞台的一部分。英国继续向一个更加开放和更具流动性的社会演变，而法国也从18世纪中叶开始迎头赶上。对书刊出版的审查放松了。自1751年开始，德尼·狄德罗和让·勒朗·达朗贝尔编纂《百科全书》，这部多卷本、集人类知识之大成的伟大作品陆续面世。它为启蒙哲学家提供了一个平台和聚集点，帮助他们实现自己设定的远大目标，促使启蒙运动关注的理性和进步理念深入人心。伏尔泰在1760年代开展的反对宗教迫害运动使他成为启蒙运动的精神领袖。

　　巴黎有个非常著名的"九姐妹会所"，它被公认为启蒙运动的传播地，以主司文学、艺术与科学的9位古希腊女神命名。它的创始人也是会所的第一任会长，即杰出的天文学家热罗姆·拉朗德（Joseph Jérôme Lefrançois de Lalande）。他建立会所的目的是吸引知识精英加入共济会，并为共济会会员们提供一个活动中心，丰富他们在巴黎的文化生活。

　　九姐妹会所成立于1776年，取得了一些成就，尤其是在招募名人方面。其中一位著名的成员是本杰明·富兰克林，他当时在巴黎游说法国支持北美殖民地对抗大英帝国，后来甚至接替拉朗德出任会所会长。1778 年，这个会所吸收了当时最著名的启蒙思想家伏尔泰，考虑到他身体状况不佳，只能在他的朋友富兰克林搀扶下站着，会所还特意为他简化了入会仪式。伏尔泰以前对共济会没有表现出任何兴趣，事实上，他认为它的仪式恰恰暴露出人类容易被魔法蒙蔽的弱点。但在1778 年，他欣然接受了他的仰慕者奉送的会员资格。在入会 7 周后，他还没来得及参加另一次会议就去世了。

九姐妹会所里还有其他一些名人。比如，医院改革家约瑟 92 夫·伊尼亚斯·吉约坦（Joseph Ignace Guillotin）博士（他的姓氏后来成为断头台的代名词），也是在伏尔泰入会仪式上发言的成员之一；蒙戈尔菲耶（Montgolfier）兄弟——约瑟夫 – 米歇尔（Joseph-Michel）和雅克 – 艾蒂安（Jacques-Étienne）也都是会员，他们在 1783 年首次展示他们的"空气静压机"（热气球），在国际上引起了轰动。

然而，共济会整体上并没有给启蒙运动带来更先进的思想。在为《百科全书》做出贡献的 272 人中，只有 17 人是共济会会员。坦率地说，假如启蒙哲学家真把共济会视为他们使命的一部分，那么应该有更多的共济会会员做出贡献。九姐妹会所也称不上整个法国共济会的代表。当拉朗德创建会所时，他为了获得法国大东方（法国共济会总会所）的认可费尽周折。大东方总会所中的保守派会员担心此举会惹恼当局。九姐妹会所也具有强烈的排外倾向，没有通过出版杂志来传播会员们讨论的内容。所以，拉朗德的会所并没有启蒙时代的典型特征，无异于一个普通会所。

然而，人们至少还有机会在它的一些变体，即普通的法国会所中，"亲历启蒙运动"的生活方式。也就是说，你不需要拥有与孟德斯鸠那样的知识分子会员同样高贵的头脑，就能发现启蒙运动关于世界大同和所有人在形式上平等的特定假想已成为共济会的基本规则。

宇宙神选法师

法国共济会吸收的神秘主义者至少与科学家一样多。许多人有一种强烈的倾向，认为共济会世代相传的秘密根本不是一套值得遵从的道德戒律，而是事关重大的深奥真理。没有人比让‐巴蒂斯特·维莱莫（Jean-Baptiste Willermoz）更简单明了且更有代表性地揭示出共济会接触到神秘学之后，会发生什么样的反应。这位和蔼可亲的里昂丝绸商人出生于1730年，他以对当地慈善事业的大力支持、无可指责的商业品行以及在会所里乐于与社会等级比他高的名流们交往而闻名。善良的里昂人不知道，维莱莫还深藏着另一面，他贪婪地汲取共济会知识中最神秘莫测的内容，并与远在俄国、瑞典和意大利迷恋神秘学的共济会会员和哲学家保持着通信。他在35岁左右时已经获得了60多个共济会级别，并自创了一种高度神秘的共济会版本——"黑鹰骑士团"，旨在找到一种特殊的石头，它不仅能带来普世幸福，还可以将贱金属转化为固体和液体两种形态的黄金。

维莱莫每年都会去巴黎出差，这让他有机会接近他认为的共济会本质。1767年，也正是在这里，他遇见了声称能预知未来并且信奉犹太教传统神秘哲学的共济会会员，马蒂内·德帕斯夸利（Martinès de Pasqually），此人令他感觉醍醐灌顶，豁然开朗。德帕斯夸利认为，所有人最初都是半神，共济会仪式可以帮助被精心挑选的几个人恢复这种被丢失的半神状态。他创建了宇宙骑士‐神选石匠法师团①，用魔法圈、天使的

---

① l'Ordre des Chevaliers Élus Coëns de l'Univers，简称"宇宙神选法师团"。

名字和占星术召唤神性显现。据称春分那天的午夜魔法力特别强大，经过漫长的精神上的准备，最具资格的会员可选择在这个时候赤脚躺下，头枕着攥紧的双拳，以一种被称为"重整"的姿态得到升华，接收最高主宰发出的信息。

维莱莫成为德帕斯夸利的追随者，并很快成为里昂神选法师团的首领。随着一个又一个春分逝去，满怀期待的"重整"始终没有到来，但他的信念依然坚定。相比之下，他的一些追随者变得焦躁不安，因为德帕斯夸利总是百般推托，一直回避来里昂指导会员们举行正确的迎神会。在德帕斯夸利于 1772 年离开法国前往加勒比继承遗产之后，维莱莫仍然没有动摇信念。

与此同时，维莱莫也在吸收德国的最新思想——这是苏格兰礼中的新趋势，而且注定会在共济会世界产生巨大影响。事实证明，不是随便几个老十字军骑士无意间在圣地重新发现了共济会，然后把它带到了苏格兰，是圣殿骑士团的杰作。圣殿骑士团是创建于 12 世纪的一个真正的军事修道会。他们在占领圣地的军事行动中逐渐变得实力雄厚，当十字军东征行动结束时，他们拥有的巨额财富让一些人眼红。1307 年，时任教宗下令逮捕了骑士团的领导人，指控他们犯有危害天主和自然的重罪，其中包括鸡奸、谋杀儿童和膜拜一个名叫巴风特（Baphomet）[①]的羊头伪神。圣殿骑士团首领雅克·德莫莱（Jacques de Molay）被烧死在巴黎圣母院前的火刑柱上。

在被解散了数百年后，圣殿骑士仍然是众说纷纭的人物。对虔诚的天主教徒来说，他们属于异端，受到了应有的惩罚。对其他人来说，他们是教会贪婪和残忍的殉道者。但是他们有

94

---

①　又译"巴弗灭"，西方传说中的恶魔之一，如今人们熟知的羊头恶魔。另外，在巫术的传说里，魔王撒旦常常会化作一只羊，在女巫聚会时现身，供她们膜拜。

入团仪式，他们最高官员的称谓与后来的共济会一样。这种巧合足以让维莱莫和许多其他兄弟把他们视为共济会会员。1774年，维莱莫及其精选的追随者在里昂成立了一个圣殿骑士分会。4年后，他将圣殿骑士分会与神选法师团合并为"修正苏格兰礼的圣城慈善骑士"团体。

在1780年代，维莱莫天马行空的想象力被另一种新奇事物俘获。数年前，维也纳的物理学家弗朗茨·梅斯梅尔（Franz Mesmer）有了一个划时代的发现，他声称导致行星运动的重力以他所谓的液态"动物磁力"在生物体内流动。对人类来说，动物磁力流动受阻就会导致健康状况不佳。那些受到这种负面影响的人也很幸运，因为梅斯梅尔拥有储存和引导这种液体的天赋，并且可以通过触摸病人身体的磁性区域来诱发恢复性的昏厥或精神恍惚——也就是说，他要"将磁力应用于"（其实就是催眠）他们。梅斯梅尔于1778年来到巴黎，大张旗鼓地展示他的治疗方法，有了大批追随者。

崇信梅斯梅尔催眠术的名流自行组建了一个"和谐会所"，也就是一个致力于向伟人学习并守护其终极秘密的准共济会团体。此后不久全国大部分地区都有了这个团体的分支机构。维莱莫将当地催眠术爱好者小组并入修正苏格兰礼的圣城慈善骑士之中。

让-巴蒂斯特·维莱莫终生都在通过共济会寻求精神启蒙，直到1824年去世。他只是18世纪后期众多迷恋神秘学的会员中最不拘一格、最狂热的一个。神秘石匠如此受欢迎，以至于江湖骗子开始大行其道。他们中最臭名昭著的是朱塞佩·巴尔萨莫（Giuseppe Balsamo）——以其化名"卡廖斯特罗伯爵"广为人知。卡廖斯特罗于1743年出生在意大利西西里首府巴勒莫（Palermo）的一个贫困家庭。他在欧洲四处游荡，伪造文件，并为妻子拉皮条。1777年，他在伦敦监狱服刑期满后，在伦敦索霍区一家酒吧里加入了共济会，从而获得了一套全新的行骗工具。他继续在各地游走，只是这次是带着他自创的共济会版本中的"大科夫塔"（Great Cophta）出现在人们面前，这是源自埃及的一种仪式，它的终极秘密与令年老者身体再生的能力有关。

在回顾 18 世纪后期大行神秘主义的共济会时，人们最容易犯的错误就是仅仅表现出一丝不解和好奇，就好像德帕斯夸利、维莱莫、梅斯梅尔和卡廖斯特罗这样的人物只是在历史上偶尔出现，徒增笑料，不必大惊小怪。这样做未免显得我们自视甚高，根本没有把过去当回事。例如，对许多受过教育和理性的观察者来说，梅斯梅尔催眠术是完全合理的，因为在当时人们识别出的众多难以理解的力量中，动物磁力只是其中之一。多亏了牛顿和富兰克林，人们知道了引力和电的作用，但要说清楚它们究竟是什么，就难得多了。

维莱莫探索的共济会的各种形式注定消失于历史的长河中，但它们存在过的事实却清楚地告诉我们，18 世纪下半叶法国制度性的宗教确实衰落了。教堂里会众寥寥，在举行弥撒时信徒们捐赠的善款也少了。法国的好公民不再加入天主教会，而是集体加入共济会，在那里他们做的事并没有两样，唯一的区别是脱离了教会及其自上而下的神学。他们社交，做慈善工作，并寻求分享神秘的经历。如同在英格兰一样，共济会缓和了整个社会世俗化变迁的过程。

尽管罗马教宗不赞成，但许多神职人员都加入了共济会。根据一项调查，在巴黎西南部的昂热和勒芒地区，高达 35% 的兄弟会成员是神父或堂区牧师。像所有的兄弟一样，神职人员过着他们形形色色的自由石匠的世俗生活。1778 年，崇尚科学并享有盛誉的九姐妹会所共有 150 名成员，其中 13 人是教士。1752 年，在巴黎的一个会所里，卡萨诺瓦结识了一位罗马人，此人身材矮胖，十分注重生活品质，而且碰巧是一位罗马教廷大使，后来还成了枢机主教。他们一起享受了"有漂亮女孩陪伴的精美晚餐"。

所有这些都让我们得出了一个简单的结论：法国共济会反映了法国整个社会的多样性——或者至少是上层男性群体的多样性。事实上，它的多元化足以包容一位有史以来最神秘、最不寻常的共济会会员。

"它"

夏尔·德博蒙（Charles de Beaumont），人称德翁骑士（Chevalier d'Éon），是令人敬畏的法国律师、士兵、外交官和间谍。1763 年，德翁骑士来到英格兰，引起了轰动。这位骑士以挥霍无度和爱好决斗而远近闻名，同时与伦敦债权人和凡尔赛宫廷中一个势力强大的派系结了怨。1764 年 10 月，全副武装的德翁先是躲在索霍区一座门窗紧闭的房子里，后来在被判犯有诽谤罪并剥夺了法律保护后逃往别处。法国当局对此并不知情，只是在德翁骑士以泄露机密文件相要挟时，才勉强过问这件事。匪夷所思的是，德翁骑士这种轻率而鲁莽的人，在伦敦外交界的职业生涯又持续了 13 年。

真正让德翁从伦敦众多丑闻主角中脱颖而出的，是他（或她）经常打扮成女人，并故意诱导他人对其真正的性别产生怀疑。私下里，这位骑士向一名法国间谍同伴承认自己是生物意义上的女性。在公开场合，当人们就此下的赌注越来越大时，他／她愤怒地声称自己拥有男人的全部特征。然后拒绝给出证明。

在 1768 年关于其性别的赌博狂潮达到巅峰时，德翁骑士在斯特兰德街（河滨街）上的"皇冠和锚酒馆"加入了共济会。大约 18 个月后，他／她成为会所的一名官员。借着加入共济会之举，德翁骑士证明了自己是十足的男性，从而暂时抑制住了伦敦人的炒作。由此推测，当他 / 她在入会仪式上裸露胸部时，应该没有显露出明显的女性特征。

当德翁成为共济会会员的消息传出后，整个伦敦一片喧 98
腾。一些讽刺版画趁机围绕这件令共济会蒙羞的事做文章，并
热销一时。其中一幅作品表现的是德翁骑士（在文字说明中以
"它"相称）接见两组代表团。一组是尴尬的共济会会员，他
们恳求德翁对"它"的生物特性保密。另一组来自博彩公司，
他们希望能一劳永逸地解决争议，并建议德翁接受当选教宗所
需的生殖器手检。图中可见两个魔鬼带来了梵蒂冈用于手检的
椅子（座面中间有个洞），一位神父站在德翁骑士身边，准备
伸手去德翁裙下一探究竟。

　　德翁骑士本人更喜欢另一张版画，这也可以理解，因为那

张不无奉承的意味，因此他 / 她一下子买了 10 张。它描绘了一个性别不确定的人，只见这人一身女装，但又配着明显是男性专用的剑、手杖和共济会徽章等。背景中的人物画像是历史上著名的冒名顶替者。

有关德翁骑士性别的对赌再次升温并持续至 1777 年，打赌德翁骑士是女性的那些人干脆诉诸法庭。在两名证人的权威意见支持下，他们赢得了这场官司。一名外科医生作证说，存在争议的这人患过妇科病，他亲自诊疗过；一名法国记者发誓说，他和德翁骑士发生过性关系。尽管如此，性别疑云依旧挥之不去，因为有人猜测伦敦案的两名关键证人可能被买通。但在判决后不久，随着其容貌和身材变得更加圆润，49 岁的德翁终于宣布自己是一个女人，并以"德翁骑士"而知名。随后她打算返回法国。

德翁骑士十分看重共济会，她读了许多关于兄弟会及其历史的书就证明了这一点。她的共济会会员身份对她来说也很重要，特别是在巴黎的聚光灯下稍做停留后被送回她的出生地（偏远的勃艮第）的那段时间。她的表弟和一些朋友都加入了共济会，她雇用的大多数手艺人也是共济会会员，比如给她制作假发的人。

有件事更令人瞠目结舌，她家乡托内尔（Tonnerre）的会所竟然愿意接受她加入。1779 年 8 月，当法国大东方阻止她入会时，托内尔的成员提出抗议，并给出了他们出于同情而感到无法拒绝她的理由："尽管她变（成一个女人）了，但把她拒之门外会使我们不仅背叛了同乡情分、血缘关系和兄弟友情，还背叛了我们兄弟会的称号。"德翁骑士也许是个女人，但她终究是一名会员。

托内尔共济会的思想大解放究竟该怎么解释？也许他们只是在向德翁骑士献殷勤，毕竟骑士是当地的名人，还是下层贵族出身。忠于亲情和友情的心理可能起了一定作用。不过，还有一种可能性，兄弟们把德翁骑士当成了穿着女装的男人。无论怎么说，这事还有不那么重要的地域性缘由。在英格兰，女性共济会会员充其量是带有嘲讽意味虚构出来的产物，一种对该行会男性专享的自负形象的怪诞模仿。相比之下，在法国，真的存在戴着石匠围裙的活生生的女人。

苏格兰贵妇和英格兰悍妇

任何准备入会的女性都必须是健康的，没有怀孕，没有处于经期。在进入会所之前，她将被带进一个幽暗的房间，里面只有一盏灯和一个头盖骨。她在那里会见到一位女士，后者会问她是否准备好接受可怕的考验。她应要求褪去右边的袖子和手套，然后脱掉左边的吊袜带，换上一条一码长的蓝丝带。待她戴好眼罩,她便准备敲击会所的大门。

> "接纳会"或"女性共济会",巴黎,1775 年

女性共济会并不是法国独有的,但它确实是独一无二的:任何其他地方都没有如此多的姐妹。当这个兄弟会渡过英吉利海峡,确立了它独立于伦敦的地位之后,它在组织上的一团混乱不仅导致苏格兰礼的等级增设无度,也打破了不准女性入会的行规。我们所知道的第一位女石匠出现在 1740 年代。此后,她们在全国的分布并不均衡:在蒙彼利埃、马赛、图卢兹和土伦这些共济会活跃的中心地区,并不存在我们所知的有组织的女性会员。然而,到了 1774 年,自由石匠的姐妹会在巴黎和波尔多等地已经生根开花,法国大东方总会所别无选择,只能予以承认。此后,女会员的人数进一步增加,帮助她们按照共济会的标准自我塑造的指导手册也越来越多。在巅峰时期,女会员可能有上千人。

与兄弟会一样,姐妹会也将仪式置于集体生活的中心。仪式标志着一个会员获得新生,这对女性和男性来说都是一样的;同时,所有仪式相当于会员们进入一个友情至高无上的国度的通行证。

在法国境内,允许接收女性会员的各地会所均遵从统一的入会礼仪——"接纳礼"。各个会所同时接受男性和女性入会,并且在其仪式中演绎《旧约》故事的主题。

专门研究女性石匠的历史学家,无论他们是否赞同共济会,都认为接纳礼纯粹是为了糊弄好奇的女性而拼凑出来的大杂烩,目的是让男性不受干扰地继续做他的正事。在女权主义历史学家眼里,这些仪式都歧视女性:许多接纳会入会仪式中采用的撒旦诱惑夏娃的故事拥有和大男子主义一样悠久的

历史。

　　然而，最近的研究表明，接纳会的会所实际上拥有高贵的血统；它源自英格兰共济会在一个小地方运作的传统，由詹姆斯二世的拥戴者带到了法国。因此，如果说共济会吸收女性是在法国的创新，那么用于接纳女性的仪式机制却与法国无关。

　　对接纳仪式歧视女性的指控也需要做具体分析，因为他们改造了《旧约》的故事原意。例如，在仪式中，夏娃咬了苹果，但丢弃了苹果核，这意味着夏娃接受了分辨善恶的知识，但摈弃了可能滋生的不道德行为。《旧约》中的女人出于好奇心，把罪恶带到了这个世界上，以此为原型的共济会夏娃却被塑造成了如同基督的人，她为大家承担了罪。

　　随着时间的推移，一些女会员达到了更高的级别，开始负责接纳仪式，甚至为自己发明了更高的级别。在这个过程中，她们开始思考启蒙运动对女性意味着什么。有些人找到了足够的言论自由空间，开始鼓吹具有现代气息的妇女解放思想。例如，第戎的一位女会员在加入共济会后发表演讲："哦，我的姐妹们！我喊出那个名称时感觉是多么好啊！……我们要以这个荣誉为乐，它在我们女性经受了这么久、这么多的侮辱后替我们报了仇。"有位历史学家在帮助我们发现女性共济会世界方面付出了极大的努力，他曾感慨说："毫无疑问，一种早期的女权主义已经开始在 [接纳会] 会所中萌芽了。"

　　然而，接纳会会所内的早期女权主义者面临着重大障碍。共济会允许女性入会的一个重要原因，是为了堵住一些人的嘴，那些人抓住共济会男性专属的特点，指控共济会会所纵容同性恋的堕落行为。这种指控在法国尤其引人注意。人们普遍认为同性恋就是这个兄弟会臭名昭著的秘密，入会仪式其实就是脱光衣服，进行鸡奸。事实上，在巴黎，同性恋亚文化群体为了避开当局的耳目，利用秘密的手势和暗语来确保双方安全

102

地见面。同性恋者甚至开始在他们之间采用共济会的术语，比如，他们以"兄弟"相称。他们的这种做法只会加重人们对共济会的怀疑。接纳会会所设立的目的，就是要阻止人们将共济会与上述令人难堪的现象联系起来。

接纳会会所在组织架构上仍然处于从属地位，只能以附属于某个"适宜的"男性会所的形式存在。这种附属关系是在1774年大东方批准接纳程序时确立下来的，其中包括一条羞辱性的附加条件，即妇女在来月经期间不能举行入会仪式。接纳会，以及在不同时代和不同地方创设的众多女性附属会所，并没有对共济会是男性专属联合体的原则构成挑战。

登记为接纳会会员的妇女中有82%是贵族，其余的全部来自上流社会。这一事实本身就解释了许多关于女石匠的事情。我们都很清楚，这些女性生来就认为自己可以不受某些法律约束，因为那只适用于他人。历经几代人的积淀，那些愿意独立思考的法国男女贵族已经习惯了沙龙文化——一个私人文学或艺术圈子，通常由一位女性把握基调并主持。在典型的沙龙中，参与者注重的是机智且温文尔雅的交谈，对男女一视同仁。对于18世纪中期的许多贵族来说，共济会一边声称要提升美德和社会交往，另一边却将女性排除在外，这种做法显得自相矛盾。

在共济会中，接纳会的存在仍然饱受诟病。英国人反对吸收女性会员的论点在法国仍然可以听到：不相信女性会保守秘密，不相信男人当着女性的面不会心旌摇荡。

女石匠一直让共济会领导层惴惴不安。1777年，人们发现有些兄弟利用接纳会入会准则中的漏洞，邀请妓女参加他们的庆祝活动。

大概是在同一时间，九姐妹会的知识分子们邀请德翁骑士参加他们的一场庄重的活动。人们在她遗留下来的文件中发现了九姐妹会的这封信："我在此附上参加这个仪式的邀请函，你作为会员、作家，以及曾经是我们男性的光荣，如今又作为女性荣耀的代表，在这场活动中享有不容忽视的地位。"尽管这封信很讨人喜欢，但还是让人觉得模棱两可。她是作为一个女人被邀请的吗？还是作为曾经的男人？只是作为共济会会员，无关性别？还是因为她的身份非常可疑，从而使她成为一个特例？信中继续写道："唯独德翁小姐有权跨过将女性排除在外的障碍，与我们同行。"有人甚至怀疑对方恐怕仅仅是为了猎奇，才向德翁骑士发出了邀请。当然，一些会员认为她是一个趣味横生的人物，她的存在并不是对《共济会宪章》的冒犯。在一些会所里，人们给当时流行的歌曲《圣巴拿巴的手杖》（*The Staff of St Barnabas*）填了新词，把这首有伴奏、各段旋律相同的作品变成了关于德翁骑士的下流歌曲。每一节都以同样的双关语结尾——

> 我们石匠中间有位热情的兄弟
> 知道了我们的全部秘密
> 如果有人说他是个姑娘
> 我们倒要看看他那根圣巴拿巴的"手杖"

　　我们不难想出可以贴在德翁身上的现代标签。然而，如果其中任何一个标签都那么贴切的话，她的故事也就不会具有如此浓烈的历史意义了。我们根本不知道，她在服饰和性别上的选择在多大程度上是她身份的真实表达。伏尔泰就坚信她的变性只是权宜之计——她作为一个男人在动荡的生活中积累了很多敌人和责任，变成女性是摆脱那些敌人和责任的一种激烈但有效的方式："他（或她）的下巴上有一绺又厚又尖的黑胡子，所以我真的无法相信这个德翁是个女人。"

　　见过她的很多知识分子与伏尔泰一样，都对该如何区分生物性别和社会性别感到困惑。1780 年代中期，德翁骑士回到伦敦居住，所到之处，人们仍然深感迷惑。一天晚上，詹姆斯·博斯韦尔（James Boswell）与她在一个聚会上攀谈，事后他感慨说："一想到她变性成了一种怪物，我就感到震惊。在我看来，她就是一个穿着女人衣服的男人。"许多观察家认为她属于那种身材魁梧并带有男子气的女人。德翁骑士的性别之谜始终没有揭开谜底，至少在她有生之年没有。

光照派

你在互联网搜索"光明会"一词，会得到超过 5400 万条信息，其中大部分都在描述一个由全球精英策划的秘密计划，宣称他们图谋运用精神控制、暗杀和光明会创建一个新世界秩序。就如"警惕的公民"网战的刊头宣称的，"符号统治世界，不是文字也不是法律"。在我们生活的世界的表象背后，有着险恶的阴谋诡计。一旦你脑子里绷紧了这根弦，就会发觉尽管 Lady Gaga 是光明会傀儡的说法有些引人发笑，却也不由得让人开始起疑。不然她为什么会在一个视频里岔开两腿站成三角形，并遮住一只眼睛？光明会阴谋论最近的一轮热潮出现在 1990 年代，当时一群说唱音乐人在他们的歌词中提到了它。然而，要是往前追溯的话，它的恶名其实早在两个世纪前就传开了。这在很大程度上归功于德巴吕埃尔，他的《追溯雅各宾派历史的回忆录》把光明会打造成了共济会发动法国大革命密谋中的大反派。

所有这些传闻都与源自德国的、现实中的光明会根本不沾边。德国共济会的发展历程和模式与法国兄弟会十分相似。柏林既是普鲁士的首都，也是共济会中一位世界名人的故乡。这位鼎鼎大名的会员就是伏尔泰的朋友——普鲁士国王腓特烈大帝。1730 年代末，就在人们怀疑共济会图谋颠覆现存社会秩序之际，腓特烈王子力排众议予以支持，并在他即位后帮助共济会发展成一个体面的社团。然而，随着共济会逐渐流行起来，众人开始争相入会，腓特烈大帝反而对它失去了兴趣。就像在法国出现的情形一样，苏格兰礼和圣殿骑士团崇拜的出现，使德国共济会陷入了充斥着"古怪、矛盾和神秘"的混乱之中。兄弟们沉迷于嫉妒、仇恨和阴谋，争夺预想中的共济会管理大权，拼抢对外人来说毫无价值和意义的丝带和奖章。各个会所开始阻挠非上流社会出身的会员获得较高的级别，并热衷于财务作假和舞弊，摆筵席的花费远远超过了他们在慈善事业上的支出。据一位消息灵通的观察者说，德国共济会完全被淹没在兜售"来自亚洲的滑稽剧、万能药、黄金或钻石制作术、长生不老饮料等"的江湖术士和骗子当中。

到了 1780 年代，共济会会所已遍布德国。然而，就像在法国一样，曾经对共济会寄予厚望的一些人大失所望，他们原以为共济会有关兄弟情谊、宽容和理性的所有讨论能对整个世界产生积极影响。整个欧洲的政治气氛变得日益紧张，一些人开始觉得共济会在推卸自己在启蒙运动中反迷信、反专制的责任。继法国之后，德国共济会的美好时光似乎也已一去不复返了。当时有一个人认清了这种形势，他就是亚当·魏斯豪普特（Adam Weishaupt）[①]，一位出生于巴伐利亚州因戈尔施塔特镇的年轻大学教授。出于对现状的不满，他创立了一个秘密社团。虽然这个社团影响力有限，昙花一现，但它注定成为历史上共济会变体中最恶名昭著的一个。

魏斯豪普特最初设想建立一个致力于结束专制和迷信的秘密社团时，才刚刚接触到法国启蒙运动中最激进的思想。1776 年，他将自己的计划付诸实践，召集了他最喜欢的几个学生，

---

① 又译为"亚当·魏萨普"。

组建了一个不久后被称为"光明会"的秘密社团。这个新团体可能只有5名成员，但它制定了一个宏大目标，要在全世界建立一个自由、正义和理性的国度。不幸的是，魏斯豪普特的设想有些自相矛盾，这使得它在短暂的存续期间一直受到困扰。他们心怀普世目标，但能接收到他们信息的人寥寥无几，从而导致这个团体处境尴尬。此外，令人无法理解的是，魏斯豪普特理想中的光明会，一方面崇尚极端独立的批判性思维，另一方面又教导会员们无条件服从光明会领导层发出的指示。

亚当·魏斯豪普特（Adam Weishaupt，1748~1830年），声名狼藉的光明会创始人

魏斯豪普特设想了一个三层组织。在底层，刚入门的年轻学徒会受到领导的督导。在名为"弥涅尔瓦"（Minerval）的第二层，会员们将完成一个精读和泛读相结合的学习计划。只有最聪明和最优秀的会员才能进入第三层——"阿雷奥帕古斯"（Areopagus），到达这个层次的会员将学习光明会的真正使

命，并参与制定行动规划。

但这种组织架构基本上一直停留在计划阶段，从未得到真正实施。光明会最初几年发展极其缓慢。魏斯豪普特讨厌共济会，也厌恶这个兄弟会的仪式和标志，用他的话说，那些都显得"空洞和浅薄"。不过，他同时意识到，光明会也需要这种"空洞和浅薄"，不然的话，未来会很难从精英集团中吸收成员。他在巴伐利亚州首府慕尼黑加入了共济会的圣殿骑士会所，并在这里找到了一种绝妙策略：光明会会员可以渗透到共济会的会所，致力于从内部改造它们，使之服务于光明会的目标。他说干就干，利用这种策略将他的秘密团体扩张到了巴伐利亚州以外，会员数量也开始显著增长。

1780 年 1 月，就在光明会控制了第一个共济会会所后不久，汉诺威选区一位温文尔雅的记者，阿道夫·克尼格（Adolph Knigge）被招募进了这个组织。克尼格是一名民主党人、多产的作家和讳莫如深的共济会会员。他雄心勃勃地创设了一套全新的共济会仪礼，以帮助会员登临更高的精神境界，但当他将自己呕心沥血制订的计划提交给上层后，却遭到了拒绝，他失望至极。对克尼格来说，光明会所代表的正是他梦寐以求的彻底决裂；他们倡导的理性的思想解放提供了一条全新路径，帮助他实现让共济会重归崇高目标的梦想。对于光明会来说，克尼格在共济会中和社会上都拥有广泛的人脉，这为它进入德国北部打开了大门。接下来，克尼格就没日没夜地在他位于伯肯海姆（Bockenheim）的办公室里写信，然后发往各地，他为了买邮票甚至花光了手头的现金，不得不把家里的银器送到了典当行。幸亏有他的鼎力协助，光明会会员人数飞速上升。据粗略统计，在光明会的巅峰时期，会员人数达到了 600 至 1000 人。

不过，真正重要的不是会员人数，而是会员质量。按照这

108

一标准衡量，光明会取得了十分显著的成就。会员中有多位亲王和公爵，还有大批名门望族出身的贵族。大部分成员是政府官员、记者和学者。相形之下，入会的商人很少，因为他们十分厌恶要求极其苛刻的启蒙阅读。他们中最著名的光明会成员都有极强的求知欲，比如约翰·沃尔夫冈·冯·歌德，作家兼萨克森－魏玛－爱森纳赫大公卡尔·奥古斯特的高级顾问。歌德入会也可能只是为了帮助政府监控这个社团。

尽管处于动荡之中，光明会还是在不断壮大。虽然克尼格的正式级别仅仅处于该组织的第二层，但在情急之下，他写信给魏斯豪普特，直截了当地提出想要了解更多本组织的内情。越来越多的成员表示自己不遗余力地刻苦学习，理应获得更高级别和更高级知识的回报，面对这种压力，他已经沦落到敷衍和欺骗他们的地步了。魏斯豪普特不无惭愧地答复说，光明会仍然处于初创阶段，还需更多的努力，同时邀请克尼格于1781年前往巴伐利亚，参与制订一项适当的计划。

二人随后的讨论确认了魏斯豪普特设想的终极目标。光明会将借助于共济会分布在各地的会所，设法渗透到德国各州的最高层，在政府领导人身边安插顾问，引导政府走向光明。最终，当大众觉醒，认识到他们自我实现的潜力时，魏斯豪普特预言称："亲王和国家将从地球上和平消失，人类将成为一个大家庭，世界将成为一个理性人的天堂。"光明会是一个非暴力的阴谋。问题在于，涉足其中的任何人，既不清楚他们谋求创建的社团的确切性质，也没弄明白应该采用哪些手段来创建这个社团。

这种局面没有持续多久。克尼格于1783年底辞职，他烦透了，无意继续与专横跋扈的魏斯豪普特斗下去了。1784年春天，一些保守派成员变节，向巴伐利亚当局告发了这个社团开展的秘密活动。同年6月，当局查禁了所有秘密社团，并于来年3月点名谴责光明会"背叛和敌视宗教信仰"。魏斯豪普特逃离巴伐利亚，再也没有回来，他创建的秘密组织也分崩离析。

当丑闻曝光后，大多数前光明会成员都感觉很困惑，不明白大家为何大惊小怪。他们中只有极少数人获准踏入了兄弟会内部的圣地——阿雷奥帕古斯。对于大多数人来说，它只不过是一个读书俱乐部。光明会成员在德国各地的官场中可能占据了不少要职，但他们在实施魏斯豪普特的计划方面并没有任何作为——主要是因为他们并不知道竟然真有一个计划。

这件事具有明显的讽刺意味，像亚当·魏斯豪普特这样倒霉的阴谋家，竟然在无意中引发了所有阴谋论中传播得最广泛的一个，而且实实在在地打造出了我们今天所知的阴谋论。光明会的故事激发了保守派神职人员和学者的想象力，他们极力煽动人们对光明会的恐慌，将魏斯豪普特的追随者描绘成无神论的鸡奸者、有害于社会的凶残敌人。专制政府不断得到暗示：他们需要打击共济会和各种自由思想。最初因光明会而起的恐慌，逐渐发展成对所有具有颠覆性的秘密社团根深蒂固的恐惧。1740 年代以后已销声匿迹的说法又在各处浮现出来：共济会会员是危险秘密的守护者。光明会的出现加深了人们对讳莫如深的共济会的恐惧，也让人们更加确信它暗中酝酿着巨大阴谋。针对兄弟会具有颠覆性和阴谋性的指控，试图予以反驳的共济会会员再也不能强调他们拥有众多善良的会员，或者他们奉行忠于当局的原则。只有傻瓜才会关注表面上的共济会，因为它就像一个类似俄罗斯套娃的邪性体系——一个由很多隔间构成的巢穴，一个隔间套着另一个隔间，每往里进一层就会看到更隐秘、更邪恶的东西。同样，在公开的会所后面，藏着秘密会所；在秘密会所后面，又藏着光明会；在光明会的深处，隐藏着一个邪恶的策划者，他从精神上控制着自己的追随者，犹如对他们施加了催眠术。光明会激发的恐慌进一步强化了人们对共济会图谋不轨的戒心，导致他们不再理会任何相反的证据。与此同时，以苏格兰礼为代表的共济会的分裂使它缺乏一致对外的机制，因而无法有效应对令人愤慨的指控。这种局面与法国的政治地震一起，让人们对共济会的各种指控更加耸人听闻。

修道院院长德巴吕埃尔

法国大革命爆发于 1789 年，当时国王和贵族之间因税收而起的争端不断升级并最终失控，出人意料地激发了各个阶层要开创一个自由新时代的强烈愿望。令人耳目一新的思想观念扑面而来：主权属于全体国民，而不是君主政体；政府应该对民意负责，而不是一味维护贵族和主教们的利益；公民权利将战胜少数人的特权。一个社会从未如此决绝地寻求自我改造。

然而，面对国内外各派势力的激烈反抗，人们试图实现 1789 年梦想的努力导致了骚乱。暴力伴随着大革命的每个阶段。暴力行为既有对旧政权代表展开的广泛报复，也有对新政权高压手段的合力对抗。试图阻止革命失控的人残酷镇压那些叫嚣着继续革命的激进分子。新法国与外敌开战，战争又将大革命推向了极端嗜血。共和国成立了，国王路易十六被处死了。政治对手接连不断地被安上叛徒的罪名，间谍和阴谋家似乎潜伏在每一处阴影中。惨不忍睹的血腥场面令人毛骨悚然：人群遭到枪炮连续扫射，杀伤力极大的葡萄弹也派上了用场；砍下的头颅被插在长矛尖上或摆在门柱上；一些尸体被肢解。

在雅各宾派的统治下，法国进入了一场生死攸关的斗争时期，即 1793~1794 年的"大恐怖"。宪政被迫中止。大规模征兵引发了西部叛乱，十多万人在残酷的战斗中丧生。在巴黎，那些被贴上"反革命"标签的人被一批接一批地砍头。即使军事和经济形势有所缓和，由于雅各宾派领导人之间展开清算，执行死刑的节奏非但没有放缓，反而大大加快了。

　　恐怖气氛日益加剧，大革命对意识形态纯洁性的追求也越来越强烈。对一些人来说，恐怖是通往美德之境的大门。大革命已经宣告宗教自由，没收了教会的财产，并将教会置于国家政权之下。现在，它试图用某种全新的信条来取代宗教：崇拜"至高存在"或对"理性"顶礼膜拜。

　　对大革命的敌人来说，疯狂崇拜似乎已经占据了上风。恐怖暴露了1789年乐观口号的真正含义。如果恐怖定义了大革命，那么一个装置定义了恐怖，它就是断头台。"用机械装置斩首"的主意是约瑟夫·伊尼亚斯·吉约坦想出来的，他是一名医生、共济会会员、九姐妹会成员，只是后来被实际使用的模型不是他设计的。像他的许多兄弟一样，他在大革命早期的理想主义中受到启蒙思想的启发。在旧制度时期，处决犯人的方式是施以轮刑，或者执行绞刑、上肢刑架、四马分尸。吉约坦博士表示，在理性的新时代，处决犯人应该迅速、无痛。1792年4月25日，一名武装抢劫犯成为第一个死于断头台的人。

112

共济会会员约瑟夫·伊尼亚斯·吉约坦（1738~1814年）演示斩首机器的工作原理

1793 年，在大恐怖期间，被称为"国民剃刀"的断头台处决了数千名受害者，这既让倡导斩首机的吉约坦博士显得无比荒谬，也是对他所宣称的人道主义的无情嘲讽。巴黎革命广场的故事和场景虽然可能被一些人夸大或过度渲染了，但它们在长达数十年中都是欧洲人挥之不去的梦魇：囚车驶过，围观的人群狂呼乱叫；一排排老妇人一边淡定地织着毛衣，一边看着铡刀刀刃遽然落下；喷涌而出的鲜血在鹅卵石地面上形成一个个血池，任由群狗舔食。

最后，就在 1794 年 8 月 10 日，制造大恐怖的领袖人物，雅各宾派领导人马克西米利安·罗伯斯庇尔（Maximilien Robespierre）本人也被送上了断头台。雅各宾派很快遭到了血腥的报复。

就德巴吕埃尔院长而言，他远离腥风血雨，待在位于埃奇韦尔路的安全的房子里翻阅共济会的文献，追溯法国大革命阴谋的古老源头，把我们带回到公元 3 世纪的巴比伦王国，撒旦反基督教会运动的开端。摩尼教算是最早的邪恶异端之一，它的教义声称在善与恶的伟大斗争中，寻求光明的途径是将所有宗教信仰融为一体，成为一统天下的信条。基督不再是唯一的道路、真理和生命，他只是众多精神楷模中的一个。换句话说，基督教将被浸入混合了三教九流成分的毒汤中。继摩尼教之后，共济会承其衣钵，将同样的毒汤打上"宗教宽容"的欺骗性标签兜售给会员们。

后来，"邪恶的""不虔诚的"圣殿骑士，羊头伪神巴风特的崇拜者们，成了这个阴谋的传承者。当圣殿骑士遭到教宗和法兰西国王镇压时，幸存者发誓要向所有的君主和教宗，以及基督教所有的表现形式复仇。他们潜逃到苏格兰避难，并在那里将自己的隐秘和对复仇的渴望带入了共济会。

　　然而，正如修道院院长德巴吕埃尔解释的那样，共济会传说中的可怕秘密被隐藏得极其巧妙。共济会奉行的誓言和级别体系有两个目的：掩盖兄弟会最阴险的目的，引诱新成员吸收更大剂量令人成瘾的共济会意识形态。天真的石匠们禁不住诱惑，在这个体系中越陷越深，直到他们再也无力反抗。他们从普通会所升级到神秘会所。从入门级别开始，他们一步一步地走向最终的"卡多什骑士"级别。接下来是令人不寒而栗的真相大白：共济会高喊的兄弟情和自由口号，乍一听很顺耳暖心，但它们实际上是"向基督及其崇拜开战""向国王及其王权开战"的秘密宣言。这是他们图谋在法国大革命中完成的邪恶使命。

　　不过，共济会并非渗透进这场大革命中的唯一阴谋。德巴吕埃尔解释说，大革命中最狂热的雅各宾派的残暴行径是在共济会与另外两大阴谋合流时发生的。

　　第一大阴谋是哲学家、思想家和改革者合谋，试图在启蒙运动期间摧毁基督教。幕后操纵者共有 3 位：让·达朗贝尔——编辑了理性主义异端集大成者《百科全书》的数学家；普鲁士国王腓特烈大帝——他取消了出版审查制度，实行宗教自由，招纳不信神的知识分子给他出谋划策；最险恶的、多产的不信神的伏尔泰。这些人通过宣扬理性和宽容，给人们灌输无神论和不道德的理念。启蒙思想家纷纷加入共济会，将他们反对基督教的阴谋与共济会颠覆君主制的计划融合在一起。最后这位加入了共济会的启蒙思想家最具号召力。德巴吕埃尔承认，在漫长的一生中，伏尔泰大多数时间都是一个君主主义者。但随着年龄增长，他也开始走极端，于 1778 年在九姐妹会宣誓加入共济会。

现在，想要将法国大革命输出到全世界，只需要第三大也是最致命的阴谋分支助燃了。它就是针对所有宗教、所有政府、所有财产、所有法律——针对所有类型的社会秩序——的黑色东征行动，即光明会。光明会会员只是在1780年代的德国受到压制。事实上，他们早已转移出去了，转移的方式就是向法国派出一个伪装成梅斯梅尔动物磁力理论爱好者的代表团。这些人一到巴黎，就立即着手招募资深共济会会员和启蒙思想家加入他们的行列，并将整个共济会组织变成他们用来推行无政府主义和全面瓦解社会秩序的工具。雅各宾派就这样诞生了，法国的命运因此也就注定了。

德巴吕埃尔说，他之所以了解这个内情，是因为他自己也加入了共济会。他知道共济会自始至终都在怀疑他，当被要求发的誓言可能将他置于危险境地时，他借故离开了。他从知情人那里获知重要策划者的隐秘意图，但出于安全上的考虑他不能透露是谁。他引述了一些涉及阴谋的书信内容，但遗憾的是，他弄丢了那些最能证明阴谋论成立的信件。

在我们看来，这些证据与其立论一样明显站不住脚。然而，就在德巴吕埃尔的作品发表数月后，爱丁堡大学著名物理学家和数学家约翰·罗比森（John Robison）著书予以支持，同时谴责由共济会和光明会主导的破坏活动。德巴吕埃尔和罗比森完全是独立工作的，相互之间从未沟通过。他俩分别得出的结论存在惊人的相似之处，这使得他们的论点变得无懈可击。美国于1798年出现了光明会恐慌。甚至连英国都被笼罩在对秘密兄弟会的恐惧之中。1799年，英国国会通过了《非法社团法》，严禁强迫成员宣誓的社团。共济会拼命游说相关各方，以避免被查禁。

《追溯雅各宾派历史的回忆录》破绽百出，几乎不值得予以认真反驳。许多被德巴吕埃尔认定为共济会会员的人最后都被证实不是。德巴吕埃尔认为共济会与摩尼教徒和圣殿骑士之间存在某种可怕的联系，但实际上那是苏格兰礼的石匠们杜撰的神话。更进一步说，任何研究法国大革命的现代历史学家，只认可德巴吕埃尔的一个说法，即在催生包括雅各宾派在内的政治俱乐部方面，共济会会员之间形式上平等的概念是众多影响因素之一，而由此创立的政治俱乐部在 1790 年代的重大事件中起到了不可或缺的作用。即便如此，1789 年后许多共济会会员的遭遇本身有力地证明了一点：任何将法国大革命诠释为共济会阴谋的做法都是昏了头的愚蠢之举。

公民平等

法国大革命疾风骤起之时，共济会迅速衰落。一些兄弟被卷入了政治风暴，另一些兄弟惨遭流放。到 1793 年，雅各宾政权对共济会产生了深深的怀疑：它诡秘的特性对国家政权构成了威胁，而且共济会的贵族领袖们，仅凭贵族出身的事实就已经可以被认定为现行的或潜在的反革命分子。苦心经营了 20 年的大东方总会很快就将停止运作。

众多雅各宾派重要成员都不是共济会会员——罗伯斯庇尔就是最好的例子；与此同时，共济会的许多重要会员也没有加入雅各宾派。贵族兄弟奥古斯特 - 让 - 弗朗索瓦·沙永·德容维尔（Auguste-Jean-François Chaillon de Jonville）作为 1760 年代巴黎总会所事实上的领导人，不仅像德巴吕埃尔一样，为了保全性命逃往海外，还写了一本书谴责整个革命事业。

这一时期最出名的共济会会员是奥尔良公爵菲利普，他担任大东方总会长长达 20 余年。大革命爆发后，菲利普积极投身其中，甚至加入了雅各宾派，并将自己改名为"公民·菲利普·平等"。1793 年 1 月，他甚至在国民大会上投票赞同将他的堂弟国王路易十六送上断头台。这一切都是德巴吕埃尔的素材，他告诉我们，菲利普公爵是由毁灭天使亲自培养出来的，就为了让他领导共济会的血腥计划。然而，和以往一样，德巴吕埃尔忽略了与他的阴谋论相左的事实。首先，菲利普只是一个徒有虚名的人物，而不是一个热情如火的自由石匠。他在被任命为总会长后过了整整4年才开始出席大东方的会议。其次，他是被胁迫投票赞成对路易十六执行死刑的。第三，他在国王被处决后不久就断绝了自己与共济会的关系；他说，与大革命带来的真正平等相比，共济会只是一个"幻影"。第四，这个可怜的公民·菲利普·平等在1793年11月被雅各宾派送上断头台。所以至少对他来说，共济会的惊天阴谋并没有给他本人带来什么好处。

德巴吕埃尔笔下的共济会会员都尝到了大革命雷霆之怒的滋味。政治学家尼古拉·德孔多塞（Nicolas de Condorcet）在德巴吕埃尔的同谋者清单中名列前茅。但他在被罗伯斯庇尔及其朋友们扣上叛徒的帽子后，在东躲西藏中写下了他最著名的作品。在逃亡9个月后，孔多塞被抓获，并在等待上断头台期间死于狱中。

美国独立战争的英雄、法国兄弟拉法耶特侯爵（Marquis de Lafayette）很快接受了1789年的革命理想；事实上，他是法国《人权和公民权利宣言》的主要作者之一，这一文献是法国大革命基本价值观的创立宣言。这些丰功伟绩并没能在1792年8月给予他足够的保护，他后来被迫逃离法国。

约瑟夫·伊尼亚斯·吉约坦博士差一点死在以他的名字命名的行刑装置上。他遭到雅各宾派的监禁，但在罗伯斯庇尔死后被释放。他对政治不再抱有幻想，余生致力于医学，并试图将断头台改名。

一个英国人创作的讽刺画，描绘了菲利普·平等（1747~1793 年，原名路易·菲利普二世、奥尔良公爵；法国大东方总会长）被砍头的场景

在里昂，神秘主义者让 – 巴蒂斯特·维莱莫在大革命中幸存下来，但在 1793 年形势最危急的时候，他被迫带着所有神秘学文件躲藏了起来。

贵族出身的共济会会员处境都很悲惨。由于女会员绝大多数出身贵族阶层，她们也因此承受了超乎寻常的苦难。菲利普·平等的妻子和妹妹都是在接纳会加入共济会的，她们在大恐怖时期被投入监狱，等到罗伯斯庇尔死后才有机会逃到了西班牙。有位非凡的女会员遭遇了尤其可怕的命运。朗巴勒公主、萨伏伊 – 卡里尼昂的玛丽 – 泰蕾兹 – 路易丝（Marie-Thérèse-

118

Louise de Savoie-Carignan）是玛丽·安托瓦内特王后的密友，一度在宫中担任王后管家这一要职。她于 1777 年在接纳会的一个会所入会，并于 1781 年当选苏格兰母亲会所的总会长。公主一丝不苟地依照共济会的友情准则为人处世，因此即使在大革命爆发后安托瓦内特王后遭到众人嫉恨，她仍然与王后保持着密切关系。这份忠诚后来让她付出了沉重的代价。有位深入研究过公主的共济会生活的历史学家，这样描述了她在 1792 年 9 月的遭遇："她被关进监狱，在仓促组成的'袋鼠法庭'对她进行了简单审判之后即被处死。一些人肢解了她的无头尸体，将其拖过街道，带到玛丽·安托瓦内特所在的监狱窗外，并扔在那里以恐吓王后。她的头则被另一些人带着游街示众。"

德翁骑士还有独一无二的后续故事，她在英格兰度过了人生最后的岁月，避开了动乱。尽管如此，君主制垮台后，她唯一的生活来源——王室养老金也断了。她渐渐变得穷困潦倒，失去了往昔的尊严。她被迫通过展示自己的剑术来糊口，最终沦落到变卖随身物品的窘境。她于 1810 年在贫困中死去。尸检结果证实她拥有男性生理特征。当然，这些解剖学上的事实对解开谜团没有什么帮助。但它们已足以让英国共济会忘记德翁事件导致的尴尬，并创作了一则封面故事——不管故事内容与事实出入有多大。爱尔兰共济会历史学家 W.J. 切特伍德·克劳利（W.J.Chetwode Crawley）在 1903 年表示："如果我们可以假定德翁骑士的精神崩溃了，那么部分原因是在那些岁月里，有关他性别的流言蜚语给他带来了不堪忍受的压力和痛苦，并且让他经受着他真的以为自己是女性的幻觉的折磨，这样一切悬疑都将迎刃而解。"对切特伍德·克劳利来说，德翁骑士精神失常了，因此值得兄弟般的同情。

尽管错得十分离谱，但德巴吕埃尔所著《追溯雅各宾派历 120
史的回忆录》言之凿凿地将传说中的共济会阴谋，变成了法国
大革命时期共济会发展史上的重要遗产。更具讽刺意味的是，
随着法国大革命的滚滚硝烟和华丽口号蔓延到欧洲其他地区，
许多心怀叵测之人从共济会得到了启发，并以它为模板开始谋
划并实施他们的计划。阴谋论的迷思突变为现实的地方，非意
大利莫属。

第 6 章　那不勒斯：一种癔症

拿破仑帝国中的共济会

　　我们不知道拿破仑·波拿巴是否加入过共济会。如果答案
是肯定的，那应该是在 1798 年或 1799 年，他还是波拿巴将军
的时候。当时，雅各宾派的恐怖统治已经结束，共济会正在恢
复元气，只是处于警方密切监控下，尚不确定未来的路该怎么
走。1799 年 11 月，拿破仑发动政变成功夺权。1804 年，他
宣布自己为皇帝。此时摆在他面前的，是他之前的许多统治者
都曾面临过的选择：他应该容许共济会存在，还是该查禁它？
他另辟蹊径，选择招安，让它为自己服务。法国共济会曾凭借
近乎为所欲为的自由精神探索苏格兰礼中的奥秘，如今却蜕变
成了独裁政权的工具。

　　拿破仑的帝国当然是独裁的，但皇帝本人并不保守：无
论波拿巴征服了哪里，他都努力建立一个像他在法国创建的国
家机器。他的首要目标是给他不断征战所需的庞大军队提供支
持。他的新型行政管理模式吸纳了各种各样的新奇事物，从法
典和警察机关，到公制度量单位和门牌号码，五花八门，应有
尽有。它是集中化、标准化的，由专业人员而不是贵族官吏管
理。在法国本土及其征服的土地上，行政人员和军官群体逐渐
演变为一个专门管理国家的阶级：这些人自豪地认为，他们就
像皇帝一样，不是因为出身，而是因为自己拥有天资才获得了
当前的职位。

　　拿破仑的官僚和士兵需要建立人际网络，共济会满足了这
一需求。1803 年，尽管加入共济会的时间仅有两年，拿破仑的
妹夫若阿尚·缪拉（Joachim Murat）还是被选为法兰西大东
方的首席高级督导员。1804 年，也就是拿破仑给自己加冕为
皇帝的那一年，他的哥哥约瑟夫·波拿巴被任命为大东方的总

会长，像令人敬畏的警务大臣约瑟夫·富歇（Joseph Fouché）这类高级官员则被委以要职。就连皇后约瑟芬（Josephine）也加入了共济会。事实上，在波拿巴家族中，她在共济会中的资历最老：她是 1792 年在斯特拉斯堡的一个接纳会会所入会的。1805 年，作为皇后，她回到斯特拉斯堡主持该市举办的一项活动。她拜访了自己的母会所，在那里她为自己的一名侍女举行了入会仪式。这是一次公开活动，现场有人记述了当时的情形："也许从来没有一个接纳会会所如此风光过，整个城市都参加了共济会的庄严仪式。"法国共济会以全新的、驯服的形式蓬勃发展起来——尤其是特别有益于建立团队精神的军队会所。1802 年全法国仅有 14 个会所，但在 1806 年时已急剧增加到了 624 个。正当大革命撕毁了以贵族为中心的互惠关系网之时，共济会为那些寻求建立有用人脉的人提供了一个让他们如鱼得水的平台。与此同时，共济会会所也成了膜拜皇帝的殿堂，以及警方求之不得的线人库。

　　在拿破仑退出历史舞台很久之后，他的治国方略仍旧影响着欧洲社会。甚至他的敌人英国，也感受到了他推行的改革的影响。法语赋予英语中一个原意为"道路"或"路线"的旧词以全新的含义：职业 / 生涯（career）。共济会在 19 世纪国家的军人和平民职业群体中颇受青睐。

　　接下来几页的内容涉及拿破仑的帝国体系，其中包括经他驯服的共济会被强加给那不勒斯王国时发生的故事。在这个过程中发生了许多事，唯独没有他所期望的臣服景象。共济会被抛入了一个复杂的旋涡，混杂其间的有警察、间谍和双重间谍，爱国者、阴谋者和革命者，狂热分子、强盗和恶棍。法国大革命之后，共济会形式的政治社团出现在欧洲许多动荡不安的区域，其中包括"爱尔兰人联合会"、以解放希腊为目标的秘密组织"友谊社"和俄国革命组织"十二月党人"。然而，

123

说起人们热衷于秘密结社的疯狂程度，没有哪个地方能比得上意大利南部地区。有位官员曾不无绝望地指出，这是一种"完全吞噬了众人的癔症"。

总会长若阿尚·缪拉

法国大革命导致意大利南部发生了天翻地覆的变化。1798年末，波旁王朝的费迪南国王面对法国的进攻，逃离了那不勒斯王国首都那不勒斯。翌年年初，一个共和国在那不勒斯成立：它受法国军队支持，但由热爱自由、平等和博爱的那不勒斯知识分子领导。几个月之内，法国军队撤出，共和国在一场血腥暴乱中被推翻，给人们留下了痛苦的回忆。费迪南又坐回了他的王座。

1806年，面对法国大兵压境，费迪南再次出逃。他跑到西西里岛避难——这片领地得到了英国皇家海军的保护。意大利南部成为拿破仑帝国的一部分，并由两位法国国王统治，也就是在法国主导了皇帝驯化共济会的那两位人物。皇帝的哥哥约瑟夫先被派去当那不勒斯王国的国王。两年后，约瑟夫离任去西班牙当国王，接替他的是拿破仑的妹夫同时也是他手下胆识过人的骑兵指挥官若阿尚·缪拉。

1808年9月6日，若阿尚第一次骑马进入那不勒斯，他那张英俊的脸上满是信心满满的微笑。遵照拿破仑的意愿，他没有穿成国王的模样，而是一身华丽的骑兵制服。那不勒斯人很快就从服装的选择上看出了端倪：他们的新统治者不是普通人，而是一位威风凛凛的军人。意大利南部将发挥其应有的重要功能，即向皇帝的战争机器输送现金、兵员和物资。

缪拉特制的全套军装将成为他统治时期的一个标志，昭示他认为当地人会钦佩不已的飒爽英姿。1811年，在他权势熏天时，他命人给自己画了一幅肖像。这幅作品让人只要看一眼就终生难忘。无论是在远景中维苏威火山喷出浓烟的景象，还是近景中缪拉那匹歇斯底里地扬起前蹄的坐骑，都无法抓住观者的眼球。看到这幅画的人都不由自主地紧盯着他那身衣服。一张完整的虎皮铺在本该安放马鞍的位置。国王穿着一双尖头红靴、一条紧腰杏黄色裤，裤腿上有着两道红色条纹。他胸前挂满了勋章和绶带，说它们具备了防弹功能都不过分。他头戴丝质的有檐平顶的筒状军帽，尽管它侧面摆动着沉重的白银流苏，正面装饰着一大团白色羽毛，这顶硕大的军帽仍能在他浓密的黑色卷发上保持平衡。

　　形象塑造并不是缪拉政府的唯一工具。就如同在法国一样，共济会将是这个波拿巴派独裁政权的支柱。在法国大革命之前，共济会或多或少被意大利政府容忍。在法国大革命将颠覆的恐惧传遍欧洲之后，共济会被禁止并被迫转入地下活动。但在拿破仑时代的意大利，它变成了半官方的组织。1806 年，在约瑟夫·波拿巴登上意大利南部的王位的同时，当选那不勒斯大东方——这个新成立的最高监管机构，与意大利北部的类似机构相关联，法国人在那里行使控制权的时间更久一些——总会长。1808 年，若阿尚·缪拉接管了约瑟夫在共济会的高级职位，并任命高级政府官员领导意大利南部的会所，从而完成了将共济会纳入拿破仑王朝的工作。缪拉手下的许多高级官员都出任过总会长。

　　然而，那不勒斯的拿破仑共济会并不像看上去的那样。缪拉早在去那里度过第一个冬天时，就写信给皇帝，警告说共济会的会所正被图谋不轨者当作"联络处"。反对拿破仑统治意大利的共济会或诸如此类的秘密社团并不鲜见。在 1790 年代后期，被占领的意大利北部就出现了反法兄弟会，如"黑色联盟"（Lega Nera）和"光芒会"（Raggi）等。1800 年后，更多的秘密社团如雨后春笋般涌现了出来，如"阿德菲党"

（Adelfi，古希腊语"兄弟"之意）、归尔甫派（Guelfi，借用中世纪意大利支持教宗的宗派之名）、"黑别针党"（Spilla Nera）、"坚定派"（Decisi）等。许多共济会会员对法国政府干涉他们珍视的仪式感到不满。一些人对他们的土地被外国占领感到痛心，便在隐秘的会所里聚集发泄不满；或者仿照共济会，组建具有政治目的的兄弟会。但是这里同时也在发生一些更值得注意的事情。虽说法国的入侵征服并羞辱了意大利半岛的人民，但与此同时，法国人也将这里的人们统一在了单一权威之下，并将法国大革命的思想注入当地文化当中。结果，史无前例地，一个政治上统一的意大利有望实现！缪拉安插在兄弟会中的暗探偶然发现意大利人的民族认同感正在悄然生长。共济会会员是感受到它并为之热血沸腾的第一批人。缪拉在写给拿破仑的信中警告说："我再告诉您一次，陛下，他们一心想的是统一整个意大利。"

在缪拉治下，共济会从一开始就感受到了相互对立的政治势力在暗中较量。随着时间的推移，这种较量会形成更加复杂的局面。缪拉本人也越来越反感拿破仑对他指手画脚，想要寻求更大的自主权。

1811 年 6 月 24 日，为庆祝圣约翰节，他主持了一次盛大的共济会午餐，招待来自全国各地的 1500 名兄弟。引人注目的是，这场盛宴是在巴洛克建筑风格、富丽堂皇的圣阿波斯托利（Santi Apostoli）修道院举行的。就在前不久，缪拉废除了许多宗教派别，并借此驱逐了这座修道院里的天主教基廷会（Theatine）修士。可惜没有任何留下来的记录显示，他曾穿着超出常规的共济会礼服。

那天，在一直坚持到午餐结束，享用了最后一道咖啡、冰激凌和玫瑰露酒的共济会会员中，有一些是在拿破仑政府和军队中担任重要职务的意大利人，也是缪拉的重要政治支持者。

自然，为缪拉政府工作的当地人处境有些微妙，毕竟他们的权力来自一个外国侵略者。然而，这些人中有不少改革派，他们喜欢该政权在意大利南方社会中推行启蒙运动思潮，比如废除贵族和神职人员的封建特权，教会土地私有化，引进人才，为政府注入新鲜血液。法国的统治给了许多兄弟发挥作用的机会，允许他们按照自己在会所中培养起来的理性理想来实现祖国的现代化。甚至有人希望缪拉的现代政权能为最终建立一个统一、民主的意大利铺平道路。在缪拉政府中供职的一些意大利人原是北方的反法国秘密社团成员，他们在拿破仑占领南方后才加入了这边的政府。假如缪拉想要淡化与巴黎的关系，并成为一个独立王国的首脑，这些激进分子很可能会积极追随他。

意大利南部共济会会所积聚起的麻烦，在起决定性作用的1812年才会全部暴露出来。那年夏天，拿破仑的60万大军向俄国挺进。缪拉一如既往地站在皇帝一边。到了同年12月，这支饥寒交迫的大军几近全军覆没。皇帝的权威因此遭到毁灭性的打击，他回到了巴黎，将大军残部交由缪拉指挥。

在那不勒斯，人们开始思考一旦帝国崩溃，接下来会发生什么。就在那一刻，共济会出现了一个危险的新变种。1812年12月，若阿尚·缪拉还在波兰的时候，他在那不勒斯的大臣们开会并通过了一项专门针对一个新兴的秘密社团的政策，这个社团崇尚的理念带有显而易见的共济会印记：兄弟情、誓言、仪式、符号，当然还有秘密。成员自称"烧炭党人"（Carbonari），而不是"自由石匠"。

烧炭党比以往任何一个秘密社团都难对付。他们互称"好堂（表）兄弟"，而不是"兄弟"，并把他们的会所称为"小卖场"（Vendite）——原指森林中的空旷地，伐木工人在此烧制并出售木炭。他们的仪式强调成员的卑微出身、对共同事业

127

的承诺以及基督徒在苦难中的奉献。耶稣是烧炭党人知识宝库中的核心形象，这使得他们能够让意大利信奉天主教的普通民众理解并接纳他们的崇高理想。对于被拿破仑政权关闭了修道院的修道士们来说，这场运动尤其具有吸引力。首批加入烧炭党的成员中，还有一些对兄弟会屈从于法国政权不满的共济会会员。事实上，许多"小卖场"仍然附属于共济会的会所。

早期烧炭党只有两个级别。就像光明会一样，只有二级成员才有资格得知本组织的真正宗旨。该组织的真实目的是通过击败暴君和任何妨害人类自然权利的人，"清除森林中的狼"。耶稣被诠释为殉道的暴政之敌。意大利将借着一场革命实现统一，并建立一个共和国。

共济会理念在此得以新生，它的内容更加朴实，不再显得自命不凡，它的原型也更加谦卑，并在它的核心中深藏着一个全新且极其令人不安的秘密：革命。这是一种深得人心的配方。随着拿破仑在意大利的权威受到越来越多的质疑，烧炭党的队伍也在持续壮大。据估计，他们在意大利的人数最多时有30万至64.2万人，其中一半在南方。烧炭党注定会成为19世纪最令人谈之色变的秘密团体。

128　　　烧炭党恐怕是拿破仑政权自己造出的怪物。这个组织的核心人物，皮埃尔－约瑟夫·布里奥（Pierre-Joseph Briot），是一位共济会会员和拿破仑政权的行政官员，负责管理那不勒斯的两个省，而这两个省后来成为烧炭党人活动的温床。布里奥出生于法国东部的汝拉（Jura）山区，这里是由樵夫组成的、被称为"烧炭人"（Charbonnier）的原始共济会的故乡。几乎可以肯定，意大利的烧炭党受到了他们的启发。这两个兄弟会的成员互称"好堂（表）兄弟"。他们在会场上摆放的象征性陈设也取材于樵夫的日常生活。在开会时，会议主持人面前会摆上一个十字架、一捆棍子（象征团结就有力量）和一个火炉（象征着信仰的光和热）。无论是意大利的烧炭党人，还是汝拉山区的原始烧炭人，他们都认为，原木变成木炭的过程，隐喻着人类可以通过一场炽热的变形之火得到净化。皮埃尔－约瑟夫·布里奥就是一个烧炭人，他很有可能引入了烧炭人的思想，利用共济会内部的政治分歧，在意大利创建了一个激进的秘密团体。

共济会成员皮埃尔－约瑟夫·布里奥（1771~1827 年）和安东尼奥·马盖拉（1766~1850 年），很可能在那不勒斯王国创立了烧炭党

　　几乎可以肯定，布里奥的做法得到了他的上司安东尼奥·马盖拉（Antonio Maghella）的许可，后者在 1812 年 3 月之前一直掌管着缪拉的警察和间谍网络。缪拉的妻子，皇帝的妹妹卡罗琳·波拿巴（Caroline Bonaparte），也和另外一些人一样相信马盖拉在暗中主导创建了烧炭党。马盖拉出生在热那亚附近，但现在已是法兰西帝国的公民。此人矮小、秃顶，给人一种焦躁不安又神秘莫测的感觉。他是一名共济会会员，曾在家乡忠实地为法国人服务，但许多人怀疑，他和皮埃尔－约

瑟夫·布里奥一样，都赞同民主和共和政体。对马盖拉和布里奥来说，烧炭党是抗击那不勒斯王国以及缪拉政府内部保守分子的政治工具，也是向缪拉本人献上的利剑，以诱使他采取更激进的亲意大利政策。组建烧炭党还有另外一个好处，那就是将潜在危险分子聚集一处，并将间谍安插其中，进而更有效地监控他们。接下来的形势发展很快就明朗了，马盖拉和布里奥开始玩一场危险的游戏，在这场游戏中，拿破仑当局毫无胜算。在拿破仑的俄国远征行动遭到惨败，地缘政治日益动荡的大背景下，新兴的秘密社团，也可以说是整个共济会的动向，持续面临着失控的风险。那不勒斯日益集权的做法招致各省反感，甚至憎恶，而在这些省立足的烧炭党自然就成了形形色色的反对派的聚集点。

烧炭党的崛起

1813 年 2 月 4 日，经受了俄国暴风雪洗礼的国王若阿尚一脸铁青，在肃穆的气氛中率部返回那不勒斯。他甚至没心思装出一副凯旋的样子，以呼应他 5 年前首次进城时的趾高气昂。当他穿过街道时，围观的人注意到他的长鼻子两边淌下了眼泪。

王国的局势高度紧张。经济正在衰退。为资助战争而强加给该国民众的赋税远远超出了人们可以承受的水平。众人开始抵制征兵。盗匪在各省胡作非为。

同年 3 月初，在意大利靴子状国土"鞋尖"上的卡拉布里亚（Calabria）山区，驻守科森扎（Cosenza）的部队指挥官发出警报，烧炭党的秘密集会正在"滋养民主原则"。指挥官补充说，由于该市的驻军部署在别处，他无法对付可能随之而来的任何变故。

起初，缪拉似乎打算简单地杀死烧炭党的首脑，一了百

了。然而，他的政府中有些头脑清醒的官员认识到，采取公开
或残酷的镇压行动实为愚蠢之举。尽管许多烧炭党人是从共济
会会员中招募的，但其中许多成员也来自军队的中下层和受教
育程度较低的阶层。因此，或许更可取的做法是利用共济会不
动声色地把"好堂（表）兄弟"们重新控制住。4月，在意大
利南部各省，官员们召集已知的烧炭党领导人开会，委婉地要
求他们解散。官员们解释说，既然已经有了共济会，它还得到
国家的资助和保护，有什么必要再成立一个社团呢？

烧炭党人装出一副深信不疑的样子；一些人甚至递交了署
名声明，宣称他们已经就地解散了。但他们信誓旦旦的话音未
落，政府方面就收到了有关烧炭党人仍在持续活动的报告。在
像科森扎这样的地方，他们只不过改变了聚会的地点。如此看
来，当局哪怕是小心谨慎地尝试取缔烧炭党，也只不过成功
地使这个组织的行踪变得更加隐秘，并且更加坚定地与官府
对抗。

1813 年 8 月，天气酷热无比，若阿尚·缪拉再次前往德
国加入他内兄的部队，因为一个新的欧洲联盟正在集结，要
一劳永逸地打败拿破仑。国王刚离开意大利，科森扎就爆发
了一场烧炭党人发动的叛乱。带头闹事者是整个地区的烧炭
党领袖，金发碧眼、精力充沛，当地人给他起了个"白头"的
绰号。他的追随者袭击富人的住宅，试图窃取政府的现金储
备，并与军队交火。科森扎烧炭党人的暴动虽然乱作一团、毫
无章法，但它令人忧虑。众所周知，这个地区一直动荡不安。
但"白头"此前一直是法国政府的支持者，曾参与政府最近对
当地土匪的清剿。很显然，该政权原来的支持者现在开始反
叛了。

政治环境也让局势恶化。就在前一年，波旁王室迫于英
国人的压力，宣布在西西里立宪。而在法国控制的意大利本

131

土，许多人梦寐以求的正是某种形式的宪政。如今看来，与在1806年将他们废黜的拿破仑王朝相比，波旁统治者显得进步多了。在意大利南部活动的英国间谍，不失时机地在共济会会所和烧炭党人的"卖场"暗中传播信息；英国人极有可能为反叛提供了资金。"白头"宣称烧炭党人向往的是奉行立宪制的波旁王朝。

至此，烧炭党的革命意图已昭然若揭。借用一份政府通告的措辞来说，就是"这些秘密组织利用兄弟之爱来挑动公众骚乱"。然而，焦头烂额的政府找不到足够的人手来实施全面镇压。面对持续的科森扎叛乱，政府大臣们制定了一个分而治之的新策略：对叛乱首领严惩不贷；对普通烧炭党人采取警告、调查，并纳入官方共济会等手段予以管束。

不久之后，"白头"因一个追随者叛变而被俘，草草审判之后，于当晚在中央广场被斩首。行刑现场被火把点亮，以此让科森扎的民众看清，参与阴谋活动要冒着极大的风险，并要承担十分恐怖的后果。负责镇压叛乱的将军宣布，任何试图参加未经政府正式批准而集会的"秘密组织"成员都将被逮捕。

这条新政令甚至让官方认可的共济会也处于微妙的境地。他们真的是在协助政府解决烧炭党的问题吗？还是说他们其实也是一个被警告和监控的"秘密组织"？在"白头"被处决几天后，那不勒斯大东方的领导人就被传唤到警察总部谈话。

"白头"被处决两周之后，这一模棱两可的新政令尚未得到贯彻执行，北方欧洲战场上发生的事件再次给意大利南部带来了狂风暴雨般的动荡。1813年10月，在莱比锡附近鏖战4天之后，拿破仑的军队被迫撤退。战斗结束后，德国和荷兰、比利时、卢森堡开始脱离拿破仑帝国，反对他的欧洲各国同盟军开始将战火烧至法国本土。

在莱比锡之战中，缪拉采取了他惯用的骑兵突击的战术，但最终徒劳无功，随后偷偷溜回那不勒斯；这一次，他甚至没有向迎接他的公众致意。从这时开始，在那些激进的大臣的怂恿下，他做出了越来越不可思议的尝试，期望用投身意大利独立事业的方式保住他的王位。这一举动显然带有很大的愤世嫉俗的成分，但这并不妨碍人们产生共鸣，因为经历了近20年的入侵、战争和封锁后，众人已感到精疲力竭。他还暗示有可能颁布一部宪法。可以说缪拉现在完全有可能成为一个独立、统一的意大利的国王：烧炭党好像最终得到了他们想要的那个缪拉。于是，缪拉转向创建烧炭党的安东尼奥·马盖拉，并委托他出面争取各方对自己成为意大利国王的支持。

1814年1月，缪拉与奥地利结盟，并派遣部队北上参战——这次是对抗法国。足智多谋的马盖拉趁机组建作为"第五纵队"的烧炭党人部队，以帮助那不勒斯军队借道罗马向北推进。在意大利北部拿破仑政权的首都米兰，当地的烧炭党人和共济会会员正在动员起来，全力支持缪拉统一意大利的军事行动。

马盖拉的行动只取得了部分成功，缪拉向北扩展领地的计划也遭到遏制。无论如何，他在共济会和烧炭党中并没有赢得多少信任。战斗打响数周之后，那不勒斯的共济会内部反对缪拉的人公开露面了。一个叫奥拉齐奥·达泰利斯（Orazio De Attellis）的人创立了一个新的苏格兰礼会所。此人正是那种以前在半岛上忠于法国政府的意大利人，他在拿破仑的军中参加过许多战役。然而，达泰利斯现在开始对缪拉的统治不满。当局回应的方式就是解散他的会所，并把他流放到遥远的南方。

1814年4月，在法国浴血奋战了数月，眼看再无胜算后，拿破仑·波拿巴企图自杀。自杀未遂后，他被迫退位。不久之后，他开始了屈辱的流亡生活，成为意大利又穷又小的厄尔巴

133

岛（Elba）的"皇帝和君主"。意大利北部的法国军队则向奥地利人和那不勒斯人投降。

缪拉帮助意大利人打败了自己的内兄，并希望分享战利品。但是意大利南部省份的烧炭党没有给他喘息之机。那不勒斯王国北部边境的阿布鲁齐（Abruzzi）省爆发了严重骚乱。那里的烧炭党人在1814年3月26日至27日晚上，举起了他们反叛的旗帜：由黑、红和蓝三色横条条纹组成的三色旗。动乱很快蔓延到该省的大部分地区，拿破仑政权的地方机构也土崩瓦解了。

面对重重压力，缪拉政府这次别无选择，只能强力镇压。烧炭党被查禁，并且按照新颁布的法律，烧炭党人现在被当作盗贼或逃兵，可以被当场击毙。在准备实施的过程中，政府还致信共济会，要求他们断绝与叛乱分子的一切联系。

1814年4月中旬，3000名士兵和500名骑兵排成两队，穿过圣安杰洛城（Città Sant'Angelo）的狭窄街道，这里是阿布鲁齐烧炭党人叛乱的中心；他们在主广场上架起了两门大炮。缪拉派遣这支部队来镇压叛乱，但当他们耀武扬威地进城后，却发现没什么可做的。原来烧炭党人发起叛乱后，当地普通民众的反应并不积极，这让叛乱组织者感觉有些底气不足。而当军队要来的消息传来后，烧炭党人迅即转入地下。负责这次远征行动的意大利将军向前来迎接他的当地政要暗示，假如叛乱得到了广大民众的支持，他恐怕就会加入叛乱。他很清楚军中有不少烧炭党人，也能感受到民众的不满情绪。出于这个原因，他没有按照缪拉期望的那样在此地痛下杀手，严厉惩治叛乱分子。

缪拉的反应是派来一位法国指挥官取代这位意大利将军。走马上任的法国指挥官奉命要严惩烧炭党首脑。接着是无情的搜捕。烧炭党人的女性亲属被扔进恶臭无比的监狱，当局希望从她们那里获取信息。在巴夏诺（Basciano），一个年轻女子，同时也是一个烧炭党人的妹妹，在军队突袭她家时，脑袋被炸飞。经过一番折腾后，他们只抓到了两个嫌疑犯。当局大为不满，于是改变策略，开始大规模逮捕，目标不限于烧炭党人，而是扩大到那些不采取反击行动的政府公务员。大批男人、女人和儿童被关进基耶蒂市的地牢。更多的烧炭党人为躲避抓捕转入地下，躲藏起来。一些村庄几乎空无一人。进入夏天后，因参与叛乱而被判死刑的 3 个人被押送到他们的家乡，在广场上被处决；其中一位神父在行刑之前，被公开剥去法衣。被处死后，他们的头颅全被砍下示众，他们的家人被迫观看并被要求鼓掌欢呼。

这类行为以及其他烧炭党殉难的消息传得很远很广。不管以前阿布鲁齐地区的民众对缪拉君主制有多大支持，如今都已消失殆尽了。总而言之，暴动本身以及随之而来的愚蠢的杀戮，都揭示了缪拉的统治已是日薄西山。到 1814 年 12 月阿布鲁齐最后一个反叛者被公开斩首时，他的统治也已走上了穷途末路。在维也纳，几个反法同盟国家开会谋划后拿破仑时代欧洲的政治版图，他们在会上明确表示若阿尚·缪拉已被彻底排除在他们的计划之外。

1815 年 2 月，当拿破仑·波拿巴逃出厄尔巴岛时，缪拉最后一次转换了立场。他再度向北进军——这一次是站在他内兄一边与奥地利人作战，希望由此换来拿破仑的回心转意，最终允许意大利独立。作为这一策略的一部分，他还要另立一个全力支持他的烧炭党分支。这个分离出来的新派别起名为"农业"，其会所名称是"干草垛"，成员则被称为"农夫"。孤注一掷的缪拉计划将烧炭党推倒重来。

这其实于事无补：由于物资供应不足以及普遍存在的违抗军令现象，缪拉的军队早已丧失战斗力，在 5 月的托伦蒂诺

（Tolentino）战役中一击即溃。缪拉随后逃到了科西嘉。

　　然而，意大利南部长达 10 年的拿破仑时代并没有结束，至少没完全结束。1815 年 10 月 8 日，星期天，在那不勒斯以南数百公里处，卡拉布里亚海滨小镇皮佐（Pizzo）的居民眼前出现了一个离奇的景象，让他们起初误以为眼花了。只见一小群法国士兵列队走进镇中心广场，开始高呼"若阿尚国王万岁"。缪拉本人也出现在他们中间，他的头发被剃得干净利落，穿着紧身的土布长裤和一件带有金色肩章的蓝色夹克，头戴一顶有丝绸饰边和一个硕大的宝石帽徽的三角帽。他于 12 天前从科西嘉起航，打算前往一个烧炭党人的据点发动叛乱，企图重登王位。

　　结果是一场灾难。缪拉很快被一群农民抓住并遭到殴打；他的金色肩章被撕掉，帽徽也被人偷走了。他被关押在当地一个城堡里，其间他还大呼小叫着告诉他的士兵们，烧炭党人会发动起义并营救他们。在临时拼凑的军事法庭宣判之后，他被带到了城堡中一片狭小的空地上。据说，在行刑前他拒绝蒙上眼睛，并向行刑队下达了最后一道命令："瞄准心脏。别打到脸上。"

　　后来的人们评价缪拉的烧炭党时褒贬不一，甚至是一人一个说法。烧炭党最初是一个共和主义的社团，与拿破仑政权核心层中的一个团体关系密切。但随着时间的推移和政治局势的变动，它变得越来越混杂，引进的新成员所持观点五花八门。他们中间从意大利爱国者（其中一些人选择押注在缪拉身上，认为他具有成为国家领导人的潜力），到极端分子，再到立宪君主主义者（无论是缪拉王朝还是波旁王朝），应有尽有；另外还有被缪拉反教会政策惹怒的天主教徒，甚至还有反动的波旁王室成员，他们只想让时光倒流到任何人都没有听说过法国大革命的时代。在拿破仑的独裁统治下，烧炭党这个兄弟会几乎成了宫廷之外唯一可以进行政治活动的地方。如今烧炭党已经深深扎根于意大利南部社会，因他们而起的阴谋诡计变得更加错综复杂。

137

1821 年的一幅作品：意大利南方烧炭党人正在举行秘密会议

锅 匠

　　1815 年 6 月 17 日，拿破仑在滑铁卢战役中最终失败的前一天，费迪南国王在马背上佝偻着身体，率领他的军队回到了那不勒斯。沿途，分别有身着白色和红色束腰外衣的奥地利和英国军队维持着秩序，闻讯前来迎接的人群向这位人称"大鼻子国王"的人欢呼着。人们可以明显感到，轻松欢快的气氛弥漫在整座城市中。尽管缪拉政权在某些圈子里获得了支持，但波旁王朝不费一兵一卒就实现了回归——这在很大程度上要归功于烧炭党。包括英国间谍在内的一些人曾向他们保证，费迪南会颁布宪法以回馈他们的忠诚。

既然费迪南国王已经复辟，立宪的提议就成了让烧炭党各派系都能接受的一种政策妥协。但好景不长。

费迪南继承的拿破仑式国家机器为他提供了更有效的集权工具：现在没有人能想象在没有这个工具的情况下，该如何行使治理权。但法国行政当局也播下了政治不和的种子，这种不和注定会变得更糟。例如，那不勒斯的一些贵族在法国人统治的 10 年中一直忠于波旁王朝，并因此时常付出名下土地被剥夺的代价。费迪南国王的大臣们该怎样做，才能让这些贵族与那些在拿破仑政权中过得春风得意的士兵、官僚和新地主和平共处？类似的问题多如牛毛。1816 年的粮食歉收，大部分人口面临大饥荒的威胁。此外，由于费迪南的统治受到一支规模庞大的奥地利军队的保护，在许多以前反对缪拉的人看来，那不勒斯只是换了一个外国主子罢了。由原那不勒斯王国和西西里王国合并而成的"两西西里王国"（The Kingdom of the Two Sicilies）背负着巨额债务，根本没钱解决这些问题。

费迪南的所作所为非但于事无补，还雪上加霜。他不仅没有在意大利南部本土引入宪法，还废除了迫于英国人的压力在西西里实施的宪法。

他的政府还禁止共济会会员和烧炭党人在政府中任职。政府没有对他们使用武力；如果成员表现出忠诚，他们不会受到制裁。这样做的目的——与缪拉政府的策略非常相似——就是分而治之，孤立捣乱分子。

这种策略并没有奏效。或者说，至少没能化解因费迪南国王未能行宪，烧炭党人感觉被出卖的愤懑。全国形势一片混乱，状况日益恶化。国家的许多部门，包括军队，都被秘密社团渗透的事实，令人感到更加不安。在首都，每天都会有煽动性的政治海报张贴在墙上，而警察对此似乎不闻不问。到

1816 年 1 月，驻守卡拉布里亚的一位将军报告称，如今司法部门完全无法执法："如果被告是烧炭党人，那么就没有足以令人感到恐惧的威胁或惩罚手段迫使任何人出来作证。如果不是，那么就可能有无数个烧炭党人为陷害一个无辜的好人而提供证据。"烧炭党已凌驾于法律之上。

为应对重重危机，费迪南把警察部门交到一个狂热的阴谋论者的手上。此人就是卡诺萨（Canosa）王子，安东尼奥·卡佩切·米努托洛（Antonio Capece Minutolo）。他完全接受了德巴吕埃尔在巨著《追溯雅各宾派历史的回忆录》中的偏狭观点，认为法国大革命是由"各种党派和反常思想"引发的巨大灾难。

卡诺萨在 1816 年 1 月掌管费迪南的警务机关后，下令选择性逮捕共济会会员和烧炭党人。然而，他知道他不能以这种方式击败这些组织。因此，他想出了一个极其鲁莽的怪招：为了对抗烧炭党和共济会的威胁，他将组建另一个名为"锅匠"（Calderari）的反动秘密团体。

"锅匠"可能源自名叫"三一会"（Trinitari）的秘密团体，三一会成员信奉三位一体，即圣父、圣子和圣灵。这个团体本身也是缪拉统治末期烧炭党内部政治分裂的结果。因此，这个新兄弟会完全照搬了烧炭党的仪式和组织结构。当时有人估计，截至缪拉倒台时，已经有 2.3 万人加入了该组织，宣誓效忠天主教会和波旁王朝。三一会成员痛恨共济会和烧炭党。事实上，正是三一会在共济会和烧炭党中的敌人，给他们起了这个"锅匠"的绰号，以此来贬低他们，原因可能是三一会成员早期活动中心之一里韦洛（Rivello）镇，有许多制作锅碗瓢盆的工匠。这个绰号从此就流传下来了。

卡诺萨对锅匠寄予厚望，为此制订了野心勃勃的计划。他研究过共济会的历史——只能算是一知半解吧。他认为，大约

140

5000 年前，它的建立是为了鼓励人们沿着基督正道前行。他以为在"锅匠"的协助下，他会把共济会带回几千年前最初启发它的"神圣原则"。如果教宗成为它的领袖，罗马成为它的首都，这种新的"天主教共济会"有可能传遍世界各地。卡诺萨还设想在意大利南部，"锅匠"可以变成一种政党，它将在垄断公共部门职位方面，慢慢超越共济会和烧炭党。为此，他向各省派出自己的心腹，以坚定"锅匠"的决心，并向他们保证政府的支持。

意大利南部许多地方的派系冲突已经烽烟四起。30 多年的政治动荡，在改革和反改革之间的摇摆不定，以及接连不断的外国入侵和王权复辟，早已让这个地区处于高度不稳定的状态之中，而政府支持"锅匠"之举，无异于火上浇油。

当卡诺萨向内阁通报他的策略时，会上出现了激烈的争吵，他的政敌也开始反击。国王在极不情愿的情况下于 1816 年 5 月底解除了他的职务。问题在于是否为时已晚。

根据他的继任者发现的文件，卡诺萨当时是把"锅匠"当成了私人武装来用的：他所做的一切都让人觉得他是打算在秘密社团之间挑起一场大战。仅在 1816 年 4 月至 5 月的数周内，他就发放了不少于 1.6 万份持枪许可证。在一个省，锅匠们起草了一份要被铲除的共济会会员和烧炭党人的名单，而且有一份报告得出结论说，这个反动的秘密社团已"准备好投身无政府主义的恐怖活动"。由此可以看出，锅匠有潜力变得比他们本来要反制的烧炭党更具破坏性。

大臣们吊销了卡诺萨颁发的枪支许可证，并逮捕了许多锅匠成员。王子本人被流放到托斯卡纳区。他如此下场对波旁王朝的效忠派来说是一种莫大的耻辱，因为他们和卡诺萨一样，刚刚从西西里岛的流放中归来。私下里，他们对共济会会员在幕后控制政府的行为愤愤不平。

其实，效忠派们所说的"幕后"按照字面意义也说得通。在王宫附近一条昏暗的小巷子里，坐落着司法部和内务部，这里堪称一个神经紧张的王国的神经中枢。在这里办公的多纳托·托马西（Donato Tommasi）是负责收拾卡诺萨王子留下的烂摊子的那个人。他有足够的经验来面对这个王国前所未有的秘密社团问题。在法国大革命爆发前的青年时代，他是启蒙思想家和狂热的共济会会员；1786年，在光明会在其发源地巴伐利亚分崩离析两年后，他成了该社团那不勒斯分部的创始人之一。然而，对托马西，以及许多自由石匠来说，生活中有些事情比行会更重要，比如他的职业和对国王的忠诚。

1816年8月，托马西颁布法令，查禁包括共济会、烧炭党和锅匠在内的所有秘密社团。但是从各省送到他办公桌上的大量文件都向他表明，仅靠一纸禁令根本不可能遏制意大利南方民众对秘密社团的追捧。唐奇罗·安尼基亚里科（don Ciro Annicchiarico）的案例就是实例，他集共济会会员、神父、格列高利圣歌咏唱教师、持械抢劫犯、多重谋杀犯、革命者和烧炭党领袖等身份于一身。

1775年或1776年，唐奇罗·安尼基亚里科出生在普利亚（Puglia）省格罗塔列（Grottaglie）小镇的一个贫困家庭，这个省位于意大利靴子形状的脚后跟。尽管所有人都认为他拥有令人羡慕的健壮体格和一张长脸，但他的真实长相如何，完全取决于你读到的描述文字是出自他的朋友还是敌人之手。就前者而言，他的"长相一点也不会令人感觉不快，他是个能说会道的人"；对后者来说，"他具有沉思默想的气质，面带凶相"。到1803年，唐奇罗已领受圣秩圣事，还加入了共济会并成为一个政治激进分子。同年，他与人发生感情纠纷并诉诸暴力，经庭审后被判谋杀罪。1806年拿破仑率军入侵那不勒斯王国恰好解救了他。他趁乱越狱，纠集了一群地痞流氓并加入了当地

142

维持治安的民兵组织。1808 年，被唐奇罗谋杀的受害人的父亲提出控诉，官府签发了对他的逮捕令。但这时候，唐奇罗的名气如日中天，以至于没有人敢逮捕他。直到 1813 年，有人试图在一次晚宴上偷袭他。当水果端上来（开枪的信号）时，唐奇罗的兄弟被枪杀，他作为暗杀的主要目标却逃脱了。他逃到了乡下，并组建了一支主要是逃避兵役者和逃兵的队伍，这些人都发誓要为他们的首领所遭受的不公正待遇采取报复行动。这群亡命徒随后发动了一系列血腥的袭击。当局宣布唐奇罗是逃犯，这意味着任何人都可以凭杀死他而获得奖励。

1815 年缪拉倒台后，费迪南国王下令赦免任何反抗过拿破仑政权的人，即使他们在此过程中犯了罪。唐奇罗试图借此脱罪。但是负责审理案件的委员会认定他不符合赦免条件。他再次负罪潜逃，接下来开始服务于烧炭党。

在缪拉的统治下，烧炭党人最终被当作强盗对待。在波旁王朝复辟后，他们开始招募强盗，目的是利用唐奇罗这类恶棍来保护自己免受锅匠的威胁。

在唐奇罗的家乡普利亚省，当地社团很快就伪装成秘密兄弟会。有人估计，1815 年时，共有大约 6000 名锅匠成员。兄弟会的数量开始成倍增加：除了锅匠和烧炭党，还有"兄弟之爱"（Philadelphian）、"欧洲爱国者"、"改革宗欧洲爱国者"和"孤独的希腊人"等团体。他们自称"慈善团体"，但其实是政客＋罪犯团伙，其人员成分的复杂性达到了令人咂舌的地步。粗鲁的工匠与公爵、男爵联手，杀人犯和强盗与士兵和警察结盟，饥饿的农民与精明的律师同行。唐奇罗不是会员中唯一的神父。一些社区的紧张局势使得每个人都无法保持中立：为了寻求保护，每个人都会加入某个社团或团伙。

唐奇罗加入了"坚定派"这个立场最激进的反政府秘密组织。他很快就当上了该组织的领导人，并将所有反对卡诺萨王子的锅匠的兄弟会联合在一起。他还为追随者炮制了带有他个人色彩的乌托邦信条：未来将会出现一个伟大的欧洲共和国，在这个共和国里，由于"宇宙的伟大建筑师"的支持，基督教将会恢复到它原初的纯洁。这伙人用鲜血写下他们的誓言，用头盖骨、交叉股骨的图形和共济会符号装饰自己，并在夜间进行军事训练。违反规则的成员会被处死。唐奇罗宣布 1817 年为新时代元年。

在唐奇罗的大力推动下，普利亚省内如同爆发了内战一般，杀声四起，各派势力无一例外地犯下了灭绝人性的滔天罪行。一名违反规定的帮派成员被剁碎，从他身上割下的碎肉被人拿去喂狗。一个敌人被屠杀后，其尸体被悬挂在他父亲家的大门上方。有人会毫无理由地当众对无辜者实施射杀或割喉。几十名妇女被赤身裸体地绑在树上，并当着她们男性家人的面惨遭强奸。那些施暴者无一得到他们应得的惩处，因为警察和司法系统的所有人员都加入了秘密社团。

秘密团体在这一时期犯下的性暴力恶行，佐证了一个严峻的事实，即在包括普利亚南部在内的地区，烧炭党吸收了女性成员。附属于男性"卖场"的女性聚集点被称为"花园"，其成员被称为"园丁"。但是这里的女性似乎没有机会像法国女性在接纳会中所做的那样，维护自己在花园里的独立性。除了把自己奉献给自由和祖国以外，尽职尽责的园丁还应该安守自己的女性本分，忠于丈夫。好堂 / 表兄弟们则发誓要尊重他们"姐妹们"的荣誉。但是，如果说 1817 年的强奸和性侵暴行还有任何准则可以遵循的话，那么一些好堂 / 表兄弟显然认为其他女人的荣誉是可以被当作玩物的。

与此同时，意大利南方境内的烧炭党立场已经转向发动革命，推翻波旁王朝。1817 年 5 月，在庞贝遗址周围，这个兄弟会的领导层开会，连夜谋划接下来的行动。鉴于奥地利军队

144

正从王国撤出，行动已是迫在眉睫。但是因为缺乏协调，行动被一再推迟。

在普利亚，政府再次宣布唐奇罗为逃犯。作为回应，他公开发表了一篇文章为自己辩护，声称自己是因受到不公正的迫害而走上犯罪的道路，并且他是一个罗宾汉式人物。政府已经对他失去了耐心：1817 年 11 月，爱尔兰将军理查德·丘奇爵士（Sir Richard Church）奉命率领一支那不勒斯的小部队开进唐奇罗活动的区域。

145　　当丘奇将军还在半途中时，该地区所有秘密社团的首领在加拉蒂纳（Galatina）城外一座孤零零的高楼中开会，消除分歧并商讨对策。他们当场选出了一些领导人，大多数是贵族，组成了一个烧炭党"高级卖场"（High Vendita），即阴谋活动指导委员会。唐奇罗受命负责军事行动，对付逼近的官军。他带着 50 名手下骑着马四处奔走，向民众宣布革命即将来临。

丘奇将军率部进入莱切市（Lecce）驻扎，紧接着就召集烧炭党领导层，当面解释说，他会宽恕他们政治上的不端行为，并支持他们对抗锅匠，但有个前提条件，即他们要协助他杀死或活捉唐奇罗。这个提议受到众人热烈响应：唐奇罗算是死定了。

这个远近闻名的罪犯在省内疯狂流窜，徒劳地寻求逃脱的机会。他的帮派成员一旦被抓，就会被就地正法，从而剥夺了他们出庭供认自己与社会上层勾结的机会。所有人都在惊恐中抛弃了他，他身边仅剩下几个铁杆追随者。他已筋疲力尽，饥肠辘辘，衣衫褴褛，最终被逼到弗兰卡维拉（Francavilla）附近的一座农舍里，在一阵激烈的交火后投降了。当地的发报员十分害怕遭到打击报复，他们宁愿放弃自己的岗位，也不愿担责向外发送唐奇罗被抓获的消息。第二天下午，在匆忙审判后，他被人从后背开枪打死，以示羞辱。他的头被砍下来，放在一个铁笼子里示众。

普利亚和别的地方一样，反动锅匠的威胁在1817年消失了，但是革命的烧炭党人现在已根深蒂固，托马西和内阁的其他大臣束手无策，只能搜集一些情报，此外再无作为。看起来，秘密社团这种病已经流行开来了。1818年夏天，托马西得知，一些被没收的文件表明，在那不勒斯的两个监狱中存在烧炭党的组织，而且他们与外界保持着相当广泛的联系。许多成员并不是政治犯，而是被判终身监禁者和一些"屡教不改的惯犯"。该报告的作者提议将这些头目分散关押在西西里岛和大陆沿岸的各个岛的监狱中。看来他并没想到这只会让烧炭党借助于监狱体系传播得更远。

最终，国际局势变化再次激发了那不勒斯的危机。1820年，西班牙爆发了叛乱，国王被迫颁布宪法。这件事让好堂/表兄弟们精神大振，它给他们提供了一个可以仿效的鲜活榜样，更重要的是，西班牙国王与费迪南一样，都是波旁王朝的。

期待已久的烧炭党革命终于爆发了，但从它的发展过程来看，与其说是精心策划的产物，不如说是一场心血来潮的发挥。在那不勒斯东部有个叫诺拉（Nola）的集镇，1820年7月1日至2日的夜里，大约30多名烧炭党人诱使驻扎在当地的士兵开小差。这群人戴上烧炭党的天蓝色、黑色和红色三色帽章，高喊着"自由和宪法万岁"之类的口号，步行25公里前往阿韦利诺（Avellino）——当地烧炭党的活动中心；一路上，来自四面八方的人陆续加入了他们的队伍。烧炭党人还从那里派出信使并点燃山顶的烽火，将起义的消息传播出去。军队最高指挥层深知他们的部队早已被烧炭党渗透，对事态的发展无能为力。一位名叫古列尔莫·佩佩（Guglielmo Pepe）的将军加入了叛军，并充当他们的指挥官。就在暴动发生后的几天时间里，费迪南国王被迫颁布了一项法令，承诺行宪；托马西和其他大臣一起辞职。

7月9日，星期日，叛军士兵列队进入那不勒斯接受荣誉，紧随其后的是乐队和大批烧炭党人。城市上空升起了天蓝色、黑色和红色的三色旗。高呼着"烧炭党万岁！"口号的队伍在王宫前集结。虽然国王本人装病不露面，但其余王室成员都出现在阳台上。他们戴上了烧炭党人标志性的玫瑰花结，当然大家都心知肚明，那只是努力要迎合当时的气氛，并非真心实意之举。

147

帮　派

烧炭党的故事充满了曲折和反转，因此，他们发动的革命最终走向失败也就不足为奇了。1821年3月，奥地利出兵，试图再次树立费迪南国王的权威，但在奥地利军队到来之前，烧炭党人内部就已经吵翻天了。在意大利其他地区，如皮埃蒙特大区（Piedmont）、教宗国，烧炭党的阴谋活动影响甚微。在教宗国罗马涅（Romagna）地区的拉文纳（Ravenna），烧炭党人之所以引人注目，只是因为1820年7月的那不勒斯革命爆发后不久，诗人拜伦勋爵加入了他们。然而，无论他对革命怀有多么高涨的热情，烧炭党并没有给他留下好印象。他在1821年1月写道："烧炭党人似乎没有计划——他们没有商定任何确切的行动规划，没讨论过该怎么做，何时做或者做什么。"

许多烧炭党人逃到了国外。学者加布里埃莱·罗塞蒂（Gabriele Rossetti）就是其中一个；他的孩子，包括诗人克里斯蒂娜·罗塞蒂（Christina Rossetti）及其画家哥哥但丁·加百列（Dante Gabriel），都出生在伦敦。另一个流亡到英格兰的烧炭党人是安东尼奥·帕尼齐（Antonio Panizzi），一个北方人。他后来成为英国首位意大利语教授，在伦敦大学学院任职。拜伦的烧炭党人秘书安东尼奥·莱加·赞贝利（Antonio Lega Zambelli）也逃到了伦敦，后来做起了意大利面的生意。

1820 年起义的失败并不是故事的结尾。那时烧炭党已经传播（回）到了法国。此前西西里基本上没有受到秘密社团风潮的影响，但后来居上，并深受其害。在意大利南部大陆的一些省份，烧炭党的残余又持续运作了十多年，偶尔会发动小范围暴动。1828 年，在一次拥护宪法的起义后，一个名叫博斯科（Bosco）的山村被炮火夷为平地，村民四散奔逃。烧炭党的活动还在意大利其余地区持续了一段时间。他们积极参与了 1830 年爆发的许多革命行动。但此后他们的影响力迅速消退。他们一方面奉行仪式上的隐秘，另一方面又向政治理念迥异的人敞开大门，后来发现这种自相矛盾的做法是注定失败的。1820~1821 年的那不勒斯起义被证明是他们影响力的巅峰。此后，在长达 40 年的时间里，无论是烧炭党还是步其后尘的其他意大利秘密团体，都没有在推动意大利统一的各种事件中发挥显著作用。

148

然而，烧炭党人在意大利历史上留下的印记并不会被后来的事件完全抹去。烧炭党是第一个领导了一场欧洲大革命的秘密兄弟会，创造了一个令人难忘的先例。拿破仑和王政复辟时期诸多宏大而奇异的阴谋，在多个方面给后世造成了深远影响。

第一，它们影响了欧洲和欧洲以外地区即将到来的全球性的革命运动时代。事实上，革命者典型的现代角色——密谋借助于具有救赎意义的暴力手段开创一个更美好的世界——最初就是在浪漫主义时代作为共济会的副产品被创造出来的。正如一位历史学家说的那样，"在拿破仑和王政复辟时期被传播的现代革命传统，原本是从神秘的共济会发展出来的"。

第二，修道院院长奥古斯丁·德巴吕埃尔笔下反动的梦想已然由鲜活的阴谋分子展示在世人眼前，众人对秘密团体的恐惧心理犹如野火般熊熊燃烧起来。有一点可以确定，烧炭党并不是一个纪律严明的颠覆性阴谋集团，但这并不妨碍后人经常将它们归为那一类。

第三，对意大利本土的影响。尽管《共济会宪章》明令禁止会员们干预政治，但在拿破仑和烧炭党的影响下，意大利发展了欧洲大陆上政治化色彩极强的共济会传统。

149

第四，它更具地方性的特征就是将秘密社团热潮转变成了那不勒斯王国的一种地方病。回顾一下烧炭党活跃期的各个秘密社团的活动范围，有助于帮助人们加深理解这种特殊遗产。他们掌控了当地的政治界，使之变成一种贪得无厌，有时是暴力的派系竞争舞台。他们凌驾于法律之上，以至于在某些地方他们变成了国中之国。他们投身于暴动阴谋和暴力活动，但也被政府用来打击政治反对派。他们的关系网把持着官场和国家的资源。在他们的队伍中，敲诈勒索者和杀人犯与社会精英们互通有无。他们还从内部控制监狱系统。

1860年，意大利最终实现统一。在随后的几年里，在意大利南方的一些地方，如那不勒斯、西西里的巴勒莫（Palermo），警方偶然发现了一些专门从事敲诈勒索的犯罪分子组成的秘密团体。他们中的大多数成员都参与过最终使意大利建国的政治暴力活动。许多人曾充当波旁王朝警方的间谍，并与意大利警方内部的一些人有联系。他们利用自己的关系网强行干预经济和地方政府的运作。他们在政府高层中拥有影响力不容小觑的朋友，保护着他们免受法律的制裁。他们深深扎根于各个监狱中。当1870年代，一份政府报告最终提到西西里西部有这样一个秘密社团的证据时，伦敦《泰晤士报》记者将其描述为"一个无形的帮派，其组织机构如耶稣会或共济会那样完善，其秘密更加难以识破"。"帮派"（Sect）一词早已是很常用的词了，但它确实是意大利调查人员最先用来描述这种邪恶现象的术语。他们还使用了另一个沿用至今的名词：黑手党（mafia）。

具有国际视野的知识分子成为 18 世纪共济会最具代表性的人物。在拿破仑帝国和王政复辟时期，共济会的意识形态重心发生了转移。无论他们是波拿巴的官僚和军官，还是法兰西帝国滋养出的阴谋分子，最具代表性的兄弟现在都成了爱国者和建国者。这将变成 19 世纪余下时间里的主导模式。在美利坚合众国尤其如此，在那里，共济会已变成一种类似于国教的东西。

第 7 章　华盛顿：美德之会所

　　在美国独立战争期间，乔治·华盛顿集结了来自迥然不同、相互猜忌的 13 个殖民地的缺衣少粮的部队，带领他们经过近 8 年的鏖战，战胜了世界上最令人生畏的军事机器。1783 年 12 月，华盛顿无视在新共和国攫取大权的诱惑，辞去军职，退出了公共生活，回到在弗吉尼亚的种植园。三年后，他被要求主持起草美国宪法的制宪会议，极不情愿地重归政治舞台。1789 年，他被一致推选为首任总统——他可以随意确定这一职位的权力和责任。但他没有集政府权力于一身，而是招募了才华横溢的部长们，下放权力，并为履行自己的职责付出了巨大代价，他的所作所为令人肃然起敬。1792 年，他本人想要彻底退出政治舞台的美好愿望仍然无法实现。他再次全票当选，连任总统。

　　战争中的胜利使乔治·华盛顿成为无人能及的英雄人物。他在战后表现出来的谦卑又为他增添了一道光环，成为众人眼里不曾封圣的圣人。他的政治生涯非但丝毫无损他的崇高形象，反而在他已然享有的美誉中又加入了正直、睿智和尽职尽责等赞赏。在整个职业生涯中，精明的形象管理，加之不露锋芒的言行举止，成功让他避免在不经意间给人留下傲慢或自以为是的印象。华盛顿成为美国的开国元勋，以及共和国美德的化身。他看上去淡泊名利，却成了世界上声名最显赫的人。在

乔治·华盛顿第一个任期早期，全国人民都会庆祝他的生日。他的传奇故事经由书刊、油画和大理石雕像等多种形式传颂，帮助塑造了一个民族的特质。

　　正因为华盛顿在人们心中激发出了近乎无限虔诚的信任，他才有机会享有一项殊荣：1790 年，他得到授权，可以随自己的心愿设计和建造最初以"联邦城"（Federal City）命名的新国家政府所在地，它就坐落在波托马克河边，距离他的弗

农山庄只有几英里。1791 年，监管该项目的委员们决定将美国首都命名为华盛顿。可以说没有任何其他名称配得上这座城市。根据规划，建城项目中包括一个伟人骑马的雕像和一座纪念碑式的陵墓，以让心怀敬畏的后人来此缅怀他的丰功伟绩。

1793 年 9 月 18 日上午晚些时候，值华盛顿哥伦比亚特区的大致轮廓在波托马克泥泞的河岸初现之际，这座城市见证了被媒体称为"有可能是有史以来在类似重要场合上展示过的最盛大的共济会游行"。

带头的是市政当局，测绘部门的职员和市政专员们分列两队，并排行进。他们后面跟着一个连的炮手，队伍中旗帜迎风飘扬。接下来是乐队，他们演奏着"无上庄严"的乐曲。乐队后面跟着一队石匠和工程师；这些建设者要负责游行目的地的脚手架和土方工程。接着是来自弗吉尼亚州和马里兰州各个会所的自由石匠，个个穿戴着一尘不染的围裙和手套。自由石匠队伍的前面是执剑人，可以看出他们等级分明：一级、二级和三级的兄弟们由身着盛装的官员陪同，他们是手持权杖的督导员和手持珠宝的司库。再往后是精心挑选出来的会员，他们肩负着携带一系列仪式必备物品的光荣使命，这些物品包括安置在天鹅绒垫子上的共济会《圣经》，一个雕花银盘，一把象牙柄的银镘刀，一套胡桃木的直角尺和水准器，一个大理石小槌，最后是盛着圣酒、油和谷物的金杯。

153

这一活动事先得到了广泛宣传，其中一个重要原因是政府要借此重新激发人们的兴趣，让他们踊跃购买该地区已划定的建设用地。围观的众人根本不理会这场盛大游行背后暗藏的动机，他们挥舞着旗帜，发出雷鸣般的欢呼声。

游行队伍到达目的地詹金斯高地（也就是后来广为人知的国会山），两列队伍分别沿着一个浅坑的边缘绕行。在浅坑的中心，一块形状完美、熠熠闪光的四方石悬挂在由树干搭成的三脚架下。

礼炮齐鸣，空气颤抖，鸟儿停止了鸣叫，观众不再窃窃私语。在现场一片庄重的静默中，站在游行队伍最后面、身穿全套共济会礼服的高个子男人走下了浅坑，他就是尊者尊主乔治·华盛顿，此时已连任美国总统6个月。

华盛顿严肃地点点头，3个工人把石头归位。他接过一件又一件用于仪式的物品，在石头上比比画画。象征美德的直角尺，被用来确保石头的每个角都被切割得完美；象征着平等的水准器，被用来检查石头摆放的位置是否端正。然后他拿出小麦、酒和油撒在石头上，以此预示富足、友谊与和平。接下来是银盘，它的铭文宣告国会大厦的基石是在美国独立后的第13年和共济会纪元5793年奠定的。华盛顿把银盘放在石头上，然后用银镘刀抹了一些水泥，接着又用大理石小槌快速敲了几下。

当他抬头微笑时，人群中爆发出欢呼声和掌声。被托马斯·杰斐逊称为"第一座致力于人民主权的神殿"的国会大厦，在共济会仪式中被奠定了不可动摇的基础。

乔治·华盛顿成为这个新兴国家的理想象征，这很容易理解：对同时代的人来说，就连他匀称的体格似乎也足以让他脱颖而出，享有崇高的地位。令人费解的是，在国会大厦奠基仪式如此庄严的场合，共济会为什么肩负起了主持仪式的重任。共济会，这个在其短暂的历史中从未远离猜疑和争议的国际秘密团体，如今却在大庭广众之下，发挥着赋予美国的政府机构以可靠性的作用。

154

共济会伴随了乔治·华盛顿的整个成年生活。1752年11月4日，他还未满21岁，就在弗吉尼亚弗雷德里克斯堡

（Fredericksburg）会所加入了共济会。年轻的华盛顿雄心勃勃，决意要跻身于种植园主构成的精英群体之中。在弗吉尼亚就像在其他北美殖民地一样，加入皇家军队是获得和炫耀贵族身份的一种方式。但此时共济会内部已经处在变革中，这种变革将重塑该组织，使其与华盛顿，乃至美国的命运相契合，并变得更加民主和更加尚武。

　　就在共济会以惊人的速度传遍世界的同时，战争也发展成了一种全球性事务，这并非巧合。共济会在军队中吸收了很多会员，并成功地在军队里设立了会所，其成员获准在他们奉命驻扎的任何地方开展共济会的活动。共济会和军事生活之间长期而深刻的联系由此得到巩固。从那时起，所有国家的士兵和退伍军人都在共济会中找到了一种程式化的友情，借以缓解思乡之苦和战争造成的创伤。例如，1753 年后，法国 – 印第安战争将大量英国军队吸引到北美殖民地，在那里团级共济会会所将共济会的做法传播给了当地的民兵。

　　二十年后，独立战争把美国的共济会带入了选择忠诚对象的旋涡之中。许多会所干脆取消了聚会。在整个冲突期间，交战双方的部队里都有团级会所，这些会所成为共济会文化的汇聚点。只是在华盛顿领导的大陆军中，共济会的存在对提振士气特别重要。由于大陆军官兵分属不同的宗教信仰派别，随军牧师布道时不好把握讲话的分寸，但共济会的导师们就不一样了，他们无须含糊其词。这些保卫家园、争取自由权的军官们成批加入了共济会。军中共组建了 10 个会所，其中规模最大的拥有数百名会员，乔治·华盛顿麾下 42% 的将军加入了共济会。在这些军人会所中，众人会举杯向倒下的兄弟们和他们的总司令华盛顿祝酒。

　　就华盛顿而言，他最早在法国 – 印第安残酷的边境冲突中获得了作战经验，出于对军队生活的了解，他积极支持共济会

155

在部队中发展会员。军队会所的环境既能让他与手下军官们友好相处，又不会损害他的权威。他很喜欢像一个普通兄弟一样参加聚会，和他的战友们"坦诚相待"。

在独立战争期间，美国共济会承蒙乔治·华盛顿关照，沾了他不少光。1778年12月，将军访问费城，当时大陆会议正在这里召开。在庆祝福音传道者圣约翰节的游行队伍中，宾夕法尼亚总会所把他安排在总会长旁边的主宾位。共济会会员还特为纪念这一时刻赋诗一首——

> 看啊，我们的领路人，华盛顿兄弟，
> 正是他，指挥着感激不尽的会众；
> 看啊，同门无不遵行，
> 谨向神一般的兄弟致敬。

当英国人于1781年在约克敦投降时，与大陆军的结盟早已使共济会获得了北美殖民地人民的信任。华盛顿很高兴在他的总统职位与共济会之间建立一种密切联系。1789年4月，他手抚《圣经》宣誓就职，而这本《圣经》非同寻常，是专门从纽约最古老的共济会圣约翰会所借来的。此后，他又领导了一场用共济会标志装饰美国公共生活的运动。

从独立战争中胜出的美国是政治交流的实验室。通过摆脱君主统治，共和国也抛弃了所有围绕欧洲王权的光环而打造的仪式和符号。这里不再有权杖和王冠，不再有大教堂的加冕礼和《感恩颂》。为了填补这一空白，美国创造了对乔治·华盛顿的崇拜，乔治·华盛顿又紧接着把共济会打造成了爱国礼仪的承办方。

独立战争让社会陷入全面混乱的状态。民间冲突随处可见，北方工人倡导他们自行认定的激进自由和平等概念，南方的奴隶扔下工具逃离农场庄园，妇女也走上街头提出自己的诉求，众人齐心协力拆除各种王权象征。总之，政治已经成为一项人人都可以参与的活动，大势所趋，不可逆转。在 1780 年代至 90 年代，报刊数量出现了爆炸性增长，这进一步燃起了大众参政的热情，让更多的人开始关心政治。全国各地的报刊将地方上每次举行的庆祝游行或抗议示威的场面，从头至尾呈献给全国观众。战争结束后，经济增长加速，向西扩张的步伐持续加快。美国正迅速成为一个野心勃勃、无比喧闹的社会，这种景象超出了美国建国领袖的想象。

在这一团混乱嘈杂当中，共济会为寻求内心平和的人提供了一个去处。没有人像共济会那样组织游行。众兄弟按级别高低排队前行，会所官员在队伍两旁护卫，整个安排反映出一种沉稳的等级秩序，这很符合乔治·华盛顿这类人的政治心意，因为他们认为自己是社会的天然领袖。

共济会之所以能够如此出色地扮演其新角色，部分原因在于美国人的信仰宗派林立，五花八门。不堪忍受宗教歧视和迫害的清教徒于 1630 年代来到新世界，建立了新英格兰殖民地。接踵而至的各路移民，相继把自己的信仰带到了新世界。不仅有圣公会教徒、天主教徒和犹太教徒，还有一系列新教教派教徒，如贵格会、浸信会和长老会，以及来自德国各个教派的信徒，如莫拉维亚教派（Moravians）、反对婴儿洗礼并主张简朴生活的门诺教派（Mennonites）、反对兵役和宣誓的德美浸礼会教派（Dunkers）、施文克菲尔特教派（Schwenkfelders），等等。殖民社会孕育了自己独有的敬拜形式，尤其是在 1730 年代和 40 年代所谓的"第一次大觉醒"期间流行起来的福音派。随着革命的进行，即使是那些确立了英格兰教会为官方教会的殖民地，也切断了政府机构和各种信仰之间的联系。在华盛顿的第一个总统任期内，美国宪法修正案《权利法案》明确规定了信仰自由和政教分离。

157

共济会向所有有信仰的人敞开大门；它只信奉"所有人都认同的宗教"——体现在《共济会宪章》中的这种模糊表述是有益于共济会的发展的。华盛顿自己的宗教信仰使他成了共济会举足轻重的精神中心。人们形容他是一个"不冷不热的圣公会教徒"，从不去参加圣餐仪式，通常会祈求"天意"和"天命"，而不是上帝；他之所以重视宗教，并非因为他在意个体虔诚与否，而是因为他认为宗教起着保障公共道德的作用。

共济会会员和美国开创者之间的思想交汇甚至超越了宗教信仰的范畴。共济会的原则是普世的：自我完善和所有人不分出身或地位的兄弟情谊。这种理想与美利坚合众国的内在理念相一致，即它代表着比自己特定的民族身份更宏大的东西，就像在《独立宣言》中宣称的一样。

羽翼未丰的美国还需要共济会提供另一种东西：美德。乔治·华盛顿和其他开国元勋所认同的意识形态——共和主义，有着一段充满惨痛教训的历史。从古代雅典和罗马，到文艺复兴时期的意大利和奥利弗·克伦威尔的英伦三岛共和国，建立

158

一个没有君主的政体的努力几乎都宣告失败了。对于像美国这样的现代共和国来说，唯一的希望是人民，尤其是统治阶层，能够学到足够的美德来抵抗国家滑入暴政的倾向。

共济会自成立以后，就一直以贤人塑造者的形象向世界展示自己。在担任总统期间，华盛顿接连不断地收到共济会会所发来的赞美，称赞他为共济会会员和公民树立了一个正直、诚实的楷模。1790年，罗得岛州纽波特市的大卫王会所给总统写了一封读起来很拗口的信。

> 我们满怀难以言喻的喜悦，在无数开明的人们的掌声中，祝贺你担任总统；与此同时，我们也要祝贺我们自己，因为你以诸多堪称楷模的美德，以及从您那颗值得拥

有行会古老奥秘的心散射出的善良光芒，带给了我们兄弟
会无上荣耀。

对于这样的赞美，华盛顿总是予以亲切的回复，言辞中
不无共和主义者固有美德的流露，还夹杂着兄弟会中流行的行
话。1791 年，他致信南卡罗来纳州查尔斯顿的总会时写道："我
们的自由体系是建立在公共美德经久不衰的基础上的，我真诚
地希望它将持续保障培育它的建筑师的兴旺。我很乐于在任何
场合，表达我对兄弟会的敬意。"

当华盛顿于 1796 年宣布他打算退休时，他收到了宾夕法
尼亚总会所发来的一封感谢信和最美好的祝愿。他在回信时表
示希望美国会继续成为"兄弟们的避难所，汇聚美德的会所"。
共济会与总统之间许多这类书信不久后就出版了。在总统的默
许下，一种全新的文学出现了，它宣称共济会是美德和知识的
学校，将确保共和国履行其承诺。

华盛顿总统（1732~1799 年）。取自他生前唯一一幅身着共济会礼服的画像

159　　　对乔治·华盛顿来说，管理自己的形象是一项持续而微妙的任务，在这方面，共济会成了他可资依赖的重要资源。他高调倡导共济会崇尚的兄弟友情，作为一种严格意义上的平等主义，它的来源可追溯至那个古老的工匠组织，他要借此设法去除人们对他可能要称王称帝的疑虑。

　　　华盛顿不仅是将共济会转变为市民宗教运动的领导者，也是这场运动最引人注目的象征。为国会大厦奠基后不久，他便佩戴着饰带和前会长的奖章端坐着，摆出姿势让威廉·J.威廉姆斯（William J.Williams）给自己画像。在未来的一个世纪里，华盛顿作为一名石匠的形象将有数不清的复制品流行于世。

160　　　得到全国各地热情报道的国会山奠基仪式，只是共济会主持的盛大仪式之一。1795 年 7 月 4 日，美国革命中的两位共济会英雄，保罗·里维尔总会长和塞缪尔·亚当斯（Samuel Adams）州长一起，奠定了马萨诸塞州议会大厦的基石。与奠基石一同掩埋于地下的还有一个铜制的时间胶囊——后于 2014 年维修大厦时被挖出。人们发现胶囊内有一枚乔治·华盛顿奖章。身居要职的共济会会员还参加了其他一些建筑的奠基仪式，如弗吉尼亚州议会大厦（1785 年）和北卡罗来纳大学教堂山分校（1798 年）等，更不用说许多桥梁、界碑之类的仪式了。

　　　乔治·华盛顿于 1799 年 12 月死于咽喉部感染。亚历山德里亚的第 22 号会所出面在弗农山庄为他举办了葬礼，被推选主持葬礼的圣公会牧师也是共济会会员。棺材上放着一条共济会围裙和两把交叉的剑。在曾是革命军军官的 6 名抬棺人中，至少有 5 位是共济会会员。入土前举行了共济会式的告别仪式，会内兄弟们将常青的金合欢树枝放到棺材上——这种树枝在共济会中象征着灵魂不朽。

在随后持续了数周的全国性哀悼活动中，共济会的表现十分突出。据估计，他们以官方身份参加了全国约三分之二的纪念游行。马萨诸塞州总会所在1800年2月精心策划了一次游行，超过1600名兄弟列队穿过波士顿的街道。包括保罗·里维尔在内的6名抬棺人抬着放在基座上的一个金瓮，里面装着华盛顿的一绺头发，旁边是一尊雕像，表现的是"共济会保护神"在对着金瓮哭泣。

在接下来的岁月中，在把人们对革命的怀念传递到下一代人的纪念活动中，共济会一直享有它在主持各种仪式上的殊荣。确实，共济会定期与地方当局合作，组织包括奠基在内的各种仪式。例如，1815年7月4日，巴尔的摩为华盛顿立碑的仪式。市民和政要聚集在悬吊着奠基石的浅坑周围，马里兰州共济会尊者总会长宣布——

161

> 尊敬的阁下，我代表本州的自由的、被接受的石匠，很高兴地接受你的邀请，我们特别荣幸有机会提供我们力所能及的协助，按本团体传统妥善安置此石，不仅如此，此建筑又具有特殊意义，因其目的在于把世上最伟大者之美德和爱国精神传给新生代；在他宝贵的一生中，他作为兄弟会中一位热心而忠诚的成员为我们的团体增光添彩。

显然，没有人因为共济会的做法而感觉不快，质疑它借着主办这些活动，强调自己在乔治·华盛顿一生中享有的地位，宣扬自己在美国立国进程中发挥了巨大作用。

全国各地都举行了类似的仪式。1824~1825年，拉法耶特侯爵重返美国，并如凯旋的英雄般在全国巡回讲演，共济会借机又掀起了新一轮纪念活动的浪潮。拉法耶特是法国贵族，19岁时便志愿为美国的自由事业而战。他很可能是在投奔大陆军后不久，在一家军队会所加入了共济会。他在美国独立战争中立下了汗马功劳，在后来的法国大革命中又受尽苦难，这为他赢得了自由圣骑士的美誉。当他应詹姆斯·门罗总统（也是共济会会员）之邀访问美国时，他是让人联想起革命战争和乔治·华盛顿本人的最负盛名的、仍在世的人物。乔治·华盛顿当年把他当亲儿子看待。在长达 13 个月的时间里，拉法耶特乘坐马车和蒸汽轮船环游了 24 个州，无论走到哪里，他都受到了热情款待。民众用各种荣誉、烟花表演迎接他，各界人士邀请他共进晚餐、发表演讲等。他也被邀请参加众多纪念碑的奠基仪式，他在基石上撒下共济会的葡萄酒、油脂和谷物。

共济会会员已经成为美国庄重仪式的承办者，也是致力于国民纪念活动的专业人员。当 19 世纪早期的美国想要对后世传达信息时，它要借助兄弟会的影响力才能做到。

共济会在公众生活中的盛名，加之华盛顿和拉法耶特等杰出人士的背书，无一不是在向雄心勃勃和 / 或具有爱国情怀的美国人表明：要想出人头地，就得穿上石匠围裙。持续加速的社会变革也对共济会有利。西部边疆不断拓展，各类生意兴旺发达，城镇如雨后春笋般在各处涌现，家庭纽带日益松散。出身卑微的美国人四处寻找飞黄腾达的机会，一旦找到，他们就变得富有和自信。加入共济会等于让他们一下子拥有了一个遍及全国、值得信赖的关系网，同时又获得了一个互助互利的社会保障。

共济会在美国比以往任何时候、任何地方都传播得更远、更快。在 19 世纪的前 25 年，会员人数增加了 2 倍，从 2.5 万人增加到了 8 万人——大概每 20 个成年白人男性中就有一个是共济会会员。到拉法耶特在美国巡游时，美国会所的数量比半个世纪前世界上其他地方会所数量总和还要多。到 1825 年，纽约市共有 44 个会所，比 1812 年记录在案的数量翻了一番。

克里斯托弗·雷恩爵士及其杰作圣保罗大教堂。他的亲密伙伴们都是一个被称为"接受会"的秘密兄弟会的成员。1710 年圣保罗大教堂竣工和 1714 年汉诺威族系登上王位，共同推动了这个兄弟会最终演变为我们如今所知的共济会

IACOBVS 6 D·G·R
SCOTORVM
ÆTA·39
1598

苏格兰的所罗门王：詹姆斯六世。1598年，詹姆斯六世王的文艺复兴文化氛围激发并推动了苏格兰石匠的重组——这成为共济会演变史上一个重要环节

一个典型会所的室内场景。在詹姆斯王当政时期，简朴的石匠小屋首次成为记忆圣殿，他们在黑白格子地板上利用一些象征性陈设演绎仪式。这个特别的会所位于法国，于1948年投入使用，并以富兰克林·德拉诺·罗斯福命名

1787 年，在世界上最古老的特意建造的共济会圣殿，爱丁堡的修士门－基尔温宁会所（Lodge Canongate Kilwinning），共济会会员向他们的桂冠诗人罗伯特·彭斯欢呼。这幅画是作者在 1846 年凭借自己的想象重现当时的情形

1780 年代，维也纳的真和谐会所。它是莫扎特经常光顾的共济会会所之一。共济会会员们经常声称画中右下方那个人就是莫扎特本人

集外交官、间谍、击剑能手和热情的共济会会员等身份于一身的德翁骑士，作于 1792 年。围绕德翁骑士的性别而起的争议令英格兰石匠感到尴尬

菲利普·奥尔良公爵在担任法国大东方总会长期间，作于 1781 年的肖像。作为国王路易十六的堂兄，公爵后来全力拥护大革命并将自己的名字改为"菲利普·平等"。他于 1793 年被送上断头台

共济会骗子。詹姆斯·吉尔雷（James Gillray）于 1786 年创作的漫画，描绘了西西里大骗子，身穿红衣的卡廖斯特罗伯爵参加一次会所聚会的情景。他曾游走欧洲，兜售他神秘主义的"埃及共济会"

一位姐妹的入会仪式（拿破仑帝国时期，约 1810 年）。接纳会会所率先在 18 世纪的法国吸收男女会员

拿破仑和约瑟芬受到一个共济会宗派（19 世纪中叶）的敬拜。尽管波拿巴并非共济会会员，但他利用这个行会巩固自己的政权。他的妻子约瑟芬于 1792 年在一家接纳会会所加入了共济会

拿破仑的内弟，那不勒斯国王若阿尚·缪拉，作于 1812 年、色彩明艳的画像。缪拉是那不勒斯大东方总会长，在其治下，与共济会关系密切的秘密革命团体烧炭党发展起来

这幅 1889 年的作品表现的是一个行刑场景。烧炭党人发动的 1820 年革命失败后，两名煽动者，米凯莱·莫雷利（Michele Morelli）和朱塞佩·西尔瓦蒂（Giuseppe Silvati）在那不勒斯被处死。两人被后世追封为意大利爱国运动的烈士

作为总统，乔治华盛顿将共济会当成一种平民宗教。他受到后世美国共济会会员的敬仰。这幅作于 1860 年代的画还呈现了另外两位共济会会员：拉法耶特侯爵和安德鲁·杰克逊总统

1863 年马萨诸塞州第 54 志愿步兵团主攻瓦格纳堡并付出惨烈代价,该团是第一支由北方非裔美国人组成的参加内战的部队,因此战成为声名显赫的英雄团。共济会普林斯·霍尔分会主导了第 54 志愿团的招募工作,许多军士都是共济会会员

马丁·德拉尼,以黑人民族主义之父闻名的废奴主义者,是一位著名的普林斯·霍尔共济会会员

在纽约州, 共济会扩张的速度更快: 仅在 1806 至 1810 年就新设立了 70 个会所。截至 1825 年, 全州共有近 500 个会所。这些数字反映了共济会与共和国生活融合的程度。这种繁荣还反映出即将到来的灾难会给它造成多么深重的影响。

沾染人血的共济会

1825 年, 圣约翰节, 这是美国另一个重大日子, 也是共 163
济会在典礼上大显身手的日子。

距尼亚加拉瀑布约 20 英里的洛克波特 (Lockport) 镇, 是 3 年前才在森林里开辟出来的; 它的共济会会所是在 1824 年 2 月才获准成立的。但在 1825 年 6 月 24 日, 大概四五千人聚集在一起, 观看来自洛克波特和附近各县的共济会会员开启通往新未来的大门。他们聚集在这里是为了举行在船闸闸墙上放置压顶石的仪式, 这段运河上连续 5 个船闸的建设造就了这个小镇, 并把运河的水位抬升 60 英尺, 与尼亚加拉河相接。这些船闸消除了从大西洋海岸的纽约市经哈得孙河到五大湖的航道上的最后一处主要障碍。一个令当地人兴奋不已, 并被他们直呼为 "美国的地中海号" 的运河从此可以通航了。

那天观看压顶仪式的人群中, 有一位是海勒姆 · B. 霍普金斯 (Hiram B. Hopkins), 最近才当选尼亚加拉县治安官。当地治安警长曾对他说, 会所的支持将有助于他的政治生涯, 这激发了他对兄弟会的兴趣。在压顶仪式上, 霍普金斯看到他的一些年轻同事穿戴着围裙和饰带, 与大人物们攀谈, 这给他留下了深刻的印象。他发现那位长老会牧师的主题演讲耐人寻味: 共济会 "得到了各个时代所有聪明绝顶、出类拔萃的人们的支持, 从建造所罗门神殿的时代直至今日"。典礼一结束, 霍普金斯就向洛克波特会所提出了入会申请。他在很短的时间内通过了前三个级别, 并渴望获得更多级别。1826 年 8 月中句，他经受了 4 个小时的庄重仪式，终于成为一名皇家拱门石匠，这一级别被会员们视为"比之前的一切都更具无法言喻的庄严、崇高和重要……古老共济会的顶峰和至臻完美之境"。此外，霍普金斯已经得到保证，成为皇家拱门石匠之后，他在政治上的魅力就不会输给任何一个同龄人。

霍普金斯如愿以偿，终于成了皇家拱门石匠。那天晚上，会所为他举行了所谓"高升"的晋级仪式，他在活动结束后刚要离开会所，有人便凑上前来悄声说有麻烦了。事情是这样的：在距此地不远处的巴达维亚（Batavia），住着一位名叫威廉·摩根（William Morgan）的兄弟；他对共济会怀恨在心，打算过几天发表揭露共济会内幕的报告，要把从普通级别直至皇家拱门级别的事一股脑儿抖搂出来。霍普金斯后来表示，他听说他的同门兄弟们正在考虑采取"适当的措施把摩根弄走"。他也对摩根的做法感到愤怒，并坦承："我认为他确实该死。"

霍普金斯无意中听到的这件事，实际上是共济会在美国历史上最臭名昭著的阴谋的开端。

威廉·摩根生于《独立宣言》发表前后，是一位能工巧匠，也是个爱耍滑头的酒鬼。他加入共济会的主要目的似乎是从会友那里获得慈善救助。1825 年，他想尽一切办法，最终在他家以东 10 英里的勒罗伊（Le Roy）升到皇家拱门石匠级别。然而，他在巴达维亚的同伴们不愿意把他视为同类，并且在他们于 1826 年初成立一个新的皇家拱门分会时，刻意把他排除在外。愤怒的摩根大吵大闹一通，并发誓要复仇。摩根纠集他的酒友，一个名叫戴维·C. 米勒的手头拮据的印刷商，决定将兄弟会的全部秘密公之于众。1826 年初夏，这两个人公布了他们的计划。

共济会会员闻听后怒不可遏，当即公开反击。当地报纸还刊登了警告其他兄弟的信息："摩根是一个骗子，一个危险人物。"他们找到这个叛徒当面交涉，并威逼他交出了手稿。他们本以为这事就算平息了，但很快就发现，他其实只交出了草稿，出版计划仍在进行中。

165

于是，阻止摩根出版的行动开始升级。在执法部门工作的石匠以小额欠债为由起诉了摩根和米勒。在摩根被拘留期间，他的家遭到非法搜查。此外，一群石匠还聚众袭扰米勒的印刷店，其中有些人是从布法罗（Buffalo）甚至加拿大远道赶来的；当他们得知当过兵的米勒出于自卫，自行装备了"两架转轮机枪，15~20支步枪和几支手枪"时，众人一哄而散。不久之后，有人在夜里使用浸满松节油的破布点燃了这家印刷店；米勒的大声呼救惊醒了左邻右舍，大家合力扑灭了火。

第二天一大早，也就是1826年9月11日，星期一，打击报复又轮到了摩根头上。依照邻县的逮捕令，他因偷了衬衫和领带而被捕。摩根坚信他能证明自己没偷，只是借了别人的衣服，于是信心满满地与抓他的人一起前往他家以东大约50英里的卡南代瓜（Canandaigua）。但到达目的地后，他的罪名变了，他因欠了两美元的债务而被监禁。

第二天晚上，两个人过来办理释放他的手续，声称他们已经偿清了他的欠款。摩根虽觉得他们的举止有些可疑，但同意和他们一起离开。几分钟后，他们出了监狱，有人听到摩根在被硬塞进一辆马车时声嘶力竭地喊叫着："谋杀！谋杀！谋杀！"

在纽约州外围之类的地方，政府的管治还不到位，民众遇事会向由公民大会任命的治安维持会（vigilance committees）求助。治安员（vigilante）一词就是这么来的。9月25日，巴达维亚组成了首个调查摩根失踪的治安维持会；治安员们开始接触众多嫌疑人和证人。经过首轮面谈，他们得出结论：摩根被人从卡南代瓜的监狱带出来后，乘坐马车前往西北方向30英里以外的杰纳西河上的汉福德码头。然后他们沿着里奇路向西又走了85英里，来到尼亚加拉瀑布。在这条路线的各个节点上，马匹、驾车人甚至马车都换了，这意味着许多人牵涉其中。人们对摩根此后行踪的报告含混不清，甚至自相矛盾。

很快有5个县的治安维持会加入摩根失踪案的调查工作。共济会不可避免地会受到盘查，因为大家都知道谁在骚扰印刷商戴维·米勒。一些共济会会员毫不掩饰他们对摩根的憎恶，其中有些人甚至乐于被媒体引用关于他罪有应得的说法。日子一天天过去，摩根仍然下落不明，人们越来越觉得共济会杀人泄愤的嫌疑最大。民众的愤怒情绪日渐高涨。作为回应，兄弟会团结一致，指责治安维持会有反共济会的偏见。他们反驳说，摩根和米勒自己策划了这次失踪，为他们要出版的书做宣传，这难道不是显而易见的吗？共济会会员与反共济会的民众之间不可避免地形成了针锋相对的态势。秋天过去，冬天到来，摩根失踪升级为"摩根事件"。

摩根的书在他消失数周后出版了。最终，书中的内容只涉及共济会组织中的前三个级别，并承诺将在另一卷中揭露更高级别的秘密。围绕此案的争论为接下来更多真真假假、虚虚实实的曝光行为创造了市场。然而，事实证明，对共济会的怀疑如以往一样不会因任何曝光而消散，人们相信关于威廉·摩根失踪的种种可怕说法都有一定的合理性。彼时彼地，任何人都很难认同站在共济会立场上的辩解，比如他们说令人毛骨悚然的入会誓言不过是劝人向善的寓言剧的片段，根本不存在任何害人的意图。许多观察家由此得出结论，正是共济会的誓言剥夺了这些会员的是非感，让他们到现在还在为它说好话。

关于摩根的谣言很快流传开来。一些目击者声称，他被带到加拿大的一个港口，被强行编入英国海军。一些人坚称他在尼亚加拉堡被折磨致死。另外一些人则说他拿到了一笔封口费，漂洋过海不再回来了。有关摩根死亡的说法除了耸人听闻以外，并无证据。有人说他已被交给印第安莫霍克族酋长"以野蛮残忍的方式处决"。鉴于当地特有的地形，有些人必然会提到另一种可能性，即这个可怜的人被绑在一只独木舟上，沿着尼亚加拉河顺流而下，从巨大的马蹄瀑布落下，当即丧命。许多反对共济会的人认为，摩根已惨遭行会入会仪式中描绘的下场：他被割断喉咙，舌头被连根拔出，尸体被埋在低潮线处的海沙中，那里离海岸只有一根船用缆绳长度，潮水在 24 小时内有规律地涨落两次。石匠们则回应称，摩根是为了躲避众多讨债的人才逃跑的。

在治安维持会调查的同时，县里的大陪审团开始了一系列的调查和刑事审判。第一次审判是在 1827 年 1 月。那天当地刚刚经历了人们记忆中最大的一场暴风雪，大批民众克服了暴风雪后的种种困难，涌进一个摆放着富兰克林、华盛顿和拉法耶特半身像的法庭上，旁听安大略县巡回法院的庭审，以了解最新案情。公众听到的情况进一步加剧了紧张局势，并迫使全州的共济会会员处于被动。被起诉的 4 名被告中有 3 人认罪，其中包括卡南代瓜会所会长尼古拉斯·G. 切泽博罗（Nicholas G. Cheseboro）。切泽博罗是验尸官，他以摩根偷了一件衬衫和一条领带为由拿到了逮捕令；然后，他带领一队共济会会员在巴达维亚逮捕了摩根，并把他带到了卡南代瓜监狱。至少可

167

以说，这次逮捕行动在法律上是值得推敲的。且不说所谓的盗窃发生在近 5 个月之前，逮捕令是在匆忙之中——竟然是星期天——才拿到的，这本身就可疑。根据控方的说法，是切泽博罗说服狱卒的妻子，让声称已经偿清摩根两美元债务的人带走他。摩根被人连拉带拽地塞进一辆马车时，他正好在现场，看到了全过程。

切泽博罗与其他被告一样，罪名成立。在后来的一次庭审中，法庭发现他当时把手帕塞进摩根的嘴里，不让他喊出来。

这件事唯一站得住脚的结论是，一帮共济会会员为了自身的名誉，结伙绑架了摩根。法官伊诺斯·思鲁普（Enos T.Throop）在庭审结语中赞扬了安大略省人民的"义愤"。这种赞扬只会助长民众反共济会的怒火。

思鲁普法官接着指出了一个非常具体的法律问题，而这个问题导致后续许多诉讼很难办。很显然，在摩根活不见人、死不见尸的情况下，无法判定他已经死亡，既然如此，法庭也不能判定被告的谋杀罪名成立。因此，唯一适用的罪名是绑架。当时，绑架在纽约州被归类为"轻罪"，算不上情节严重的"重罪"。对供认不讳的轻罪嫌犯只能判处短期徒刑——就切泽博罗而言，刑期为一年。现在我们无法重审这些人，因此无从得知他们当时是否为了让自己适用轻罪而修改了供词。

这件事存在多种可能性，而且都合情合理，正因如此，局外人几乎无法准确判定在此案嫌疑人中，哪个人犯了哪种罪。也许大多数共谋者并不知道这件事的初衷就是杀掉被他们抓到的这个人——如果那真的是他最终命运的话。也许他的死纯属意外。

摩根事件从一开始就陷入困境，司法系统本身也受到人们的质疑。共济会和反共济会群体之间存在矛盾的事实，也显然让人怀疑治安维持会能在多大程度上做到公正无私，但也不能轻易断定这些治安员全都敌视共济会。深得民心的纽约州州长德威特·克林顿（DeWitt Clinton），曾是纽约共济会会所的总会长，也是美国最资深的自由石匠之一，他始终认为治安维持会的许多调查结果是有效的。克林顿发表声明，敦促所有公民配合调查，并悬赏寻求摩根或绑架者的信息。他与众多在重要政府机关工作的石匠一样，以无可挑剔的公正性处理了摩根事件。

一些证人和嫌疑犯的举动也给相关工作带来了不少麻烦。有几个人逃离了纽约州，其中一些人是在收到会内兄弟通风报信后逃离的。许多人拒绝作证，理由是他们有权拒绝自证其罪。一些人因公然发表保持沉默的声明而被起诉。另有一些人在不同的法庭给出不同的陈述。一名证人曾作证说，摩根的绑架者们抽签决定谁将承担谋杀的责任，但作证后不久就精神失常了。一些法庭在选定陪审员成员方面耗时多日也无法确定成员名单，当辩方指出陪审员中有共济会会员时，双方又围绕共济会会员能否做出公正裁决展开无休止的激烈辩论。有些陪审员被解除出庭义务，因为他们表达了偏执的观点，称无论有没有证据，所有的共济会会员都有罪。

在一阵喧哗之后，许多被告被当庭宣告无罪。结果，公众相信了他们想要相信的。共济会会员认为，这种敷衍了事的审判正好证明了他们对共济会存在偏见，但反对共济会的人们则持相反看法，他们认为这恰好暴露了暗藏其中的双重阴谋，共济会既要让摩根噤声，又要保护杀手免受司法制裁。双方的敌对情绪日益高涨，做出妥协的可能性越来越小。

就在共济会与反共济会双方剑拔弩张之际，威廉·摩根家乡巴达维亚的共济会会员做了一个不明智的决定，他们选择在1827 年 6 月 25 日游行，庆祝圣约翰节。这注定会被敌对方视为挑衅行为。威廉·摩根的合作伙伴——印刷商戴维·米勒经

169

营的反共济会报纸组织了一次反共济会的示威游行。他在社论中号召公众谈谈他们看到"身着贵胄长袍，手执权杖，头戴王冠，在共和国的街道上行进的石匠"时有什么感受。最终，参加游行的 300 名兄弟与数千名抗议者在街头公开对峙。有人扔石块，一辆马车冲进了共济会的游行队伍。幸运的是，暴力行为没有导致严重伤害，共济会兄弟们有所克制，避免了一场大规模的暴力冲突。

然而，巴达维亚事件暴露出的社会紧张状况是共济会和反共济会之间对立的基础。米勒指责共济会会员气焰嚣张，这在巴达维亚和杰纳西县引起了广泛的共鸣。我们可以从统计数据中找到其中的原因。该县 90% 的劳动力从事农业，但巴达维亚和附近城镇 80% 的石匠都是专业人员，从事需要具备一定技能的职业。此外，共济会会员最多占该县总人口的 5%，却占据了该县 60% 的公职。对于商人、律师和医生来说，共济会无疑是一个宝贵的人脉中心，这一群体是该县天然的政治阶层，在传统农业社会中，他们是唯一有时间、金钱和学历参与竞选公职的人。但是对反共济会的抗议者来说，似乎有一个行踪隐秘的集团控制了他们的世界。

宗教信仰上的分歧更是加剧了社会分裂。在巴达维亚第 433 号会所中，大约 84% 的成员属于正统的圣公会，它源于英格兰教会，对信仰采取非教条的态度。然而，基督教福音派在纽约西部各县呈现出快速发展的势头。对许多福音派基督徒来说，共济会远非它自称的"宗教的婢女"，而是旨在颠覆信仰；共济会是美国伊甸园中的蛇，"是对庄严而神圣的法令的亵渎和嘲弄"。浸信会在新生的反共济会运动中表现尤为突出。浸信会牧师约翰·G. 斯特恩斯长老（Elder John G. Stearns）和戴维·伯纳德长老（Elder David Bernard）出版了两本最畅销的反共济会小册子。他们以悔改罪人的态度直言要痛改前非，因为他俩以前都是共济会会员。伯纳德的书《曝光共济会》在揭示行会所有级别的详情的同时，还加入了针对摩根事件的叙述，后来成了人所共知的"反共济会圣经"。反共济会运动有一种传教士般的狂热。"沾染人血的共济会"的咒骂声日益高涨。

171

　　1827 年 10 月 7 日，这个星期日上午晚些时候，也就是绑架事件发生近 13 个月后，在安大略湖岸边散步的 3 位男子，发现了一具面朝下趴在泥里的尸体。人们开始时并没有在意，只是在验尸官的报告公布后，大家才警觉起来：死者有非同寻常的双排门牙，就像摩根一样；死者身高 5.8 英尺，年龄在 45 岁到 50 岁之间，体型和年龄也与摩根很相符。朋友们依据光秃脑门上的一个隆起和耳朵里浓密的灰白耳毛这两个特征，认定这具黑乎乎、肿胀的尸体就是摩根。摩根的妻子露辛达证实了这一身份。验尸官的结论是，只有"至高无上者之手"才能帮我们解开不解之谜。人们纷纷从周围的城镇和村庄赶到巴达维亚参加葬礼：反共济会运动现在有了一个正当的怒火聚焦点，威廉·摩根也因此成了他们的烈士。

　　但那具尸体不是摩根。几天后，当一个加拿大人在尼亚加拉河失踪的消息传来时，尸体又被挖了出来。新的尸检结果明确无误：那个加拿大人有同样的畸形双排门牙，他的衣服和尸体上的完全匹配。

　　摩根失踪之谜恐怕永远不会有答案；接下来又有很多人报案称他们见过摩根，但是没有一个得到证实。以绑架和其他轻罪起诉的审判工作重启，并一直持续至 1831 年。最终，有 18 起此类案件立案，外加两宗州长办公室下令展开的特别调查案子。只有极其敬业的记者或者走火入魔的活动人士，才能持续追踪并将这宗案子涉及的各种片段串联起来，因为他们要在整个法律和政治体系中寻找那些片段中无法预料的踪迹。人们先入为主的偏见并不会因为出现了更多新消息而动摇。与此同时，这个国家又冒出了大量如一名记者所说的"反共济会的假冒自由石匠"，他们靠组织一些下流表演牟利，声称他们表演的内容就是共济会的运作方式。

在这一片喧嚣当中，有一起案子的审判取得了非同寻常的效果，它在揭露共济会影响司法公正方面提供了全新的线索，并重新激起了公众的怒火。与摩根事件直接相关的各县治安官全是共济会会员，他们的行为存在诸多疑点。治安官的职责之一是筛选大陪审团成员，对潜在犯罪行为展开初步调查。有确凿的证据表明，摩根一案的大陪审团成员几乎全是共济会会员。最引人注目的是对尼亚加拉县治安官伊莱·布鲁斯（Eli Bruce）的审判。主要证人是海勒姆·B.霍普金斯，那个雄心勃勃的、曾被1825年洛克波特船闸压顶仪式迷住的年轻警官。1827年6月，在安大略县法院治安法庭上，霍普金斯承认，根据布鲁斯的指示，他选择了共济会会员作为大陪审团成员。

在警长布鲁斯被审判期间，探望他的许多石匠都认为他是无辜的受害者。他最终被判监禁两年零四个月。州长随后开除了他。

所有因摩根绑架案被判刑，或者嫌疑最大的人，都是共济会会员。尽管如此，共济会官方拒绝承认自身存在问题，这反而加剧了人们对它的怀疑。1827年6月，纽约总会所还给了备受争议的警长布鲁斯100美元补助金，理由是他受到了反共济会会员的"迫害"。来年6月，总会所再次集会，人们期望它最终会有所表态，让共济会与摩根案保持距离，并设法消除公众对共济会颠覆法律程序的疑虑。但它没有这样做。不仅如此，没有一个在摩根事件中被判有罪的共济会会员被开除或受到谴责。

前共济会会员转身加入了反共济会人士之列。许多会员选择高调地辞去他们的会员身份，以抗议摩根丑闻，并解散他们的会所。1828 年 2 月，杰纳西县举行了一次所谓的"脱离共济会"大会。他们谴责共济会伪善的说教，支持揭露共济会的秘密，并与反共济会运动结盟。

摩根事件催生了众多流行刊物、报纸和年鉴。这幅插图旨在展示摩根被绑架的那一刻

从 1827 年到 1828 年，反共济会从一场地方性的道德运动演变成一场波及许多州的政治运动。这场运动创办了自己的报纸。反共济会人士坚信，加入了共济会的编辑人员与阴谋本身脱不了干系，他们会极力压制全面报道摩根丑闻的新闻。解决这个问题的办法就是创办"不偏不倚"和"独立自主"的反共济会媒体。截至 1827 年底，纽约州共有 22 家这类报纸，之后还会出现更多。

174　　在媒体的鼓动下，反共济会人士试图夺取政治权力。他们在 1827 年秋天举行了提名大会，为纽约州立法机构挑选反共济会候选人。夺权计划的核心是用立法全面禁止非诉讼性宣誓的方式废除共济会。1828 年 8 月，反共济会一方提名州长候选人。1830 年，适逢摩根被绑架 4 周年之际，第一次全国反共济会代表大会在费城召开。1832 年，前共济会会员威廉·沃特（William Wirt）以反共济会的名义竞选总统。第二年，前总统约翰·昆西·亚当斯成为马萨诸塞州反共济会的州长候选人。佛蒙特州、马萨诸塞州和罗得岛州通过了禁止法外宣誓的法律。

　　双方进行的恐吓和暴力活动加剧了政治紧张局势。1831 年，在罗得岛州，一群共济会武装人员将一名反共济会的活动家驱离州府普罗维登斯（Providence），并一路把他赶进了马萨诸塞州。第二年，在波士顿市，一群反共济会的暴民破坏了一座新建成的神殿，并试图放火烧毁它。

　　全国性政党组织仍处于摇摆不定的状态，州一级政治分野往往与联邦层级的阵营不一致，正因如此，反共济会的党派才拥有了真正的政治影响力。当时最强势的国务活动家安德鲁·杰克逊总统另有个田纳西州总会所前会长的身份，这一事实强化了反共济会势力的吸引力。在 1832 年总统选举中，与他同台竞争的总统候选人亨利·克莱（Henry Clay），则是肯塔基州总会所的前会长。

　　然而，无论声势多么浩大，反共济会团体的政治影响力仍如昙花一现。它的弱点在 1832 年威廉·沃特的总统竞选窘况中暴露无遗：他在接受提名后又试图退出竞选，并将自己缺乏吸引力的表现归咎于选举团。选举结果出来后，杰克逊轻松取胜，沃特以第 3 名的成绩远远落后，只勉强拿下了反共济会据点佛蒙特州的选举人票。反共济会团体因其内部两派的诉求相

175　　互矛盾而寸步难行，执着于单一问题的理想主义者坚信共济

已渗透进了整个体制，而政治现实主义者只想要让反共济会人士进入官场，并为此讨价还价。最终，即使在那些禁止法外宣誓的州，该项法律也从未得到执行。根本的问题是反共济会运动渐渐显得多余：它的敌人正在自行撤退。

共济会首先在纽约州瓦解，兄弟们纷纷辞去会员身份。1825 年在洛克波特举行的盛大压顶仪式如今看来似乎属于另一个时代。当时，纽约有 480 个会所，约有 2 万名会员。到 1832 年，只剩下 82 个会所、3000 名成员。在洛克波特，幸存下来的一个会所被迫秘密聚会，几个铁杆兄弟去一个阁楼碰面。

从 1920 年代末到 1930 年代中期，全国的会员人数估计减少了三分之二。以费城为例，本杰明·富兰克林在这里极大地推动了早期共济会的发展，但今不如昔，宾夕法尼亚总会所居然沦落到被迫出售其总部大楼的地步。正如一位观察者在 1832 年评论的那样，"在这片开化的土地上，他们与其奢望重建共济会，倒不妨考虑建立穆罕默德教"。共济会也不再主持奠基仪式了。

摩根案至今众说纷纭。那些不属于共济会阵营的专业史学家们倾向于引用当时态度冷静的旁观者的记述。他们总结说，无论反共济会一方的躁狂表现多么过分，纽约州西端一些县的共济会毫无疑问有腐败的地方。当今共济会的史学家们则基本认同他们的纽约兄弟在绑架事件后的表态，即整个事件就是反共济会群体偏狭的典型实例，摩根出于宣传上的需要而自导自演了失踪闹剧。石匠们提出的最有利于他们的观点又把我们带回了共济会保密这个根本问题上。共济会所要保守的所谓仪式中的重大秘密，实际上是一种带有夸张成分的幻想。因此，根本不值得为了保守那些秘密而杀人。

威廉·摩根失踪之谜的答案就在纽约州西部皇家拱门分会

176

之中，比如海勒姆·霍普金斯和警长伊莱·布鲁斯所在的洛克波特分会。除了两人之外，所有被判有罪或被指控参与绑架阴谋的人都是皇家拱门石匠。

皇家拱门级别的升级仪式自有一套针对泄密者的惩罚手段：任何叛徒都将被"敲掉头骨"，并"把大脑暴露在烈日之下"。但在摩根事件发生时，最让公众不安的，是新加入皇家拱门的石匠必须做出的承诺——至少根据反悔的兄弟公布的誓言版本内容来看是这样。最令人感到惊恐的承诺如下——

> 我在此承诺并发誓……我将优先推动一个皇［家］拱［门］石匠同伴的政治晋升，而不是另一个同等资格的候选人。此外，我承诺并发誓，当我获知一个皇拱石匠伙伴的秘密，并且我知道它们需要由我保守时，我将恪守这些秘密，绝不对外泄露，就如同他自己会做到的那样，即便犯下的是谋杀和叛国罪。

如果这些话表达的就是字面意思，那就意味着皇家拱门石匠被禁锢在一个帮派里，他们这个小团体的利益胜过任何遵纪守法的义务。在许多人看来，皇家拱门级别为摩根谋杀案提供了剧本。

当然，还有一种可能性，即这个版本的皇家拱门誓词是脱离了共济会的那些人捏造的，仅仅是为了迎合反共济会恐惧症。与此同时，也的确没有任何证据表明，被广泛遵循的皇家拱门晋级仪式中包含了这类规则。然而，同样有可能的是，在一些皇家拱门分会，以及在19世纪早期美国的派系和自私自利的政治文化中，另有所图的政治家试图利用皇家拱门严格管控他们的盟友。各个皇家拱门分会当然也有自由发挥的空间，采取他们认为最合适的仪式。美国的共济会有许多地域变体。

像纽约皇家大拱门分会这样的监督机构在迫使兄弟会遵守既定
仪式方面也是费尽心力。

　　另有一些情形或许制造了某种氛围，从而导致一帮皇
家拱门石匠绑架和谋杀了威廉·摩根：一场被称为"第二次
大觉醒"的福音派复兴运动。在纽约西部各县蓬勃发展的一
些基督教教派，以其狂热而远近闻名，其中一些教派声称要
恢复古老的真理。在后来为人熟知的"燃尽区"（Burned-
over District）①，福音之火燃烧得非常猛烈，几乎没有人未
受到影响。先知、布道者、信仰治疗师和"说起别国的话来"
（speakers-in-tongues）②的人激增。这就是为什么有如此多反
共济会者认为共济会誓言是异端邪说。他们是从字面上理解它
们的，而不是把它们当作一种生动的寓言故事去理解。皇家拱
门的圣经叙事可能也被一些石匠按照字面意义理解了。摩根的
绑架者们会不会在处理摩根的背叛行为时，过于虔诚地实施了
誓词的字面含义呢？

　　绑架摩根的人到底受到了什么动机驱使？是政治派系还是
宗教热情，或是两者合成的某种有毒混合体？永远都无法得知
答案了。我们仅能猜测——这是解开摩根之谜的唯一途径。

共济会和摩尔门教

　　基督精神复兴运动并不是燃尽区精神热情的唯一表达方式。
这里民间魔法也很盛行。处境艰难的农民迷恋辟邪物和护身符
石；他们相信术士和占卜者；他们用魔棒寻找丢失的物品，用
咒语仪式治病。他们翻耕的那些山丘蕴含着诱人的神秘。废弃

178

---

①　指 19 世纪初"第二次大觉醒"期间，宗教奋兴以及新宗教流派风起云涌的纽约州
　　西部和中部地区。

②　出自《使徒行传》第 2 章第 4 节，"他们就都被圣灵充满，按着圣灵所赐的口才，
　　说起别国的话来"。指与神通灵的人说着各处方言，传达神的言语，启示众人。

很久的印第安人的堡垒和数百座坟茔散布在这片土地上。人们时常会在犁地时挖出人骨、瓦罐碎片或其他由铜、石头甚至银制作的人工制品。土著人不可能掌握如此精致的工艺——或者说白人定居者是这么想的——所以肯定有个更高贵、更古老的种族曾经在这片土地上定居，他们打了几场大战，并将他们的战死者的遗骸埋葬在巨大的土堆下。他们十有八九也埋了一些金银制品。纽约西部各县开始对寻找埋在地里的宝藏着迷。农民们会雇用一个看起来有天赋的寻宝者替他们寻找财富，期待着一夜暴富，从此摆脱辛苦劳作的生活。

1830 年 3 月，小约瑟夫·史密斯（Joseph Smith Jr），24 岁的帕尔迈拉（Palmyra）农民和掘金者，出版了一部书——19 世纪美国最有影响力的图书之一。帕尔迈拉与摩根蹲了一夜监狱的卡南代瓜之间仅相距 9 英里。摩根事件在周围的城镇和村庄闹得沸沸扬扬时，史密斯写下了这本书，描述了这里曾经出现的一个古代文明的千年史。它的创始人，利哈伊（Lehi）家族，是公元前 6 世纪所罗门神殿被毁后逃离圣地来到美洲的以色列人。他们集体谱写的史诗讲述了一个关于信仰和叛教、先知和天使、火柱和天谴的故事。他们为争夺最高权力而分为两派并大打出手：一派是正义的、建造神殿的尼法族（Nephites）；另一派是凶残的拉玛奈特族（Lamanites），因为他们不信神，便遭诅咒，皮肤变成黑色。基督复活后，踏上了早已预见的旅程，远渡重洋前往美国传播福音，并由此开启了一个和平与繁荣的时代。在他们欢欢乐乐地过了两个世纪之后，尼法族和拉玛奈特族之间你死我活的纷争再起。后来尼法族放弃了本应坚守的公义，他们选择了屈服，然后遭到大规模屠杀。但在最终的大灭绝来临之前，最后一位先知摩罗乃（Moroni）掩埋了铭刻着其族人历史的一些金制刻写板，其中大部分内容是由伟大的尼法族领袖摩尔门（Mormon）亲手刻写的。

　　小约瑟夫·史密斯坚称他那本名为《摩尔门经》(*The Book of Mormon*)① 的著作不仅仅是历史上的奇幻故事。他说这一点毋庸置疑，因为在尼法族陨落 1400 年后，如今是天使的先知摩罗乃，曾显灵并当面告诉过他，那些刻写板被埋在一个小山丘上的石柜里，埋藏地点距离他家只有几英里远。与金刻板埋在一起的还有乌陵和土明(Urim and Thummim)②：这些晶体结合在一起，形成了一副神奇的眼镜，使佩戴者能够读懂用以书写《摩尔门经》的古老语言。天使摩罗乃多次在史密斯面前现身，说史密斯肩负着历史重任，他要把金刻板上的铭文翻译成英语，然后据此创立一种新宗教。小约瑟夫·史密斯是业已湮灭的尼法族中伟大占卜者的化身，是降临世上的先知——一个新生的摩西，甚至是新生的基督，而他的那本书则是一本全新的《圣经》。

　　小约瑟夫·史密斯创立的摩尔门教会（摩门教会），官方名称为"耶稣基督后期圣徒教会"，今天该教声称有 1600 万信徒。对他们来说，《摩尔门经》是圣典。对其他人来说，它让人读起来有种异样的感觉，就像是一个富有想象力的贫穷的年轻农民编造的故事，它吸收了 1820 年代末纽约州西部各县的民俗文化，同时又很生硬地模仿詹姆斯国王钦定版《圣经》中的高雅英语风格。它的行文风格如此虚浮，以致马克·吐温称之为"印成铅字的麻醉剂"。钦定版《圣经》用过的"and it came to pass"（就这样发生了）在《摩尔门经》中出现了两千多次。

　　摩根事件掀起的反共济会热潮在小约瑟夫·史密斯的作品中留下了深刻的印记。他讲述的埋藏金刻板的故事里隐现着

---

① 耶稣基督后期圣徒教会的四部标准经文之一。自 2007 年起，新的中文官方译名由《摩门经》改为《摩尔门经》。

② 原意分别为"光"和"完全"，引申为"启示和真理"，古代希伯来人用来在耶和华面前求问。

皇家拱门仪式——至少很接近当时反共济会年鉴中所描述的仪
式。与大多数共济会级别一样，皇家拱门也是一种叙事背景。
这个级别相关的故事背景设定在耶路撒冷城墙被拆毁、所罗门
王的神殿也遭损毁之后。在废墟中工作的 3 位工匠大师偶然发
现了一个地下金库，里面藏有一个金盒子，原来是传说中的约
柜。它里面装着《摩西五经》（Pentateuch），即《旧约全书》
最初的 5 部经典，至今仍下落不明。

　　在《摩尔门经》中还可以看到更多反共济会的痕迹，如
"甘大安敦劫匪"（Gadianton robbers）是一个古老的秘密团
体，他们和黑皮肤的拉玛奈特族一样对尼法族的灭绝负有责任。
这几乎不需要多么高深的学术水平就能辨识出这个想法的来源。

天使摩罗乃告知约瑟夫·史密斯（1805~1844 年）刻有《摩尔门经》
的金刻板的位置。一幅 1880 年代的奇特作品

就这样发生了，[甘大安敦劫匪]的确有他们的符号，181
对，他们的秘密符号，还有他们的暗语。这是要叫他们分
辨一个立了约的兄弟，无论他的兄弟做了什么恶事，都不
应被他的兄弟伤害，也不应被那些立下此约的同党伤害。

甘大安敦劫匪"篡夺了这片土地的权力和威望之后，占据
了审判者的席位"。他们还在"腰部围上一片羔羊皮"——这
明显是在影射石匠们穿的白色羊皮围裙。小约瑟夫·史密斯与
反共济会之间的众多关联还体现在资助史密斯出书的富裕农场
主马丁·哈里斯（Martin Harris）是帕尔迈拉一个反共济会委
员会的成员。

从尼法族悲惨的命运中，《摩尔门经》总结出了教训：要
对"秘密结社"和黑暗誓言提高警惕，因为在它们面前退让的
任何文明都将衰败。鉴于共济会对耶稣基督后期圣徒教会的延
续发展产生的巨大影响，这个结论不免具有讽刺意味。

小约瑟夫·史密斯创立的新教会在发展初期历经坎坷，在
艰难困苦中勉力求生。他带领追随者辗转于俄亥俄州、密苏里
州，然后又去了伊利诺伊州，一路追寻着他们的新耶路撒冷。
但每到一地之后，他们所表现的排外倾向都招致了社区民众的
强烈敌意，于是他们被迫继续迁居。就在教会迁移的途中，先
知迎娶了露辛达，也就是反共济会烈士威廉·摩根的遗孀。当
然，她是不是真成了寡妇还很难说。事实证明，她失踪的第一
任丈夫的生与死已无关紧要；当先知约瑟夫·史密斯成为她的
第三任丈夫时，她早已有了第二任丈夫（奇怪的是，这一任丈
夫是共济会会员）的事实也不重要，因为到 1840 年代初期，
摩尔门教的领袖们开始赞同一夫多妻制，她将成为约瑟夫·史
密斯在多妻制下的首任妻子——据保守估计，约瑟夫·史密斯
最多拥有过 48 位妻子。传闻中摩尔门教的一夫多妻制是该教

会如此遭人憎恨的原因之一。

1842 年，小约瑟夫·史密斯在伊利诺伊州加入了共济会。他这样做的动机尚不清楚，但当时的社会背景无疑是一个需要考虑的因素——随着摩根事件的影响消退，共济会又开始在各地复苏。我们知道的是，摩尔门教先知对共济会丰富的象征性和仪式性语言印象深刻，并试图将其引入自己的教会。他煞费苦心地将共济会仪式改换为摩尔门教版本，即众所周知的神殿典礼——这种崇高的神圣祝福很快就向男性和女性全面开放。后期圣徒教会神殿的墙壁上会展示共济会的符号，如直角尺和圆规，以及全视之眼。那些参加摩尔门教神殿典礼的教徒，会收到在左、右胸部位缝有直角尺和圆规标志的新内衣。神殿典礼包含了上述和其他在共济会仪式中常见的元素，如被称为"按握"的秘密握手，也就是将拇指压向食指和中指指关节之间的空当；穿围裙；立下毒誓，恪守秘密，如有泄密行为则会遭到通过手势（例如，用手划过喉咙来模仿割喉的动作）示意的惩罚。有人指出，小约瑟夫·史密斯引入这些誓言的一个原因是要迫使信徒们保守一夫多妻制的秘密，因为"神圣婚姻"也是神殿典礼的一部分，而这种婚姻通常是一夫多妻制的。

有了先知的背书，他的信徒们涌向了伊利诺伊州各地的共济会会所。截至 1843 年，该州共济会会员中的摩尔门教徒比非摩尔门教信徒还要多。当地的共济会会员对这种扩张感到担忧，并对小约瑟夫·史密斯照搬他们的仪式感到不快。与他为敌的队伍越来越长。

小约瑟夫·史密斯对美国的民主体制越来越失望，因为事实证明它无法保护他及其领导下的特选子民免受他所认为的暴民统治。1844 年 1 月，他宣布竞选总统。与此同时，他秘密召集了一个由 50 名摩尔门教领袖组成的新理事会，起草一部神权政治的宪法。依照这部宪法，他将被授予所有世俗权力。

理事会一致通过了如下议案："从现在起，直到永远，本大会 183
深感无上荣光，欣然接受约瑟夫·史密斯作为我们的先知、牧
师和国王，并维护他由上帝膏立为王的身份。"这是以一种复
仇的方式重造民族的举动，同时也是叛国行为。史密斯威胁民
主秩序的消息被泄露给了媒体，伊利诺伊州的反摩尔门教情绪
急剧升温，眼看就发展到了大爆发的边缘。

1844 年，小约瑟夫·史密斯下令捣毁一家摩尔门教反对
者的报馆。他和他弟弟随后都因此被关进了监狱。但是在他们
接受法庭审判之前，一群暴徒闯入监狱并枪杀了他们。小约瑟
夫·史密斯的一个妻子后来回忆丈夫临终时说，当暴徒逼近他
时，他发出了共济会特有的痛苦的呼喊："就没有人帮助寡妇
的儿子吗？"先知死后，大部分信众跟随着新首领杨百翰一路
向西，进入了现在的犹他州。

神殿典礼今天仍然像小约瑟夫·史密斯当初设计的那样——
尽管事实上，可怕的共济会式惩罚（割喉等）于 1990 年被悄
然废除了。大多数正统的耶稣基督后期圣徒教会教徒和他们的
先知一样，平静地接受了他们的教会与共济会之间存在相似之
处的事实。小约瑟夫·史密斯展示的神殿典礼忠实地恢复了以
色列人自古就有的仪式，其悠久历史可以从所罗门一直回溯至
亚当时期。相形之下，他解释说，共济会的晋级仪式只是从以
色列那些原始仪式中演化出来的拙劣版本。因此，如果要将两
者加以对比，只能说是共济会抄袭了摩尔门教，而不是相反。

第8章　查尔斯顿：非洲人缔造了这个神秘而美好的社团

不接受奴隶

苏格兰礼在 18 世纪的法国萌芽之初，便以"一团乱麻般混乱"的仪式和石匠级别而闻名。到了 19 世纪初期，这种级别滋生的趋势受到遏制，苏格兰礼转变成了统一的 33 级仪式，每个级别都有相应的故事和神秘的仪式。这是一个国际性的整合过程，而全力推动这一进程是杰出的共济会特使，亚历山大·弗朗索瓦·奥古斯特·德格拉斯－蒂莉伯爵（Alexandre François Auguste de Grasse-Tilly）。

德格拉斯－蒂莉的军旅生涯始于 1780 年代之后。从法国到加勒比海和美国，再到意大利、西班牙和低地国家（荷兰、比利时、卢森堡），他亲身体验过荣耀和征服，经历过被俘和身无分文的流亡。他每到一地，就设法就地建立一个名为"最高理事会"的监管机构，帮助梳理和整顿当地杂乱无章的苏格兰礼体系，使之简化为统一的 33 级典礼。他的足迹遍及太子港（如今的海地）、拿破仑治下的巴黎、米兰、缪拉治下的那不勒斯、马德里，最后是布鲁塞尔。他不停地整合各地的共济会组织。

在他创立的所有这类机构中，成立时间最早、最有权威的莫过于南卡罗来纳州查尔斯顿的"古老和广为接受的苏格兰礼最高理事会"（Supreme Council of the Ancient and Accepted Scottish Rite）。1793 年，德格拉斯－蒂莉来到这座欣欣向荣的海港城市。他加入了美国国籍，并全身心投入这
座城市久负盛名的共济会生活中。1801 年，他和另外 10 个人共同创建了"最高理事会"。查尔斯顿苏格兰礼最高理事会如今能享有"世界理事会之母"这一头衔，完全要归功于德格拉斯－蒂莉。

尽管查尔斯顿的最高理事会在国外的自我复制大获成功，但它在统一全美苏格兰礼事务方面却步履维艰。例如，它与纽约一个同类机构的争端直到 1815 年才得到解决，查尔斯顿的最高理事会最终确立那家机构为美国北部辖区最高理事会，从而将美国的苏格兰礼共济会正式确立为南北两个辖区，并延续至今。1826 年，威廉·摩根在纽约州失踪引发了反共济会浪潮，导致最高理事会从 1832 年至 1842 年几乎处于休眠状态。最高理事会恢复运作后，成了一个地方性机构，其中的官员几乎全部是查尔斯顿本地人。著名的 33 个级别相应的仪式仍有许多是短暂和初级的。但到了 1840 年代，苏格兰礼的两大传奇人物开始编纂海量的共济会法则、历史、教义、礼仪和符号，一举将苏格兰礼打造成世界上内涵最丰富和最具启发性的共济会体系。此外，在美国，共济会的组织机构是以州为单位的，苏格兰礼最终将演变成最接近全国性共济会组织的架构。艾伯特·麦基（Albert Mackey）和艾伯特·派克（Albert Pike）在开创兄弟会法律体系和秘密方面做出的贡献，让苏格兰礼发展成了今天的范式。他们还在危难之际挺身而出，全力对抗当时正在撕裂美国社会和共济会的各方势力。

艾伯特·麦基医生于 1841 年在查尔斯顿加入共济会，随后便快速晋级，担任的职务也越来越高。他从 1844 年开始担任秘书长，负责苏格兰礼最高理事会的日常事务，直到 1881年去世。他身材"高大、挺拔、瘦削，但充满活力"，一头齐领的灰发向后掠去，显露出"充满智慧的饱满天庭"，浑身上下散发出一股品德高尚的学者之气。1854 年，年仅 46 岁的他放弃了成功的医疗事业，一心扑在对共济会的研究上。在他的 13 部著述中，最著名的是博大精深的《共济会百科全书》（1874 年）。他成为共济会最伟大的立法者之一。

186

艾伯特·麦基（1807~1881年），共济会学者、法学权威，
苏格兰礼共济会的指路明灯

1853年3月20日，在查尔斯顿，麦基医生将除一个以外的苏格兰礼级别授予艾伯特·派克。出生于波士顿的派克曾受到心灵创伤，背井离乡，一路向西寻求精神慰藉。他徒步650英里，穿越科曼奇族（Comanche）聚居地，在经受了九死一生的磨难之后，安全抵达阿肯色。随后，派克定居下来，做了巡回律师，沿着密西西比和阿肯色州的蒸汽轮船航线奔波，挣了不少钱。派克与他的共济会导师麦基迥然不同。他快乐且富有魅力，留着一头长发、蓄着长胡须，爱大吃大喝，而且是个工作狂；他还是个浪漫派诗人，拥有报社并担任编辑；在墨美战争（1846~1888年）期间，他曾指挥一支阿肯色州志愿军冲锋陷阵。

麦基亲自主持了派克的入会仪式，他们当晚就一口气完成了苏格兰礼除第 33 级以外的全部仪式。麦基认为他的门徒具备了完善苏格兰礼所需的才智和毅力，其中包括系统地重写晋级仪式，重新阐述与仪式相关的传说。苏格兰礼将因此成为人类文化智慧的集大成者。

1859 年，在麦基的支持下，派克被选为最高理事会至高大指挥官（Sovereign Grand Commander）① ——这是苏格兰礼的最高职位，他一直任职到 32 年后去世。派克在重写晋级仪式并亲自落实它们之后，开始投身其最著名的鸿篇巨制——《苏格兰共济会古老且被接受的礼仪之道德教训与教义》（"Morals and Dogma of the Ancient and Accepted Rite of Scottish Freemasonry"）。这部著作最终于 1871 年付梓。

艾伯特·派克（1809~1891 年），自 1859 年起直至去世，一直担任苏格兰礼南部辖区至高大指挥官

① 又译为"主权大指挥官"。

艾伯特·派克好像天生就是一个自由石匠，他读起书来如饥似渴，热衷于创立宗教仪式。他的主要缺点在于他是一个种族主义者，种族主义倾向深刻影响了他对兄弟会的改造。1859年，派克写道："一个处于最佳生活条件下的黑人仍未摆脱野兽的嗜好和本能，随时有可能回归其原始的野蛮状态。尤其是他的性欲，只受到恐惧的抑制；即便害怕受到最可怕的惩罚，以及肯定会受到令人胆寒的惩罚，也无法完全抑制它。"尽管派克是在北方出生的，但他还是接纳了第二故乡阿肯色州南部和东部低地棉花种植者支持奴隶制的价值观。蓄奴者是他的客户、朋友和兄弟；他抽他们的雪茄，喝他们的威士忌，与他们同桌"宴饮"。他在发表的文章中，表达了自己对北方干涉南方事务的不满，谴责"废奴主义狂热分子"，并宣称他相信北方挣工资的劳工比南方的黑人生活状况要差很多。

派克的偏见也延伸到了其他方面。在1850年代中期，他满怀热情地加入了一个短命的反天主教政党。这个政党通常被称为"一无所知党"（Know-Nothings），因为党员们都要发誓否认他们知道该组织的存在。"一无所知党"的口号是"美国人的美国"，它成立的目的是反对来自爱尔兰等天主教国家的移民。该党宣称教宗正在密谋一场入侵行动，企图将新教的美国纳入罗马教会的控制之下。这个党采用的誓言、级别、握手和暗语，无不带有鲜明的共济会印记。

与对其他种族的态度相反，派克对美洲原住民怀有一定的同情心。在大约一代人之前，一些原住民部族被从美国东南部驱赶到了西部的"印第安人保留地"——位于阿肯色州西部边界之外，如今的俄克拉荷马州。在1850年代的大部分时间里，派克利用他的律师技能和作为说客的热情，试图帮助克里克族和乔克托族印第安人获得补偿。

派克的共济会背景是他与印第安人上层融洽相处的关键因

素。共济会会所长期以来都欢迎美洲原住民。莫霍克族酋长塔延达内加（Thayendanegea）①被认为是首位加入共济会的美国印第安人。英国人引导他入会的目的，是想赢得他在北美独立战争中对英国的支持。这类通过共济会进行对话和调解的事件凸显了美洲原住民被残酷对待的可耻事实。在 1840 年代和 1850 年代，印第安人保留地中所谓的"五大文明部落"（彻罗基、奇克索、乔克托、克里克和西米诺尔）都不同程度地出现加入共济会的热潮。那里设立的第一个会所，第 21 号彻罗基会所，是由阿肯色州总会所于 1848 年授权的。1852 年，乔克托族创立了多克斯维尔（Doaksville）会所。三年后，克里克人又创建了马斯科吉（Muscogee）会所。

美国原住民的精英们与世界上其他地方的共济会会员一样，在共济会中找到了他们需要的东西：友情、地位，等等。但是共济会还带来了额外的好处，让他们有机会与艾伯特·派克这样有影响力的白人兄弟密切交往。

曾经有人，现在依旧有人，声称许多美洲原住民与共济会存在文化上的共同点，例如对数字和地理方位的崇敬、太阳的象征意义、秘密咒语、神圣的徽章。这种说法可能有一定的道理，一些美洲原住民石匠肯定认识到了这样的共同主题。但话说回来，到 19 世纪初，共济会已吸收了世界各地形形色色的神话和图案，如果其中一些内容与美洲原住民信仰体系存在相似之处，也不足为奇。

190

高贵的野蛮人的神话更能表明派克和其他白人石匠对印第安兄弟的看法。19 世纪的美国共济会文学特别喜欢描绘一种经典场景。一个胜利的美洲印第安战士站在一个受伤的白人士兵面前，高举战斧准备给予致命一击。士兵在极度痛苦和绝望中牙关

---

①　又名约瑟夫·布兰特（Joseph Brant）。

紧咬，发出共济会特有的求救信号。就在这紧要关头，奇迹发生了，这位印第安战士感受到了深藏在他的族群集体无意识中的某种东西，他识别出了这个求救信号，没有剥下俘虏的头皮，而是施以一个兄弟应得的尊重。这类故事让共济会会员感到无比荣耀，让他们认为自己继承了全人类共有的古老真理——美洲最高贵的野蛮人能够从骨子里感受到的真理。换句话说，在白人石匠的头脑中，有一个极其傲慢的假设在起作用：共济会作为人类智慧最高级的表达，来到美洲就是为了满足当地人最深刻的精神需求。一位专门研究美洲印第安人共济会的权威史学家指出，殖民者中的共济会会员视自己为"注定要发生的历史运动的先锋，因为不知何故那些将要遭受驱逐的人已经得知他们到来的消息"。

艾伯特·派克的导师艾伯特·麦基医生对会员们的要求十分严格，在确保他们的言行举止完全符合共济会准则方面毫不妥协。就连他的兄弟们也说"他遭人记恨，意志坚强、信念坚定的人肯定会树敌"；"他不原谅，不属于能宽以待人的那种人"。当麦基阐述并捍卫兄弟会对待奴隶制的方式时，他这种易怒的秉性非常容易引人注意。

作为苏格兰礼的大本营，麦基的家乡查尔斯顿位于3条流入大西洋的河流交汇形成的海湾中的半岛上。在这座拥有宽阔街道、典雅宅子和海滨步道的城市，每一个阳台和铁艺大门都是用奴役他人所获的钱财购买的。这里有历史悠久的奴隶市场，在夏天，南卡罗来纳州的蓄奴精英们为躲避水稻种植园的湿热，来这里举行华丽的舞会和游园会。

被奴役之人不能加入共济会。这一原则继承自中世纪石匠的律令，他们认为农奴或"奴隶"缺乏遵守雇佣合约的法律能力。1723 年，在现代共济会诞生之际，同样的禁令被写进了《共济会宪章》："被接受为会所成员者必须是善良而诚实的男人，生来自由，已达到成熟且能谨言慎行的年龄，不接受奴隶，不接受女人，也不接受道德败坏或品质恶劣的男人，必须有好名声。"在 1840 年代和 1850 年代查尔斯顿这类地方，白人社会越来越多地用拥有他人的权利来定义自己，这样的规则永远不会只是一个技术性细节或对遥远过去的古怪传承。共济会在创立时秉持的价值观就是向所有男性开放，不分宗教信仰、政治派别或种族。在美国，共济会曾在黑人，尤其是黑人奴隶是否属于人类的问题上纠结。

艾伯特·麦基医生就这个问题做出的权威结论虽合乎法律条文，但很苛刻。在 1856 年出版的《共济会法律原则》中，他规定"奴隶，甚至生而受奴役的人——尽管他后来可能获得了自由——被古老法规排除了入会资格"。这条原则很明确：禁止奴隶或被解放的奴隶（或称自由民）加入共济会。美国绝大多数黑人因此被共济会拒之门外。不用说，这样的裁决符合查尔斯顿奴隶主的世界观。麦基的种族主义可能没有派克那么露骨，但它依旧塑造了他理想中的共济会。

1861 年 4 月 12 日，也就是麦基发表这些言论 5 年后，位于查尔斯顿港一个岛上的联邦要塞萨姆特堡（Fort Sumter）遭到了美国南部邦联部队海岸炮的轰击。一天半之后，堡垒守军指挥官、陆军少校及共济会会员罗伯特·安德森率部向他的对手，即同为共济会会员的皮埃尔·G.T. 博雷加德（Pierre G.T. Beauregard）将军投降。这次炮轰行动标志着美国内战的爆发，在这场浩劫中丧生的人数超过了美国在所有其他战争中损失的总和。它始于一场解决共和国原有紧张关系的斗争，即各个州的自治权与联邦政府权威之间的紧张关系——这种紧张关系又因奴隶制问题而被引爆。但是内战也导致了麦基和派克

192

的白人共济会与美国独有的黑人共济会之间的分裂进一步尖锐化。具有美国传统的黑人共济会的历史可以追溯到美国立国之初。

普林斯·霍尔（约1735~1807年），非裔美国人，共济会团体创始人。他生前没有肖像流传下来。这样一幅传统画像被悬挂在美国各地的普林斯·霍尔会所中

他们以平起平坐为耻

共济会非裔美国人分会的创始人是波士顿一个被解放的奴隶，名叫普林斯·霍尔（Prince Hall），他曾是皮革工人、餐饮从业者和小商贩。在独立战争期间，他曾在乔治·华盛顿领导的大陆军中服役。普林斯·霍尔共济会[①]这个人所共知的分会就是以他的名字命名的。

————————————

① 又译为"王子堂"。

　　普林斯·霍尔及其早期黑人兄弟其实是因受骗而懵懵懂懂地加入了共济会。1778 年 3 月 6 日，普林斯·霍尔和另外 14 个人在军士约翰·巴特主持下加入了共济会。他们误以为巴特是隶属于爱尔兰总会所辖下军队会所的会长，但事实上，他根本不是会长，而且即便他得到了授权，也不能独自举办入会仪式，因此他举行了一个假冒的入会仪式。我们无法得知巴特收取的会费去了哪里，只能猜测被他据为己有。（巴特于 1776 年因病从英军退役，后作为雇佣兵被大陆军征用为北美殖民地独立而战。他在举办假冒入会仪式 3 个月之后，即 1778 年 6 月当了逃兵。）

　　霍尔及其兄弟被他们的导师蒙骗并抛弃后，开始寻求共济会组织正式承认他们的非洲人会所。他们在美国本土的努力一直没有得到回应，无奈之下，他们绕过马萨诸塞州共济会总会所，直接向伦敦总会所求助，并终于在 1787 年得到授权，非洲人会所就这样诞生了，跻身于不断扩充的共济会队伍之列。

　　在霍尔的余生中，他一直积极参与反对非裔美国人遭受不公正待遇的斗争。1787 年 1 月，他与同门黑人会员一起向马萨诸塞州议会请愿，要求"在一个自由的基督教国家的腹地"结束奴隶制。他们的愿望在独立战争结束时得以实现，马萨诸塞州废除了奴隶制。1788 年，3 名波士顿自由民被绑架，并被带到一艘奴隶船上，运往西印度群岛出售。普林斯·霍尔对他们遭此劫难深感愤怒，他发起请愿行动并取得成功，奴隶贩子在港口外的活动遭到禁止。被绑架的自由民中有一个人碰巧是普林斯·霍尔会所的会员。当他被卖给一个也是共济会会员的奴隶商人时，他公开了自己的身份，获悉的商人便设法将这三人送回了波士顿。普林斯·霍尔及其兄弟们组织了一场盛大的欢迎仪式，庆祝他们安全归来。

　　普林斯·霍尔发起的一些活动以胜利告终，但他在共济会内部争取认可的斗争就不那么顺利了。白人共济会拒绝授权非裔美国人成为现有会所的成员，或者另行成立他们自己的会所。因此，为北美独立而战的普林斯·霍尔不得不求助于旧殖民政权，以获得共济会官方组织承认他的非洲人会所的合法性，这就颇有些讽刺意味了。

普林斯·霍尔从未放弃努力，希望与美国的白人共济会达成和解，但直到人生终点，他仍徒劳无功。一位白人牧师曾试图说服白人共济会会员让步，但终告失败，他在 1795 年发表感言："事实是，他们以与黑人平起平坐为耻。"普林斯·霍尔被视为波士顿黑人市民中的一位重要人物，一个正直和权威的人物，他也帮助另外一些城市建立了会所。但到他于 1807 年去世时，美国共济会的核心形成了持久的种族分裂的鸿沟。

共济会会员一直被告诫要远离政治。正如普林斯·霍尔自己所说，共济会"要求我们做和平臣民，服从我们所在地的社会权力"。然而，普林斯·霍尔以及众多追随他的黑人石匠在不断努力提高自己的过程中，不可避免地遭遇深藏在这些"社会权力"中的歧视。因此，普林斯·霍尔共济会从一开始就是政治性的。当南北战争爆发时，也就是普林斯·霍尔共济会成立 90 年后，我们对黑人废奴主义者中存在众多共济会会员的现象不该感到奇怪。其中一位称得上 19 世纪最伟大的非裔美国人石匠，这位兄弟比任何人都更深入地探测了共济会的政治潜力，他就是马丁·罗比森·德拉尼（Martin Robison Delany）。

摩 西

马丁·德拉尼出生于弗吉尼亚州一个自由民家庭，他在匹兹堡烟雾弥漫的恶劣环境中，基本上靠自学，成长为一名反奴隶制积极分子和记者。在 1839~1840 年，他冒着相当大的风险，孤身前往美国南方，四处走访，深入探索黑人的经历和文化，从被残酷对待的种植园奴隶到新奥尔良自由的有色人种，无所不及。

回到匹兹堡后，德拉尼接受了外科医生（被当时的人称为一个"用杯吸法者、吸血者和用水蛭给人放血治病者"）的培训。他结婚成家，养育了 7 个孩子。他的大儿子杜桑·卢维杜尔出生于 1846 年，这个男孩借用了 1791 年发动海地奴隶革命的领袖的名字。德拉尼的其他孩子也都以有色人种中的杰出人物命名，比如亚历山大·仲马，《三个火枪手》的作者和海地奴隶的孙子；或者圣西普里安，3 世纪北部非洲基督教神学家和殉道者。

德拉尼创办了一份黑人反奴隶制报纸《秘技》（*Mystery*），并开展巡回演讲，传播他的主张；他一直不停地旅行和讲学，直到年迈才放慢了脚步。1847 年，德拉尼遇到了逃脱奴役的弗雷德里克·道格拉斯（Fredrick Douglass），后者的自传成了畅销书，他本人也成为废奴运动的国际领袖。两人合作创办了一份更加雄心勃勃的报纸《北极星》。

德拉尼在付出了两年不懈的努力之后，又回到了匹兹堡，开始攻读医学。1850 年，他成为首批被哈佛录取学医的三名黑人学生之一，但几个月后，在白人同学的抗议下，他被开除学籍。他接着去讲授比较解剖学，并抽时间发明了一种机车发动机用的部件，可以帮助火车爬陡坡。但因种族主义的影响，他的专利申请被驳回。

到这个时候，德拉尼在普林斯·霍尔共济会的会龄已经好几年了，但热情未减。1846 年 11 月，他成为匹兹堡第 13 号圣西普里安会所的创办人之一。他创办的第一份报纸的名称来自共济会的术语——"秘技"，它与"手艺"一样，都是共济会的同义词。德拉尼还协助共济会于 1847 年在辛辛那提市开办会所，同年，根据共济会史学家的说法，普林斯·霍尔共济会的全美总会所任命他为西区（管辖宾夕法尼亚州以西的所有地区）的主管。

正如《秘技》的创刊宣言所称，德拉尼的一生旨在"从文明、政治和宗教上提升非裔美国人和非洲人的道德水平"。提升黑人的素质一直是他奋斗的指导原则，他的世界观聚焦在三大强有力的信念上：为自己是黑人而自豪，努力工作，伸张自己的权利。在普林斯·霍尔共济会中，德拉尼发现他可以聚集起一批黑人精英，他们将成为先驱和众人的楷模。这也放大了人们所说的他对"作为黑人领袖的潜力近乎神秘莫测的感觉"。

1850 年通过的《逃亡奴隶法》损害了全美非裔美国人的权利，由此开启了让人感觉前景特别灰暗的 10 年。和许多黑人会内兄弟一样，德拉尼积极参与了"地下交通网"的活动，为逃跑的奴隶提供避难所，并把他们偷偷带到加拿大。1852 年，他出版了《美国有色人种的状况、地位、移居和命运》(*The Condition, Elevation, Emigration, and Destiny of the Colored People of the United States*)——政治分析的先驱之作。他在书中提出，黑人群体其实是一个民族之民族，他们唯一的希望是集体离开美国，在别处新建一个国家。他在结论中呼吁美国黑人，要通过自我教育和摆脱唯唯诺诺的习惯来改善他们在美国的生活。

1853 年，德拉尼在一次演讲中阐述了他对共济会的政治愿景。这一天，他站在圣西普里安会所的同门兄弟们面前，看上去矮小、秃顶，双肩显得强壮且宽大。德拉尼总是毫不掩饰自己的自豪感，因为他是纯种的非洲人，他那带有光泽的黝黑皮肤似乎在挑战当时流行的偏见。不说别人，即使在一些非裔美国人眼里，混血人种中的"白黑混血儿"（mulattos）也享有更高的社会地位。他的演讲立意高远，志在必得，后来成为首篇出版的有关普林斯·霍尔共济会的研究报告。他将基督教《旧约全书》的知识与近代史相结合，以一种全新的叙事框架努力从白人手中夺走整个共济会的传统。

　　他告诉兄弟们，共济会创始于洪水之后，当时诺亚的儿子们在世界各地创立王朝并建造城市。其中一个儿子哈姆（Ham），是黑皮肤的，他的后代居住在非洲。埃塞俄比亚人和埃及人开发了一种核心内容与基督教相容的宗教：他们率先发现上帝依照自己的形象创造了人，他们具有三位一体的概念。（德拉尼的观众太清楚什么是三位一体了，共济会的神话和符号充斥着三位一体、三角形和数字3。）古埃塞俄比亚人和埃及人发明了后来被称为共济会的组织，让它为这个宗教服务，并造福社会。因此，德拉尼断言"非洲人缔造了这个神秘而美好的社团"。

198

马丁·德拉尼（1812~1885 年），普林斯·霍尔共济会会员、反奴隶制积极分子、黑人民族主义之父

　　德拉尼继续说道，摩西也在如饥似渴地研究非洲共济会的学问。《使徒行传》第7章第22节不是说"摩西学了埃及人一切的学问"了吗？《出埃及记》第2章第15节不是告诉我们，摩西逃到埃塞俄比亚的米甸王国，娶了非洲统治者的女儿西坡拉吗？

　　所罗门从摩西那里继承了这些秘技，在耶路撒冷建造了一座伟大的神殿予以秘技直观且具体的表达：它毫无疑问是植根于非洲的知识之上的。言外之意再清晰不过了——如圣西普里安第13号之类的会所不仅是共济会价值观和既成原则的正统表达，他们其实比白人共济会更正统。

　　如今重读这篇演讲，我们可能对它随后在普林斯·霍尔共济会会员中引起如此大的共鸣感到费解。然而，要知道在19世纪的美国，尤其是共济会，人们十分推崇这种基于《圣经》的论理方式。德拉尼借此来表达同门"兄弟们的义愤"，因为他们已经忍了太久，每次争取白人共济会认可他们的会所，都要招致奚落和拒绝。共济会"四海之内皆兄弟"的价值观肯定不会容许此类歧视。正如德拉尼所说，"所有的人，无分国家、地域，肤色和条件，（只要德行相配）都可以被迎入共济会的大门"。白人石匠们把共济会的法律书籍当作他们偏见的挡箭牌，引用其中古老的原则，证明那些身心不自由的人不值得成为会员。德拉尼在解读摩西的故事时指出，他就是一名自由石匠，出生在一个奴隶家中，并作为奴隶生活了很多年，他就想以这种分析方式粉碎上述人们对规则的诠释："难道可以否认这个站在法老面前的人，这个能不可思议地做智慧国度中智慧者所能做的一切的人，是一位石匠？"

　　在匹兹堡圣西普里安会所发表演讲后的10年里，德拉尼全身心地投入努力实现其黑人"出埃及"的愿景中——自己担当黑人摩西的角色。他先将中美洲当作新家园的候选地，当希望破灭后，又探讨其他可能性，其中包括加拿大。在那里，逃亡的男女奴隶已经在安大略省查塔姆（Chatham）建立了一个繁荣的新社区。1856 年，德拉尼和家人搬到了那里。

在加拿大期间，1858 年 5 月，德拉尼接待了一位创造历史的访客：废奴主义游击队领导人约翰·布朗。此人正在招募人员、筹集资金，准备在南方发动奴隶起义。德拉尼和布朗打着共济会聚会的旗号，召开了一次制宪会议，批准了一个革命共和国的创立宪章，他计划在弗吉尼亚州山区由获得自由的奴隶建立共和国。手握临时宪法的布朗，在来年 10 月，率领他手下一队人马突袭了哈珀斯费里镇，准备夺取这里的联邦军火库以便发动更大规模的起义。众所周知，这次袭击以失败告终。但它极大地加剧了紧张局势，直至内战爆发。约翰·布朗被处决，成为一名废奴主义烈士，他的事迹被写入一首著名的联邦军队进行曲，得到广泛传颂。

当约翰·布朗的生命走到尽头时，德拉尼又开始了他的旅行，这次是前往现在的尼日利亚寻找黑人定居点。他冒险进入内地，探索种植棉花的可能性，并与当地酋长签订条约。他设想的是，当美国的非洲人回到他们的祖国时，可以实现黑人经验和专业知识的跨大西洋大融合。在从非洲回国途中，德拉尼访问了伦敦，并在皇家地理学会发表了演讲。随后他在英国各地进行对废奴主义同情者的巡回演讲。（他演讲的对象还包括棉花大亨，因为后者正打算在西非开辟新的原材料渠道。）回到美国后，德拉尼以加拿大为基地，举办了更多的讲座，颂扬非洲文明，且一直特意穿着他从尼日尔河流域带回来的衣服。

德拉尼拼命推行的非洲计划，一直未能赢得黑人废奴主义者的广泛支持，到 1861 年，11 个南方州脱离合众国，成立了联盟国，引发了内战，他再也无暇顾及这项计划了。他现在面临着一项新的任务：确保战争进行到底，最终目标不仅是维护联邦政府的权威，还要借机永远结束奴隶制，实现人人享有平等公民权的梦想。

你们还没证明自己是战士

1863 年 9 月 15 日前后，一群衣衫褴褛的联邦军步兵在查尔斯顿港入口处莫里斯岛（Morris Island）的沼泽地里四处搜寻着。他们携带着木板和工具。在他们周围，棕榈树被炸得粉碎。尽管有海风吹拂，腐肉的恶臭仍弥漫在温热的空气中，并引来一群群讨厌的苍蝇。在西边的灯塔河对面，两个南方联盟军炮台不断地朝着这边开炮。在港口入口处，北方联邦军的铁甲舰不紧不慢地、报复性地摧毁了萨姆特堡。

带领这群联邦士兵的是二级军士长威廉 H. W. 格雷，他还在养伤。按照格雷事先发布的指令，他们找到了一块隐蔽的干硬地面，搭起了一个长方形的木棚，并一丝不苟地将它定位在东西轴线上。然后，他们从背包里拿出一本《圣经》、一个直角尺和数个圆规。军士长格雷，也是尊者尊主格雷，随身携带着一份在波士顿获得的共济会特许状：它授权建立一个新的军队会所。简易木棚成了他们的神殿。他们要在这里举行第一次会所会议、接纳新成员、纪念牺牲的战友并共享珍贵的时刻，回忆他们不久前地狱般的经历。

这一刻让人感受到一种罕见的辛酸。这些联邦士兵来自著名的马萨诸塞州第 54 志愿步兵团，这支部队近期表现出的英勇善战使其名声大噪。但更重要的是，正如《纽约论坛报》在战争结束时评论的那样，第 54 志愿步兵团是"北方组建的第一个有色人种团，该团在相当长时间里的杰出表现证实了将黑人武装起来保卫共和国的试验取得了成功"。

就在 1863 年 1 月 1 日，也就是格雷军士长创建普林斯·霍尔共济会会所 9 个月之前，亚伯拉罕·林肯发布了他的《解放宣言》，宣布在反叛的州内所有"为人占有而做奴隶的人们都应在那时及以后永远获得自由"。自由将随着联邦军队在联盟国领土上的每一步迈进而蔓延。《解放宣言》还规定，非洲裔美国人，无论是逃跑的奴隶还是自由民，都可以参加合众国军队的工作。自古罗马时代起，服兵役的人就有权自动获得公民身份——每个受过教育的美国人都很清楚这一点。

武装起来的黑人是奴隶主的噩梦，所以南方政府对林肯煽动的"奴隶叛乱"予以愤怒回应。总统杰弗逊·戴维斯威胁说，被俘的黑人士兵将被处决，甚至他们的白人指挥官也会遭受同样的命运。

普林斯·霍尔共济会不失时机地抓紧组建黑人武装部队。在马萨诸塞州，普林斯·霍尔共济会总会长、前奴隶刘易斯·海登（Lewis Hayden）主持了第 54 志愿步兵团的招募工作，他后来授予格雷军士长创立的军队会所特许状。以摩西自诩的废奴主义者马丁·德拉尼在多个州充当联邦政府的代理人，满怀热情地投身招募黑人参军的工作中。他刚满 17 岁的大儿子杜桑·卢维杜尔和弗雷德里克·道格拉斯的两个儿子都志愿加入了第 54 团。

在入伍的短短几周内，马萨诸塞州第 54 志愿步兵团的新兵们便奔赴前线，当运输船驶出波士顿时，他们唱起《约翰·布朗之躯》。很快，他们就投入战斗，对内战爆发地查尔斯顿实施包围，它也是他们所反抗的不公正的最具代表性的地方之一。格雷军士长及其几个弟兄应该知道，查尔斯顿的重要性还体现在另一个方面。它是苏格兰礼共济会的大本营，最高理事会秘书长艾伯特·麦基和最高理事会至高大指挥官艾伯特·派克就是在这里设法将非洲裔男子排除在共济会组织之外的。对于北方联邦军来说，在一场陆地战斗与海上封锁同时展开的冲突中，攻占这座港口城市具有极其重要的战略意义。压制进出

203

查尔斯顿港通道的炮台受到瓦格纳堡的保护；瓦格纳堡要塞面积大，几乎横跨莫里斯岛，拥有坚固的沙土墙。北军要想攻占查尔斯顿，就必须先行夺取这一要塞，主攻的重任就落在了马萨诸塞州第54志愿步兵团身上。

攻打瓦格纳堡的战斗就在距离格雷军士长那普林斯·霍尔共济会简陋的圣殿一箭之遥的位置展开。在这场血腥的战役中，第54志愿步兵团打破了黑人不适合战斗的种族主义迷思。在瓦格纳堡，美国内战才真正成为结束奴隶制的战斗。

1863年7月18日，当太阳落入沙丘背后时，攻击行动开始了。第54志愿步兵团排成一个纵队，右翼部队踩着拍岸的浪花，沿着海岸前进了四分之三英里。当海滩逐渐收窄，在接近堡垒处变成了一条狭路时，一名幸存者后来描述说："瓦格纳堡才变成了一个巨大的火场，从里面接连不断地倾泻出一串串炮弹……一团团烈焰沿着护墙而来，紧接着是像电火花一样的火焰。"

尽管伤亡惨重，第54志愿步兵团还是加快了步伐，向左转向防御工事较低矮的地方。接下来双方展开了肉搏战，刺刀、枪托、佩剑均派上了用场。炮口连续不断的闪光犹如连续摄影，捕捉到了一张张黑、白面孔上狰狞的表情。该团指挥官罗伯特·古尔德·肖（Robert Gould Shaw）上校是哈佛大学毕业生，出身于波士顿一个坚定的废奴主义者家庭。他在前线指挥作战时，被子弹射中了心脏。

第54志愿步兵团不敌兵力占绝对优势的南军，被迫退至防御土墙下方，然后冒着不断倾泻下来的手榴弹和炮弹固守阵地，不再后撤。但在坚持了一段时间之后，他们发现再次发动一波攻击行动的希望十分渺茫。撤退是唯一的选择——这是一次比进攻还可怕的撤退：眼前硝烟弥漫，在炮火连天中艰难而行，不时会被战友倒下后扭动的身体绊倒。

天亮了，部队开始清点人数。向瓦格纳堡发起冲锋的 600
人中，阵亡或受伤者超过三分之一，另有 60 人成为俘虏。南
军甚至拒绝将受伤的黑人士兵列入战俘交换名单。他们当中许
多人的命运在战争结束之后才为人所知。（最终，联邦政府威
胁说会一报还一报，这才救了那些俘虏的命，但监禁条件实在
太恶劣了，有些人没能熬过来。）

攻击瓦格纳堡的行动失败只是深重苦难的开始。之后是一
场持续了 58 天的围攻。第 54 志愿步兵团的士兵和参战的其他
非裔美国人部队（其中大部分由获得自由的奴隶组成），被认
为比白人部队更适合重体力劳动，因此他们被选中去构筑越来
越靠近瓦格纳堡的炮位。炎热和艰苦的劳动使人们衣衫褴褛、
瘦骨嶙峋，同时饱受沙蚤的折磨。狙击手的猎杀和炮击持续不
断。为了破坏攻城机械，南方联盟军已经铺设了"鱼雷"——
掩埋的地雷。当联邦军队到达距离堡垒 200 码范围内时，因踩
上地雷而阵亡的士兵数不胜数。为了避免打击幸存者的士气，
高级军官们下令禁止在举行葬礼时播放哀乐。

直到 1863 年 9 月 7 日凌晨，联盟军才最终放弃了已成坟
场的瓦格纳堡。围攻战结束。

正是在随后相对平静的时期，格雷军士长等普林斯·霍尔
共济会会员在沼泽中建立了他们的军队会所。他们都不曾预料
到他们所渴望的平等，无论是在共济会内部还是外部，已经快
要实现了。似乎是为了强调这一点，几天后，关于津贴标准的
争论又出现了。他们已经被多次告知每月只能拿到 10 美元的
津贴，而不是给白人士兵的 13 美元。第 54 团一致拒绝接受这
笔钱。当瓦格纳堡陷落后，上层再次提出照此支付时，该部仍
然拒绝接受。然后旅长介入，想办法解决这个问题。詹姆斯·
蒙哥马利（James Montgomery）上校是一名废奴主义者，在
南北战争前夕，他在堪萨斯州支持和反对奴隶制的两派的恶性

对抗中发挥了重要作用。他身材高大，有点驼背，用一贯温和的口气对士兵们说——

> 你们必须记住，你们还没证明自己是真正的战士……你们也不应该指望与白人处于同等地位。任何听到你们喊叫和唱歌的人都能看出你们是多么的无知。我是你们的朋友，也是黑人的朋友。我是这个国家第一个在美国陆军中雇佣黑人士兵的人……拒绝接受给你们的津贴，而且是你们有权依法得到的津贴，你们就犯下了违抗命令和哗变罪，可以由军事法庭审判并枪决。

当时在现场亲耳听到演讲的人说，"上校似乎没有意识到他的话是侮辱性的，他面对的大多数人生来就是自由人"。第54团的士兵们继续拒绝接受这笔钱，并又持续了一年，直到歧视性的薪酬等级在法律上得以纠正。

第54志愿步兵团攻打瓦格纳堡的行动很快从报纸报道变成了民间传说，深深地铭刻在了集体意识中。1989年，这次攻击行动被拍成电影《光荣战役》（Glory）。这部由马修·布罗德里克、丹泽尔·华盛顿和摩根·弗里曼联袂主演的影片获得了多项奥斯卡奖。电影借用了19世纪感人至深的爱国神话：在战争中浴血奋战、锤炼出男子气概。故事情节随着一位北方白人的讲述，围绕着最终牺牲的该团指挥官罗伯特·古尔德·肖上校徐徐展开。南军把他和他手下的黑人士兵埋在了同一个坑里，试图抹黑这位"蓝眼睛的幸运之子"在人们心中的形象，这种带有种族蔑视的姿态，只会给他的传奇故事增添悲怆的感染力。相比之下，第54团的普通士兵仍然无名无姓，仍然深受人们固有认知的伤害。这种固有认知就是非裔美国人必须努力赢得他们的自由，必须展示出第54团阵亡官兵所体现

206

的那种难以企及的忘我精神，来证明自己值得成为公民。战争结束后，这种固有认知才开始产生负面影响。

瓦格纳堡战斗结束16个月后，即1865年2月18日，查尔斯顿已是一片废墟：房倒屋塌，遍地弹坑，码头上空荡荡的，街道上散落着白人家庭仓皇逃难时丢弃的财物。撤退的南军执行的最后一道命令是烧毁所有重要资产。火势开始蔓延。留下的居民几乎都是非洲裔美国人，他们躲在安全的地方，满怀信心地等待一个新时代的降临。

第一批登陆查尔斯顿的联邦士兵恰好是马萨诸塞州第54志愿步兵团的一支部队，这再合适不过了。第一批赶来迎接他们的人之一是艾伯特·麦基医生，他是美国古老而被接受的苏格兰礼南方辖区最高理事会秘书长。他恳求联邦士兵帮忙扑灭大火。于是，正是这些黑人士兵为后世保住了这座堪称奴隶制遗址的城市的残存部分。

马丁·德拉尼也会很快前往查尔斯顿。就在几天前，他去华盛顿面见林肯总统，提出了派遣一个远征队深入南方心脏地带，集结一支黑人游击队的想法。他早已在1859年出版的小说《布莱克》（*Blake*）或《美国小屋》（*the Huts of America*）中设想了这样一个计划：一个仿佛德拉尼化身的英雄走遍南方，创建了一个与普林斯·霍尔共济会一模一样的秘密网络，为发动奴隶起义做准备。就在他和林肯谈话的时候，攻陷查尔斯顿的消息传来了。德拉尼当即被授予少校军衔——这是内战期间非洲裔美国人获得的最高军衔，并奉命招募更多的黑人士兵以结束这场战争。这一任命让他变成了众人的偶像，《英裔非洲人报》开始出售他一身戎装的肖像复制品。他

207

头戴着闪闪发光的爱国光环前往南方。

马丁·德拉尼回忆他到达查尔斯顿后，这座城市给他的第一印象——

> 我走进这座城市，自童年起并在后来整个人生历程中，我学会了带着极度憎恶的心情想象它——这个对黑人展现出最令人难以忍受的傲慢和残忍的地方；在这里，鞭笞柱上传来的鞭打声，拍卖商手中木槌的敲击声，汇成令人胆战心惊的和声；这个曾被傲慢且自负的专制统治剥夺了自由的地方 [……] 仅仅在几天前，英勇的席梅尔普芬尼希 [将军] 无比自豪地得胜而入，他率领着发出震天呐喊的马萨诸塞州第 54 团，它由合众国有色人种中最优秀和最杰出的年轻公民组成。我站立了片刻——随后，在使命鞭策下，我大踏步穿过这座城市，仿佛在进行强行军，去攻打已被击溃并倒下的敌人。

德拉尼迎来了胜利的季节。成千上万刚获得自由的男男女女聚集在一起，聆听名人少校的演讲。

到了春天，联盟国战败投降，不再需要德拉尼招募的部队了。林肯总统于 4 月 14 日被暗杀后，德拉尼在稳定该市局势方面发挥了重要作用。到此时为止，马萨诸塞州第 54 志愿步兵团驻扎在查尔斯顿的要塞军校（the Citadel）里，它的外墙用灰泥粉刷过，显得干净明亮。驻扎在这里的士兵们自参军后第二次拿到了部队支付给他们的 13 美元。

就在要塞军校的对面，在一栋三层楼的民房里，尊者尊主威廉·格雷军士长再次召集他的军队会所聚会。据估计，共有 25~30 名普林斯·霍尔共济会会员参会，其中几位士官引人注目。这些人都是该团的骨干，他们在军中的权威既是道义上的, 也是军事上的——他们是身穿军服的新兴黑人中产阶级。我们可以认识一下其中的一位: 军需士官彼得·福格尔桑(Peter Vogelsang), 49岁, 他是纽约的一名社区领袖, 也是第54团最年长的一位。福格尔桑高效的组织能力从一开始就给上司留下了深刻印象。他也很勇敢, 在1863年7月攻打瓦格纳堡的前两天, 他被子弹射穿肺部, 但幸免于难。尽管军事组织内部以及白人一线军官都反对提拔黑人士兵, 但福格尔桑最终将被提拔至陆军中尉和团军需官。

在查尔斯顿, 马丁·德拉尼与他在团里的熟人重聚, 其中包括他的儿子杜桑·卢维杜尔。杜桑在一次小规模战斗中负伤, 因此错过了瓦格纳堡血战, 但后来在另一场战斗中再次受了伤。他现在与第54团的一名士官一起成了他父亲的助手。在随后的几年里, 他将遭受可能是炮弹休克症的困扰。

德拉尼还与被他称为 "勇敢的福格尔桑" 的朋友见了面。在晋升至中尉数周后, 福格尔桑服役期满, 回归了平民生活, 继续他在曼哈顿下城区海关的职业生涯。但与此同时, 他所在的军队会所为查尔斯顿黑人共济会播下了种子。在1865年之前, 它已经发展成为一个永久会所, 在马萨诸塞州得到授权。在南卡罗来纳州, 和前联盟国各地一样, 普林斯·霍尔共济会开始吸收新的皈依者, 他们中的许多人深受福格尔桑这类来自北方的黑人公民的激励。他们希望, 就像北方的老会所扶持并缔造了一代黑人精英、结束了奴隶制一样, 南方的新会所也能打造出一批新的精英, 树立具有高尚情操的黑人公民的鲜活典范。共济会的世界主义也有助于弥合横亘在黑人和白人之间的鸿沟。

同年晚些时候, 马丁·德拉尼加入了自由民局, 这是亚伯拉罕·林肯为帮助获得自由的奴隶而设立的联邦机构。他的目标——也是300万新解放的非裔美国人的希望——很明确, 即完整的公民权，包括公正的司法、教育、经济机会、投票权和政治权利。对于这样一场前所未有的重塑民主的实验来说，一切迹象都表明前途是光明的。美国不断增长的经济财富使一项庞大的铁路建设计划得以实施，该计划的部分意图是为南方新政权赢得白人的支持。美国陆军随时准备支持得以解放的奴隶的主张。重建工作正在进行中。德拉尼为了生计在查尔斯顿开了一家诊所，他打算为美好的未来贡献一分力量。

黑人麻风病

美国内战爆发时，白人的苏格兰礼南方辖区至高大指挥官艾伯特·派克奉命带着一项外交使命前往印第安人保留地，确保这里的"文明部落"拥护联盟国。他的任务完成得很轻松，一是因为他与许多印第安人酋长同为共济会会员，二是因为大多数酋长也都蓄奴。1862 年 3 月，派克又受命招募并组建美洲原住民军队，带领他们在皮里奇（Pea Ridge）抗击联邦军队。这场交战变成了一场灾难。它不仅以联盟国的失败而告终，而且后来还发现几名联邦士兵被剥了头皮——这种做法被斥为野蛮行径。随后派克和他的上级发生了激烈争吵，最终导致他辞了职。他回到阿肯色，把自己关在一个与世隔绝的小木屋里，专心致志地完善苏格兰礼，一直到内战结束。

派克所著《苏格兰共济会古老且被接受的礼仪之道德教训与教义》是一系列讲座的汇编，阐明了每个级别仪式背后的道理。派克自己也承认，其中大部分内容都取自浩如烟海的神学著作和哲学文本。贯穿始终的是派克的信念，即所有信仰体系在实质上都可以归结为通用准则。无论是古典修辞学还是犹太神秘主义，东方宗教还是中世纪文学，炼金术还是纹章学，所有这些都殊途同归，都可以被还原为相差无几的大实话。派克断言在多年的研究中所遇到的一切事物之间都存在宏大的等价。这一结果极大地影响了共济会，但令其他人陷入云里雾里——

> 神秘主义的重要显现与圣殿骑士的陨落出现在同一时期；与老年但丁同时代的让·德默恩（Jean de Meung），或称肖皮内尔，在腓力四世的宫廷中过得顺风顺水，春风得意，算得上他一生中最美好的时光。他续写的《玫瑰传奇》（*The Roman de la Rose*）是古代法国一首寓言长诗。这是一本看似轻浮实则深奥的书，作者如阿普列乌斯（Lucius Apuleius）那样博学，揭示出神秘主义的神秘之处。无论是勒梅（Flamel）的玫瑰，让·德默恩的玫瑰，还是但丁的玫瑰，它们都生长在同一根茎上。若撇开等级制原理，斯韦登堡（Swedenborg）神学体系与犹太教传统神秘哲学是何等相似。这是一座没有拱顶石和地基的神殿。

就这样，派克埋头在小木屋里，洋洋洒洒堆砌起长达861页令人昏昏欲睡的东西。在他对苏格兰礼的重写中，唯一让人看得懂的是那些老生常谈的道理，如"这个世界上任何值得做的事，都值得做好""真诚、公正和正直是所有美德的基础"。

派克取得巨大而持久的成功，大概率要归功于他的戏剧感，而不是他的思想。苏格兰礼的第30级晋升仪式就是一个生动的例子。这一级别赋予会员卡多什骑士的称号，而"卡多什"应该是希伯来语"神圣"一词的音译。

在举行卡多什骑士级别仪式时，会员要接连穿过4个隔间或"房间"，每个房间都挂着不同颜色的布：黑、白、浅蓝和深红色。挂着深红色布的房间是仪式的高潮部分，这里摆放着白色圆柱，东墙上则悬挂着有银色刺绣的黑天鹅绒。大量看似毫无关联的道具陈列在这个色彩凌乱的空间里：一个坟丘、一个祭坛和一座陵墓；几个花环和王冠；一个梯子和一段楼梯；窗帘、横幅和丝带；几个瓮、火焰和香水；匕首；各式各样的十字架；一根牧羊人的曲柄杖和一顶古罗马的自由帽；一个玻璃瓶和一条面包；几块头骨。特制的礼服引人注目。派克指出，两名"武装传令官"身着一整套中世纪盔甲，他们要"有金属护手，佩长剑、战斧，戴头盔和面甲"。晋级会员也要穿一件长及膝盖的白色宽袖束腰外衣，系一条黑色漆皮腰带，身披一件黑色天鹅绒带猩红色内衬的长披风，头戴一顶饰有红色鸵鸟羽毛的宽边帽，脚穿一双饰有金色花边和白色流苏的黄色摩洛哥皮靴，上面带有黄金马刺。"不穿围裙"，派克略带失望地总结道。

尽管艾伯特·麦基反对允许奴隶和前奴隶加入共济会，但在内战期间，他一直作为合众国的支持者留在查尔斯顿。这就是为什么他于 1865 年 2 月在那里现身，欢迎马萨诸塞州第 54志愿步兵团，并恳请他们扑灭正在吞噬这座城市的大火。他因自己的忠诚获得了港口税务官的美差——他在共济会中的声望似乎也为他获得这份工作起了积极作用。麦基是个老谋深算的政治家，他在战后重建中发挥了积极作用，因此成了一个"南方佬"（scalawag）——民主党人对反蓄奴共和党的南方白人支持者的蔑称。1868 年，麦基当选南卡罗来纳州制宪会议主席，该会议旨在彻底修改州法律，从而赢得重新加入联邦的资格。在 124 名大会代表中，73 名是黑人。不出所料，民主党控制的媒体厌恶地称之为"黑人大会"，并称麦基是一个贪财的骗子。

艾伯特·派克身穿全套奢华的苏格兰礼制服

在重建期间，当麦基的共济会门徒艾伯特·派克还在努力完善苏格兰礼的时候，他仍然坚守内战期间引领他加入南方联盟的信念。如今派克在田纳西州孟菲斯市定居，在婚姻破裂后，他重新从事新闻工作。在1868年的总统选举中，他在自己拥有的报纸中称："我们的意思是，白种人，也只有这个种族，将管理这个国家。它是唯一适合执政的，也是唯一应该执政的。"

美国内战结束后的几年里，白人抢劫团伙对黑人和南方佬实施酷刑、残害、鞭打、强奸和谋杀的案例不断增多。这些团伙中最臭名昭著的是三K党，由前联盟国士兵于1865年底或1866年在田纳西州普拉斯基（Pulaski）组建。他们嘉年华风格的服装和仪式，以及首领的怪异头衔（大独眼巨人、地精、

213

大巫师等），均表明他们是许多准共济会组织的一个怪诞变体，当时这类兄弟会在美国各地滋生蔓延。实际上，他们最初组建这个团体的目的似乎是搞一些害人的恶作剧，比如扮作南军士兵的鬼魂来恐吓黑人。随着因重建而起的冲突变得日益残酷，三K党的恶作剧也越来越血腥。到 1868 年，它发展为一个由各地团伙组成的松散联合体，在南部许多州发起了一场暴力和恐吓运动。接着又爆出了一个全国性丑闻。

有一个长期流传的谣言说艾伯特·派克是三K党的一名指挥官。尽管没有证据支持这一说法，但毫无疑问，他是该党意识形态的同情者。1868 年 4 月，他在自己的报纸《孟菲斯每日呼声报》上发表了一篇社论，以极其委婉的措辞讨论三K党。在痛斥北方媒体严重夸大三K党问题后，他解释说，三K党成立之初是为了"娱乐和嬉戏"，并吓唬"迷信的黑人"。它"过于外露并招致太多恶评，不可能再严肃地做事"。因此，"可以肯定的是，继续按照最初计划做的话，它永远不可能取得多大成就。它必须做出改变才能变得更有成效"。这句话的虚伪之处在于，众所周知，三K党徒早已偏离了他们的"最初计划"，他们的目标就是制造政治恐怖，而不是为了"娱乐和嬉戏"。那么，派克所谓的更"有成效"的三K党版本是什么意思呢？

214　　接着派克开始对他提出的问题做出回应，谴责"自由民局"和"黑人无赖"对南方施加的"压迫"和"侮辱"越来越难以忍受。"有了黑人做证人和陪审员，司法就变成了一种亵渎神灵的嘲弄。"正因如此，

> 丧失公民权的南方人民，被剥夺了宪法的所有保障……唯有秘密结社，方能保护他们的财产和自由的生活。他们加入这类社团的目的，不是干坏事和实施暴行，而是相互

MISSISSIPPI KU-KLUX IN THE DISGUISES IN WHICH THEY WERE CAPTURED.
(FROM A PHOTOGRAPH.)

地、和平地、合法地自卫。假如我们力所能及的话……我们将把南方每一个反对给予黑人选举权的白人团结起来，组成一个强大的南方兄弟会，并将它打造成一个完整的、积极的、充满活力的组织，其中的一小部分人应将凝聚的全体意志付诸积极行动，除了兄弟会成员以外，任何外人都不应该知道他们的存在。

215

　　派克的梦想是建立一个类似共济会或准共济会的秘密社团，它将实施一个阴谋，自行其是，自主执法，以捍卫白人的利益，剥夺自由奴隶的投票权。也许三 K 党并非派克所设想的"有效"的白人至上主义兄弟会。但是三 K 党暴徒拿他的文章为自己的行为背书自有他们的理由。

内战结束后，普林斯·霍尔共济会力争取得白人共济会正统机构的认可。作为回应，派克固执己见，对黑人和白人共同加入共济会的想法嗤之以鼻。1875 年 9 月，他写信给一位志同道合的苏格兰礼兄弟，阐明自己的立场。派克相信一个"普林斯·霍尔会所和任何由主管部门创建的会所一样，都是正规的，并且完全有权建立更多会所"。他无意像艾伯特·麦基医生那样，从法理和历史出发，引经据典，耗时费力地证明拒绝承认黑人共济会是正当的。相反，他敦促白人会员继续依照他们固有的偏见行事："我承担了对白人的义务，而不是对黑人的。若我不得不在接受黑人为兄弟或离开共济会之间做选择，我会选择离开。我愿意保持古老和广为接受的（苏格兰）礼不受感染，至少在我们国家，不会被黑人社团麻风病感染。"

与此同时，艾伯特·麦基医生自己的种族主义立场也初露端倪。他得到了港口税务官的职位后，立刻表现出了党同伐异的态度。他只选聘白人做雇员，最受他青睐的是前南方邦联士兵和其他拒绝宣誓效忠共和国的人。他后来被一个政治联盟赶下台，该联盟中的黑人政治家憎恨他在招聘中的歧视性做法。

每当有关于承认黑人共济会的议题出现时，麦基总是固执地援引他所理解的共济会规则予以回绝。1875 年末，俄亥俄州总会所宣布承认普林斯·霍尔共济会。一石激起千层浪，白人兄弟们在《石匠之声》杂志上展开了一场混乱甚至歇斯底里的大辩论，这场辩论持续了 6 个多月，在此期间麦基一直试图充当调解人。一位投稿人抱怨说，容许黑人进入会所相当于容许妇女入会。一位兄弟说道，虽然普林斯·霍尔共济会在美国遭到抵制，但它得到了欧洲许多总会所的认可。麦基最终失去了耐心，气急败坏地发表了一篇题为《肤色问题》的社论。他在社论中提出，原则上他不反对让黑人加入共济会。毕竟，"共济会在认定候选人资格上不会区分种族或肤色"。只是普林斯·霍尔共济会有两点是非法的。首先，最初的普林斯·霍尔会所组建方式不对。其次，就共济会秉承的价值观而言，纯黑人共济会的想法违背了手艺会立足的普遍主义原则。"好啦，我就此打住，跟这个话题说再见吧。"

麦基扭曲的逻辑掩盖了他的仇恨，两者之间只是隔着一层很薄的窗户纸。他其实是在说，普林斯·霍尔的会员不可能是真正的共济会会员，一是因为白人兄弟坚持种族不容忍，黑人一直被排除在美国会所体制之外；二是因为他们不能成立纯黑人的会所，因为这将违反共济会关于种族容忍的规则。他们陷入了进退两难的境地。

麦基引用共济会律法先例并不是为了解决"肤色问题"。相反，他只是要拯救白人行会，尤其是他心爱的苏格兰礼共济会，使其免于因种族问题而遭受灭顶之灾。麦基一定已经意识到艾伯特·派克的观点得到了南方石匠的广泛支持——事实上在这个国家的其余地方也大抵如此。一些总会所明令禁止黑人入会。麦基已经找到了一种方法，利用共济会的法律和传统来化解同门白人兄弟之间的争端；而且无论发生什么，他都会坚持下去。他和数千名白人会员坚信，因为兄弟会原则上对所有人开放，不分种族，但它内部的风气是由与艾伯特·派克持有相同观点的兄弟们创造的，所以他们会轻率地忽视一个事实，那就是没有哪个理智的黑人敢于跨过共济会的门槛。

退回我们不赞同的

1874 年，马丁·德拉尼首次竞选公职。同时，他试图重新加入普林斯·霍尔共济会。不知怎么，他在匹兹堡圣西普里安会所的会员资格失效了。究其原因，可能是他一直忙着四处旅行，无休止地参加各种活动，因而没有收到催缴会费的信件。无论如何，德拉尼从未将共济会本身视为自己毕生的使命：他的使命是解放事业。

这一插曲大体上可以用来解释德拉尼作为一个政治组织者的职业生涯何以遭遇悲惨的结局，战后重建为何崩溃，以及共济会兄弟间的纽带可以被用于多么自私的目的。

战后重建，原本依赖的是两根支柱，一是快钱，二是在马萨诸塞州第 54 志愿步兵团攻打瓦格纳堡之后，激荡在合众国各地的北方白人反对奴隶制的强烈情感。当德拉尼参加竞选时，这些支柱已摇摇欲坠。

1873 年，曾经热火朝天的铁路建设戛然而止，随后引发了一场影响深重的金融和经济危机，并迅速耗尽了为赢得人们支持重建所需的资源。

人们在 1865 年表现出的乐观是用在内战中浴血奋战的马萨诸塞州第 54 志愿步兵团和近 20 万黑人士兵换来的一种带有崇高色彩的希望。但是，自南方的前奴隶们开始在美国民主糟糕的机制下运作的那一刻起，北方白人在追忆那些为夺取瓦格纳堡而壮烈牺牲的黑人士兵时内心涌动的情感也就烟消云散了。他们此时只会看到和想到利益交换和派系斗争，贪污腐败和两面三刀，廉价的演说和肮脏的妥协。北方舆论主流总是怀疑给予前奴隶民主权利是否明智。在重建工作的巅峰时期，三K党的突袭和其他白人至上主义者的暴行都在不停地唤起人们对战争的记忆，同时也使得北方舆论更倾向于派兵进驻南方保护非裔美国人。但是，随着媒体越来越多地将黑人政治家、官员和选民描绘成蛮横无知和贪污腐败的形象，人们对派军队维护黑人权利的热情也渐渐消退。当年非裔美国公民占比最高的南卡罗来纳州常常被用作反面典型，以证明赋权"野蛮人"是徒劳无益的。1873 年广为流传的一篇报道直呼南卡罗来纳州是"一片野蛮黑人之地……其民主政治之愚昧，人类史上闻所未闻"。

1874 年，一直渴望从政的德拉尼在竞选南卡罗来纳州副州长期间，把一个同门兄弟变成了政治敌人。近30年前，现任副州长理查德·格利夫斯（Richard H. Gleaves）与德拉尼一起在匹兹堡创建了第13号圣西普里安会所。他现在是南卡罗来纳州总会所的总会长，而这个会所的前身正是马萨诸塞州第54志愿步兵团中的军队会所。事实上，格利夫斯是该国最有影响力的普林斯·霍尔共济会会员。当时在前蓄奴州，普林斯·霍尔共济会的新会所纷纷成立，全美总会所力争确立对全国范围内黑人共济会的管辖权，就在这关键时刻，格利夫斯当选全美总会所领导人。内战结束后，格利夫斯遍访南方各地，为新设立的会所揭幕。但随着越来越多的新解放和获得选举权的人的加入，在废奴斗争中发挥了重要作用的非裔美国人共济会组织，如今沦为政治上拉帮结派和进行利益交换的工具。在普林斯·霍尔共济会内部，格利夫斯是一个存在争议的人物，很多人憎恶他独断专行，全美总会所因此分崩离析。他被指控利用南方黑人共济会运动拉拢他的个人政治追随者，甚至将许多新会所的会费据为己有。格利夫斯反驳说，他在普林斯·霍尔共济会中的批评者动机不纯，他们就是要把所有共和党黑人政治家都说成是腐败的，从而达到替民主党做事的目的。这种互泼脏水的做法完全没有兄弟情谊，令人沮丧。

219

　　德拉尼迫不及待地要挑战他的对手，他写信给宾夕法尼亚州普林斯·霍尔共济会总会所，要求更新他的会员资格。他收到的回复是拒绝：总会所"提议退回我们不赞成的 M .R.德拉尼先生的申诉"。更糟糕的是，德拉尼以前在匹兹堡的会内兄弟们报告称，他曾向他们借了50美元，至今未还。这份报告被转交给格利夫斯本人，并被要求在南卡罗来纳州总会所当众宣读。

　　德拉尼遭到了拒绝和羞辱。无论他以前在共济会中有过多少信誉，如今已荡然无存。相比之下，理查德·格利夫斯可以在共济会中一呼百应，并轻松赢得选举。（1877年7月，格利夫斯涉嫌 4000 美元欺诈，在被正式起诉之前不久，他逃离南卡罗来纳州，随后的审判结束了他的政治生涯。）

也许被挫败的野心蒙蔽了德拉尼的判断力。或者，他意识到重建已接近尾声，并相信与顽冥不化的白人势力达成某种和解是非裔美国人唯一的希望。不管什么原因，德拉尼逐渐远离支持林肯和重建的共和党，越来越靠近赞同联盟国的民主党。这次政治赌博的结局是灾难性的。1876 年，他公开支持臭名昭著的民主党州长候选人韦德·汉普顿三世（Wade Hampton Ⅲ），这位出身于蓄奴种植园主家庭的南军战斗英雄。

220 汉普顿假意承诺，如果他当选，将会维护黑人权利——德拉尼大声宣称他相信这些承诺。但在竞选期间，无论汉普顿走到哪里，都会有准军事人员陪同。在全州范围内，这些所谓的"红衫军"公然携带枪支出现在共和党集会现场，并在农村地区威吓黑人选民。

可以理解，非裔美国人中的共和党人对德拉尼的背叛行为感到愤怒。在一次集会中，他遭到枪击。在别处，他被人们愤怒地称为"该死的黑鬼民主党人"。

汉普顿的选举胜利标志着重建的结束。联邦政府想要忘记过去往前走，前南部邦联各州的民主却被无情地转变成了一个基于不公正的选区划分、填塞选票和绞索的白人政权。

德拉尼的梦想破灭了，他的政治精力耗尽了，他再次拾起重返非洲的目标。但是他的探索以商业和政治上的惨败而告终，他后来在默默无闻中告别了这个世界。

艾伯特·麦基反对普林斯·霍尔共济会的理由成为白人共济会会员的既定政策，此后一直如此。出于对共济会的"四海之内皆兄弟"信念的敬意，美国的主流共济会将继续完全由白人组成。

艾伯特·派克在平和但充满活力的苏格兰礼中度过了他的余生。1869 年，派克越来越无法忍受行政效率低下的麦基，他将苏格兰礼南部辖区总部从查尔斯顿迁至华盛顿哥伦比亚特区。1876 年，他沦落到贫困潦倒的地步，搬进了位于西北区 D 街 602 号的最高理事会大楼，从此为苏格兰礼事务操劳。但是共济会历史进程中的全球潮流不会放过派克，任由他安度晚年。就在他于 1891 年去世前不久，在苏格兰礼起源地的法国，他的名誉遭到诋毁，有人指斥他是撒旦派到地球上的共济会使者。

221

第9章　罗马－巴黎：19世纪的魔鬼

魔　窟

　　1870 年 7 月 18 日清晨，圣彼得大教堂的北耳堂里已经闷热到令人喘不上气的程度，虚弱、肥胖又威严的教宗坐上了他的宝座。大约 600 名高级教士坐在特别建造、层层抬升的座位上，扭头望着庇护九世；他们奉召从天主教世界各地赶来，在长达数月的时间里讨论教会的最高教义。但今天的事务不再是围绕神学内容展开辩论，因为所有的疑虑都已被消除。当《求造物主圣神降临》圣咏声隐去时，理事会秘书长高声读出要众人表决的教条。圣座"拥有赎世主赋予他教会的永无谬误"之特权。教宗就信仰和道德制定的教义永无谬误，不得质疑。

教宗庇护九世于 1870 年公布教宗永无谬误教条。取自《伦敦新闻画报》

当枢机主教和主教们一个接一个被点到名字时，他们应声表示赞同。但在刚得到几个"赞成票"之后，圣彼得教堂内忽然昏暗下来，头顶上传来了震耳欲聋的雷声。紧接着是一连串闪电在大教堂圆顶周围闪过，大雨倾泻而下。从罗马发回报道的新教记者幸灾乐祸地嘲笑说，天气对教宗宣布永无谬误给出了评论："对许多迷信的人来说，这场风暴所表明的可能是神的愤怒。" 223

教宗无须听人详解什么样的迹象是神的愤怒。因为自1789 年法国大革命释放出了一股极具腐蚀性的现代思想浪潮之后，天主对人间事务的不悦难道表现得还不够明显吗？理性主义、立宪政府、公民权利、民主和新闻自由本身难道不是人类应该受到惩罚的迹象吗？教宗们亲身感受到了这场剧变的全部冲击力，为他们的信徒承受着随之而来的苦难。1798年，梵蒂冈被法国士兵捣毁，庇护六世被押往他处囚禁。十年后，庇护七世被拿破仑关押了 6 年。1848 年，当选教宗仅两年的庇护九世遭遇革命风暴的袭击，革命者在教宗宫门前杀害了他刚刚任命的政府首脑，不久后他本人也被迫逃离罗马。即使在 1850 年 4 月庇护九世重返罗马后，局势依旧十分紧张，难得静心休养的机会。1859 年，新成立的意大利王国剥夺了 224 大部分教宗国管辖了上千年的领土，只给它留下了罗马周围的区域。

罗马教廷对此的反应是将意大利王国定性为"掠夺"教会的无神政权，并号召信徒们抵制选举。庇护九世顺势把日历翻回到了中世纪时期。1864 年，他颁布的《现代错误学说汇编》罗列了 80 条违犯神启真理的罪行，其中包括宗教宽容、政教分离，以及具有诽谤性的第 80 条——教宗应该"接受进步、自由主义和现代文明"的观点。

如此说来，1870 年 7 月的教宗"永无谬误"宣言其实是持续退行趋势的一部分。然而，这一举动明显有孤注一掷的意味，仿佛在世界加速变化之际，庇护九世挺身而出，顽强抵抗，不顾一切地要伸张他对精神领域的绝对控制。因为"现代文明"还在酝酿更多骇人的暴行。

在教宗"永无谬误"宣言公布 3 天前，欧洲大陆最重要的天主教大国法国满怀自信地向普鲁士宣战。没想到一连串灾难接踵而至，法国战败并遭到入侵。罗马的一队法国驻军——此时仅存的阻止意大利王国兼并教宗国剩余领土的武装力量，奉调回国。1870 年 9 月 20 日，在庇护九世宣称自己永无谬误之后两个月内，意大利军队炸开了罗马的城墙。永恒之城现在成了意大利的首都。从那以后，除了梵蒂冈，教宗名下再无任何世俗王国。

即将被普鲁士彻底打败的法国成了一个共和国。巴黎市民奋起反抗羸弱的法国政府。1871 年春天，该市宣布成立社会主义公社，一场狂欢开始了。神父和修女受到监禁，公共建筑上的宗教标志被摘除。同年 5 月，当巴黎公社濒临溃败时，他们处死了巴黎大主教，并在巴黎圣母院纵火。

在接下来的 20 年里，欧洲的反教权主义热潮持续高涨。政府开始大力推行世俗教育、公证结婚 / 离婚，以及非宗教葬礼等世俗化措施。在查尔斯·达尔文进化论的影响下，科学和哲学领域的新趋势试图将上帝从物质世界和社会生活中剔除。随着农民进入城市和工厂，他们失去了与远古信仰的联系。新意识形态，如社会主义和无政府主义，涌入人们的精神世界。一大批激发众人爱国心的纪念碑——国民烈士雕像、气势雄伟的政府办公大楼、巨大的世俗祭坛——挑战着基督教会在欧洲城市景观中的传统主导地位。到了 1880 年代末期，招亡魂问卜的巫术、招魂术和黑魔法在文学界大行其道。

然而，面对来势汹汹的攻击，罗马教廷远非毫无防备。在法国，许多信徒仍然认为他们的国家是"教会的长女"，并认为王权与教会之间的联盟是政治权威唯一可靠的基础。此外，世俗化浪潮催生了一种与之对立的宗教复兴：这是一个朝圣与预言、启示与圣髑的时代。对圣母玛利亚的崇拜重新活跃起来。1858 年，法国比利牛斯省卢尔德的牧羊女贝尔纳黛特·苏比鲁声称看到了圣母玛利亚显灵。贝尔纳黛特遇见圣母现身的洞穴很快变成了一个展示神迹的场所。庇护九世也开始受到一些信徒的膜拜。新媒体——廉价出版物、报纸和书籍——把他塑造成了信徒们的偶像。

　　在天主教欧洲的这场宗教与世俗主义之间的文化战争中，关于阴谋和秘密议程的讨论比以往任何时候都更引人关注。在耶稣会士眼里，自由石匠是天主教的头号敌人。1850 年，庇护九世指定耶稣会负责创办《公教文明》（*Civiltà Cattolica*），旨在向尽可能多的读者传播圣座的信息。在接下来 40 年的时间里，《公教文明》全方位地报道共济会，重申并更新奥古斯丁·德巴吕埃尔于 1797 年首次表达的对共济会阴谋的担忧。

226

　　《公教文明》还推出小说连载栏目，由安东尼奥·布雷夏尼（Antonio Bresciani）神父创作的反共济会三部曲《维罗纳的犹太人》《罗马共和国》《廖内洛》均在连载后成为畅销书。这几部小说活灵活现地描写了共济会及其相关教派是如何密谋，将世界引向无政府状态、基督教的毁灭和撒旦的胜利的。"欧洲国家一切意想不到、快速的改变均源自秘密社团为非作歹。"布雷夏尼的故事情节以"为非作歹"为主线展开：一系列耸人听闻、奇幻无比的事件中充斥着共济会的阴谋、道德败坏、性变态和政治动荡。尽管共济会轻视女性，但布雷夏尼的小说却重点讲述了不信神宗派中恶毒的姐妹们。说到恶毒，变装的刺客芭贝特·德因特拉肯无人能及，崇拜撒旦、吸烟成瘾。神的审判终于在一家由修女们负责运作的监狱医院里降临在她的身上，修女们的虔诚激起了芭贝特强烈的自我厌恶和对恶魔附体的愤怒，她因此体内大出血，最终被自己溢出的血液溺死。

根据布雷夏尼的说法，邪恶的共济会会员依照基督教会的颠倒镜像建立了他们的组织——

> 在他背信弃义的教会[共济会]中，魔鬼创造了等级制度、圣职、圣礼、异教团体、圣髑、日历、节日、周日活动、奉献者[……]、他自己的神殿、他自己的传教士、宗教誓言、罪恶的诫命、圣会、圣经、教条、戒律、理事会、礼拜仪式、典礼和礼拜用语，应有尽有；但所有这些都存在与神的教会截然相反的意义和目的。

笼罩在阴谋论中的世俗主义者在编造阴谋论故事方面毫不逊色，他们大肆攻击的对象通常是耶稣会士。罗马教廷面对的是一小群专业的、能言善辩的反教权主义者。在这方面表现最粗鄙恶劣的莫过于法国的莱奥·塔克希勒（Léo Taxil）。此人从1870年代末开始，每年都会出几本书和半打宣传册，书名大致是《圣经笑料》（1881年）、《庇护九世的秘密爱情》（1881年）和《女教宗》（1882年）之类。1879年，庇护九世的继任者利奥十三世将塔克希勒逐出教会——这对于一个年仅26岁的人来说，简直是一项了不起的战绩。但这张通往地狱的单程票只会让他变本加厉。他对耶稣会士刻骨的蔑视在《耶稣会士的儿子》（1881年）和《堕落的忏悔者》（1883年）之类色情小说中表达得淋漓尽致。塔克希勒是一个激情洋溢的文化战士，但他也寡廉鲜耻，贪图钱财，并因剽窃和诽谤吃过不少官司。

反天主教善辩者莱奥·塔克希勒（1854~1907年），他在
1885年有一次著名的皈依经历

利奥十三世于1884年发布的《人类》（Humanum
Genus）教宗通谕成为文化战争中的重要檄文。它通篇都在竭
力揭露共济会的罪恶。这应是自1738年圣座首次公开谴责共
济会以来，措辞最强硬的通谕。利奥十三世将共济会描绘为撒
旦对抗上帝在地上的王国的工具。兄弟会的隐秘性表明，它们
公开的善意声明都不可信，其本质就是欺骗。几十年来，它以
惊人的速度壮大，直到"通过欺诈或胆大妄为进入国家的每个
层级，似已掌握了国家的主导权"。石匠们用誓言和仪式"把
人们像奴隶一样绑在一起"，去实现其最终目的，即彻底摧毁
教会，让异教信仰回归。为抵制这种"邪恶的瘟疫"，神职人

228

员的首要任务是揭露其罪恶的秘密，"撕掉共济会的面具"，从而暴露出"他们观点的堕落和行为的邪恶"。

进入 1880 年代后，共济会获得了更大的影响力和知名度，《人类》通谕是对这一现实近乎疯狂的过度反应。共济会现在是一个大规模的中产阶级运动，成为日益民主和资本主义化民族国家生活的一部分。在意大利统一之前，共济会屡遭查禁，但它在 1860 年代获得新生，随后经历了长达数十年的蓬勃发展。1870 年代大约有 100 个会所，到 1923 年会所数量增加了 4 倍。意大利共济会被政治化，并与被梵蒂冈认为窃取其领土的政权建立了密切关系。尽管意大利的石匠们常因意识形态上的分歧争吵不休，但他们有共同点：典型的意大利兄弟非常爱国，由衷地支持离婚、火葬和非宗教教育等世俗化事业。共济会的反教权主义可能是一种本能反应：一位总会长曾提到共济会在与"祭司痘"（priestly pox）作战。

法国大体上呈现出与意大利相似的情形，1870 年法国败给德国后建立了第三共和国，大东方总会公开为第三共和国的民主体制、世俗意识形态摇旗呐喊。1877 年，大东方总会投票取消了会员信神的义务，彻底背离了共济会原有的宗旨。地方共济会大会成为政治讨论的平台。共济会与该国最具影响力的商业和政治组织之间关系紧密：第三共和国政府中有大约 40% 的部长是共济会会员。在共济会内部，教会被理所当然地认为是共和国的敌人。后来，即 1890 年代，政治天主教运动兴起，它提倡由政府在公共生活中推广天主教理念和社会教义，作为反制，崇尚无政府自由主义的法国激进党（Radical Party）宣布成立。1901 年 6 月，来自 155 个共济会会所的代表参加了该党举行的首次代表大会。

因此，世界各地的兄弟们对 1884 年反共济会的《人类》通谕的反应是在嘲笑中夹杂着愤怒，也就不足为奇了。在美国，前联盟国将军和苏格兰礼最高领导人艾伯特·派克称之为"向人类宣战"。

对于梵蒂冈来说，这种反应只能进一步证实，教宗发布的有关共济会的信息击中了其要害。事实上，没过多久，这个通谕就让天主教最恶毒的敌人之一发生了看似奇迹般的信仰转变。就如利奥十三世曾号召的那样，这位名人皈依者会继续"撕掉共济会的面具"。教会从未遇到过他这样的人。

莱奥·塔克希勒不可思议的回心转意

1885 年 7 月 14 日，法国教会中极端保守派的喉舌《普世》（L'Univers）刊登了一些传闻，声称臭名昭著的无神论斗士莱奥·塔克希勒已皈依天主教。《普世》常刊文抨击塔克希勒的一些作品，如《怪诞的教士服》（1879 年）和《教宗的情妇》（1884 年）。它表示在传闻得到确认之前，暂时对他的皈依持保留意见。它评论说，对于这些传闻，人们更恰当的反应是惊讶，而不是信以为真。

传闻见报 9 天后，一个胖脸、戴着夹鼻眼镜、光秃头顶朝后盘着一团乱发的小个子男人走进了《普世》编辑部。这个人正是莱奥·塔克希勒。他带来了阐明他想法的一封信。他确实悔悟了，对自己作为自由思想者 17 年来所做的一切深感羞愧。他显得有些紧张，但语气坚定地告诉编辑，他已做好准备，听凭教会处置自己。

惊讶不已的编辑向塔克希勒保证，所有善良的基督徒都会满怀同情并诚心祈祷，欢迎他的皈依。许多人确实表达了他们对这个浪子得以救赎的喜悦。英国《天主教时报》驻巴黎记者采访了塔克希勒，被他"不可思议的回心转意"感动。尽管如此，持怀疑态度的人也不少。心存疑虑的耶稣会士们警告说，神职人员是在把一条毒蛇搂在怀里。他以前的战友——唯物论

230

者、共产主义者、共和主义者和共济会会员——指控他之所以改变信仰，是因为他的反教权的书卖不动了，或是被收买了。他心烦意乱的妻子则认为他神智失常了。

面对种种猜疑，塔克希勒不为所动。他起初似乎决心要脱离这个世界，与家人断绝一切关系。他被引荐给罗马教廷派驻巴黎的大使卡米洛·西西利亚诺·迪伦德（Camillo Siciliano di Rende）大主教，后者劝他不要如此决绝，并建议他先隐居几天，开启他的精神之旅。1885 年 8 月下旬，在城外的一个耶稣会静修处，他度过了痛苦的 3 天，在忏悔室告解自己的所有过错，并最终坦白自己犯下了预谋杀人罪。听他忏悔的神父必须保密，不能向当局举报塔克希勒，但他至少可以赦免这个饱受折磨的灵魂，并在更高级的神职人员面前证明他是真心悔悟。

塔克希勒决心赎罪，并明确表示他只能采取文学形式赎罪。他在皈依后的数天内，就赢得了巴黎无数神父的信任。他还在一家天主教书店找到了一份工作，与一家天主教出版商谈妥，可以从他未来著述的销售中获得一定比例的提成，并在天主教报刊上得到免费宣传。他现在可以用他的笔投入神圣的事业中，听从《人类》通谕的劝诫，撕掉共济会的面具。

塔克希勒的自传《前自由思想者的自白》于 1887 年出版。他本名叫加布里埃尔 - 安托万·若甘 - 帕热斯，1854 年出生于马赛附近。他父母十分保守，坚持让他接受耶稣会的教育。他最早步入"无法摆脱的邪恶迷宫"时才 14 岁，当时他偶然发现了一本共济会手册，很快就着了迷，对宗教教诲失去了兴趣。他年满 16 岁时，与父亲吵翻并离家出走，随后改名莱奥·塔克希勒，并成为一个政治狂热分子，与小偷小摸的罪犯和妓女厮混。他曾因出售假壮阳药差点入狱。他过于特立独行，虽然加入了共济会，但没有待多久。事实上，他在 1881 年就断绝了与共济会的联系。虽然入会时间不长，但足以让他了解到兄弟会最深层的秘密。共济会是秘密的魔鬼崇拜者，他们不惜利用宗教充当他们邪恶使命的掩护。研究共济会的众多耐心且博学的研究人员并未揭开被隐藏的重要秘密，尤其是该行会"怪诞而可恶"的仪式。塔克希勒未来的出版物将填补这一空白。

在皈依天主教后两年内，塔克希勒用数百页和4卷本的篇幅描述了苏格兰礼的全部33个级别，以及各种不太为人所知级别的仪式。他罗列出世界各地共济会总会所和最高理事会的官员名单，计算出总共有1060005个兄弟。塔克希勒解释说，很明显，"宇宙的伟大建筑师"只是共济会用来代指魔鬼的暗语，而且共济会的组织结构和礼拜仪式均模仿了一个真正教会的组织结构和礼拜仪式。自由石匠还创建了一个分支，烧炭党，让兄弟们随心所欲地发泄他们的政治激情。尽管烧炭党人目前处于蛰伏状态，但只要共济会想在世界上兴风作浪，他们随时会闻风而动。

说实话，许多内容在塔克希勒早期涉及共济会的作品中已被公开，而且都是共济会会员自己公之于众的。只不过汇集如此海量信息本身足以证明他十分虔诚地要实现目标。他非常严肃地告诫读者，别觉得共济会的秘密枯燥乏味甚至有些好笑："不要笑。不要以为共济会是在开玩笑。这是一件非常严肃的事。"现在谁还会怀疑这位皈依者的诚意呢？

作为一个要痛改前非的共济会会员，塔克希勒大获成功的首部作品是《共济会姐妹》（1886年），讲述男女都可加入的接纳会。塔克希勒在该书序言中称，这个话题实在令人作呕，但他强忍着也要揭露貌似正经的接纳会会所是怎样通过特意设计的仪式，将人类引入无异于禽兽、沉湎于肉欲和出卖灵与肉的状态，这种状态最后一次出现还是在古巴比伦堕落的时代。

人们对塔克希勒的作品寄予了道德厚望，所以他在序言结尾说的那句话难免让人感觉刺耳："法国的母亲们！把你们的女儿关起来吧！石匠们来了！"

好在塔克希勒顾及体面，没有太直白露骨。尽管他确实在每章结束时都声明，要在下一章举例说明共济会的性堕落多么惊世骇俗，但他都引而不发。相反，他以肯定的语气向读者表明，接纳会的仪式用语系统地将其不道德的意图隐藏在道德的伪装之下。当石匠们使用"真理"这样的词时，他们表达的其实是"虚伪"，"善"意味着"恶"，"友情"意味着"放荡"，等等。一旦你理解了代码，一切都变得非常清晰，而且令人作呕。只有在这本书的结尾，塔克希勒的描述才开始有些露骨。为了帮助读者理解共济会的符号，他描绘了一把钥匙，表明它实际上处处暗含着对性的膜拜，看似普通的仪式道具，实际上是阴茎和外阴的象征。为防止这类知识污染心地纯洁的人，在公开出版时相关内容改用了拉丁文。

塔克希勒赢得了许多教士的信任甚至敬佩。共有 17 位枢机主教、大主教和主教致信表示支持他。塔克希勒最热心的支持者之一是格雷诺布尔（Grenoble）主教，他创办了《共济会揭秘》月刊。许多普通神职人员也纷纷给予赞扬。一位瑞士修士专程从弗里堡（Fribourg）赶来面见他，并称颂他为圣人。返回家后不久，这位修士又送来一大块瑞士特产格鲁耶尔干酪，上面刻着虔诚的格言。塔克希勒回复说，他每吃下一片干酪，都满怀敬意。

1887 年 6 月，塔克希勒临时起意，动身前往梵蒂冈，希望见到教宗。他得到了梵蒂冈的热情款待，并获准在第二天早上觐见教宗。塔克希勒和利奥十三世交谈了 45 分钟，当他听说教宗一字不落地读完了他所有的反共济会宣传册后，内心自然很高兴。

利奥十三世表现出的认可甚至喜爱，为塔克希勒赢得了更多教会人士的支持。耶稣会杂志《公教文明》开始把他奉为共济会事务的权威，时常引用他的言论。他的作品被翻译成多种语言，使他扬名海外。

塔克希勒的下一个任务是澄清一些死亡内幕，其实就是共济会制造的谋杀案，并专门于1889年推出《共济会谋杀案》一书。共济会级别不断晋升的目的之一，就是在不知不觉中让会员绝对服从。一旦成员获得苏格兰礼第30级卡多什骑士的称号，他们就彻底变成了言听计从的会员，并心甘情愿地担当共济会的杀手。卡多什骑士实施了一系列引人注目的谋杀，其中包括1826年在尼亚加拉瀑布附近失踪的美国共济会叛徒威廉·摩根。

然而，在塔克希勒揭露共济会的所有著述中，没有一本像他接下来要推出的那本一样，造成了如此巨大的冲击。他重拾接纳会的话题，在《共济会中有女性吗？》（1891年）中披露的内情就连天主教会最高层都从未听说过。共济会最隐秘的一种组织形式名为"帕拉斯团"（Palladian Order）；作为共济会秘密会所中最顺从和最隐秘的团体，它以绝对纯正的形式沉溺于色欲和淫荡活动，并且公然举行膜拜撒旦的仪式。这种仪式以"新归正帕拉斯礼"著称，不再用暗语掩盖魔鬼崇拜的本质。它的组织不再叫会所，而是自称为"三角"，其中占据首要地位的是巴风特——中世纪异教徒圣殿骑士崇拜的那个羊头魔鬼的雕像。获得帕拉斯团最高级别"圣殿骑士夫人"称号的女性主持仪式，仪式上会用刀戳击神圣的主人和在圣餐杯中吐口水。新归正帕拉斯礼是由艾伯特·派克创立的，塔克希勒形容他是共济会"敌教会"的敌教宗。

塔克希勒勇敢地揭露了一位重要的圣殿骑士夫人，"撒旦主义的化身，仿佛路西法的血液在她的血管里流动"。索菲娅·萨

234

福姐妹是一位惊人早熟的魔鬼崇拜者。她在十几岁时就已经获得艾伯特·派克亲自授予的新归正帕拉斯礼中 5 个最高级别。她长得非常漂亮，但是生气的时候，她那海妖般迷人的声音就变成了一种令人不安的男性腔调。在公共场合，她给人的印象是过着完美无瑕的老处女生活。在接纳会会所中，她表现出自己是一个"热情的女同性恋者"，冷冷地参加共济会的色欲狂欢，等待着带一个姐妹回家的时刻。只有亵渎神明才能真正让索菲娅·萨福激情迸发，让她"像猫一样的眼睛"闪闪发光，声音也变得沙哑。她不满足于向神圣的主人吐口水，经常强迫新入会的姐妹把圣餐面包塞进阴道里自慰。

塔克希勒显然有内部消息来源。现在，这些消息源头被他的勇气鼓舞，开始意识到他们可以直接向公众谈论自己地狱般的经历。从有意识到采取行动，中间有个缓慢的变化过程。但从 1892 年 11 月开始，随着揭秘读物《19 世纪的魔鬼》的连载，突破口逐渐被打开。作者为了保护自己，一直在用"巴塔伊医生"这个笔名发表作品。他是一艘轮船上的医生，名声很快就会大过莱奥·塔克希勒，因为他发现了一个惊天动地且真正具有全球性的邪恶阴谋。（一些人跳出来说根本就没有"巴塔伊医生"这么一个人，塔克希勒才是《19 世纪的魔鬼》的真正作者。但许多因素都从根本上否定了这种可能性。）

巴塔伊医生的故事把读者带回到了十多年前，给塔克希勒描绘的情景新添了不少骇人的细节。1880 年，在锡兰（Ceylon），他遇到一位意大利老朋友，加埃塔诺·科尔布奇亚（Gaetano Corbuccia）。以前的科尔布奇亚体格很健壮，但如今变得瘦骨嶙峋，还显得心神不宁。巴塔伊医生听他坦白说，他在加尔各答一个帕拉斯礼"三角"中看到了魔鬼显形。

巴塔伊医生一向崇尚科学，是个虔诚的天主教徒，他下决心要把这事调查清楚。他假装自己是一名高级石匠，用的是科尔布奇亚提供的暗语。在印度，他发现诸如印度教、耍蛇术和猴子婚姻等著名的东方习俗实际上都是变相的恶魔崇拜，是由属于新归正帕拉斯礼的英国共济会控制的。

巴塔伊医生在加尔各答时，经人介绍认识了来自查尔斯顿的访问代表——菲利亚斯·怀尔德（Phileas Wilder）。怀尔德是敌教会中的10位敌枢机主教之一，由路德派牧师转变为再洗礼派信徒，又变身摩尔门教徒，最终变成了撒旦主义者。（他的女儿索菲娅就是后来莱奥·塔克希勒笔下的索菲娅·萨福，那位热情如火的女同性恋圣殿骑士夫人。）多亏了菲利亚斯·怀尔德的鼎力相助，巴塔伊医生攀上了帕拉斯礼等级的阶梯，并开始深入探寻全球共济会魔鬼崇拜的秘密。

例如，在上海，巴塔伊医生为了能混入"三合会"（Triad）的恶魔崇拜仪式，不得不在一个鸦片烟馆里抽鸦片。这个帮会的成员专门暗杀耶稣会传教士。

在直布罗陀，他被带进一些幽深的洞穴，新归正帕拉斯礼得到了在英国政府内任职的石匠的庇护，在那里开办了工厂。巴塔伊医生目睹了被烟熏得黝黑、肌肉异常发达的工人用由地狱之火加热的熔炉，打造膜拜仪式上各种各样的物品——刀剑、神灯、象征魔力的五角星形。直布罗陀也是制毒实验室所在地，那里有转而投身邪恶事业的21名科学家制造的杀人毒药，毒药只会让受害者表现出心脏病发作和脑出血的症状，从而达到掩人耳目的目的。"魔鬼现在变身为一名细菌学家。"忧心忡忡的巴塔伊医生总结道。

但与巴塔伊医生到达查尔斯顿后的所见所闻相比，上述景象还真算不上什么。他在查尔斯顿见到了艾伯特·派克、艾伯特·麦基和年轻的索菲娅·萨福。艾伯特·麦基炫耀地给他展示了秘盒（Arcula Mystica）。它的外观像一个小酒柜，按下一个按钮就可以打开，里面有一只银蟾蜍、一个喇叭状的扩音器、一个钟形的耳塞和 7 个金制小雕像——代表着位于查尔斯顿、罗马、柏林、华盛顿哥伦比亚特区、蒙得维的亚（Montevideo）、那不勒斯和加尔各答帕拉斯礼的活动中心。艾伯特·派克在各处的信使人手一个秘盒，派克想要与其中一个信使交流时，只需按下对应的小雕像，对方秘盒中的银蟾蜍嘴里就会吐出火焰，提醒接收者查看新发过来的信息。"总之，"巴塔伊医生惊叹道，"这个秘盒是一部恶魔的电话。"共济会的全球阴谋如此密切协调，超出了所有人的想象。

巴塔伊医生被带进了新归正帕拉斯礼的主圣殿，它相当于撒旦崇拜的圣彼得大教堂。它隐藏在金街和温特沃斯街拐角处一栋不起眼的建筑内，由一个地下迷宫组成，迷宫的中心是三角形的圣所，据说每个礼拜五，撒旦都会在此现身。

237

巴塔伊医生在访问查尔斯顿期间，有天晚上与索菲娅·萨福一起散步，获得了也许是此次行程中最出乎意料的发现。当时她正在和他谈论恶魔军团的事，结果她说漏了嘴，提到自己注定会成为敌基督的曾祖母，而敌基督将于 1962 年 9 月 29 日出世。

巴塔伊医生每去一个地方，都会记下长达近 2000 页的见闻记录，他绞尽脑汁要将事实真相与传闻区分开来。有些东西，比如秘盒，是他亲眼见过的。另外一些人和事，他只是听人说的，比如为艾伯特·派克传递信息的魔鬼侏儒出现在白色火焰圈里，或者是在英格兰帕拉斯礼的一次集会中，一条长着翅膀、会弹钢琴的鳄鱼出现在众人面前。巴塔伊医生解释说，这种事可能是捏造的：魔鬼只要想做，就可以施法诱导崇拜他的帕拉斯礼会员陷入"神魂颠倒的盲从"状态。

根据巴塔伊在《19世纪的魔鬼》一书中的描述，巴黎和苏黎世共济会会所中上演的邪恶闹剧场面

尽管有如此一丝不苟的工作态度，巴塔伊医生作为研究新归正帕拉斯礼的权威照样会被边缘化，如他自己曾让莱奥·塔克希勒黯然失色一样。新兴的信息源就来自魔鬼崇拜本身的中心。至此人们明显有一种感觉，教会与帕拉斯团的对决、善与恶的对决，正在走向高潮。

1893年秋，数家天主教报刊获悉新归正帕拉斯团在罗马秘密集会时内部出现了分裂，巴塔伊医生的回忆录旋即引起广泛关注，人们急于了解这个团体究竟是何方神圣。在艾伯特·派克于1891年去世后，该团体因继任人问题出现了对立两派，双方争执不下。其中一派的首领是圣殿骑士夫人黛安娜·沃恩。

《19世纪的魔鬼》的读者已经大致了解了黛安娜·沃恩是怎样一个人。她有一半法国血统和一半美国血统，在鬼魔崇拜界是个异类。她晋升圣殿骑士夫人的典礼是在巴黎举行的，由

238

索菲娅·萨福亲自主持，她公然违背帕拉斯团的正统教义，拒绝向神圣的主人吐口水。黛安娜相信路西法其实是一个好神，而帕拉斯团成员口中的耶和华则是一种邪恶的力量，不能成为圣餐饼。其实黛安娜的说法存在谬误，并在恶魔信徒中引发了激烈争论。但她未受任何惩罚，因为她专有的恶魔和未婚夫——犹太神话中的恶魔之王阿斯蒙蒂斯（Asmodeus）——在悉心保护着她，给了她一条神奇的狮子尾巴，鞭打任何公开反对她的人。黛安娜和索菲娅·萨福成了死对头，黛安娜为了自保而躲了起来。

1894 年 1 月，又发生了一件稀奇的事。尽管共济会一向行事诡秘，不向外界透露任何信息，黛安娜却反其道而行之，竟然答应了一位著名的天主教记者的要求，在巴黎一个秘密地点接受采访。黛安娜如约出现在记者面前，这是一位年仅 29 岁，身材高挑、气质迷人的女人。她神态祥和，留着男孩般的短发。她看上去如此开朗坦诚、纯洁无邪，以至于记者不得不提醒自己和读者，她守身如玉不假，但她也的确是堕落天使路西法的追随者，会连续数小时沉湎于地狱般心醉神迷的放纵中。这次采访的记录发表在天主教期刊《罗马回声》（*L'Echo de Rome*）上之后，黛安娜收到了成千上万封信，其中很多都敦促她与魔鬼断绝关系。她很有礼貌地用带共济会标志的信纸一一回复。

1894 年末，黛安娜创立了一个新的共济会派别——"再生和自由的帕拉斯团"（the Regenerated and Free Palladium）。次年 3 月，她迈出了非同寻常的一步，再次抛头露面，公开发行一份价格诱人的月刊，旨在传播她的信仰。

这份月刊发行了三期之后，就传来了许多著名天主教徒一直祈祷的事情：黛安娜皈依了公教信仰。在罗马，《公教文明》专门刊文，为神的恩典让"神及其基督的死敌之一的心中"萌生悔悟而欢欣鼓舞，这可以说表达了教会的心声。

　　黛安娜现在藏身于一个只有少数人知道的女修道院里，她把杂志名改成了《一个前帕拉斯团成员的回忆录》。从此以后，她会用它来记录自己新获得的基督信仰，忏悔她以往的罪，并以一个知情人的身份揭露帕拉斯团运作的内幕。她发表了一张自己身着"再生和自由的帕拉斯团"总监男装礼服的照片，并描述了她与犹太神话中的魔王阿斯蒙蒂斯的亲密关系。在题为《敌基督的曾祖母》的系列文章中，她讲述了许多揭露索菲娅·萨福真面目的奇闻逸事，包括她有一次喝了圣水后吐出火焰的情景。据预言，索菲娅·萨福将前往耶路撒冷，在 1896 年 9 月 29 日分娩一个注定是敌基督的祖母的女婴。预言的证据是这个女婴的父亲——恶魔比特鲁（Bitru）——用拉丁文写的一封信。

黛安娜·沃恩

黛安娜·沃恩的所作所为都显露出神圣祝福的迹象：1895年9月，一名身患重病的年轻女子声称，自己在以黛安娜之名前往卢尔德朝圣后，奇迹般地痊愈了。因此，《一个前帕拉斯团成员的回忆录》得到了天主教内部一些最权威声音的认可，尤其是《公教文明》，它反复引用她"珍贵"的回忆录，并表示她的作品如此缜密，以至于"它会为最博学的史学家争光"。

相比之下，共济会会员的反应都在公众意料之中，他们对黛安娜·沃恩的表现要么义愤填膺，要么报以不屑的冷笑。一位德国兄弟，深受共济会赞赏的《共济会史》作者，谴责她的整个故事是耶稣会捏造的，旨在抹黑兄弟会，并煽动民众对它的仇恨心理。

在教会看来，这种反应散发着恐慌的味道。反击这个让现代世界陷入罪恶深渊的兄弟会的势头日益强劲。1896年春天，黛安娜的杂志宣布了一条激动人心的消息：由教会发起的国际反共济会大会的日期已经确定。这是个非常好的兆头，它意味着就在第一次十字军东征进军圣地整整800年后，一场针对共济会的"新十字军东征"即将开始。

就在这时，正当堕落的共济会陷入被动、反共济会大会即将召开之际，人们忽然开始对黛安娜·沃恩的自白产生怀疑。一些天主教背景的报纸，特别是在德国，开始极其放肆地暗示她并非真人，甚至提出继莱奥·塔克希勒皈依之后掀起的揭露共济会黑幕的热潮，都属于一个庞大计划，目的在于将教会淹没在嘲笑声中。《一个前帕拉斯团成员的回忆录》中引用的证据受到人们越来越多的质疑。例如，有人指出，恶魔比特鲁宣布敌基督祖母诞生的那封信有许多语法错误。（就好像堕落天使们会煞费苦心地用完美无瑕的教会拉丁语写作一样！）

许多天主教机构和高级神职人员联手支持沃恩小姐。教宗的一位秘书给她捎信，告诉她不要理会那些批评者，继续她的神圣工作。1896 年 9 月，《公教文明》刊文重申相信她是神派来的使者。

然而，这场争议不会就此平息。1896 年 9 月下旬，大约 1000 人，其中包括 36 名主教和 50 多名主教的代表，齐聚特伦特（Trent），参加第一届国际反共济会大会。几乎每个与会者都把黛安娜·沃恩小姐的名字挂在嘴边。

这次大会按计划举行了一场特别会议，专门探讨她的回忆录引发的一些问题。一些质疑者要求提供证据。谁是她的告解神父？她洗礼时的教父或教母是谁？莱奥·塔克希勒——得到信任并被告知黛安娜·沃恩下落的少数几个人之一——走上讲台，向众人指出了一个显而易见的事实：发布这样的信息会危及黛安娜·沃恩的生命。

由于大会代表们的意见一直存在分歧，一个特别委员会受命展开进一步调查。但令人失望的是，在大约 3 个月后，这个委员会公布的调查报告平淡地指出，缺乏足够的证据来判定《一个前帕拉斯团成员的回忆录》内容的真实性。有传言称，梵蒂冈高层现在已对黛安娜很不放心，担心一旦揭露她是骗子，会让教会陷入十分尴尬的境地，因此向委员们施压，要求他们不要公布真实结论。

争议越来越大。现在媒体称黛安娜只是莱奥·塔克希勒操控的一个傀儡。更令人担忧的是，"巴塔伊医生"自曝真身，他的真实身份是查尔斯·哈克斯（Charles Hacks）医生，并揭露说有人出钱让他配合推出《19 世纪的魔鬼》一书。他的雇主和真正的作者，是莱奥·塔克希勒。"我在嘲笑天主教徒，"医生说，"我写的一切都是骗局。"

黛安娜也感受到了压力。为了不让共济会诋毁她的运动得逞，她只有一个选择：无论要承担多大风险，她要对得起神、教会和众多忠实的支持者，必须首次在公众面前现身。

1897 年 4 月初，黛安娜宣布将在即将到来的复活节周一举行新闻发布会，地点定在圣日耳曼大道上久负盛名的巴黎地理学会会议室。莱奥·塔克希勒将首先发表以《在教会指引下的十二年》为题的演讲。随后，黛安娜将发表以"帕拉斯团被击败"为主题的演讲。她将展示 55 幅图片，用最新的氢氧灯投射出来，为她的说法提供照片和文件证明。这将是在欧洲和美国许多城市举行的巡回演讲中的第一场。为了确保有足够多的观众到场，组织者还会进行免费抽奖。中奖者会得到一台顶级打字机；黛安娜·沃恩小姐慷慨解囊，捐助了这台打字机。

约定的夜晚到来时，数百名受邀的观众涌入地理学会。这些观众中有共济会会员、自由思想家、神职人员和天主教徒；大部分是记者，来自这场文化战争中交战双方的阵营，也有立场持中的媒体。街道上挤满了更多的人。投射在讲坛后面墙上的圣凯瑟琳和圣女贞德的画像俯视着现场。组织者宣布了打字机的中奖者，他是阿里·凯末尔（Ali Kemal），君士坦丁堡《伊克达姆日报》（*Ikdam*）的年轻记者（也是英国前首相鲍里斯·约翰逊的曾祖父）。然后，所有人的目光都转向莱奥·塔克希勒，只见他走上讲坛，清了清嗓子，满脸堆笑，对观众说："尊敬的神父、女士们、先生们……"

这当然是一场骗局。

所有这一切，从莱奥·塔克希勒悔悟和他承认犯下谋杀罪开始，全部都是骗局。新归正帕拉斯礼纯属编造。撒旦共济会只不过是一则寓言故事。巴塔伊医生的旅行是虚构的，黛安娜·沃恩的回忆录同样如此。

当塔克希勒开始讲话时，观众还有些迷惑不解。接着，众

243

人终于得知真相，整个大厅开始出现一片愤怒的低语。塔克希勒带来的朋友们却笑得前仰后合。在哄闹声中，有人大喊着"你这个无耻的恶棍"。之后，演讲者每说一句话，都会引来"流氓！"和"恶棍！"的叫喊声，迫使他偶尔停下来，等着叫骂声平息。在场的神父们面面相觑，不知道该怎么办。有些人哭了。有些人承受不了这种打击，瞪着眼睛发愣。一些人开始往外走。另一些人叫他们回去继续抗议。当人们开始叫喊"黛——安——娜！""黛——安——娜！""黛安娜在哪里？"时，塔克希勒拍了拍胸口，回答道："我就是黛安娜。"

他开始得意地历数被他欺骗过的一些人，并讲述了觐见教宗的情形。他一直谈到梵蒂冈一次又一次错过了识破其骗局的机会。比如，有一次查尔斯顿的天主教主教千里迢迢来到梵蒂冈，解释说他认识的共济会会员都是很正派的人，根本不是魔鬼崇拜者。还有一次，有位来自直布罗陀的神父解释说，巴塔伊医生描述的洞穴根本不存在，那里根本就没有邪恶的制毒工厂。

塔克希勒指认了他的同谋。"巴塔伊医生"是他在马赛的一位老朋友，在轮船上行医，把他拉入伙的原因是为旅行的情节增添一些真实性。黛安娜·沃恩是一家美国打字机制造商法国办事处的秘书，同意帮忙回复所有寄给著名的圣殿骑士夫人的信。两人都是自由思想家，都赞同塔克希勒的计划，既能赚到钱，又能找点乐子。

莱奥·塔克希勒的做法显然有些奇怪，也有些玩世不恭。他在长达12年的时间里利用天主教会对共济会的不依不饶赚了不少钱。在这个过程中，他冒着离婚的风险，切断了与许多朋友的联系。他曝光真相的方式也很糟糕。他为观众讲述一个冗长的过程，为自己毫无品位的笑话沾沾自喜。他认为这种"令人愉快且有益的神秘化"是"现代奇妙无比的骗局"。他

244

呼吁在场的神职人员不要生气，要和他一起开怀大笑。

据一位在场的记者说，会议室里人们普遍的反应就是极其厌恶。当塔克希勒讲完后，现场一片躁动。很大一部分听众——并不是天主教徒——涌向演讲者。大家冲他叫骂着，同时朝他吐口水。愤怒的人群恨不得把塔克希勒撕碎。眼看场面失控，几个朋友把他从人群中解救出来，并由警察护送到了附近一家啤酒店。

塔克希勒的爆炸性新闻也只是热闹了几天——似乎每个人都心照不宣地认为没必要替这个作恶者大肆宣传，他不配得到他追求的臭名昭著。就教会而言，它选择了尽可能保持不失尊严的沉默。《公教文明》厚着脸皮声称它从未真正相信过莱奥·塔克希勒和黛安娜·沃恩。它安抚读者说，教宗听到这个消息时，表现出"伟大的宁静"，说塔克希勒的欺诈只是自由石匠厚颜无耻的又一个例证。

莱奥·塔克希勒仅靠帕拉斯团的话题就挣下了非常可观的储备金，过上了提前退休的惬意生活。为了增加一些收入，他会不失时机地再版他在反教权岁月里推出的某本书，比如《庇护九世的秘密爱情》（1900 年）和《圣经笑料》（1901 年）。他于 1907 年 3 月在乡下默默无闻地离世。

第 10 章　安拉阿巴德：帝国的母亲会所

帝国兄弟

从近邻（爱尔兰）到地球的另一端（新西兰），大英帝国在鼎盛时期占据了地球四分之一以上的陆地面积，囊括了五分之一以上的全球人口。帝国的开拓者形形色色、数量众多：贸易商和征服者、海盗和传教士、学者和资本家、武士和移居者、官僚和探险家、君主和民主主义者、医生和毒贩。生活在英国的群体更加多样化，当然，它的多样化并未超出英国人强行加以区分的白人为主的殖民社会与非白人土著居民的范畴。在帝国非白人臣民中，有上至富可敌国但从属于英国当局的伙伴，如海湾酋长和印度王子，下至狩猎采集者，如南部非洲的桑人（San）和澳大利亚原住民。大英帝国或许给当地带来了铁路和法制，但也带来了奴隶制、饥荒和灭绝。可以说，帝国重塑了世界。

帝国走到哪里，共济会也跟到哪里。1728 年 2 月，在《共济会宪章》出版后的 5 年内，位于威廉堡（加尔各答）的东印度公司的员工联合向伦敦总会所请愿，要求在印度建立第一个共济会会所。1733 年夏天，北美殖民地最早的会所在马萨诸塞州波士顿的葡萄串酒馆成立。五年后，加勒比地区出现了第一个会所——安提瓜的帕勒姆（Parham）会所。起初共济会在海外发展得很缓慢，到了 18 世纪后期几十年，随着会员自信心和组织水平的提高，共济会越来越深入并广泛地蔓延至帝国的神经末梢中。

帝国共济会的传播背后并没有宏图大略，更谈不上阴谋诡计。分别发源于英格兰、爱尔兰和苏格兰的总会所之间，经常呈现出一种相互竞争的景象。然而，帝国行政官员、士兵和企业家们在兄弟会中找到了可以相互扶持、现成的人际关系。散布在各地的会所成了全球福利体系的地方中心：任何一个即将离世的石匠都可以安心地离去，因为他知道，无论自己离家多远，总能得到一个体面的葬礼，兄弟们也会照料自己的遗孀和儿女。帝国在世界范围内为共济会会员创造了一个拉关系和交朋友的机会。许多人在出发去殖民地之前就入了会，因此，异地会所始终要警惕是否有人冒充共济会会员。苏格兰总会所在1896年就说过，共济会身份是"全球各地的通行证"。在女性稀少、与世隔绝的白人社区，共济会的会堂通常会兼作酒吧和剧院，给人们提供喜闻乐见的消遣方式，让单调乏味的生活有了一些生趣。熟悉的共济会仪式无论在哪里举行，都会让人体会到一些家乡的氛围。

因此，也可以说共济会润滑了帝国统治的机器。它还把帝国变成了令世人感叹不已的奇观。石匠们不仅仅会建造会所房屋，很自豪地在房门上展示直角尺和圆规；他们还出资建设学校、孤儿院、桥梁、法院，并且为它们举行奠基仪式或开业典礼……对殖民者和被殖民者来说，共济会的游行和纪念碑可能会让英国的统治显得庄严、恒久、神秘，甚至令人望而生畏。在印度，人们通常用本地方言把共济会会堂称为"jadughar"，即"魔法屋"。在印度北方和孟买，另一个常见的名称是"bhutkhana"（鬼屋）。

248

无论历史学家把目光停留在哪里，都会看到共济会在帝国生活中扮演着生动而多样的角色。

例如，共济会曾活跃于18世纪晚期的巴巴多斯。这座岛屿郁郁葱葱，土地肥沃，每座漂亮的房子和教堂都是英格兰风格的。它靠着工业化的奴役制度带来的肮脏利润，变得非常富有。巴巴多斯的奴隶种植园出产的蔗糖推动了英国消费主义的发展。1781年7月10日，巴巴多斯省级总会所的官员们聚集在开阔的加勒比海天空下。这些官员大多是岛上的种植园主。

1780 年 10 月 10 日，有史以来最致命的飓风造成约 4500 人死亡，大约占该岛总人口的 4%。树被连根拔起，大多数树的树皮都被风刮掉了。除了少数几座建筑外，岛上所有其他建筑都被摧毁了，其中包括布里奇敦（Bridgetown）的共济会会堂，兄弟们现在就站在它的废墟中。他们起草了一封信给英格兰总会所，请求它为重建提供财政援助，以便他们能够继续"为了这个古老而光荣的社团未来的福祉和拥护，满怀兄弟之情地奋进"。最迟在 1783 年 2 月，在伦敦兄弟们全力帮助下，一座新的共济会会堂被投入使用。就这样，共济会重新回归巴巴多斯的奴隶主们的社区生活，与赛马、草地保龄球和读书会一起构成他们生活中的重要内容。

　　人们刚刚欢度了 1820 年的圣诞节，澳大利亚的第 260 号共济会会所成员就开始了他们第一个圣约翰节的庆祝活动。在酷暑中，他们身着全套礼服，沿着悉尼的主干道乔治街游行，当时这条街只不过是一条通向灌木丛的马车路。该会所是澳大利亚土地上的第一个永久性会所，它的许可证是 6 个月前才从爱尔兰经船运送过来的。值得注意的是，在那天的游行队伍中有多位兄弟是"刑满释放者"（Emancipist）——这个词是澳洲史上专门用来形容一个被流放的犯人，他要么服完了刑期，要么因为表现良好而获得赦免。1788 年 11 艘船组成的"第一舰队"载着大约 700 名犯人在植物湾（Botany Bay）登陆并建立殖民地之后，刑满释放者与作为自由人来到这里的群体之间冲突不断，成为澳大利亚特有的引发冲突的动能。共济会因此向悉尼所有人展示出它是多么宽宏大量。在澳大利亚，就像在整个帝国一样，共济会一直在缓和社会矛盾，并帮助人们利用一切机会，改善他们在新土地上的生活。但共济会从未考虑过吸收原住民入会。

　　没有什么比舞会更能吸引维多利亚时代的共济会会员了。

249

在 1854 年的情人节，600 名身披毛皮的兄弟携女眷，聚集在新斯科舍省（Nova Scotia）哈利法克斯（Halifax）宏伟的海滨共济会会堂，参加一个盛大的化装舞会，在白雪皑皑的夜色中彰显他们文明、尊贵和兄弟般的神采。在会堂内，人们在一面墙上用煤气灯摆出一个皇冠形状和代表维多利亚女王的两个字母"VR"，它们发出的亮光照射在"由一名驻军军官用刺刀、推弹杆、佩剑和匕首精心制作的巨大且漂亮的五角星"上，光彩熠熠。第 72 高地团军乐队不断地演奏着"方阵舞、波尔卡、华尔兹、快步舞和乡村舞"乐曲。为了让 72 团军乐队休息一下，团里的风笛手们出场，开始演奏里尔舞曲。但那晚给人印象最深、令到场的人念念不忘的是让人眼花缭乱的共济会礼服。会内兄弟们穿戴上与共济会职位和级别相匹配、各种花样的围裙、饰带和装饰品，尽情享受着被这些奇装异服吸引过来的在场女士们好奇的目光。太阳在 7 点钟升起时，狂欢过的众人才刚刚散场，纷纷走进室外刺骨的寒气中。这场舞会算是个人和集体成功故事的总结。过去 15 年一直担任省级总会长的亚历山大·基思（Alexander Keith），再次当选市长。1817 年，他从苏格兰来到这里时，还只是个孩子，除了酿酒学徒的身份和共济会会员资历，一无所有，但如今他已经是一个啤酒大王了。共济会曾帮助哈利法克斯从一个圆木要塞，即帝国在大西洋边的基地，变成了一个以航运、木材、鳕鱼、基思的波特酒和印度淡色麦酒为傲的新兴城市。

当维多利亚女王在 1887 年庆祝登基 50 周年时，帝国正进入巅峰时期。共济会及其对君主制的狂热崇拜，伴随着英国领地的扩张一同成长。维多利亚的父亲是一名热情的共济会会员，他主持了多个共济会会堂的奠基仪式，其中包括新斯科舍省哈利法克斯的共济会会堂。维多利亚的 6 位叔伯中有 5 位是共济会会员。维多利亚欣然同意成为共济会的女保护人。她的

3个儿子继承了家族的共济会传统。她的继承人爱德华王子自
1875年起一直是英格兰联合会所的总会长。在1887年的登基
50周年庆典，维多利亚通过爱德华率领的总会所代表团，向
其全球领地内的自由石匠发出了一个信息："共济会的会员人
数和兴旺程度，与我的帝国的财富和文明程度一同在提高。"

英国共济会从未享有过如此高的声望。在伦敦，第2108
号帝国会所成立于1885年，旨在"用将海外兄弟带入伦敦共
济会中"的方式，强化"各领地与母国"的纽带关系。此后又
成立了多个体现这种理念的帝国会所。当时伦敦的联合会所以
每年批准70个的速度在国内建立新会所。截至1914年，英格
兰和威尔士的会所将超过1700个，在帝国海外领地和英国贸
易前哨，有1300个英格兰治下的会所。上述数字不包括数百
个爱尔兰和苏格兰统辖的会所。

无论自由石匠身在何处，无论是在家里还是在帝国，歌曲
和诗歌都在他们的石匠生活中扮演着重要的角色，它们不仅可
以辅助记忆，也可以用有节奏的、合乎礼仪的形式浓缩起他们
共同的理想。1723年的《共济会宪章》中有谱了曲的长韵文，
它们概括了行会的历史和价值观。在1880年代至第一次世界
大战，帝国共济会处于鼎盛时期，它造就了会员中最伟大的文
学代言人、"帝国桂冠诗人"——拉迪亚德·吉卜林（Rudyard
Kipling）。他的生活、工作和公众形象成为人们了解共济会和
帝国主旋律的指南。

251

在佛蒙特打高尔夫

拉迪亚德·吉卜林在印度出生，6岁离开，他的母语是印
地语。接下来的10年里，他住在英格兰南部，但他恨透了那
里潮湿的天气，一辈子都忘不了那种难受的感觉。1883年，
他年满16岁，回到印度，开始了记者生涯，他觉得自己回到

了家。可能是在 1889 年，他再次离开印度，前往伦敦，此时他已在文学领域小有名气，以后还会更上一层楼。归根结底，是印度造就了他，无论是作为一个人，还是一名作家。

在吉卜林的想象中，印度总是比英格兰更生动。在他生命的这个阶段，帝国与其说是一个地方，不如说是一种事业："我对英格兰的热爱在很大程度上源于它是帝国的总部，我不能说这片土地本身让我感到舒适或快乐。"他投身文学的伦敦，但仍然对它持怀疑态度，憎恨它对帝国的伟大工程表现出的冷漠。他开始酝酿一个使命：教育英国人了解世界，以及他们肩负着的对这个世界的神圣职责。"他们对只有英格兰才了解的英格兰应该知道多少呢？"他在《英格兰的旗帜》（"The English Flag"，1891 年）一诗中写道。诚如他对一位仰慕者说的那样，"我自然相信，在世界历史上，没有任何一次文明的实验可以与英国在印度的统治相提并论"。

252　　1892 年，吉卜林与美国人卡罗琳·斯塔尔·巴莱斯蒂尔（Caroline Starr Balestier）结婚。他们婚后从伦敦移民到美国，在佛蒙特州布拉特尔伯勒（Brattleboro）郊外"壮阔、多山、树木繁茂"的乡村建造了一所房子。在这里，冬天的雪会覆盖他书房窗户的窗台，吉卜林全身心沉浸在他脑海中的印度中：辣椒和芒果的味道，吹拂着香蕉叶的微风的低语，姜黄和方头雪茄烟的味道，生病发烧的感受——持续高烧，虚弱无力——以及他吸食鸦片以抵消病痛的感觉。吉卜林的不朽之作——儿童故事集《丛林之书》（*The Jungle Book*）——就是以印度为背景，写于佛蒙特州的。

他那些共济会题材、脍炙人口的诗歌作品也是在佛蒙特州创作的，那是他和阿瑟·柯南道尔相遇结出的硕果。他和他的朋友一样，都是大英帝国的狂热信徒。1894 年秋天，柯南道尔刚刚在莱辛巴赫瀑布杀死了大侦探福尔摩斯，在美国巡回演讲后休息了几天，然后在佛蒙特州教吉卜林打高尔夫——尽管当地没有高尔夫球场。

柯南道尔和吉卜林在旷野中苦练球技，友情也不断加深。两位作家之间的谈话可以轻松地围绕许多话题展开，其中包括共济会。1887 年 1 月 26 日，柯南道尔在其家乡汉普郡绍斯西（Southsea）附近加入了共济会。由于工作和旅行的压力，他于 1889 年退会，但后来又重新入了会；共济会的主题突然出现在他的故事中。吉卜林比柯南道尔更迷恋共济会。他的一位传记作者就曾说过，他喜欢"程式化净化灵魂"的仪式，并喜欢"归属于一个使用密语的小圈子，在那里他可以远离令他着迷和害怕的女人，免得被她们伤害，在那里他可以遇到稀奇古怪的人，他们会给他创作的好材料，但又不至于让他在会所之外遭遇社交上的尴尬"。

吉卜林在他的作品中会反复提及共济会，比如他的短篇小说《国王迷》（1888 年）。这部小说讲述了发生在遥远印度的故事，后来于 1975 年被拍成了同名电影，由肖恩·康纳利和迈克尔·凯恩主演。像许多事情一样，吉卜林心目中的共济会总是与南亚次大陆紧密相连，他于 1886 年在拉合尔的希望和毅力会所加入了共济会。

那年 10 月吉卜林与柯南道尔在佛蒙特州似乎发生了独特的化学反应，它糅合了友情、无所不在的英国风情、对印度和共济会的回忆——种种这些打开了吉卜林灵感的源泉。他奋笔疾书，一口气写下了《母亲会所》（*Mother Lodge*）。它与吉卜林的长诗《营房谣》（*Barrack-Room Ballads*）风格相近，用伦敦方言塑造了帝国一位忠诚的无名战士。他在家乡总是闯祸，因此被禁止去酒吧，然而他却将他那个破旧背包里的文明之光，带到了"地球上的黑暗之地"（吉卜林的原话）。这位帝国士兵知道，他的无私付出换来的可能是死在一个遥远的地

253

方，要么死于痢疾，要么死于原住民的长矛。共济会成为他心灵的安慰和朴实的人生哲学。在《母亲会所》中，他回忆起在印度——"那个地方"——第一次见识这个社团的秘密仪式的情景。他的同门兄弟们都很朴实，没有架子，有一个站长、一个狱卒、一个店主和一个帝国小官僚。对于资源上的不足，他们通过在会内勤奋努力去弥补——

> 我们没有漂亮的饰品，
> 我们的会所破旧且简陋，
> 但我们深知古老的准则，
> 并一丝不苟地加以遵守……

最重要的是，这名士兵在诗句里告诉我们，他的兄弟们有各种肤色和信仰——

254

> 我们有当会计的博拉·纳特，
> 和索尔，亚丁的犹太教徒，
> 还有丁·穆罕默德，
> 他在测绘办公室负责制图；
> 我们有查克巴蒂，他是个"巴布"（Babu），
> 阿米尔·辛格，锡克教信徒
> 还有装配工棚的卡斯特罗，
> 一个罗马天主教徒！

> 在外边——你听到"军士！长官！敬礼！你好！"的口令和问候声；
> 在里面——你不用担心受到伤害，只需以"兄弟"相称。

我们真诚相聚，我们坦然道别，

我是那个地方母亲会所中的初级执事！

　　这首诗描述的会所似乎包含了印度的每一种宗教和种族群体，正如一位历史学家评论的那样，"一个印度拜火教教徒、一个穆斯林绘图员、一个锡克教教徒、一个东方犹太人，一个恒河流域的印度教教徒或拉其普特人（Rajput），一个信奉天主教的果阿（Goa）人，一个孟加拉的巴布"。在诗中，军队和帝国的指挥结构被暂时中止，这些背景各异的人成了平等相待的兄弟。

　　英国及英国之外的石匠们都将《母亲会所》当作赞美诗来诵读，它颂扬全球性的共济会精神，赞美自由石匠拥抱所有文化、宗教和社会背景的人，接受彼此间的差异，成为兄弟。作者显然也是在这种精神的激励下写出了他的诗句。这首诗作为不同信仰的人之间的亲密对话，全面回顾了吉卜林与他在1880年代熟识的印度人之间的兄弟关系。在《母亲会所》中，为了保持族群之间的和谐共处，甚至连英国共济会生活的惯例都被搁置了：由于印度教教徒和穆斯林要遵守饮食禁忌，因此他们不能举行酒宴或"喜庆餐饮"活动。

255

如今再回首，

脑中常闪过，

世上岂有异教徒的念头。

也许，一切都是，我们自己的错。

每月一次，当结束了劳作，

我们围坐在一起吸烟

（为避免打破兄弟的禁忌，

我们不会举办酒宴），

各找各的伙伴讨教
信仰和一切快乐烦恼，
每个人都要比较
他敬仰的主宰有哪些好。

就这样各找各的伙伴讨教，
没有一个兄弟离开
直到清晨，一群鹦鹉
和讨厌的脑热鸟醒来叫个不停。
我们会说，这多么奇特，
便骑上马，各回各窝，
梦中脑海里变换着
穆罕默德、上帝和湿婆。

　　吉卜林创作《母亲会所》并非要给自己立传。然而，吉卜林步入晚年，便将自己对初入共济会的回忆写进诗歌当中。"在这里，我遇到了穆斯林、印度教教徒、锡克教教徒、雅利安社（Arya Samaj）和梵社（Brahmo Samaj）的成员，以及一个担任守门人的犹太人，他同时还是其所在城市中一个犹太教小社区的拉比和屠夫。"

　　一个不宽容的世界需要所有关于宽容的诗歌。《母亲会所》无疑表达了人类的兄弟情谊，它对共济会极尽赞美之词。但这引发了一个问题，即这样的愿景怎么会与共济会和吉卜林的帝国主义相契合。我们需要知道《母亲会所》是否与共济会在英国治下印度的真实历史，尤其是吉卜林的个体经历相一致。

梦中脑海里变换着穆罕默德、上帝和湿婆

　　《母亲会所》是带有伤感的回忆。英属印度帝国的共济会

的历史记录，以及吉卜林初次体验兄弟会的书面记述都表明，这首诗没有脱离现实。或者说，至少没有完全脱离现实。在会所黑白相间的棋盘地板上，英国人与当地人平等相处。没有哪个地方比印度——大英帝国皇冠上的明珠，但没有大量白人居住——让平等的交往具有更鲜明的政治意义。

在传到印度近半个世纪后，共济会才于 1775 年接纳了首位印度兄弟。他是印度南部地区炙手可热的人物，也是英国的盟友，乌姆达图尔 - 乌姆拉·巴哈杜尔（Umdatul-Umrah Bahadur）——卡纳提克地区行政长官的儿子和继承人。这绝非巧合。给一位土著首领系上共济会的围裙可能是联手抗敌的好办法。伦敦总会所批准了这位未来的行政长官入会，并特意赠送给他一件华丽的围裙和一本装订精美的《共济会宪章》。他用波斯语宣读了"效忠致辞"（Loyal Address），并当场被翻译成英语。从 18 世纪末到 19 世纪初，东印度公司开始从经商发展到征服，逐渐取代了来自欧洲大陆和印度本土的竞争对手，并将其控制权从最初在加尔各答、孟买和马德拉斯的沿海贸易站延伸到内陆。此举完全符合东印度公司的战略，且正当其时。

然而，类似的入会事例极其罕见，而且遭到了一些白人石匠当场反对。例如，1812 年在加尔各答，两个兄弟拒绝出席新人米尔·本代·阿里·汗（Meer Bundeh Ali Khan）的入会仪式，尽管他的入会申请得到了印度前总督的支持。这些人抗议说："他们没有义务出席土耳其人、犹太人或异教徒的入会仪式。"在入会仪式上，又有两名共济会会员"表现出极其不合时宜且极其不符合共济会价值观的态度，公然嘲笑伊斯兰教"。在场的其他共济会会员对此感到尴尬，他们对新入会的兄弟表示了最热烈的欢迎。

除了土著精英阶层之外，还有两方面因素促使获准加入共

257

济会的普通印度人数量开始缓慢上升。首先是经济发展为印度商人和企业家打开了适合的空间。孟买的帕西人社区成为最大的受益者。帕西人最初是来自波斯的琐罗亚斯德教（拜火教）难民，他们因拒绝改信伊斯兰教而迁居到印度。帕西人自 17世纪以来就与东印度公司建立起了密切联系，后者认为他们是可靠的经纪人和供应商。后来，帕西人中的一些商人摇身一变，成为银行家和国际商人。自 1840 年代起，他们开始受到专为他们设立的"印度人会所"的欢迎。到了 1860 年代，他们逐渐进入孟买共济会组织的领导层，与英国兄弟平起平坐。英国人认为帕西人特别适合加入共济会，因为他们可以饮酒。

其次，英式教育开始在人数逐渐增长的印度小众阶层中流行，帝国国家机器给受过教育的本地人的工作机会也渐渐多了起来。在这方面受益最大的群体是聚居在帝国首都加尔各答的孟加拉印度教教徒。但正统的共济会会员对印度教持怀疑态度。在 1870 年代之前，加入共济会的印度人主要是帕西人、锡克教教徒和穆斯林。印度教教徒与众不同。确实，印度教对整个维多利亚帝国"强壮的基督徒"思维定式来说都是个问题。英国人，无论是不是共济会会员，都认为印度教团体粗暴无礼且顽冥不化。绝大多数人都更喜欢穆斯林（食肉、阳刚和一神论），而不是印度教信徒（素食、弱不禁风的样子总是让人觉得可疑，何况，天知道他们崇拜的神或偶像究竟有多少）。《共济会宪章》规定，多神论与无神论一样，都是共济会的禁忌。谁都闹不清楚印度教版本的《圣经》或《古兰经》到底是什么。共济会仪式上的关键物件之一就是与某种信仰相关的神圣法典。在许多兄弟看来，印度教的种姓制度也是对普世友爱理想的冒犯。（一些印度教信徒则对共济会怀有同样的感觉。）由于这种观念，孟加拉会所每吸收一个印度人入会，都要事先得到省级总会所的批准。

1863 年，印度教教徒普罗松诺·库马尔·杜特（Prosonno Coomar Dutt）得到了加入加尔各答一个会所的提名，但上述问题和老套的种族主义又出现了，并严重到不得不被相关各方认真对待的程度。省级总会所拒绝向这位孟加拉农产品经纪人颁发入会许可，理由是印度教教徒不符合入会条件。然而，性格刚烈的杜特不是轻易放弃的那种人，他向伦敦的联合总会所提出上诉。联合总会所维护了共济会所奉行的宽容原则，认定印度教教徒完全有资格入会，任何省级总会所都不能改变这一事实。接下来是长达 9 年的辩论，双方争执不下。孟加拉省总会所坚持自己的偏执立场（"我们的种族在每一个关键点上都迥异于亚洲人"），并试图推翻联合总会所的裁定。最终，在 1872 年 8 月 22 日，杜特正式入了会，替他的印度教同道打开了印度各地会所的大门。

至少是原则上打开了，但谁要是认为在杜特事件之后，共济会就完全对印度人敞开了大门，那纯粹是自欺欺人。各个会所仍然保留着自主权，决定谁可以入会，不必为任何人被拒之门外找借口。种族歧视仍然广泛存在。尽管如此，印度当时的政治气候仍让杜特入会的结果引人注意。就在 6 年前，即 1857 年 5 月，东印度公司孟加拉部队中的土著士兵发动叛乱。259 紧接着，各个社会阶层中心怀不满的群体一哄而起，从王子到农民，纷纷拿起了武器。帝国当局失去了对印度北方大部分地区的控制。英国军队强力镇压，终于在次年年底，扑灭了最后一团反抗的火焰。自此之后，帝国政府接管了以前赋予东印度公司的所有权力。与此同时，英国人的态度急转直下。在他们所谓的"印度兵变"之前，英国人自以为是文明的代理人，帮助当地民族走上进步之路。如今，他们接受了知识界的流行观念，从种族视角来看待印度人。对印度不同种群的刻板印象更加深入人心：无论他们信仰什么宗教，印度人作为一个整体在生物学上属于低等种族，因此从根本上抗拒进步。因此，共济会在杜特事件后对印度人采取的开放态度是与当时的主流思想背道而驰的。共济会奉行的宽容原则从来都不是一句空洞的口号。

总之，当吉卜林成为会员时，印度的共济会已然在漫长的适应旅程中走了很远。1857 年"兵变"之后，英国人在 18 世纪拉拢亲英王公入会的策略派上了新的用场。吉卜林的"母亲会所"——拉合尔第 782 号希望和毅力会所——于 1859 年获得许可证。不久之后，该会所吸收了锡克王公、卡普尔塔拉邦（Kapurthala）的土邦主兰迪尔·辛格（Randhir Singh）爵士，他在叛乱期间表现出了对英国人的绝对忠诚。这位王公于 1870 年去世，但他的弟弟萨达尔·比克拉马·辛格·巴哈杜尔（Sardar Bikrama Singh Bahadur）到 1886 年 4 月 5 日吉卜林行入会仪式时仍然是共济会会员。在英属印度的许多地方，印度王公成为代理统治者，甚至是傀儡——他们不再拥有实权，但享有荣华富贵，总是礼服加身，从而让英属印度拥有一个传统印度的外观。共济会是英属印度与帝国政府之间这种象征性关系的一部分。到第一次世界大战爆发时，至少有 10 个人在会所登记簿"职业"一栏中填写的是"土邦主"。

第一批土著王公被获准入会之后，共济会会员的范围大大扩展了。在拉合尔，与吉卜林秘密握手、用暗语交流的大部分印度人是商人，也有一些是医生或行政人员。从族群上看，他们也很多元化。除了上面提到的锡克王公，该会所还吸收了经商的帕西人 E.C. 尤萨瓦拉（E.C.Jussawalla）、穆斯林助理专员穆罕默德·哈亚特·汗（Mohammed Hayat Khan）和孟加拉印度教教徒、律师 P.C. 查特吉（Chatterjee）等人。但与会所里的白人相比，他们仍然是极少数，总共也就有 8 个印度兄弟；吉卜林入会后，才又增加了一个印度会员。因此，第 782

号希望与毅力会所并不是《母亲会所》所歌颂的那个多民族会所。

1887 年 11 月，尽管有些不舍，吉卜林还是离开了拉合尔，他要去一家更大的报社，做更重要的工作。他的目的地在拉合尔东南方 600 英里，清澈的亚穆纳河与浑浊的恒河交汇处——安拉阿巴德市的法律和行政中心。1888 年 4 月，他在这里加入了比拉合尔的希望和毅力会所更能激发他想象力的一个会所。事实上，吉卜林的新会所，即第 391 号独立与慈善会所，当时正在扩招本土会员。1883 年之前，会所登记簿上只有一名印度成员。而在 5 年后吉卜林加入时，已有了至少 20 人，还有 3 人在吉卜林从入会到去英国的 11 个月里加入了这个会所。在 1887~1888 年加入独立与慈善会所的 43 人中，有 18 人是印度人，这相当可观了。即使这些人的种族和宗教背景未必像吉卜林 6 年后在佛蒙特州创作的诗歌中那么多样化，穆斯林和印度教教徒肯定也是少不了的。

在新入会的印度兄弟中，有一些是商人，一两个是医生或某种医疗人员。人数较多的是行政人员，尤其是税收官兼地方行政长官（tahsildar）。但在吉卜林认识的印度石匠中，至少一半是出庭律师或辩护律师（初级律师），他们通常被人称为"瓦吉尔"（vakil）——印度法院认可的出庭律师。这些人的前途依赖他们在英国法制体系中的人脉和名声。他们加入共济会首先考虑的肯定不是与信仰各异的兄弟们进行精神上的交流。更明显的动机是，在会所的英国人名单上有一位约翰·埃奇爵士。约翰爵士是于 1886 年 12 月从伦敦会所转过来的，他刚刚抵达安拉阿巴德，任印度西北各省高等法院首席大法官一职。不管信仰哪种宗教，许多印度瓦吉尔加入共济会的初衷和英国人一样，就是为了扩大社交面。

然而，如果仅凭这个成员混杂的会所就得出结论，这座城市中的英国人和印度人，甚至在共济会内部，大家都能和平共处，那就大错特错了。因为安拉阿巴德不仅遭受叛乱重创，而且因叛乱而分裂。

在 1857 年的兵变中，50 名白人被屠杀，英国人因此感到有必要与印度人保持距离，尽可能分开生活。安拉阿巴德变成了政府和司法机关的中心，因为它很容易防守。暴力事件刚刚平息，一座妨碍城市重新规划的 17 世纪清真寺就被拆除——穆斯林社区没有得到任何补偿。这只是当时英属印度最大规模城市重建的开端。东印度铁路经一座雄伟的桥梁进入这个城市，并将它一分为二。铁道以北是"白城"或"文明驻地"，包括新建的、名为坎宁顿的英国人居住区。铁道以南是印度人聚居的老城区。这两个地区的景象截然不同。一边居住着占该镇人口 3% 的欧洲人，拥有宽阔的网格式街道，设施豪华奢侈，整个街区掩映在一排排柚木树的树荫之中。这里还有壮观的政府大楼、酒店、医院和医学院。每家每户都拥有一栋灰泥墙平房和宽敞的院子，公共设施包括一座圣公会教堂、图书馆、俱乐部、板球馆、马球场，当然，还有于 1875 年投入使用的"宽敞的"共济会圣殿——坐落在卡特切里路（保留至今）上。为了保证安全，这里还有被一位英国游客描述为"像宫殿似的"步兵营房。在它的南面，就是英国人眼里的肮脏的污水坑，被"一条散发着恶臭的水沟，里面遍布着污物"一分为二。这就是印度本土居民的住处，无论有什么信仰，属于哪个种姓，从事什么行业，大家全都挤住在这个肮脏的地方。1885 年，就在吉卜林到达安拉阿巴德之前不久，即将离任的卫生专员绝望地说，英国人对铁轨另一边社区的普遍态度是"如果当地人选择生活在如此不卫生的环境中，那是他们自己的事"。

在文明驻地和印度人城区之间还分布着两个小型居住区。第一个位于火车站旁边，里面住着六七百个混血的"盎格鲁－

印度人"; 第二个住着受过教育的孟加拉人, 他们中的一些人偶尔会潜入文明驻地, 去参加独立与慈善会所的聚会。

共济会会所是安拉阿巴德市内少数几个种族融合的机构之一。会所内和睦的氛围令人惊叹, 但它又存在明显的局限性。在这样一个种族隔离的城市里, 当棕色皮肤的石匠在每月第一个和第三个周二与拉迪亚德·吉卜林和其他白皮肤兄弟在会所相遇时, 人们会误以为他们是好友聚会。事实上, 在《母亲会所》中, 吉卜林平静地承认一旦聚会结束, 平等相待就会让位给正常的等级制度——

在外边——你听到"军士! 长官! 敬礼! 你好!"的
口令和问候声;　263

在里面——你不用担心受到伤害, 只需以"兄弟"
相称。

白人和本地人之间的兄弟情谊不会受到伤害, 但它只局限于共济会的圣殿之内。

共济会在印度的容忍局限性与吉卜林矛盾的冲动天然契合。他在写作时可以自然而然地抒发同理心, 心胸宽广, 无所不包; 他喜欢倾听印度人各式各样的声音, 犹如聆听优美的音乐。如果他只是一个偏执狂, 就不可能创作出《基姆》(*Kim*) 这种作品, 描述在印度帝国伟大的冒险经历; 对于吉卜林来说, 他不必去种族混杂的共济会会所参加活动。但是吉卜林同样会对很多事怀恨在心, 与共济会推崇的宽容理念背道而驰。在他的一生中, 他拉出的仇恨清单越来越长, 而且总是以尖刻的言辞表达出来。美国: "野蛮——野蛮加上电话、电灯、铁路和选举权"。德国人: "无耻的野蛮人""心怀他们狼人祖先的凶残和黑暗, 追随黑暗的北境诸神"。爱尔兰人: "西方的东方人"。东方人：见前述。吉卜林心中萌生最早也最持久的仇恨之一，就是对"巴布"的仇恨，这种仇恨是在拉合尔，尤其是在印度教占主导地位的安拉阿巴德滋生的。在英国人口中，巴布是一个贬义词，用于指代受过英语教育、信奉印度教的官僚和律师，他们通常来自孟加拉省。在吉卜林看来，正如许多和他一样的人，巴布把"男人的固执"和"小孩子蛮不讲理的任性结合在了一起，总是病态地害怕有人会嘲笑他们"。一个巴布可以举止优雅体面，一身西式服装，但其处世机警的表现让人感觉他不值得信任——好像他极力想要让自己显得比英国人更英国化。在《母亲会所》里出现的那个名叫"查克巴蒂"的巴布，就是被共济会宽容接纳的印度人的性格类型之一。在会所里他们会得到容忍，但是如果这位巴布自命不凡，要实践任何政治权威的话，他很快就能体验到什么是忍无可忍。

264　　　吉卜林在安拉阿巴德着手创作的一个故事中，言语刻薄地刻画了一位傲慢的巴布。这个名为《地区首脑》的故事讲述了一位印度行政管理人员——巴布，接受一位用心良苦、思想开放的总督的任命，前去管理边疆省份。血腥的混乱随之而来。吉卜林讲述了印度人自治危险的寓言。依照他的观点，印度幅员辽阔，文化多种多样，对于这样一种文化混合体，只有一位明智的外来统治者才可能维持国家的完整。

　　1888 年 12 月，1248 名代表，其中 455 名是律师，齐聚安拉阿巴德，参加印度国民大会党第四届代表大会。这件事催生了《地区首脑》。该党于 3 年前在孟买成立，旨在为印度次大陆人民争取在政府中更大的发言权。安拉阿巴德的英国当局对此持反对态度，试图阻止这次大会在本市举行。在一个英国富豪同意为大会提供其"文明营地"（Civil Lines）的大片闲置不动产后，代表们才得以前来搭起帐篷，准备开会。在吉卜林和大多数其他白人看来，这无异于一次巴布入侵行动。

　　吉卜林的报纸《先锋报》(*Pioneer*) 极力反对具有 "煽动性" 的国民大会党及其 "恶作剧", 并指责孟加拉的巴布兴风作浪, 制造麻烦。吉卜林匿名发表了一份关于与会代表 "来自印度各省的样本" 的冗长并具侮辱性的报告。他厌恶地指出, 参会的瓦吉尔多到把这个党代会 "淹没了": 我们可以说, 作为在英帝国较低层级中从业的印度律师, 瓦吉尔相当于非孟加拉版本的巴布。吉卜林在报道这次大会时, 将代表们定义为 "教育部门带来的恶果"。"(这些代表们) 用一种自己无法驾驭的语言, 绞尽脑汁地纠缠那些他们根本无法理解的原则。""他们吵吵着要平等, 因为他们自身的记录暴露了他们的劣等。"

　　根据吉卜林的说法, 只是因为有白人和混血代表在场, 才让这个代表大会保持了像样的秩序。的确, 他一再提到 "印欧混血儿""二等英国人""白棕色人", 并认定他们才是代表大会的领头人。"(与会代表中的印度人) 一点都不像随时要一哄而散的羊群, 更像是被 6 只黑底褐斑的苏格兰牧羊犬团团围住, 被迫呈现出团结表象的一群羊。"这种说法太伤人了, 难怪这些 "黑底褐斑" 的代表之一, 名叫安德鲁·赫西 (Andrew Hearsey) 的前军官, 手执马鞭, 径直闯进《先锋报》报社, 要鞭打刊发这篇文章的编辑。他并不知道是吉卜林写了这篇文章。

　　另一位大会代表完全有理由认为这份报告是对他个人的冒犯, 他与吉卜林是同门兄弟, 名叫莫蒂拉尔·尼赫鲁, 一个机智而优雅的年轻律师。他比吉卜林早一年半加入了独立与慈善会所。尼赫鲁是安拉阿巴德高等法院首席法官约翰·埃奇爵士的朋友, 正因为后者的存在才吸引了如此多的印度人加入了共济会。假如《母亲会所》是以吉卜林的安拉阿巴德会所为蓝本的话, 那么尼赫鲁很可能是诗中列出的印度人物之一。然而,

265

吉卜林在《先锋报》上的文章称他是"淹没了"国民大会党代表大会的不负责任的瓦吉尔之一。

尼赫鲁出身于德里一个高种姓的家庭,"印度兵变"导致他家陷入困境。因为他哥哥前不久去世,所以他就独自承担起照顾家人的责任。他后来的律师生涯十分成功,并成为印度国民大会党的重要人物,分别在1919年和1928年两度就任印度总统。1947年,在吉卜林离开安拉阿巴德数月后,他的儿子贾瓦哈拉尔(Jawaharlal)出生,后来成为独立后印度的首任总理。他的孙女英迪拉·甘地后来成为印度首位女总理。

安拉阿巴德独立与慈善会所的同门兄弟:拉迪亚德·吉卜林(1865~1936年)与莫蒂拉尔·尼赫鲁(1861~1931年)。在这张1894年的照片中,坐在尼赫鲁腿边的是他儿子贾瓦哈拉尔,后来成为印度独立后的第一位总理

在1880年代末,像莫蒂拉尔·尼赫鲁这样的党代表绝非激进分子。效忠帝国是理所当然的,这在共济会中是一种共

识。1887年春末，印度东北部多个英格兰建制会所的会员们
联名签署了"效忠致辞"，在维多利亚女王登基50周年庆典之
际，向她致以"最热烈和最忠实的祝贺"。"效忠致辞"将共
济会与君主制和帝国的"天赐"事业联系在一起。安拉阿巴德
的大部分印度兄弟，甚至有可能是所有的兄弟都签了名。莫蒂
拉尔·尼赫鲁甚至签了两次名——尽管国大党代表抗议说帝国
政府为50周年庆典在印度征税之举，是损害印度自尊的又一
例证。在国民大会党从1880年代和90年代的"忠诚反对派"
演变为1940年代的执政党之前，印度还会经历众多变化。

　　然而，坚定的帝国主义者吉卜林与印度民族主义奠基人之
一尼赫鲁，竟然是同一共济会会所的会员，这种巧合实在让人
吃惊；印度自决的死敌与独立印度强势政治的缔造者居然可以
称兄道弟。但这不仅仅是巧合。共济会不只是在大英帝国中发
挥了作用，它也催生了有组织的印度民族主义。

　　对于莫蒂拉尔·尼赫鲁这种雄心勃勃、英国化的印度知
识分子来说，共济会会所无疑提供了一个与有权有势的英国人
交往的机会。但不仅如此，共济会还是一所培养政治辩论和宪
法治理能力的学校——就像它在18世纪的英国和法国所起的
作用一样。共济会"四海之内皆兄弟"的口号从一些帝国主义
者口中说出来，总是显得有些空洞和虚伪，但他们在会所里的
实际生活仍然提供了有目共睹的现实例证，证明受过教育的印
度人与他们的帝国主人确实可以平起平坐。自由石匠的价值观
也表明印度人之间的平等也是可能实现的。共济会可以做到宽
容而不流俗，紧跟时代潮流但也尊重历史传统，它提供了一种
超越族群隔阂的途径，特别是在克服印度教教徒和穆斯林之间
的巨大文化差异方面，这种差异是实现印度国民利益的重大障
碍。这也是为什么在1885~1907年印度国民大会党早期领导
人中有43%是兄弟会成员。

明日之星会所

自《母亲会所》这首诗于 1895 年 5 月问世的那一刻起,共济会会员就爱不释手;在帝国领地的每个角落,都可见背诵这首诗的人。《共济会画报》杂志毫不吝惜赞美之词,称它"震撼了每个会员的心……""平等,兄弟之爱,共济会的至善,无一不在诗句中表达"。这首诗蕴含的情感如此强烈,以至于它抹去了吉卜林本人的偏见,以及共济会在印度宽容的局限性。它让征服和统治这个星球落后地区看上去像是在践行兄弟般的慷慨相助和宽宏大量。吉卜林在写作中曾一次又一次地想到共济会就是帝国的缩微模型,是异质文化之间相互理解的一座避难所——但前提是帝国统治不容挑战。这个想法也在公众心中流行起来,因为它反映出了英国人如何看待自己及其海外领地。

在 1890 年代,吉卜林迅速成为帝国和共济会的名人。他的诗句就像他的公众形象一样,被媒体从帝国的一端传送到另一端。在 19 世纪和 20 世纪初期,从苏格兰邓迪到印度德里,人们订阅共济会杂志的热潮持续不退。它们向非会员广泛宣传这个兄弟会,并在读者中传播强烈的共享新闻和共享身份——兄弟、帝国主义者、文明拓荒者——的意识。它们刊文赞颂共济会会员中伟大的帝国建造者印度总督理查德·韦尔斯利(Richard Wellesley),以及他的弟弟威灵顿公爵阿瑟;新加坡的缔造者斯坦福德·莱佛士(Stamford Raffles);南非钻石大王和"巨人"塞西尔·罗兹(Cecil Rhodes);当然,还有罗兹的密友拉迪亚德·吉卜林。

吉卜林可能是在印度渐渐变成了一个帝国主义者,但是在《母亲会所》出版后的那几年,他开始将南非视为帝国事业的终极使命。他直言不讳地表示,可以让英国征服的领土恐怕已所剩无几了,而英国在工业上的竞争对手,尤其是德国,正贪婪地攫取剩下的东西。同时他也担心帝国空间缩小,维多利亚女王治下的领地很容易丢失。他在写作手法上越来越接近《旧约全书》那种适于高声朗诵的诗意风格，开始采用犹如咒语的韵文，在一些脍炙人口的诗作中发出呼吁，唤起人们崇高的爱国责任心。《退场赞美诗》（"Recessional"，1897 年）和《白人的负担》（"The White Man's Burden"，1899 年）被当作押韵的社论发表在《泰晤士报》上。他被誉为"帝国的桂冠诗人"。

　　布尔战争（1899~1902 年）时期的共济会会员与帝国在世界各处领地上的兄弟们一样，都戴着玫瑰色眼镜看待自己的兄弟会。他们与其他英国人一样，都受到了火药味很浓的新闻报道的影响，心中激荡起前所未有的爱国热情。面向底层大众的《每日邮报》是 1896 年才成立的，但在战争结束时，它已拥有了 100 万读者，成为世界上最畅销的日报。共济会杂志远远不如《每日邮报》那么尖锐，但也在舆论战中尽了自己的一份力，这一点从它对当时两次最著名的会所会议的报道中可以清楚地看出。

　　布隆方丹（Bloemfontein）是一个小镇，这里的居民住在铁皮屋顶的平房里，把花园交给非洲仆人打理，自己过着轻松快乐的生活；在一望无际、绵延起伏、驼棕色的南非大草原上，它很不起眼。然而，它是奥兰治自由邦的首府。1899 年秋，奥兰治自由邦与南非白人的德兰士瓦（Transvaal）共和国为维持独立于大英帝国的地位而开战。1900 年 3 月 13 日是一个重要的日子，这天多达 3 万名红脸英军士兵，穿着破旧的卡其布制服和破烂的靴子，列队进入小镇中心广场。布隆方丹的陷落看起来像是战争已进入尾声。

　　此时，远在伦敦的民众欣喜若狂，开始举行各种庆祝活动。议会两院议员聚集在白金汉宫前，为女王齐唱《天佑女王》。自由石匠们完全有资格在他们的宴会上为英国军队最新取得的胜利干杯：英国驻南非司令罗伯茨勋爵是共济会会员，

269

并且是在印度、阿比西尼亚和阿富汗征战中，取得过赫赫战绩的老兵。

1900 年 3 月，英军进占布隆方丹的场景。共济会会员，陆军元帅弗雷德里克·罗伯茨（1832~1914 年）骑马出现在前景中

数周后，布隆方丹的明日之星会所有了自己版本的《母亲会所》，以展示兄弟之间如何超越冲突分歧，和睦相处。当时有 29 名成员和 47 名访客涌入这个镇子里狭小、破败的共济会圣殿。南非白人和英国人都在场。访客中有来自帝国各地的士兵。尽管罗伯茨勋爵因病不能出席并为此发来道歉信，但其他共济会的军队要人均到场了。他们当中包括斯坦利（Stanley）勋爵，他是兰开夏郡总会所的总会长和陆军首席新闻审查官；最负盛名的是长相严厉的基奇纳（Kitchener）勋爵，他是英国驻南非武装部队参谋长、埃及和苏丹地区总会长。就在 18 个月前，基奇纳在恩图曼战役（Battle of Omdurman）中一战

成名, 荣获战斗英雄的称号。他率领部队使用马克沁机枪和印度达姆 (Dum Dum) 制造的新型空尖弹, 歼灭了 13000 名苏丹马赫迪手下装备简陋的武装分子。

会所会长伊凡·H. 哈伯格 (Ivan H. Haarburger) 发表了情真意切的演讲, 颂扬这种 "共济会存在理由的辉煌展现", 说明共济会的存在就是为了 "减轻遍布全球的痛苦", 甚至为那些因战争而对立的人提供共同的兴趣点。演讲完毕后, 坐在会长右手边的基奇纳开始了本次会议最重要的议程, 即表达感恩之情, 作为王位继承人、英格兰联合总会所总会长的爱德华王子, 在一次暗杀企图中幸免于难: "殿下为共济会付出的努力比世界上任何人都多, 我毫不怀疑, 他会与我们一道衷心祝愿南非地区再次实现和平与和谐。" 明日之星会所内洋溢的和解气氛唤起了媒体——无论是共济会的还是社会上主流媒体的——的想象力。它美化着人们珍视的一种观念, 即与欧陆诸强国相比, 英国具有更优雅的帝国风度, 它更倾向于对自己的殖民地进行开化而不是压迫和剥削。

据媒体报道, 世界上最著名的两位作家, 同时也是帝国理念的代言人, 柯南道尔和吉卜林出席了这次会议, 这一事实更是让此次明日之星会所聚会名声大噪。报纸的报道并非空穴来风。柯南道尔自告奋勇, 担当正在奥兰治自由邦作战的英军部队的随军医生。在英军攻占布隆方丹之后不久, 吉卜林迅速响应罗伯茨勋爵的请求, 前往该地帮助编辑一份面向部队和当地民众的、名为《朋友》的报纸。毕竟, 一次深受帝国内各族群和睦相处之理想鼓舞的会所会议, 怎么能让《母亲会所》的作者缺席呢?

9 个月后, 即 1901 年 1 月 31 日, 明日之星会所又举行了一次规模更大的会议: 共计 39 名会员和 61 名访客在登记簿上签到。这次参会的没有共济会名人。聚会的事由令人悲伤: 为刚去世的维多利亚女王紧急召集的追悼会。一位长老会牧师在

271

布道时就维多利亚女王所体现出的共济会美德"忠诚、虔敬和友爱"讲了一番话，应该说出了与会者们的心声："它们是永恒的。在我们这个时代，[如果]我们予以践行，那么王座将保持稳定，帝国将变得强大，君主将得到帮助，自由石匠的事业将得到提升。"来自布隆方丹的报道再次令帝国首都的石匠们感慨万分。一家共济会杂志刊文称："我们很高兴地注意到，在场的不仅有许多布尔兄弟，甚至还有几名'获得假释'的布尔因犯。很明显，如果说南非存在我们所期待的种族和解要素的话，那就非明日之星会所莫属。"然而，无论是在共济会媒体上，还是在此后一直讲述此事的共济会历史学家的著作中，布隆方丹的情况并不像他们看到的那样。

首先，南非白人和英国人在明日之星会所中和睦相处，不足为奇。布隆方丹的南非白人居民远非铁板一块，他们并不都热衷于从帝国独立出来，因为他们与英国人经营的位于西南方向的开普殖民地（Cape Colony）存在千丝万缕的经济联系。无论如何，当英国人到达时，那些作为帝国死敌的南非白人已经离开了。此外，英国人和南非白人有着根本的共同利益，即让南非非白人人口处于从属地位——双方战后达成的和平协议就证明了这一点。毋庸讳言，布隆方丹的黑人公民没有一个人参加过这两次著名的会所聚会。"种族和解"的进程也只能走到这个地步。

其次，关于吉卜林出席第一次布隆方丹会所会议的故事是虚构的。他不可能在1900年4月23日到达那里，因为他早在三周前就已经动身前往英国，并在英国着手完成他的小说《基姆》，关于一个孤儿在印度共济会孤儿院长大的故事。

柯南道尔当然在场，他在吉卜林离开几个小时后就赶到了布隆方丹。尽管他不再是正式会员，但在会所致威尔士亲王的那封信的副本上仍可见到他的签名，这封镶了框的信至今仍悬挂在布隆方丹共济会会堂的墙上。然而，柯南道尔并没有在他

的回忆录中提到 4 月 23 日的会议洋溢着和谐气息，这倒有些
出人意料。很有可能当时他忙得昏天黑地，根本没空留意那次
会议。其实他后来回忆那段时光时也说过，他拼尽全力与"最
恶劣、最肮脏形态的死亡"一争高下。

这个问题完全是英军指挥官罗伯茨勋爵造成的，他忽视
了部队后勤和福利的保障工作。加之他过于自负，低估了布尔
人游击队的威胁，没想到在英国人到达后不久游击队就破坏了
布隆方丹的供水系统。结果是生活环境污秽不堪，当地开始流
行伤寒，最终导致 5000 人死亡。柯南道尔工作的那家小医院
就设置在布隆方丹漫步者板球俱乐部的更衣室里，条件极其恶
劣，成群的苍蝇嗡嗡嗡地飞，令人难以忍受。按照柯南道尔的
说法，小镇散发出来的不是共济会的和谐气息，而是"令人作
呕的恶臭"。然而，外界根本不知道当地遭此劫难，因为陆军
新闻审查官、共济会兰开夏郡总会长斯坦利勋爵禁止对外发布
消息；与吉卜林不同，他确实出席了 4 月 23 日的聚会。

Wherever Englishmen are to be found in any numbers there will assuredly be a club. The Ramblers' Club at Bloemfontein was a token of the large English element in the town. Before the war the British residents used to gather together in this bungalow. The building is now used by Langman's Hospital for housing the sick and the wounded. Our photograph is by F. J. Mayer

THE RAMBLERS' CLUB, BLOEMFONTEIN, NOW USED AS A HOSPITAL

阿瑟·柯南道尔（1859～1930 年）在布隆方丹工作过的小医院

到了 1901 年 1 月会所举行第二次聚会悼念维多利亚女王的时候，英国在南非的军事行动已进入疲于应付布尔人伺机袭扰的阶段，游击队炸断铁路线并摧毁军需物资补给站，给英军造成极大的困扰。共济会会员基奇纳勋爵采用了臭名昭著、惨无人道的战术——自由党反对派领袖称之为"野蛮手段"。布尔人的农场被烧毁，妇女和儿童——士兵和战俘的家人，或者只是焚烧农场的受害者——被驱赶进集中营，据说英军给出的理由是这样做更容易养活他们。在战争结束之前，估计有 2.5 万名被关在集中营的人死于饥饿和疾病，其中大多数是儿童。

布隆方丹里有个奥兰治自由邦最大的集中营。几乎就在会所举行追悼仪式的同时，社会活动家和女权主义者埃米莉·霍布豪斯（Emily Hobhouse）参观了这个集中营。她发现每个小帐篷里都被塞进了 10~12 个人，没有床垫，没有肥皂，分配的食物仅够维持生存，供水不足，还有——最令人担忧的——无比肮脏的公厕。随着更多妇女和儿童到来，情况日益恶化。霍布豪斯指责这一切都源于"粗鲁男性的无知、愚蠢、无能和得过且过"。在这种情况下，英国共济会宣称的明日之星会所欣然接纳了作为战俘的布尔人，并一起追念维多利亚女王的一生及其帝国的伟大，这无论在当时还是在之后，都应该被认定为一个荒诞的幻念。

共济会为大英帝国的臣民们塑造了一个自视甚高的形象，这个形象散发出一种男子气概，不仅具有刚毅自信的品质，还在面对战败的敌人和臣服的民众时表现出同情心。在《母亲会所》，以及从布隆方丹会所聚会之类的逸闻衍生出的故事中，帝国被美化得仿佛实现了共济会普天之下皆兄弟的理想，一种世界性伙伴关系的愿景。在整个帝国内，共济会会员都在向外施展他们的道德领导力，并张开双臂，欢迎来自世界各个角落的族群加入。

死亡象征

布尔战争结束后，吉卜林预言一场针对文明"破坏者"的
"大战"势在必行。有人认为他已把这两个词变成了挂在嘴边 275
的常用语。即将到来的冲突将是一次新时代十字军东征，对抗
野蛮的挑战者，捍卫不列颠正当的帝国主权。因此，当 1914
年第一次世界大战到来时，吉卜林全心全意地予以支持。他鼓
励儿子约翰去参军，但因为儿子近视不符合入伍条件，吉卜林
就到处托关系帮他遂这个心愿。吉卜林的老朋友陆军元帅弗雷
德里克·罗伯茨勋爵是布隆方丹的英雄和共济会会员，果断
伸出援手，让他如愿以偿。1915 年 9 月下旬，在爱尔兰卫队
（Irish Guards）服役的约翰·吉卜林中尉初上战场，参加了卢
斯（Loos）战役，在到处是矿渣堆和石灰坑的战场上战斗，但
在战斗结束后被列入失踪人员名单。那时他刚过完 18 岁生日，
还差 3 年才能达到加入共济会的年龄。

吉卜林和妻子卡丽花了很长时间四处奔走，打听儿子的下
落，他们绝望地穿行在医院、军营和墓地之间。夫妻俩能听到
的只有相互矛盾的说法。悲伤，残酷的怀疑，也许还有内疚给
他们造成了巨大的心理伤害。唯一让他们感到安慰的是有目击
者称约翰作战勇猛，杀死了不少德国人。吉卜林在给一位朋友
的信中写道："培养出了一个男子汉也很了不起。"

吉卜林在世期间，一直没找到儿子的尸体。直到 2016 年，
研究人员才确信他们已经找到了他儿子约翰的遗骸。

吉卜林年老体衰，病入膏肓。在儿子失踪后的 8 年里，他
几乎什么也没写。但他并没有荒废自己的创造力，而是改变了
方向，将它用到一项庄严的义务上，这项义务既是个人的，也
是国民和帝国的：悼念和纪念第一次世界大战的死难者。共济
会是他履行这一义务的核心地点。

共济会是关于死亡的。脖子上的套索、指向胸部的剑尖、头盖骨、骨头、坟墓、骨灰盒、棺材……经历共济会仪式全过程的一名男子会见到兄弟们所说的无穷无尽的"死亡象征"。通过这些象征，石匠们给一个普遍存在的神秘之事赋予了可辨识的形状。共济会的运作方式是用死亡刺激一个人成长为有道德情操的人。直面死亡的恐惧标志着一个人已经做好准备在兄弟会内开启一种新生活。

当死亡被仪式化后，它本身也发生了转变。生命消失点的死寂、可怕的前景变成了可以平静地沉思的事情。哲学家伯特兰·罗素（Bertrand Russell）就曾写道："最精妙的宗教都与征服恐惧有关。"基督教关于基督死亡和复活的故事就是个十分恰当的例证。事实上，能够赋予死亡意义的任何形式的归属，都是执行必不可少的重任。民族主义借着为国捐躯的概念做了非常相似的事情。共济会的典礼维持着这样一种假想：死亡不是一种孤独的经历，而是可以与我们的兄弟肩并肩站在一起共同面对的经历。在共济会中，死亡是男子汉的事。

1919 年 9 月 23 日，一位名叫约瑟夫·迪基（Joseph Dickie）的苏格兰铁路工人，不久前是皇家工兵部队的下士，在阿伯丁的圣乔治会所加入了共济会。迪基曾是一名职业军人。1907 年入伍后，他打了一仗又一仗，直到第一次世界大战结束。在毫发无伤地回到家后，他差点死于 1918 年的流感大流行。据家族传说，他生命垂危时，喝了一大杯威士忌缓了过来。

我提到的这位苏格兰人就是我的祖父，我提起他的原因很简单，他是在第一次世界大战后成千上万加入共济会的退伍军人中的一个典型。像约瑟夫·迪基这样的人体验过常人无法想

在晋升第三级（或导师）的典礼期间，会所内
展示的寻迹板。它是一个象征的备忘录，也是
对死亡的提醒

象的事。在1917年复活节维米岭（Vimy Ridge）战役打响之
前，一些加拿大部队的官兵坚持要给自己挖好坟墓。当这场工
业化大屠杀的幸存者们退役时，他们中的许多人开始拼命寻找
战友情谊的替代品，并最终在共济会中找到了它。第一次世界
大战让许多参战国共济会会员数量空前激增。例如，在1917
年至1929年，英格兰和威尔士新成立的会所达到1300多个，
会员人数大约翻了一番。共济会从未让人感到如此重要过。共
济会仪式提供了军旅生活常规的替代物，那些常规活动——从
分享香烟、吐口水和擦枪，到齐唱赞美诗、大难临头时讲笑话
和佩戴所在部队的徽章——能够帮助人们应对始终萦绕在心头
的死亡恐惧。会所也可以给退役军人提供重返平民生活所需的

人脉。

共济会这个机构长期以来一直对士兵群体报以同情，并在哀悼和治愈过程中发挥着严肃而认真的作用。今天矗立在伦敦科文特花园的庄严肃穆的共济会会堂，就是为了纪念第一次世界大战中的阵亡将士而特意建造的。为了接纳伤残复员军人，英格兰共济会还特地发文澄清了一条常被人用来排斥残疾人的原则。颁布于 18 世纪的《共济会宪章》呼应了它的中世纪渊源，规定"除非他是一个完好无缺的青年，身体没有残疾或缺陷"，否则无论是谁都不得入会。英格兰总会所声明，这条规则的应用范围仅限于导致候选人无法学习"皇家艺术"的脑损伤。

在共济会中找到慰藉的不仅仅有复员军人，死者家属也是如此，其中就有拉迪亚德·吉卜林。

离开印度后，吉卜林再也不是一个勤奋的自由石匠。他以四海为家，不可能定期参加一个会所的聚会。然而，共济会一直是他的创作力源泉之一。共济会对他具有强大吸引力的原因就是它用石匠业常用工具这种卑微的象征来处理崇高道德问题的方式。共济会使他得以打磨哀悼、男子气概和帝国理想之类的题材。在《温莎的寡妇》（"The Widow at Winsor"，1890 年）一诗中，吉卜林以士兵口吻向维多利亚女王（丈夫阿尔伯特亲王去世后，她始终身着黑衣，在温莎城堡深居简出，因此被称为"温莎的寡妇"）、她的帝国以及为帝国建功立业的军队致敬，并将他们比作一个共济会会所——

> 在此向寡妇的会所致意，
> 从极地直到热带……

在《宫殿》（"The Palace"，1902 年）中，共济会成为提醒人们认识到文化传统和耐心劳作重要性的途径，无论是对创作诗歌还是对过上美好生活都适用；吉卜林在他 6 岁的女儿因高烧夭折后创作了这个作品，当时他也差点因高烧丧命。

在哀悼儿子约翰的漫长岁月里，吉卜林仅写出寥寥几部作品，从中可以看出吉卜林在描写共济会时表现出前所未有的深刻和直白。创作于 1917 年 9 月的《为了兄弟们的利益》（"In the Interests of the Brethren"）可以帮助我们理解为什么会有这种差异。这个作品问世时适逢约翰·吉卜林去世两周年。它以战时的伦敦为背景，几乎没有叙事，而是以一幅伤残和心理创伤士兵集体画像的方式呈现给读者，他们加入了一个名为信仰与事工的共济会会所，从中找到了慰藉，甚至乐趣。和以往一样，吉卜林在人物刻画方面的特长得到了充分发挥。这些兄弟在生活中军阶不同，地位各异：下至一个身上打着厚厚绷带、"仅剩 6 颗牙齿和半个下唇不知道在说什么"的苏格兰人，上至一个失去双腿、被人抬进风琴房演奏巴赫的陆军上尉。其中一位兄弟是个炮弹休克症患者，整天除了哭哭啼啼以外什么都不做；另一位兄弟刚走下运送度假军人的火车，就跌跌撞撞地冲了进来，他的军服上还粘着佛兰德斯的干泥块。

吉卜林故事中的会所为他们敞开了大门，演练了仪式，然后以大家共享美味的火腿三明治的欢宴结束聚会。兄弟之间真诚相待，气氛轻松，他们很随意地探讨着共济会对他们来说意味着什么。例如，工兵部队的一名军官告诉大家，他和战友们怎样在被炸毁的教堂里成功举行了一次很有意义的聚会。他们举行共济会仪式时只有两样东西充当道具，其中一样是毛料石。（对于石匠来说，料石是象征性的石头，一块毛料石、一块粗料石、一块细料石。但在这种情况下，他意指教堂的废墟。）另一样是"死亡的象征"——这里的意思是散落在四周的死难战友的尸骨。

《为了兄弟们的利益》蕴含着多重信息。它表明共济会与

279

宗教一样带给人们需要的友情，但没有任何神学上的繁文缛节。对吉卜林来说，共济会一直算是一种信仰，是劳作者和实干家的日常信条，而不是思想家的幻念。它提供了一种随和而"适当的生活计划"——让人们轻松愉快地应对现实中的大小考验。皇家陆军医疗队一名缺了一只脚的下士说的一句话很接近吉卜林的信念："我没有多少宗教信仰，但我信的一切都是在会所里学到的。"

280 　　这个故事也告诉人们充满爱心、专注和辛勤的努力所具有的治愈力量。来访的兄弟会用打扫和擦洗地板、清洁和擦亮会堂来回报他们得到的热情款待。这种慷慨大方的做法经年累月，最终将信仰与事工会所举行聚会的车库转变成共济会礼仪的瑰宝之地。

　　吉卜林是一位非常优秀的作家，他写的东西绝不仅仅是自传性质的。然而，《为了兄弟们的利益》中的一个角色却是作者一生的写照。更重要的是，这个角色反映了吉卜林对自己担负着的作家职责的认知。刘易斯·伯吉斯（Lewis Burges）是信仰与事工会所的尊者尊主。他的名字很重要。对石匠来说，名叫"刘易斯"就意味着他是一位石匠的儿子。伯吉斯只有一个儿子，也叫刘易斯，已战死在埃及。伯吉斯的职业是加工并销售烟草制品，他本人还有一些精致的爱好，比如钓鱼和繁育金丝雀。他非常清楚，他没有后代来继承自己的生意和技能。但他无论做什么事都很认真，运用自己的专业知识和良好的判断力，不遗余力地练习手艺，直到把每一件事都带入至臻完美的境界。"所有的仪式都有强化人的作用，"他说道，"人类天性就需要仪式。"这就是伯吉斯赋予他的会所的精神气质，也是吉卜林在第一次世界大战期间和之后想要赋予其写作的精神特质。面对个人和集体的悲剧，他的会员精神与他的写作合二为一。

正如吉卜林设想的那样，《为了兄弟们的利益》中的共济会不再只是一种心灵慰藉。它带给人们希望，即世界大战并非毫无意义的大屠杀，而是通往更加重视兄弟情谊的战后世界的途径。其中一个角色清楚地表达了这一点："如果这场战争没有让我们所有人明白人类应有的手足之情，那么我就是——一个文明破坏者！"有来自加拿大纽芬兰、新西兰、罗得西亚的访客兄弟……这个虚构的信仰与事工会所"就像帝国本身一样复杂"——因此是《母亲会所》的战时翻版。

只不过在吉卜林杜撰的信仰与事工会所中，帝国代表全是白人定居者，而不是他 25 年前在《母亲会所》中所描绘的宗教和种族混合体。在第一次世界大战期间及之后，吉卜林不再将帝国视为英国享有绝对主权的帝国，而是一种由各个白人殖民共同体，包括澳大利亚和加拿大等，形成的伙伴关系，它们将享有与母国平等的地位。让他的思想发生这种转变的原因，首先在于各领地为这场大战做出的人力和物力贡献。帝国的非白人群体同样做出了巨大贡献。例如，在一战中牺牲的 9 万名印度士兵中，有 3000 多人是在卢斯战役中与吉卜林的儿子约翰一同战死沙场的。然而，在《为了兄弟们的利益》虚构的帝国大家庭中没有那些非白人部队的踪影，因为伦敦在谋划给英国部分领土更大自治权时将他们排除在外。

在吉卜林种族主义概念的范围内，共济会友情和神圣事工的价值观渗透到了他在哀恸期间所做的每件事：他努力为它们活着，并在作品中加以赞美。

《为了兄弟们的利益》是在吉卜林同意加入帝国战争墓地委员会之后不久创作的。该委员会是一群红十字志愿者积极努力建立的，他们的领导人名叫费边·韦尔（Fabian Ware），当过教师、帝国官僚和记者。这个委员会先是从西线开始，逐一登记战死的英国人。他们的工作范围逐渐扩大，为整个战线上数千个临时十字架提供恰当的墓志铭，然后为军人墓地寻找永久地点，最后与成千上万死者的亲属联络，安排他们出行和扫墓。等到 1917 年春获得皇家特许状正式成立时，帝国战争墓地委员会已经活跃在希腊萨洛尼卡（Salonika）、土耳其加利波利、美索不达米亚地区、巴尔干地区、埃及和东非，以及法国和比利时等地。皇家特许状传达了激励该委员会承担起对死者的责任的帝国哲学："为了他们用生命维护和捍卫的理想永存，为了加强我们领地上所有阶层和种族之间的团结，为了促进共同的公民意识以及对我们和他们所隶属的帝国的忠诚和奉献。"对牺牲将士表达崇敬之情是为了强化帝国的凝聚力。

委员会的工作要求办事人员要有品位和敏感性，事无巨细，不容丝毫懈怠。帝国各地每个阵亡将士都要被登记在册：到战争结束时，阵亡人数超过 100 万。与此同时，必须汇编和分析失踪人员和无名尸体的零散证据；必须为墓碑的样式和每座墓园的布局确定一种设计风格——它们要恰如其分地彰显出为帝国事业献出子民的每一种宗教和每一个种族。即使是建成的墓园，也需要园艺和日常维护，将饱受炮火蹂躏的战场转变为保存历史记忆的花园。为了指导他们完成这项任务，韦尔、吉卜林和委员会其他成员都遵循着一条指导原则：把战死将士当作战友。无论社会地位高低，无论他们秉承哪种信仰，他们在死亡面前都是平等的。军官和士兵，贵族和无名小卒，会有完全一样的墓碑。每个人只能通过他的姓名、军衔、年龄、死亡日期、所在部队徽章和宗教标志来区分。

吉卜林在 1936 年去世之前都在忙委员会的工作。他作为审查员巡视了西线的所有墓园。他成了委员会的官方发言人，

编写委员会的出版物，并为皇室撰写纪念活动的演讲稿。最
重要的是，吉卜林为帝国战争墓地委员会的纪念馆选择了言
词华美的铭文。他选定"他们的名字永垂不朽"（Their name
liveth for evermore）这句话，把它刻在每个墓地的祭坛中心
装饰品上。他创作了"大战中的战士／为神所知"的墓志铭，
用以标示无名战士之墓。吉卜林此时的生活和工作更多是为了
纪念而不是写作。他用一个隐喻来纪念那些像他儿子一样战死
疆场但不知埋骨何处的逝者："他们的荣耀不会被抹杀。"①

　　所有记录都表明吉卜林在为帝国战争墓地委员会工作时找
到了快乐。他喜欢团队合作，相信他是在为自己的国家、死去
的儿子和写作尽自己的职责，一旦他走进委员会会议室并把门
关上，他就可以把所有的烦恼留在门外。

　　帝国战争墓地委员会的工作符合共济会精神，这一点毋
庸置疑。它遵从兄弟平等的理想。委员会工作的范围遍及整个
帝国，对各种信仰、种族和各行各业的逝者一视同仁，无一例
外地把他们安葬在专为捐躯将士们建造的墓园，团聚在"母亲
会所"之中。委员会的每一项工作都以悠久的传统为基础，并
用一种不亚于礼拜仪式的方式指向来世。因此，1922 年 1 月，
帝国战争墓地委员会的法国总部为其委员以及全体员工在圣奥
梅尔（St Omer）成立了一个共济会会所。吉卜林与另外两个
兄弟共同发起并创立了这个会所。他还将它命名为寂静之城的
建造者。

　　　　城市、王座、强权
　　　　停留的时间，
　　　　就像花开花落

---

①　Their glory shall not be blotted out：出自《便西拉智训》第 44 章第 13 节。

那么短暂。

吉卜林身上体现的共济会精神，就如在帝国战争墓地委员会的事业中所表达的那样，包容了整个帝国的战士，无论他们是什么肤色。至少在死亡主题当中，不同种族之间会存在兄弟情谊和彼此平等。然而，就像《母亲会所》原诗所流露的那样，这种心胸开阔有一个附加条件：在大战中死去的人要将一种亘古不变的忠诚纽带封印，正是这种纽带将帝国各地人民与他们的英王－英皇紧密连在了一起。

然而，这只是一厢情愿。各个殖民地看待这种交易的方式各有不同：他们要求用自己的贡献换取更大的独立性。然而，在白人殖民社会（澳大利亚、新西兰、南非、加拿大）获得了与英国同等的地位，即自治领地位时，印度却没有。这就不可避免地激发起日渐高涨的独立运动。在战争期间，莫蒂拉尔·尼赫鲁的立场变得更加激进。他于1919年初在安拉阿巴德创办了一份报纸，表达"一个已然成熟到足以自立为国的民族"的诉求。对尼赫鲁以及成千上万的印度人来说，1919年4月的阿姆利则（Amritsar）惨案是一个重大转折点，当时军队奉命向和平示威者开火，直到弹药耗尽，造成近400人死亡。尼赫鲁领导了印度国民大会党对这次屠杀的调查，这一角色将他推向了该党领导人的前列，成为圣雄甘地非暴力不合作运动的支持者。具有讽刺意味的是，吉卜林所有体现共济会精神的纪念工作都是以帝国的名义进行的，而这个帝国却注定要崩溃。

与此同时，在欧洲大陆，共济会也正面临着自它成立之后最严峻的威胁。

第 11 章　汉堡：从深处*

在一个更明智的世界里，罗马天主教会本该从 1890 年代塔克希勒的骗局中吸取教训。唉，它没有。几名神职人员甚至怀疑在巴黎揭露骗局的人是共济会的走狗。真正的莱奥·塔克希勒，还有真正的黛安娜·沃恩，在前一天一同被共济会会员谋杀了。天主教徒不可能都那么容易上当受骗。但是，即使是教会中头脑比较清醒的人，也不会改变那种根深蒂固的信念，即共济会是异端、欺骗和邪恶的代名词。

天主教对共济会怀有敌意的原因在于它的一种恐惧，即蒸汽和电力驱动的全球化正在加速将基督宗教的欧洲家园推离世界事务的中心。反共济会运动从 19 世纪末持续至 20 世纪的另一个原因是它唤起了一种更古老、更恶毒的宗教仇恨。自 1730 年代以来，罗马教廷一直对共济会恨之入骨，而它痛恨犹太人的历史更是长出好几百年，就因为他们杀死了耶稣。

就在塔克希勒行骗期间，天主教会恶语中伤共济会的一贯出发点就是认定犹太人与共济会结成了一种邪恶联盟。塔克希勒渴望利用教会主教团的恶意揣测牟取私利，因此他在《19 世纪的魔鬼》中用整整一章的篇幅讲述共济会中的犹太人。塔克希勒在书中声称，自 18 世纪起共济会就开始在暗中操控欧洲的"犹太解放运动"，苏格兰礼是犹太人建立的，脚踩耶稣受难像是秘密犹太人会所入会仪式的一个环节，以及多达 50 万犹太共济会会员与邪恶的帕拉斯团结盟。

通过这样的方式，在 19 世纪后期，传统的反犹太主义思潮

---

* De Profundis：拉丁语，意为"从深处"。英译"out of the Depths"详见《旧约·诗篇》第 130 章第 1 节：Out of the depths have I cried unto thee, O LORD（耶和华阿，我从深处向你求告）。

沉渣泛起，其中包括血祭诽谤（blood libel），即诽谤犹太人在秘密庆祝"他们的复活节"时，会用一个基督教小孩献祭，用小孩的血制作在逾越节吃的无酵饼。排犹活动中还增加了两个新主题。其一，犹太人控制了国际金融。（贪婪的犹太放债人的刻板印象得以更新，教宗自己聘用的财务专家罗斯柴尔德家族在新版反犹主义的鼓噪声中显得格外醒目。）其二，犹太人是一个生物学上截然不同的种族，是一个外来的、腐败的存在。

观念保守的天主教徒禁不住要把反犹主义与反共济会融合在一起。讳莫如深，暗黑仪式，统治世界的欲望，诸如此类，共济会和犹太人似乎有很多共同点。《旧约全书》的主题甚至在共济会庞大的符号库中也显得很突出，比如所罗门神殿等。这些都足以证明共济会和犹太人是一伙的。反共济会阴谋论成为现代反犹主义借用的模板。

有关犹太－共济会阴谋的信念从天主教世界传播到了非天主教的社区。例如，在德语国家，它被纳入了一种被称为平民主义（völkisch，源自德语 Volk——平民，或平民的灵魂）意识形态的极端民族主义变体。它结合了反犹主义、仇视民主、"犹太资本主义"和对往昔条顿人世外桃源般美好生活的怀念。在维也纳，留着大胡子的吉多·冯·利斯特（Guido von List）对犹太－共济会的阴谋深信不疑，他是一个神秘主义者、种族问题专家和民间传说编写者。冯·利斯特高度推崇起源于冰天雪地的北方的日耳曼优等种族。这个名为"雅利安人"的族群为了自保，与"跨国群体"——犹太人、共济会会员，甚至天主教会——展开了殊死搏斗。冯·利斯特将源自印度象征吉祥的万字符（swastika）与雅利安人紧密联系起来，认为它象征着不可战胜的雅利安人救星，一位注定要降临人世的 Führer（元首）。他还成立了一个秘密组织来完成他的使命，即"净化"优等种族，做好战斗准备。具有讽刺意味的是，这个社团是依照他恨之入骨的共济会组织架构设立的。据悉，维也纳有一个人高度认同这些想法，他是一个默默无闻的乡下艺术学生，1908年，有人连续数周都看见他腋下夹着冯·利斯特的一本书走来走去。这个学生的名字叫阿道夫·希特勒。

时光荏苒，27年后，在汉堡市，希特勒的仇恨结出了果实。汉堡曾是德国共济会的摇篮。1737年，来自英国、荷兰和瑞典的商人在那里建立了"押沙龙会所"，成为该国首个共济会会所。纳粹当政后，这座城市变成了德国共济会的坟墓。

1935年7月30日晚5点08分，在莫尔魏登街上一座新古典主义风格的建筑，也就是共济会汉堡总会所里，兄弟们正在举行他们的最后一次仪式。他们点燃了3根具有象征意义的蜡烛，仪式正式开始。在烛光映照下，彩色绶带和镶边勾勒出了黑色制服的轮廓，在昏暗的会堂内，几乎分辨不出的盖世太保现了形：他们来到仪式现场，要确保共济会会员不会耍花招。

有人朗读了《圣经·哥林多前书》第13章13节的一段话，定下仪式的基调："如今常存的有信，有望，有爱，这三样，其中最大的是爱。"接下来，总会长里夏德·布罗泽（Richard Bröse）提出了立即解散总会所的动议，并禁止就此讨论。该动议得到全票赞成，总会长被指定为资产清理人，拥有处置共济会所有资产的法定权利。接着，总会长拿起小槌重重地在讲坛上连敲三下，动议获得通过。有些人开始伤心落泪。

著名男中音、会内兄弟罗伯特·福姆·沙伊特（Robert vom Scheidt）随后起立，演唱了同门兄弟沃尔夫冈·莫扎特创作的共济会歌剧《魔笛》中大祭司萨拉斯特罗（Sarastro）

的伟大咏叹调。"在这神圣的殿堂里，复仇没有立足之地！"这是一首宽恕之歌，出自文雅但被误解的伊希斯（Isis）和奥西里斯（Osiris）神庙的大祭司之口——众所周知，古埃及生命之神伊希斯和冥神奥西里斯的神庙象征着共济会。临近解散的同门兄弟们借此重申他们崇奉的价值观。此时，会众从潸然泪下变成了低声啜泣。

布罗泽总会长随后发表了告别演说。他追溯说，共济会创立的初衷在于"以造物主的名义传播爱，学习和实践自我认识、自我控制和自我修养之术"。他列举了宣誓加入共济会的民族英雄：条顿共济会的首位也是最伟大的赞助人腓特烈大帝、在莱比锡和滑铁卢击败拿破仑的陆军元帅布吕歇尔（Blücher）、德国文学巨匠歌德，当然，还有"最伟大的共济会会员"莫扎特——一个在信仰和种族问题上以宽宏大度著称的天才。整个仪式在众人的祈祷中结束。"我们感受到了一种深深的、无以名状的悲痛。请赐予我们力量，让我们坚定而有尊严地坚持下去。让我们怀着信念、友爱和希望，完成我们的工作。"几天后，警方宣布"德国共济会已被彻底粉碎"。

盖世太保占领了汉堡总会所大楼并洗劫了里面的贵重物品，同时带走了它的档案资料进行调查。党卫军随后又把这座建筑翻了个底朝天，以寻找深藏其中的证据，此举不仅荒谬至极，而且徒劳无功。

1941 年 10 月，汉堡共济会旧址因为离转运牲畜的车站很近，就被用作该市犹太人的集合点，他们在被驱逐到波兰罗兹（Lodz）的犹太人区之前被暂时关押在这里。

在共济会组织之外,很少有人意识到,在20世纪的欧洲,共济会经受了残酷的压迫。下文要讲述的是共济会在墨索里尼的意大利、希特勒的德国和佛朗哥的西班牙遭到打压的故事。但取缔共济会的欧洲国家并不仅限于上述三国,右翼独裁意识形态也并非独一无二的罪魁祸首,反犹主义也并不总是与反共济会混为一谈。在俄国,1917年上台的苏维埃政权在意识形态上反对共济会,但沙皇亚历山大一世早在1822年就已查禁了共济会,因此值得布尔什维克大动干戈的共济会组织已所剩无几。在匈牙利,共济会会员遭受过连续两个政权的镇压,先是库恩·贝拉(Béla Kun)领导的短命的苏维埃共和国(1919年),然后是反动的摄政王霍尔蒂·米克洛什(Miklós Horthy)领导的匈牙利王国(1920~1944年)。1935年,共济会被葡萄牙独裁者安东尼奥·德奥利维拉·萨拉查(António de Oliveira Salazar)定为犯罪组织。在维希法国时期,共济会会所遭遇了袭击和洗劫。这个单子还可以继续列下去。

然而,只有在纳粹统治下的共济会的命运后来才成为兄弟会集体记忆的一部分。今天,共济会会员受到人们的猜疑时,会从受法西斯压迫的那一代兄弟身上汲取灵感。正因如此,1935年盖世太保关闭汉堡总会所之举,在共济会的许多历史书上占据着特殊的位置。自由石匠用我刚才的方式讲述了这个故事。这个历史片段,被用来凸显共济会在极其险恶的逆境中展现出的凛凛正气,并被用作证明共济会和法西斯主义处于道德两极的论据。共济会声称有许多烈士值得哀悼,尤其是在纳粹统治下,据估计,受害者多达20万人。"自由石匠遭到逮捕、监禁和屠杀",最近有一本《共济会指南》如是记录。这样的铿锵之言会让人不由得联想起纳粹的死亡集中营,以及里

289

面骨瘦如柴的犹太受害者。

那么事情是如何发展到这种地步的呢？对 1920 年代、30
年代和 40 年代共济会悲惨遭遇的描述到底有多少真实成分？
汉堡总会所的关闭是否能够说明右翼独裁政权镇压共济会的所
有内情？

寻找答案的旅程始于法西斯主义的发源地——意大利。

第 12 章 罗马：烘烤落汤鸡

墨索里尼和葛兰西

1914 年 4 月 27 日，在亚得里亚海港口城市安科纳，意大利社会党就开除共济会会员党籍的提议开会。该动议的发起者名叫本尼托·墨索里尼，此人秃顶、胸膛宽阔，是极具感染力和煽动力的演说家。他说："共济会可能有人道主义倾向。但现在是时候对渗透到党内的过度人道主义予以反制了。"

墨索里尼是该党内部革命派的领军人物，他的演讲风格一向是铿锵有力、激情迸发的。据说他在讲话时表现出的极其生动的身体语言，很容易引起众人的共鸣。有人说，他的面部表情简直太丰富了，他看起来像是在噩梦中挣扎，极力摆脱困境。安科纳的演讲为墨索里尼赢得了党内压倒性的支持，将共济会会员开除出党的动议得以通过。墨索里尼在他编辑的党报《前进报》上发文，强调道："代表大会已经摧毁了共济会的巢穴，它们在近年来滋生于社会党的各个角落，并在暗中活动。"对墨索里尼来说，明确而公开地与共济会决裂，就意味着改革派拒绝与腐败而庸俗的制度达成一切形式的妥协。

就在 16 个月之前，在罗马，极右的意大利民族主义联盟代表大会通过了一项向共济会"宣战"的议案，这些民族主义者认为他们试图推翻的狭隘、苟且、投机钻营的民主政治背后，就是共济会在作祟。意大利式反共济会运动包含了左右两翼反对现有体制的政治诉求。

共济会确实是意大利体制的一部分，它在过去 50 年里逐步演变成为该国政治生活中不可或缺的一部分。举个简单的例子，过去几十年里担任过意大利总理的政治家中有大约 10 位是共济会会员。意大利共济会的领导层总想要将兄弟会与特定的政府领导人和意识形态联系起来。但是，因为很少有人能说清楚"共济会"的崇高理想在落实到具体政策时意味着什么，所以每当兄弟会向政治光谱的任意一端靠近时，都不可避免地引起内部持对立立场的兄弟们的异议。因此，共济会圈子以外的人认为石匠们是在通过不正当手段获得权力，造成这种印象的根源不在意识形态，而在于人们常将共济会会所选作政治活动的场所。在意大利统一后的最初几十年里，政党政治尚未形成，意大利议会和市议会里的政治角逐和权力分配主要通过人们在各集团之间斡旋实现。与众多俱乐部和协会一样，共济会会所成了一个牵线搭桥和建立关系网的好地方。

共济会卷入政治也给它带来了声誉风险，这在托斯卡纳富商阿德里亚诺·莱米（Adriano Lemmi）担任总会长（1885~1895年）期间变得尤其明显。莱米与当时的政坛霸主、同门兄弟弗朗西斯科·克里斯皮（Francesco Crispi）总理私交甚密。莱米试图让共济会大东方会所为克里斯皮的政策当说客。因此，他和共济会一同卷入了克里斯皮时代的两大丑闻。1889年，在克里斯皮和内阁中其他5名共济会会员的支持下，总会长莱米帮助他代表的一家美国公司与政府达成一年的烟草专卖合同。这家公司随后提高了政府支付的价格，莱米也获得了巨额佣金。据共济会内部传闻，这笔钱是用来填补大东方的财务亏空的。又过了6年，一家陷入重大腐败案件的银行倒闭，暴露出莱米与克里斯皮的朋友和家人一起，利用特权获得了条件特别优惠的贷款，莱米被迫辞职。这宗腐败丑闻使得原本限于天主教会内部的反共济会思潮冲破了限制，蔓延至主流社会。像《新闻报》这种大报从此开始指责共济会秘密干政。

共济会和意大利政府的共生关系在20世纪最初几年陷入了重重危机，其导火索是共济会大东方会所于1908年出现大分裂，一个立场偏右的意大利总会所从民主的意大利大东方会所独立出来。这一时期的意大利正处于迅速变化之中。它的北方城市成为工业中心。民主到来了。1900年时仅6.9%的总人口享有投票权，但到了1913年，意大利举行第一次普选，所有成年男子都有了投票权。天主教徒进入政治舞台，也带来了他们对共济会的深深敌意。意大利的政党数量和党员人数越来越多，而且这些政党强烈反对既定的做事方式。从拥有强大的革命派的社会党到极右的意大利民族主义同盟，莫不如此。在这些政党看来，共济会体现着现有制度的一切阴暗和陈腐之处。

第一次世界大战将意大利政治推向了极端。在意大利是否参战的问题上，本尼托·墨索里尼很快就会从极左转向极右。当和平到来时，他创立了法西斯党。在1922年法西斯"向罗马进军"之后，他就任意大利总理。他对共济会的基本观点没有改变。

墨索里尼政府在1924年下半年陷入了严重危机，起因是法西斯主义的追随者绑架并谋杀了社会党领袖。但反对派最终未能扳倒这位意大利领袖，墨索里尼开始主动反击。1925年1月3日，墨索里尼在国会发表了咄咄逼人的演讲，就差公开声明要废除民主及其附带的自由权利。仅仅过了一个多星期，也就是在1月12日，他宣布了实现这一目标的第一步：立法禁止"秘密社团"共济会。墨索里尼在1月12日提交的法案有两个条款：其一是禁止共济会会员担任任何公职；其二是在当局提出要求时，秘密社团必须交出其成员名单和规章手册，违者将受到严厉制裁。该法案在众议院和参议院获得通过并生效。在接下来的10个月里，共济会在意大利遭到毁灭性打击，最终销声匿迹。

共济会在1925年被墨索里尼当作完美牺牲品的原因不止一个。它体现了墨索里尼在建立独裁统治之初就下决心清除一切。大多数反对派在1924年夏天退出了国会以示抗议；不

293

在场的反对派议员被描绘成鸡鸣狗盗、鬼鬼祟祟、卑鄙无耻之徒，总之他们就是共济会的典型代表。新法律也成为意大利领袖用来钳制公务员中众多共济会会员的简便工具，进而削弱了国家官僚机构对他的制约力。相比之下，天主教教会觉得这项政策很合心意；法西斯领袖向梵蒂冈示好已经有一段时间了。联合政府中的各个派别——其中有右翼天主教徒和意大利民族主义同盟前成员——也表示认同，他们把"向共济会开战"当成一种嗜好，随时要议论一番。打击共济会无异于给法西斯"黑衫军"（squadristi）扔了一根带着不少肉的骨头。这个由各类团伙和帮派组成的准军事组织，从成立之初就在农村和城市里用各种暴力胁迫的手段打击一切反对派。对他们而言，能无所顾忌地洗劫共济会会所并殴打其会员是很诱人的。

事实上，1923 年春天之后，黑衫军就在接连不断地洗劫共济会会所。从 1924 年 1 月起，暴力事件愈演愈烈，在全国各地都有发生。从托斯卡纳的卢卡市（Lucca），到南方普利亚（Puglia）大区的圣塞韦罗市（San Severo），暴徒们偷走共济会的档案资料，并将会堂内的陈设堆在黑白棋盘图案的地面上付之一炬。不久之后，黑衫军在一次有组织的袭击行动中，将位于意大利西北部都灵市的 4 个会所洗劫一空。1924年夏天更是麻烦不断，秋天达到顶峰，包括米兰、博洛尼亚、威尼斯、巴里（Bari）和马尔萨拉（Marsala）在内的 18 个城镇的会所遭到毁灭性攻击。但法西斯暴民在冲击大东方罗马总部时被一支骑兵队冲散了，当时他们试图用攻城锤砸开大门，还有人朝着大楼开枪。1925 年初，意大利半岛各地又爆发了另一波针对共济会及其会所建筑的袭击活动，这为墨索里尼推出他的反共济会法案铺平了道路。立法程序一启动，就停不下来了。

1925 年 5 月，众议院审议了法案。演说家们轮番上阵，纷纷谴责共济会是与克莫拉（Camorra）① 毫无差别的秘密社团，是对公共生活的"寄生性毒化"。唯一反对这项立法的群体是少数共产党人，他们与其他反对党不同，一直在议会中顽强地反对法西斯党。共产党发言人安东尼奥·葛兰西（Antonio Gramsci）发表了这场辩论中最有趣的演讲，也是最具勇气的演讲。葛兰西提到，他的许多同志被法西斯分子殴打、监禁和谋杀；一名共产党议员最近还在议会大楼厕所里被法西斯分子殴打。

安东尼奥·葛兰西（1891~1937 年）

无论是在思想还是身体上，葛兰西都与只会高喊口号、靠蛮力欺人的法西斯分子形成了鲜明对比。他在童年时生了病，

---

① 意大利最古老的有组织犯罪团体之一，起源于意大利坎帕尼亚地区和那不勒斯市，通过毒品交易、敲诈勒索来筹集经费。

脊柱弯曲，生长迟缓。一则新闻报道漫不经心但又不无恶意地称他是"一个矮小驼背之人，浓密的头发和硕大的眼镜十分引人注目，当他起身站立时，整个人跟他的座椅靠背差不多高"。他发言时声音微弱，其他议员都很难听清楚，但他滔滔不绝、思路清晰。事实上，由于实在听不清葛兰西在说什么，许多法西斯分子离开了他们在大厅右边的座位，聚集到了最左边演讲者周围的座椅上。从表面上看，法西斯分子的这种表现具有一定的威胁意味，但他们也是想听清楚他所说的话。与人们预料的相反，法西斯分子并没有无视葛兰西或者大喊大叫把他轰下台。墨索里尼显然在仔细聆听葛兰西说出的每一个字；他还不时插一嘴，评论一句。很明显，尽管墨索里尼和葛兰西是政治敌人，但他们在对待共济会方面却有着相当多的共同点。

葛兰西认为共济会是"资产阶级手中唯一真正的、有效力的政党"。意大利软弱无能的资本家无法调用足够的资源光明正大地赢得广大群众的支持，因此被迫采取赞助的方式在幕后操控。

葛兰西接着说，法西斯主义的真正用意并不是要粉碎共济会，而是要取而代之，复制它垄断政府职位并将其分配给自己追随者的做法。然而，共济会已成为意大利政坛不可或缺的一部分，最终法西斯党会与它达成妥协，并合二为一。葛兰西说出了一个预言性的信息："共济会将会集体投奔法西斯党……共济会将成为法西斯党内的一个派别。"

只要这位瘦小的共产党领导人谴责共济会，认定它是旧秩序的一种反常表现，墨索里尼就能听之任之，让他说下去。但是葛兰西话锋一转，竟然说法西斯等同于共济会。墨索里尼对此嗤之以鼻并坚决反对："我们法西斯主义者在起草这个法案之前就烧毁了共济会会所！"

葛兰西驳斥道，黑衫军针对共济会的暴力活动只不过是双方谈判过程中的一个阶段。他接着指出，因为法西斯党注定要扮演本来属于共济会的角色，所以法案真正针对的不是共济会会员，而是共产主义者和工人阶级。

到了这个阶段，虚弱的葛兰西已经筋疲力尽，眼看就站立不住了。一名法西斯分子见状伸手扶住葛兰西，让他讲完余下的内容。他警告墨索里尼及其追随者，即便他们成功夺取国家政权，也无法阻止即将到来的无产阶级革命。

葛兰西的号召为这场令人丧气的演讲画上了一个恰当的句号。葛兰西与墨索里尼争论的焦点是他们中的哪一位将从意大利民主的废墟中崛起，哪一位是真正反共济会的。葛兰西暗示，想要真正解决共济会问题，只能发动一场代表工人阶级的政治运动，因为他们才是资产阶级及其石匠的死敌。

葛兰西说得对，法西斯主义对共济会的攻击只是开始。他暗示许多法西斯分子是腐败的，而且会随着掌握更大权力而进一步腐败，这种论断也是对的。然而，他的分析无限夸大了共济会在过去半个世纪的影响力以及它抗击法西斯暴行的能力。

葛兰西和墨索里尼都受到各自政治视角的限制，没有看透共济会存在的本质。那天众议院里没有人能想出共济会应该生存下去的理由。或者领悟到法西斯主义反共济会立法的主要受害者是意大利社会的一部分，这个部分既脆弱又有缺陷，但又很珍贵。它不是工人阶级，不是资产阶级，不是共产党，也不是腐败的政客，而是公民社会。

墨索里尼在辩论总结性发言中，回顾了他长期以来反共济会的事迹，最早甚至追溯到他信奉社会主义的时期。他认为，共济会并非如同葛兰西暗示的那样，是一座需要被削平的大山，而是一个需要被戳破的水泡。这项立法表明法西斯主义者准备"为朋友谋取最大利益，对敌人施加最大伤害"。现场爆发出一阵热烈的欢呼声和掌声。

　　然后就发生了非常奇怪的事情。晚上 8 点，到了表决法案的时候，很多议员好像人间蒸发了。在场议员只剩下 206 人，比法定人数少了 30 人，投票无法举行。人们普遍怀疑在几乎全是墨索里尼盟友的议会里，许多共济会会员悄悄地离开了会场，以保持他们对共济会的忠诚。几天后，那些缺席的众议员全被带回并被迫公开发表"诚恳的"道歉，随后该法案以压倒性多数获得通过。

　　这个小小的抗议姿态表明，法西斯阵营中有很多共济会会员，因此墨索里尼对共济会的打击还给他带来了一个额外的好处，那就是他顺手整肃了自己的政党。

　　在第一次世界大战前夕，意大利共济会的传统爱国主义在许多会所演变成了激进民族主义。战后，自由石匠们因为与其他意大利人相同的原因走向了早期法西斯主义：战壕中的惨痛经历、对"秩序"的渴望。但除了这些因素之外，还有与共济会自身相关的因素可以解释为什么共济会高层，甚至那些没有加入法西斯党的人，都认为墨索里尼可能会是一位有用的朋友。战后最初几年意大利两股最大的政治势力，社会党和天主教平民党（Catholic Popular Party），都公开反对共济会。共济会会员们知道墨索里尼本能地敌视他们，但他似乎更具可塑性——墨索里尼在政坛崭露头角时，就有大量的共济会会员追随他。也许兄弟们能够不动声色地把他推向正确的方向。因此大东方总会长多米齐奥·托里贾尼（Domizio Torrigiani）在"向罗马进军"开始后几天内就给墨索里尼发了贺电，也就不足为奇了。当时他在电报中"热烈而诚心"地祝愿这位法西斯领袖一切顺利。

　　即便墨索里尼有过安抚共济会的念头，那也只是转瞬即逝。他更需要天主教徒，并且很快就认定最好与共济会为敌，而不是为友。共济会高层曾希望能够操纵墨索里尼；最后，他

们反被他操纵着一步一步走向毁灭。第一次正式行动发生在
1923 年 2 月，当时法西斯党的管理机构法西斯主义最高理事
会裁定，一个人不能既是共济会会员又是法西斯党党员。最高
理事会共有 19 名委员参加投票，在其中的 12 名共济会会员中，
有 8 名投票赞成，4 名弃权。在法西斯党最高理事会的历史上，
这是唯一没有获得一致通过的决议。这项决议也未得到有效执
行。许多石匠仍留在党内。奇怪的是，在 1924 年黑衫军突击
队捣毁共济会圣殿时，甚至有共济会会员参与其中。在意大利
中部的翁布里亚（Umbria）、罗马涅（Romagna）大区，也许
还有托斯卡纳地区，甚至出现了令人唏嘘的现象：一个会所门
下的石匠为了胜过另一个会所的兄弟而加入暴力活动。

　　结果是共济会中不同会所的成员，即使是那些不曾加入
法西斯党的，无法协同一致抗击墨索里尼的行动。共济会应该
强调它的民族主义属性，宣布它效忠法西斯主义吗？还是应该
以其启蒙价值观的名义，明确地反对法西斯主义？或者应该通
过私人关系与墨索里尼谈判解决问题？在 1925 年之前，所有
这些选择都由共济会内的不同团体在不同时间尝试过。但都失
败了。

　　墨索里尼的法案原定于 1925 年 11 月在参议院进行辩论。
随着时间的临近，反共济会运动又以街头暴力的方式回潮。

共济会在法西斯城邦的覆灭

　　当时，意大利第二号人物、法西斯党总书记是臭名昭著的
黑衫军头目罗伯托·法里纳奇（Roberto Farinacci）。他也
是法西斯党内最口无遮拦的反共济会人士。法里纳奇起初只是
克雷莫纳市（Cremona）一个地位卑微的铁路工人，靠机动化
的政治流氓行为和敲诈勒索出名；他也是一个贪婪的律师，靠
着剽窃他人的论文获得法律学位。到 1925 年秋天，他已经成

299

长为一个颇具影响力且腰缠万贯的人物，一个与金融家和实业家关系密切、巧取豪夺的高手。尽管如此，他仍然热衷于暴力活动。他就是在议会大楼厕所里殴打共产党议员的那个人。后来，他在用手榴弹炸鱼时遭遇意外，失去了一条手臂。在法西斯党执政之后，法里纳奇极端反当权派的做法让墨索里尼与党内保守派支持者之间关系紧张。墨索里尼不失时机地再次摆出姿态，表明他是唯一能够约束黑衫军的人。紧接着法里纳奇又积极投身反共济会的运动。1925 年 9 月，他钟爱的报纸刊文疾呼，自由石匠们应该"作为祖国的叛徒被集体枪毙"。

这篇文章发表后不久，媒体开始刊登一些资料佐证早已出现的传闻，称法里纳奇曾是共济会会员：他于 1915 年加入共济会，到 1921 年仍保持着会员资格。作为回应，法里纳奇声明他的确加入了共济会，但他是要从内部破坏他们。这种说法根本没有说服力。种种迹象表明，他当时加入共济会更可能是为了打入家乡克雷莫纳的商界和政界，与有权有势的人建立联系。如果法里纳奇真的要追捕自由石匠，他只需照镜子看看自己。现在人们甚至怀疑他仍然是共济会会员，而且他是法西斯党内共济会会员的核心人物，主导了他们最近密谋取代墨索里尼的活动。这些怀疑有多少是真实的，有多少是法西斯党内的敌对派系编造的，我们不得而知。

这些报道激怒了黑衫军，他们想当然地认为这是共济会在公然挑衅，意在抹黑他们魅力非凡的领袖。作为回应，黑衫军开始诉诸暴力，打砸抢烧活动在一周内便蔓延至国内各地，袭击共济会的会员、圣殿和财产事件此起彼伏。暴力事件在佛罗伦萨达到高潮，由于该市是法西斯武装团伙的主要活动中心，因此得了"法西斯城邦"的绰号。9 月 25 日，他们展开围猎共济会会员的行动，该市警察坐视不管——所有这一切都发生在该市英美民众的眼皮底下。在暴力袭击之后，10 月 3 日，

罗伯托·法里纳奇（1892~1945 年），图片中央位置，摄于 1925 年

一家代表官方立场的法西斯党周刊发表了如下内容："共济会必须被摧毁。为达到这一目的可以采取任何手段：从棍棒到转轮手枪，从打碎玻璃到点燃净化之火，无所不可。要让共济会会员生不如死。"当天晚上早些时候，黑衫军的 4 个小队在寻找会所成员名单时闯入了年迈的"可敬的会长"（Venerable Master）的家中，殴打并试图绑架他。一个年轻的邻居，同时也是共济会会员的乔瓦尼·贝乔利尼（Giovanni Becciolini）闻声跑去保护老人，并带他从屋顶逃跑。然而，就在双方打斗的过程中，一把转轮手枪走火，正好打死了一名法西斯分子。黑衫军成员怒火中烧，他们抓住了贝乔利尼，并将他拖回驻地，对他进行殴打和折磨。他们在中央市场大楼前公开处决了

他，还用转轮手枪朝着他的尸体开了无数枪以泄愤。这还不算完，黑衫军成员又当着贝乔利尼的遗孀和年幼孩子的面，拆毁了他家的房子。

之后的反共济会暴乱持续了一整夜。黑衫军征用了两辆出租车，在市里四处巡视，挑选攻击目标；他们对城市中上层阶级任何潜在抵抗力量展开了无所顾忌的攻击。人们也在街上被任意殴打；咖啡馆和剧院遭到侵扰；办公室、企业和私人住宅被破坏、洗劫和纵火。罪犯加入了胡作非为的混战。第二天早上，从城市周围的小山上可以看到从布鲁内莱斯基（Brunelleschi）大教堂的圆顶上升起的滚滚浓烟。这场暴乱直到那天晚些时候才停止。据说有 8 人死于非命。

佛罗伦萨遭此劫难，大东方会所总会长多米齐奥·托里贾尼痛心不已，就连他在离佛罗伦萨 50 公里处的乡村别墅也未能幸免，被人放火烧毁，随后他发布命令关闭该市所有会所。为确保兄弟们的安全，他还取消了他们的会员资格。

在匆忙召开的法西斯主义最高理事会会议上，墨索里尼严厉批评了法里纳奇，责怪他没有及时阻止或谴责这种"可耻而罪恶"的暴力行为。这意味着法里纳奇作为法西斯党总书记的短暂任期即将结束，因为墨索里尼日益强化了对警察的控制，极端分子需要受到惩戒。因此，反共济会之战再一次为墨索里尼建立独裁政权助力，帮助他加强了对法西斯党的控制。

1925 年 11 月 4 日，离参议院就反共济会法案进行投票只差几天时间了，墨索里尼的运气也真是好得离奇。恰在此时，他差点被自由石匠兼社会党政治家蒂托·扎尼博尼（Tito Zaniboni）暗杀。扎尼博尼的阴谋从一开始就注定要失败，因为他把自己的计划告诉了一名警方线人。但官方想要搜集足够多的材料用于宣传，没有采取行动，而是暗中监视着他做足了暗杀的准备工作。他最终被逮捕时正躺在酒店的床上，一支狙击步枪立在房间窗户旁边。这件事对一直想找借口加强独裁统治的墨索里尼来说，简直就是雪中送炭。社会党遭取缔。新闻界也开始加速"法西斯化"。警方进驻了共济会会所并占据了著名石匠的私人房产。法西斯团伙再次洗劫了布雷西亚、帕尔马、曼图亚、雷焦艾米利亚、的里雅斯特和弗利等城市的会所。

几天后，当参议院的辩论终于开始时，人们仍然能听到一些异议。有位参议员抱怨说："为了烘烤共济会这只落汤鸡，就烧毁了名为'结社自由'的宏伟大厦。"毋庸赘言，参议院以压倒性多数通过了该法案。在法律生效之前，"落汤鸡"已经屈服于不可避免的命运，自行解散。

1927年春，总会长多米齐奥·托里贾尼被捕，并被流放到国内边远地区。由于受到虐待，他双目失明，身患重病，直到1932年8月去世前才被释放。

第 13 章　慕尼黑：啤酒馆战略

议定书与政治

19 世纪末 20 世纪初的犹太 – 共济会阴谋一说尽管喧嚣一时，充满恶意，但也很快归于平静，犹如一种时尚，昙花一现，或者说在当时欧洲世俗意识形态的洪流中，不过是无关宏旨的一股细流罢了。接下来，第一次世界大战和俄国革命一下子将欧洲大陆的大部分地区推入动荡的深渊：政治不再是妥协的艺术，各派势力之间敌意日盛，暴力相加；民众的民族主义情绪高涨，疯狂地四处寻仇，将心中的仇恨发泄到内部敌人和替罪羊身上。当第一次世界大战的硝烟散尽之后，关于共济会和／或犹太人的阴谋传说卷土重来，变得更加耸人听闻和无法抗拒，如一本书把犹太 – 共济会的全部迷思浓缩为面面俱到的阴谋论。1905 年，《锡安长老议定书》（The Protocols of the Elders of Zion）首次在俄国出版，据称是犹太人领袖在一次秘密会议上的演讲，这次会议的重要议程是制订他们统治世界的计划。事实上，它与塔克希勒根据 1890 年代多部法国小说虚构的帕拉斯团一样，都是凭空捏造的。共济会多次出现在议定书中。就像媒体、国际金融、社会主义等事物一样，共济会被描绘成了犹太人实现其图谋的重要且卑鄙的工具："我们将在世界各国大量培植自由的共济会会所，将各地所有潜在或现有的著名公众人物纳入其中，因为这些会所可以成为我们搜集情报并施加影响的场所。"

《锡安长老议定书》问世之初，并没有在俄国之外引起人们的注意，但自 1920 年起各种译本开始出现，情况发生了变化。此后，尽管有强有力的证据表明它是伪造的，但它还是在国际上成了一个热门话题。在美国，汽车大亨亨利·福特狂热地追捧它，并出资大量刊行——尽管他是共济会会员。

在德国，议定书自然有现成的听众，极端民族主义者如获至宝。其中最著名的拥趸是战争"英雄"埃里希·鲁登道夫（Erich Ludendorff）将军。德国战败后，将军登上政治舞台，开始四处宣扬"背后捅刀子"的神话。他相信——他最好是真信——失败不是德国将军的错。相反，罪魁祸首在大后方，民众中各种各样背后捅刀子的人削弱了部队的战斗力。在他们当中，犹太人当然是最坏的；但也有政客和奸商、罢工者和逃避责任的人、天主教徒和共产党人、马克思主义者，以及虽名列最后但同样重要的自由石匠。鲁登道夫已经确定了很多敌人。这些人如今都掌管着魏玛共和国。或者，他是这么宣称的。

阿道夫·希特勒在一战期间只是一名下士。他非常钦佩鲁登道夫将军，并毫无保留地接受了背后捅刀子的说法。这两个人在意识形态上几乎不存在区别：他们都极力推崇以"平民主义意识形态"为人所知、被打上种族主义标记的民族主义。1922年，他们在慕尼黑第一次见面。次年，鲁登道夫一身戎装，头戴尖顶头盔，参加了纳粹党在一家慕尼黑啤酒馆发起的暴动。暴动本应引发一场"向柏林进军"的行动，就像墨索里尼前不久发动的"向罗马进军"行动那样。政变失败后，前下士希特勒被捕入狱。前将军鲁登道夫因其声望太高而免于定罪。

在德国因拼命兜售共济会阴谋论而出名的鲁登道夫，现在获得了领导平民运动、兼管纳粹党的大好时机。但他搞砸了。此时他已拜倒在情人玛蒂尔德·冯·克姆尼茨（Mathilde von Kemnitz）的石榴裙下。作为一个信奉自然神论的异教徒，克姆尼茨不仅认为资本主义、马克思主义和共济会是犹太人手中的工具，甚至连基督宗教也是。这种观点对大多数纳粹分子来说都难以接受。而在鲁登道夫执意将耶稣会、梵蒂冈和教会圣统制纳入他庞大的叛徒队伍的同时，他竟然认为自己

阿道夫·希特勒（1889~1945 年）以及站在他右手边的埃里希·鲁登道夫（1865~1937 年）在对 1923 年啤酒馆暴动庭审时的留影

的观点能在天主教占主流的巴伐利亚畅通无阻，这简直太愚蠢了。纳粹党在各派的争吵中分裂了。

与此同时，阿道夫·希特勒声望日隆。尽管暴动失败了，但暴动本身，尤其是他在庭审时发表的振聋发聩的演讲，为他赢得了威望。在巴伐利亚州兰茨贝格（Landsberg）监狱服刑期间，他傲慢地摆出退出政坛的姿态，这种举动进一步提高了他的威望。希特勒不再参与日常政治活动，而是开始专心致志地写《我的奋斗》。这一部回忆录式宣言造就了他的世界观，清楚地表明他对犹太－共济会图谋不轨的说法深信不疑。希特勒断言，犹太人想要"拆除种族和公民间的屏障"，为宗教宽容而战。在此过程中，他们发现共济会是协助他们实现上述目标的"一个绝佳工具"。"资产阶级在政治和经济领域的统治团体和上层人物被共济会的绳子拉进了［犹太人的］网中，他们永远不需要怀疑发生了什么。"所以对希特勒来说，共济会是犹太人掌控的秘密工具, 是传播自由主义、反战思想, 增进犹太人物质利益的手段。

希特勒于1924年12月获释时, 断然拒绝乘坐鲁登道夫的豪华轿车返回慕尼黑。仅仅数周之后, 希特勒在比尔格布罗克勒 (Bürgerbräukeller), 也就是他于1923年11月发动政变的那家啤酒馆, 发表了精心准备的一篇演讲, 并以此为契机重振纳粹党。1925年2月27日周五晚8点, 3000名观众涌入比尔格布罗克勒啤酒馆, 聚集在造型犹如洞窟、天花板上悬挂着沉重吊灯的厅堂中, 挂着卐字符条幅的阳台上也挤满了人, 后面的人纷纷站在啤酒桶和椅子上仰起头, 想要看清楚里面的情形。

在两小时的演讲中, 希特勒简要介绍了《我的奋斗》的内容。他讲道, 日耳曼人正与犹太之恶展开生死攸关的种族斗争。在操纵国际金融的同时, 又煽动马克思主义-布尔什维克主义的"犹太人", 是一种"世界瘟疫和传染病", 是国民体内的寄生虫, 是需要消灭的细菌。希特勒是"天选之人", 注定要在即将到来的种族冲突中领导他的人民, 而这场冲突最终只能有一个结果: "不是敌人踩着我们的尸体走过去, 就是我们踩着敌人的尸体走过去。"

这位自封的元首在演讲中没有提到共济会。这让人感到奇怪, 原因有多个。纳粹之前一直向墨索里尼学习, 并且照搬过很多东西, 后者刚刚颁布了成就非凡的反共济会法案。正如《我的奋斗》表明的那样, 希特勒是一个坚定的反共济会分子。在1925年, 犹太-共济会阴谋论的说法并不鲜见; 对他的支持者来说, 它是一种政治必需品。那么, 为什么希特勒在比尔格布罗克勒啤酒馆演讲时没有谈及这个话题呢?

事实证明, 法国大革命之后, 人们对反共济会越来越上瘾, 原因部分在于人们可以很方便地用反共济会的说辞反驳任

307

何异议。心地善良的自由石匠会被认为是容易上当受骗的那种人，他们被共济会总会长们精心修饰的外观迷惑了，浑然不知它背后隐藏着阴险的计划。打探不到普通会所内不可告人的秘密没什么大不了的，因为真正的危险藏在隐秘的会所里。不知何故，共济会恶魔的真面目总是不能清晰地显露出来。自由石匠们也似乎因此变得更加狡猾和无孔不入。

对希特勒来说，这种反共济会的优势也是一种劣势：它使敌人的轮廓变得模糊不清。他需要让他臆想中的雅利安种族所面临的威胁变成有形的、活生生的存在。区分无辜者与有罪者的过程，既不能留有疑虑，也不能过于复杂。他痛恨共济会，但如果让对它的任何打击扰乱了对犹太人的开战，那么他的意识形态就失去了简单明了的特性。他的政治本能战胜了他的狂热，告诉他对共济会的仇恨是一种灵活的工具，可以在它有助于传播怀疑和困惑时加以运用。希特勒在反共济会方面的表现展示了他将狂热主义与实用主义相结合的能力：他对"犹太人"压倒一切的、强迫性的仇恨使其意识形态中的其他部分，如反共产主义，能够在它们传播最广、最有影响力的时候，再被拿出来利用。

因此，那天晚上，在比尔格布罗克勒啤酒馆，希特勒没有提及共济会，而是发表了一些关于战略的犀利评论。他想的是为了让群众易于理解，有必要把事情简单化，"只选择一个敌人，这样每个人都能看清，只有这个人才是罪魁祸首"。他心目中唯一的敌人当然是犹太人及其政治伪装——"犹太布尔什维克主义"。但啤酒馆里的纳粹分子都明白，有关战略的言论，以及在共济会问题上的沉默，都是在抨击当晚缺席的一个特殊人物——埃里希·鲁登道夫将军，希特勒的这个名人对手对共济会太偏执，因此树敌太多。

比尔格布罗克勒啤酒馆演讲后，这位纳粹领导人马不停蹄地采取了下一步行动。几天后，希特勒假意奉承鲁登道夫将军，诱导他作为纳粹党候选人参加总统竞选，向全国选民宣扬他混乱的主张。结果是鲁登道夫只获得了略高于 1% 的选票，很快就成了政治上的弃儿。

第二年，鲁登道夫与玛蒂尔德·冯·克姆尼茨结婚，随后，这对夫妇沉浸在种族神秘主义和阴谋妄想之中。玛蒂尔德最终相信共济会会员，甚至那些犹太大阴谋家，其实都是傀儡，有人在一个实验室里牵拉着拴在他们身上的线。她丈夫，前民族英雄，则在媒体上成了令全国人民汗颜的人物。1927 年，鲁登道夫出版了《通过揭露共济会的秘密来消灭共济会》。他在书中称，共济会的仪式意在把兄弟们训练成"人造犹太人"，他们穿围裙是为了掩盖他们割了包皮的事实。即使对照共济会之前的曝光风格，这本书也是愚不可及的。但这并没有阻止它热卖，到 1940 年该书累计销量高达 18 万本。

这时候，希特勒觉得自己有能力蔑视被他击败的政治对手。于是借着这本书，他指责鲁登道夫是共济会会员。

精神石匠和犹太人

毋庸赘言，德国共济会根本不可能发挥鲁登道夫和希特勒宣称的那种影响力。

1925 年，当希特勒在比尔格布罗克勒演讲时，德国境内共有 632 个会所和 8.2 万名会员。德国的石匠往往是律师、教师、公务员、商人、新教神职人员等。但他们内部分裂的状况比意大利兄弟们更严重：他们在至少 9 个不同的总会所活动，其中包括我们在前文提到的汉堡总会所。在 1920 年代两极分化的政治环境中，会员之间的分歧明显加深。争吵的主要起因是犹太人的会籍问题。

共济会带有怀旧倾向的史实叙述想让我们相信，大多数德国共济会会员都以宽容的名义，在道德上反对纳粹主义。事实恰恰相反，他们越来越多地成为平民主义运动的支持者。今天的共济会会员可能想要相信，他们的兄弟们在面对希特勒的恐怖时会坚守自己的价值观；但从当今杰出的共济会历史学家以公正严谨的态度记录的史实来看，悲惨的事实真相证明他们错了。

大概在 18 世纪晚期，犹太人与共济会之间真正开始建立联系，当时欧洲各国的社区民众开始接受启蒙运动的世俗价值观。与此同时，欧洲各国逐渐给予犹太人更多的公民权。在这一历史进程中，共济会会所对被同化的犹太人提供了一个天然的过渡区，因为这里体现着共济会的英国创始人所倡导的对种族和宗教的宽容态度。犹太人也觉得共济会的符号易于接受：一些符号（比如直角尺和圆规）与宗教信仰无关，而另一些则源于他们熟悉的《旧约全书》（比如所罗门神殿）。

在 19 世纪，犹太人融入共济会的过程在不同的时间和地点断断续续地进行着。德国于 1871 年完成统一后，各邦国延续下来的共济会组织并没有随之整合，而是建立了一种松散的伞形组织，各个独立会所相互承认，和平共处。由于这些会所在是否接受犹太人方面的态度和做法各异，到了 19 世纪末，反犹太主义和平民主义思潮的兴起使这种本就不自在的共存关系变得紧张起来。

德国的 9 个总会所大体上分为两派，其中 6 个属于被称为"人道主义总会所"一派。承认人道主义总会所权威的这派兄弟在政治光谱中往往居于中间和中间偏左，并愿意接受犹太人入会。汉堡总会所属于这一派。然而，绝大多数共济会会员（约占三分之二）都属于统称为"老普鲁士总会所"的另外3 个总会所，而且这一派历史悠久，声望更高。老普鲁士总会所公开反对犹太人，认为人道主义会所是"和平主义和世界主义"思想泛滥的危险中心。老普鲁士总会所中的许多成员同情平民主义运动中的极右势力，而极右势力对犹太－共济会的阴谋论有着天然的亲和力。1923 年 5 月，慕尼黑的一个老普鲁士会所邀请鲁登道夫参加为公众人物举办的"启蒙"晚会。该会所的会长认为，共济会应该有一个"种族主义基础"，因此想说服像鲁登道夫这样的种族主义者，共济会是他们的朋友而不是敌人。鲁登道夫接受了邀请，但同时他反共济会的谵妄状态没有改变。

1924 年，雷根斯堡（Regensburg）的一个老普鲁士会所采用了纳粹卐字符作为它的标记。在离希特勒上台还有很长时间，也就是自 1926 年起，两个老普鲁士总会所就开始考虑改革它们的仪式，去除让人轻易就能联想到具有犹太色彩的《旧约全书》相关内容，代之以源于条顿民间传说、具有鲜明雅利安特征的符号。当老普鲁士总会所听说有人指责他们是犹太人的工具时，他们自豪地表示，他们当中没有一个犹太会员——从而将矛头引向秉承更宽容的人道主义立场的会所里的兄弟们。

人道主义总会所则有气无力地辩称，他们的成员中"只有"大约八分之一是犹太人。（无论真假，这个数字本身大致上比犹太人在总人口中的占比高四倍——尽管在社会上层人口中犹太人数量稍高，而共济会会员大多来自这个阶层。）在这个时候，越来越多的人道主义会所开始归顺到反犹太人的老普鲁士总会所门下。甚至在许多尚未改变立场的人道主义会所中，民族主义氛围也日益浓厚。犹太兄弟感到孤立无援是可以理解的；1920 年代末，他们成群结队地离开了兄弟会。到1930 年——离希特勒掌权还有 3 年——人道主义会所中犹太人会员的占比已经从八分之一下降到二十五分之一。

在华尔街证券市场崩盘导致全球经济衰退的大背景下，纳粹党的主张得到了越来越多的支持。尽管纳粹仍然把犹太人及

311

其假想的共产党傀儡视为民族敌人，但他们偶尔也会弄出点动静恐吓一下共济会。1931 年夏天，希特勒敦促纳粹党党员给他们遇到的共济会会员拍照，并记录他们居住的地址。

作为回应，老普鲁士总会所之一试图通过私人关系与纳粹高层沟通，具体地说就是找到赫尔曼·戈林（Hermann Göring），因为他有个同父异母的哥哥是共济会会员。他们打算再次把污水泼到人道主义会所身上，以确保老普鲁士会所安全过关。他们的努力失败了，戈林拒绝会见共济会的使者。

尽管遭遇了挫折，老普鲁士会所照旧不断向希特勒靠拢。1932 年夏天，老普鲁士总会所之一，德国自由石匠全国总会所，发表了宣言，从它的措辞和文风看，简直就像是希特勒的吹鼓手约瑟夫·戈培尔（Joseph Goebbels）的手笔。它宣称"我们德国的秩序是平民主义的"，然后抨击"乌七八糟、不分是非"的人道主义，以及"所有文化、艺术形式、种族和民族的混合和退化"。

我们应该弄清楚德国共济会内部究竟发生了什么。这不仅仅是自由石匠群体反映了整个国家中产阶级总体倾向的问题。换句话说，他们的表现不只是出于渴望更多的秩序，尽管这个因素无疑是存在的。他们中的许多人在展望未来时，都向往着自己所在的兄弟会在实施平民主义理想的过程中，能发挥主导作用。他们想把共济会的使命从培养更具传统道德修养的人，转变为致力于一个将犹太人排除在外，创造更纯洁、更进取的雅利安种族的计划。

雅利安化

1933 年 2 月 27 日，在纳粹党的比尔格布罗克勒啤酒馆集会过去整整 8 年后，一个名叫马里努斯·范德鲁比（Marinus van der Lubbe）的荷兰建筑工人给刚刚被任命为总理的希特勒提供了一个绝佳机会，使得后者趁机把联合政府变成了极权政体。失了业又无家可归的范德鲁比从荷兰来到柏林，打算烧毁国会大厦来发泄他内心无法排遣的苦闷。纳粹党不失时机地把这一事件说成共产党发动政变的信号，紧接着就以此为借口，促使国会通过了一项废除公民自由的紧急法令。不久之后，一项《授权法案》修正了宪法，允许希特勒在不征求国会或总统意见的情况下，颁行他喜欢的任何法律。独裁统治由此开始。

纳粹锁定的首个敌人是共产党人，他们成为一波疾风暴雨般的殴打、折磨和谋杀行动的受害者。接着就轮到社会民主党和工会承受希特勒狂暴的"冲锋队"（SA）或"褐衫军"的铁拳。身着褐色衬衫的"冲锋队"是纳粹党的一个拥有40万人的武装组织。他们私设临时惩戒营和关押持不同政见者的监狱。这里属于法外之地：被关押的人被任意抢劫、强奸，并遭受非人的虐待，或者"在试图逃跑时"被枪杀。最后一个反对党天主教中央党被镇压之后，与纳粹党联合组阁的德意志国家人民党，也成了被打击的对象。

希特勒将纳粹的政治对手一一清除之后，便转而打击妨碍他创建纳粹社会的任何人或任何事，比如提倡性健康、避孕或同性恋权利的诊所或游说团体。有黑帮嫌疑的团伙和流浪者群体都被列入打击之列。许多市长被强行罢免；医院、法院和其他公共机构遭侵扰。代表农民、企业家、妇女、教师、医生、运动员甚至残疾退伍军人利益的各类协会被接管，并被改造成了服从纳粹党的下属机构，且禁止犹太人入内。犹太教会堂遭到袭击、掠夺和焚烧。犹太人当街遇袭。公务员队伍被"雅利安化"，即所有犹太人都失去了公职。犹太人和政治立场可疑的大学教授被解雇。犹太人被逐出管弦乐队和艺术学院、广播电台和电影制作公司。冲锋队打到哪里，立法行动就跟到哪

313

里。到了 1933 年夏天，德国已经变成一党制国家，通向希特勒的种族反乌托邦之路已经清晰地显现出来。

那么共济会呢？他们显然躲过了一劫，没有遭到冲锋队向希特勒的左翼敌人和犹太人展开的那种系统性攻击。希特勒对眼下要做的事有轻重缓急的考虑，虽说他当前的处境相当于墨索里尼在 1925 年建立法西斯独裁统治的阶段，但他们要优先解决的问题并不一样。共济会在纳粹打击名单上位置非常靠后。打击他们的紧迫性甚至还不如打击爵士音乐家。尽管如此，在冲锋队横行的最初几个月里，还是有零星的袭击事件发生——尽管残暴程度不及意大利。1933 年 3 月 6 日，在杜塞尔多夫的一个会所里，5 名身穿制服的冲锋队队员带着一群穿着便服的人找上门来，要求查看会所记录。当开门的兄弟要求他们提供身份证明时，他们说"上了膛的手枪就是我们的证明"，然后强行进入会所。他们砸开保存记录的柜子，把文件搬上停在门外的卡车。当会所负责人告诉他们，会友们正在追悼一位死去的兄弟时，这些人才不声不响地撤离了会所。同年8 月，在普鲁士瓦尔塔河畔的兰茨贝格市（Landsberg an der Warthe），一个会所的成员被胁迫投票赞成将他们所有的资产转让给当地一支突击队。

共济会面临的一个潜在威胁来自告密者——为了讨好纳粹政权而甘心情愿背叛入会誓言、出卖兄弟的共济会会员。他们向纳粹讲述会所的各种故事。无论是出于对纳粹意识形态的追捧，还是出于恐惧，个别共济会会员开始脱离兄弟会，共济会的会堂也渐渐安静下来。在下萨克森州的哈梅林（Hamelin），一位会所会长穿着党卫军制服出现在一次聚会上，并当场下令会所解散，这让兄弟们大吃一惊。共济会领导层的信心迅速荡然无存。在 1933 年春天，德国共济会就已分崩离析了。

为了应对危机，3 个老普鲁士会所于 1933 年 3 月 21 日联合致信希特勒，这一天恰好是"波茨坦日"（Day of Potsdam），纳粹政权举行了全国性的庆祝活动来纪念他们成功掌权。这几位总会所领导人在信中保证，会所将忠于他们的"民族和基督教传统"，并"坚定不移地效忠国民政府"。他们希望用这种表忠心的方式换取政府的支持。他们焦急地等到了4月初，终于收到了好消息，几位总会长总算是与赫尔曼·戈林见了面。但他们在会议桌前坐定之后，才发现事情并没有朝他们希望的方向发展。戈林用拳头敲着桌子，咆哮道："你们这些该死的蠢猪，我要把你们和这群犹太人一起扔进蒸锅里去！……民族社会主义国家里没有共济会的容身之地。"

结局已定。纳粹迟早会效仿意大利法西斯查禁共济会。

在与戈林会面后不久，老普鲁士总会所之一采用了纳粹党所用的卐字作为会所标志。另一个会所想要用自己独创的方式解决这个问题。它放弃了旧名称"德国自由石匠全国总会所"，改称"德国基督团"；它的宪章规定"只有雅利安血统的德国人"才能成为成员。它还取消了相关规章制度中所有指向犹太人和共济会的符号和词汇，并张贴了一份通告称："我们不再是自由石匠。"另外两个老普鲁士总会所迅速响应，共同采取措施支持这一行动。

相比之下，人道主义总会所的步调没那么一致。分别位于达姆施塔特（Darmstadt）、德累斯顿和莱比锡的3个总会所效仿老普鲁士会所的做法，驱逐犹太人并不再自称共济会。另一个人道主义总会所，总部位于法兰克福的折中联合体（Eclectic Union），大约在同一时间解散，但随后立即重组为一个雅利安人的版本，可能是为了避免其房地产被没收。巴伐利亚州拜罗伊特（Bayreuth）太阳总会所总会长于1933年4月12日宣布，本会将推行雅利安化改造，礼貌地要求犹太兄弟们自行脱离，并为他们做出这种无私举动提前表示感谢。仅

315

仅 6 天后，这位总会长认识到一切都是徒劳，于是选择了在当时的形势下，维护共济会尊严的唯一现实的做法：宣布总会所解散，并要求辖下的各会所照此执行。

到了 1933 年秋天，虽然共济会还没有被官方查禁，但它在德国仅剩下了躯壳。幸存下来的前总会所如今已经被雅利安化并重组为德国基督团，但仍会遭受零星的攻击和没收。然而，他们依然希望通过磕头求饶来获得当局某种形式的认可。他们为何一直保持这种希望？德国纳粹为何比意大利法西斯花了更长时间才消灭共济会？原因正是 1925 年希特勒在比尔格布罗克勒啤酒馆凭直觉认识到的：认定谁是或谁不是共济会会员很简单，他要专心做的是对付一个单一的敌人。

在纳粹看来，创建德国基督团只是共济会耍的新花招。共济会不能简单地一禁了之。查禁之后怎么办？如何处理随处可见的前共济会会员？许多人还在已并入纳粹政权的机构中任职，应该开除他们吗？还是禁止他们在政府部门里工作？该怎么划出一条分界线？在老普鲁士会所和老人道主义会所之间加以区分吗？还是在纳粹夺权之前就脱离共济会的成员与之后被动服从的成员之间加以区分？在一些地方，盖世太保暂停了反共济会的讲座，因为他们认为这些讲座吸引了不受欢迎的老将军鲁登道夫的追随者。形势更混乱了，因为纳粹政权中的冲锋队、党卫军、盖世太保以及另外一些机构乃至个人都在争夺对后来所谓的"共济会问题"的控制权，也就是洗劫众多会所的权力。1934 年 1 月，元首甚至一度暂停了针对共济会的行动，以缓和纳粹党内愈演愈烈的争斗。前老普鲁士总会所还是忠心耿耿，他们把这一动向解读为一种充满希望的迹象。让他们重燃希望之火的另一个迹象，是一位名叫亚尔马·沙赫特（Hjalmar Schacht）的前共济会会员在希特勒政府中出任中央银行总裁，后来又兼任经济部长。

就希特勒而言，如今与1925年一样，政治算计遏制了他反共济会的冲动。一些草根自由石匠看得更清楚，知道留给他们的时日不多了。瓦尔特·普莱辛（Walter Plessing）就是其中一个，他与父亲和祖父一样，是波罗的海海滨城市吕贝克（Lübeck）的一个老普鲁士会所的会员。1933年9月，他为了加入纳粹党而脱离共济会，并成功加入了冲锋队。几个月后，当人们发现他原是一名石匠后，他被迫退党。1934年3月，当他听说冲锋队也要将他除名时，他选择了自杀，并把自己所有的积蓄都留给了希特勒。他在遗书中抗议自己被当作叛徒和"三等德国人"，声称他本人及其所在的会所都"与犹太人或犹太文化"没有任何联系。

317

纳粹对共济会的政策直到1934年7月和"长刀之夜"——对冲锋队和其他政治敌人展开的野蛮清洗——之后才变得明朗起来。此后，党卫军接管了共济会问题。1934年10月，党卫军情报局的一名新成员阿道夫·艾希曼（Adolf Eichmann）经受了对他管理技能的第一次考验：他奉命编制一份共济会会员的索引。他出色地完成了这项工作，得到了上级的赞赏和信赖，并被调到党卫军负责犹太人事务的部门工作。他将一直在这个岗位上工作，并最终成为运输与屠杀犹太人后勤作业的负责人，在执行希特勒对"犹太人问题"的"最终解决方案"中发挥了臭名昭著的作用。

最后，在1935年春天，前石匠组织被告知要彻底解散或者被迫解散。无论以哪种方式解散，他们的资产都会被没收。总会长们同意这样做，但要求当局公开免除所有认为共济会对纳粹不忠的指控。这个条件未得到满足。解散工作在夏天进行。

上述情形把我们带回到这个故事开始时的悲伤场景：汉堡总会所在兄弟们的啜泣声和莫扎特的《魔笛》曲调中最终关闭。

　　汉堡总会所一直是一个自由开放的共济会组织中心，属于人道主义总会所一派，也就是说它接纳犹太人入会。值得称道的是，在纳粹掌权之前，总会长里夏德·布罗泽确实试图躲避希特勒攻击的锋芒。他以透明作盾牌，对付希特勒。1931年8月，他发表了一封致希特勒的公开信，主动提出允许他们共同认可的调查人员公开查阅总会所的档案。此外，他承诺，如果发现全体石匠做过任何损害国民利益的事，他就关闭总会所。

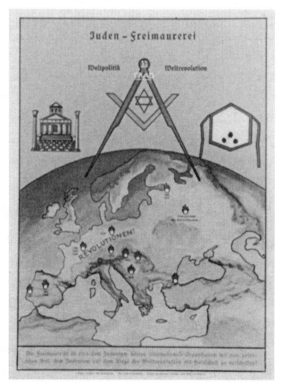

纳粹的海报（1935年）："犹太人 - 共济会。全球政治 - 世界革命。共济会是一个受制于犹太势力的国际组织。它要实现的一个政治目标是通过发动世界革命寻求犹太人的统治。"

布罗泽的尝试注定要失败。因为无论多高的透明度都无法 318
让阴谋论者安心。希特勒没有任何回复，而是交由资深的纳粹
理论家阿尔弗雷德·罗森贝格（Alfred Rosenberg）出面应付
此事。罗森贝格认为布罗泽的提议是典型的共济会骗局，根本
不值得考虑；他还奚落道，纳粹把所有的石匠都视为叛徒。

希特勒刚一掌权，布罗泽就像其他人道主义总会长一样迅
速背叛了共济会秉承的宽容价值观。1933 年 4 月 12 日，他宣
布总会所仅向"有雅利安血统和基督教信仰的德国人"开放。
1935 年夏天，在盖世太保的监视下，已经雅利安化的汉堡总 319
会所正式关闭。很显然，自由石匠们在讲述汉堡总会馆关闭的
故事时，往往忽略了一个令人痛苦的细节：当晚置身于汉堡圣
殿现场的石匠们已经彻底摒弃了共济会的价值观，并毫无保留
地接受了纳粹的种族主义，试图以一个完全由基督徒组成的团
体示人，从而得以生存，但此举终究是徒劳的。若莫扎特泉下
有知，也不会安宁的。

没有一个历史学家能够准确重现 1935 年 7 月汉堡的那个
晚上，是怎样复杂的情绪让布罗泽和他的兄弟们潸然泪下。他
们肯定感到失落和受到不公正的对待，也极有可能感受到恐惧
和挫败。也许在他们举行最后一次仪式时，另一种感情涌上心
头：羞愧。

当时唯一公开站出来以共济会价值观的名义反对希特勒的
共济会团体，是德国象征派总会所，它既不属于人道主义派，
也不属于老普鲁士派。该会所成立于 1930 年，是由原人道主
义会所成员组建的，这些成员因坚决抵制反犹太浪潮，自行脱
离了人道主义会所。在德国共济会领导层中，只有象征派总会
所总会长利奥波德·米费尔曼（Leopold Müffelmann）在孤
军奋战。他是一名律师，一直在勇敢地抗争，甚至在希特勒掌
权后仍继续批评纳粹主义。1933 年 3 月 29 日，他公开宣布解

散他的总会所，同时采取措施确保它可以继续暗中运作。然而，仅仅过了数周，米费尔曼就不得不承认形势已恶化到危险的境地。于是，1933 年 6 月，在法兰克福举行的一次秘密会议上，他和德国象征派总会所的其他领导人决定，将他们的活动基地转移到耶路撒冷，尽可能在流亡中生存下去。

同年 9 月 5 日，米费尔曼因被一名告密者出卖，在柏林被捕。他先是受到盖世太保的一番审问，然后被押送到冲锋队设在松嫩堡（Sonnenburg）的惩戒营。他在那里遭到殴打，被迫做苦役。他本来就患有严重的心脏病，加之这种非人的折磨，最终于 1934 年 8 月不幸去世。

320 米费尔曼及其同道坚守共济会固有价值观的精神可歌可泣，但有一点需要强调，他们属于极少数，即使在巅峰时期也不足两千人。更重要的是，他们不仅是少数，而且未得到共济会主流机构的承认，无论是老普鲁士派还是人道主义派，均拒绝承认他们作为自由石匠的合法身份。因此，正如一位历史学家指出的那样，共济会将德国的象征派总会所奉为"共济会受害和勇敢抵抗的典型代表"的做法与事实不符，这是一种误导。

米费尔曼总会长是少数几个因在共济会内部活动而受到迫害的自由石匠之一。事实上，在共济会所称的受纳粹迫害的会员中，无论人数是 8 万还是 20 万，或者任何别的数字，绝大多数人遭受迫害的原因都说不清楚。就以卡尔·冯·奥西茨基（Carl von Ossietzky）兄弟为例，他在国会大厦纵火案发生数小时后被捕。他被关押期间得到的食物极少，被迫做苦工。营地看守经常冲着他大喊"犹太猪"和"波兰猪"，并对他拳打脚踢。（其实他既不是犹太人，也不是波兰人。）到了 1935 年11 月，当一名红十字会工作人员探望奥西茨基时，发现他"浑身颤抖，脸色煞白，已经失去了人样，看上去无异于一具行尸走肉。他的一只眼睛肿胀着，牙齿被打掉了，拖着骨折后愈合情况极差的一条腿……这个人经受了所有非人的磨难，已经濒临常人生理上的忍耐极限"。他的忍耐力也真是够惊人的，在经受了长达 18 个月的残酷折磨后，他在 1938 年 5 月终于告别了人世。

奥西茨基既是共济会会员，也是纳粹受害者。但他之所以遭受迫害，并非因为他是共济会会员。他被迫害致死的原因在于，他是一名左翼知识分子、著名记者和纳粹主义批评家，也是一名曾向国际社会报告德国非法重整军备计划的和平主义者。1936 年，他在集中营里被授予诺贝尔和平奖。

究竟有多少共济会会员死于纳粹政权的迫害？这项研究尚未完成。但不管怎么说，被谋杀的共济会会员总数绝不可能达到 20 万。因为就算把德国军队在二战期间所占国家里的共济会会员全部加起来，20 万在其中所占比例也会高得令人难以置信。有一点可以肯定，绝大多数死难者并非因为他们是共济会会员而被杀害，而是因为他们是犹太人。奥地利很可能是个典型的例证，它在 1938 年 3 月德奥合并（Anschluss）后，成为第三帝国的一部分。当纳粹军队进入奥地利时，该国境内有 800 名共济会会员。维也纳总会所遭到突袭，总会长被捕；他本已重病在身，在被监禁期间去世。纳粹迅速着手废除奥地利的共济会，就像他们在德国所做的那样。据计算，1945 年前有 101~117 名兄弟被谋杀，另有 13 人自杀，561 人被迫流亡。但只有当我们意识到早在德国人进军奥地利之前，大多数天主教石匠就已纷纷脱离共济会时，这些数字才有意义。在纳粹到来之前，由于不堪忍受奥地利天主教 – 法西斯政府在 1933 年后实施的骚扰，数百名石匠已经放弃了会员身份。当纳粹于 1938 年到达时，仍留在会所中的会员大多是犹太人，占到当时总计 800 名会员的三分之二。

321

尽管德国的纳粹政府粉碎了共济会，但它并没有像对待其他团体一样，疯狂地迫害并残杀个别共济会会员。毕竟，《我的奋斗》给非犹太石匠提供了一个免责条款。希特勒在这本书中说过，普通共济会会员"从不需要怀疑"犹太人是幕后主使。所以，在绝大多数情况下，一个兄弟只要公开认错就足以避免受虐待并被送往集中营的厄运。甚至对前共济会会员的制度性歧视也被解除了，因为许多拥有专业知识和技能的共济会会员表明，他们可以成为纳粹社会忠诚而有用的成员。

共济会夸大了他们在希特勒手上经受的苦难，其理由不难看清。纳粹是好莱坞最喜欢塑造的坏人。与纳粹代表的暗黑恶魔相比，共济会的传统散射出高贵的光芒。但是，共济会对自身遭到纳粹镇压的误导性记忆，就好像"共济会"要跻身于历史上遭受最深重苦难的群体行列，这对那些真正遭受纳粹残酷迫害、境遇更加悲惨的人来说不仅不公平，而且是一种伤害。

或许它还造成了一种更显著的效果，这些共济会会员的悲情叙事转移了人们的注意力，让人们忽略了一个远比墨索里尼的意大利和希特勒的德国更残酷、更彻底地迫害共济会会员的政权：弗朗西斯科·佛朗哥（Francisco Franco）将军统治下的西班牙。

第14章 萨拉曼卡：土狼和姘妇

死亡万岁！

西班牙内战爆发后没几天，大批共济会会员就开始遭到
屠杀。

1936年7月17日，驻摩洛哥的西班牙殖民军发动叛乱，
反对当时民主的共和国；叛乱迅速蔓延并通过直布罗陀海峡到
达西班牙本土的一些军营。西班牙被一分为二。在军事叛乱失
败的区域，包括马德里和巴塞罗那，共和国保持着控制权——
尽管到处都是乱哄哄的，因为没有人知道军队和警察中的哪
些人会保持忠诚，同时主张革命的左翼分子占领了许多地方的
街道。在叛乱成功的地区，依照戒严令建立了一个民族主义政
权。随着由殖民军和摩洛哥雇佣兵组成的非洲军团不断攻城略
地，向前推进，民族主义者也从最初位于西南部的一小片区域
迅速扩张，控制范围越来越大。1936年9月，战功赫赫的非
洲军团得到奖励，其指挥官弗朗西斯科·佛朗哥将军被推举为
反叛方的最高军事和政治领导人。他随后不久就采用了"考迪
罗"（Caudillo）的称号——相当于意大利语的Duce（领袖）
和德语的Führer（元首）。

在民族主义的西班牙，军队和右翼民团实施了恐怖统治。
他们公开放言要清除祖国肌体内的政治和文化"污染物"。任
何与共和国及其机构、政治左派甚至世俗现代性有牵连的人都
有可能被逮捕、折磨和处决，例如工团主义者和政治家、工人
和农民、自由主义者和知识分子、获得解放的妇女和同性恋者
等。遇难者多达数万人，其中有许多共济会会员。

大多数共济会死难者是在内战爆发之初的几个月被杀害
的，当时的暴力行动并不是统一策划的，因此几乎没有留下任
何书面资料供历史学家考证。民族主义者最终在内战中胜出，

从而掌握了所有相关的书面证据，而这些文件都是还原历史真相的依据。今天，在民主政治恢复 40 多年后，西班牙内战期间对平民犯下的罪行仍然是一个鲜活的、存在诸多争议的研究课题。共济会会员究竟遭受了怎样的迫害鲜有人关注。因此，我们远未计算清楚究竟有多少共济会会员受害。直到 1975 年佛朗哥死后，一些历史学家才尝试评估共济会会员在内战时期的受难情况。初步研究的结果零零碎碎，不成系统，但已足够令世人震惊了。在萨拉戈萨市（Zaragoza），康斯坦西亚（Constancia）会所的 30 个兄弟被谋杀。在非洲海岸的休达镇（Ceuta），"寡妇之子"（Hijos de La Viuda）会所痛失 17 个兄弟。在直布罗陀湾的阿尔赫西拉斯市（Algeciras），特拉法尔加会所的 24 个兄弟遇难。维哥市（Vigo）的维库斯会所中的兄弟除少数幸存者，其余全部被杀害。在摩洛哥的得土安（Tétouan）、加那利群岛的拉斯帕尔马斯（Las Palmas）、拉科鲁尼亚市（La Coruña）、卢戈市（Lugo）和萨莫拉市（Zamora）等地，共济会会员被消灭殆尽。

　　这个名单还很长。但是西班牙内战爆发初期针对共济会的暴行至今依然笼罩在道听途说和内战宣传的迷雾之中，难以看清全貌。没有人能确定现有统计是否可靠。尽管如此，迄今的研究成果足以证明，西班牙右翼分子在反共济会活动中表现出了绝无仅有的邪恶。当然，在估算纳粹主义统治下共济会受难情况的尴尬问题也会出现在统计西班牙共济会受迫害人数时：这些西班牙兄弟只因为是共济会会员就被杀害了吗？还是另有原因？

325　　研究人员现在只在少数地方进行了调查。例如，我们知道，在格拉纳达市（Granada），大约 35% 的共济会会员死于暴力活动。然而，有证据表明，他们之所以被处决，是因为他们是民主党派的党员或共和政府机构中的工作人员，而不是因为他们是共济会会员。1936 年 8 月初，民族主义当局抢走了该市 3 个会所的会员名录。他们在随后展开的调查中发现，名单上的许多人早已因其他理由被处死。幸存下来的兄弟都被投入监狱。

在塞维利亚（Seville），一些会所遭到突袭，会员名单被刊登在天主教和右翼媒体上，这其实是在给私刑暴力发信号。在这里，最有可能被杀害的共济会会员是那些在共和国机构中担任重要职务的人。对于叛乱的反对者来说，如果同时是共济会会员就很可能会罪加一等，有可能被行刑队处死，而不只是被送往集中营。少数人，尤其是塞维利亚地区会所总会长和他的儿子，被处决的原因无非是他们在兄弟会中地位较高。相形之下，大量会员争先恐后地离开共济会，并公开表示支持叛乱行动，从而保住了人身自由和正常生活。塞维利亚和格拉纳达都是民族主义暴力活动最猖獗的地方，但这两地的会所无一惨遭团灭。

一个显而易见的事实是，并非所有死去的石匠都是因为他们的会员身份而被杀害。然而当时，民族主义阵营中的各派势力都相信，心怀鬼胎的共济会已经渗透到了共和国的各个角落，它的影响之深，让任何人都可能被会所利用。暴行此起彼伏。许多人因他人毫无根据或夸大的证词而遭受责难。一些民族主义团体，如名为"长枪党"（Falange）的西班牙法西斯主义政党，会利用他们手头的任何消息源自行编制死亡名单。由此造成一种不可避免的结果，那就是许多被当作共济会会员处死的人实际上与共济会毫无关联。

在民族主义西班牙心脏地带闹得沸沸扬扬的一件事，让这场悲剧进入了人们的视野。1936 年 9 月下旬，各路政变部队的头面人物在萨拉曼卡（Salamanca）开会，推举弗朗西斯科·佛朗哥将军为他们的最高领导人。萨拉曼卡作为民族主义政权的首都是个理想的选择。这里的民众观念一向保守，世界上最古老的大学之一也坐落于此；另外，它距离葡萄牙足够近，一旦内战局势对叛军不利，反叛的将军们可以快速逃离西班牙。为表示教会的支持，萨拉曼卡的主教把他的宅邸腾出来，充当佛朗哥将军的司令部。过了不久，各界人士集聚在距司令部几百米的萨拉曼卡大学大礼堂的石拱门下，举行公开仪式纪念哥伦布"发现"美洲和由此形成的西班牙帝国遗产。主教和佛朗哥的妻子都参加了纪念仪式。何塞·米连·阿斯特赖（José Millán Astray）将军是仪式上的主题发言人，他是佛朗哥麾下作战最勇猛的将军，在殖民战争中失去了一个胳膊和一只眼睛。阿斯特赖将军高谈阔论，演讲在西班牙外籍军团高喊战斗口号"¡Viva la Muerte!"（死亡万岁！）中达到高潮。

这个口号震惊并激怒了主持活动的老人：西班牙伟大的作家之一，萨拉曼卡大学校长米格尔·德乌纳穆诺（Miguel de Unamuno）。乌纳穆诺曾是共和国的支持者，但他对其统治下的混乱局面大为不满。然后他开始支持军事政变，但在见识了叛军乱用暴力后又改变了立场。在米连·阿斯特赖将军说话时，乌纳穆诺把手伸进口袋，那里面有他一位朋友的妻子写的请愿信；这位朋友是该市的新教牧师，因是共济会会员而被捕。乌纳穆诺掏出信，在背面潦草地写了几笔——作为他讲话的要点，这成为他毕生最后一次也是内战中最令人难忘的一次公开演讲。

乌纳穆诺表现出惊人的勇气，他站起身并开始讲话，痛斥米连·阿斯特赖是个瘸子，也想让西班牙变成瘸子。他接着警告将军，民族主义者虽有强大的武力作后盾，但缺乏理智或正义。"你能以力服人，但你永远不能让人心服口服。"这句口号将回响在佛朗哥独裁统治的漫长岁月里。

乌纳穆诺很幸运地活着走出了萨拉曼卡大学校园，但他为

327

1879 年讽刺莱奥·塔克希勒的漫画，当时他因诽谤罗马教廷而被革除教籍

在塔克希勒经历了"奇迹般的回心转意"，重归天主教怀抱之后，他开始曝光共济会的黑幕。他宣称，石匠们崇拜山羊头恶魔巴风特（如图所示）

左：维多利亚女王的继承人，爱德华亲王，于 1875 年出任英格兰联合总会所总会长。维多利亚执政时期，共济会深度介入了王政与帝国双重事业。

右：1872 年，农产品经纪人、孟加拉人普罗松诺·库马尔·杜特历经波折，最终克服了共济会不接受印度教信徒的歧视性做法，加入了共济会

在大英帝国治下，共济会会员游行是一种常见活动。此处图片表现的是 1910 年，英格兰联合总会所总会长，康诺特公爵（Duke of Connaught）带领会内兄弟穿过罗德西亚布拉瓦约市（Bulawayo）

多个法西斯政权出于宣传上的需要假造了共济会会所。这个位于萨拉曼卡市的假造会所仍在向游客开放，它充分展现了西班牙独裁者弗朗西斯科·佛朗哥对共济会深深的疑惧

"一个犹太人手里牵着线。他的背后是谁，是如何操纵的？反共济会展览将给出答案。"这幅宣传画结合了反共济会和反犹太人的主题，在为纳粹占领下的塞尔维亚一个展览会做广告（1941年）

在种族隔离期间，普林斯·霍尔共济会分会成为非裔美国人社区的一个重要资源。这张照片记录了纽约迦太基人会所第47号的兄弟们（1907年）

在担任美国总统的14位共济会会员中，杜鲁门是最虔诚的。在这幅1949年的画像中，他身穿密苏里州总会所总会长的全套礼服

共济会从未像在1950年代的美国那样受到如此广泛的欢迎，或者如此大张旗鼓地展示其仪式。这幅图片表现的是布鲁克林的石匠们在1956年专为《生活》杂志重演了所罗门神殿的献祭仪式

1963 年，密西西比州：在被杀害的民权活动人士梅德加·埃弗斯的追悼会上，他的妻子米尔莉和孩子们在哀悼。埃弗斯的案例揭示了普林斯·霍尔共济会与民权运动之间的紧密联系

就在同一时期，白人共济会在纽约世界博览会上通过富丽堂皇的共济会兄弟中心向世人展示它对美国人生活的贡献

声名狼藉的宣传会所 2 号（P2），可敬的会长利齐奥·杰利。人们后来在他家花园里的陶土花盆里发现了金条

1980 年 8 月，博洛尼亚火车站爆炸事件造成 85 人死亡。可敬的会长杰利被指控密谋掩盖犯罪分子的行踪

2019 年，奥利维亚·肖蒙坐在巴黎一个会所会长的宝座上。她为推动法国大东方接受女会员并给予她们同等地位方面做出了不懈努力，最终于 2010 年取得成功

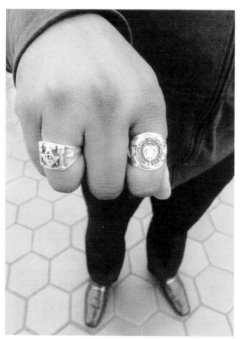

引以为傲的传统标志：哥伦比亚特区普林斯·霍尔总会所总史官、共济会会员詹姆斯·R.摩根三世展示他的两枚戒指，表示他是一名石匠和霍华德大学的毕业生。2019 年，华盛顿哥伦比亚特区

《从仪礼到仪式》（2009 年），著名的澳大利亚艺术家达尼·梅勒曾经是一名共济会会员，有着原住民血统。这幅作品探究了共济会和原住民信仰之间的共同点，以及共济会对原住民文化的毁灭性打击

在西班牙内战期间，弗朗西斯科·佛朗哥将军（1892~1975 年）
与妻子和女儿在萨拉曼卡留影

自己的张狂态度付出了代价，他随后被解雇并遭到软禁。1936
年 12 月，他给一个朋友写了一封信，抒发内心的苦闷。他写
道，"毫无理由的、极其残忍的迫害和谋杀"就发生在萨拉曼
卡。他们声称向布尔什维克开战，但实际上是在向自由主义
开战。任何人都可能卷入其中：共济会会员、犹太人、人权
联盟成员。"最近他们杀了这里的新教牧师，就因为他是共济
会会员，也因为他是我的朋友。很显然，这些狗——其中还
有一些真正的土狼——根本不知道共济会和别的组织有什么
区别。"所以新教牧师没能幸免于难。萨拉曼卡埃尔曼蒂凯
（Helmántica）会所的 29 个兄弟也没有。

328

米格尔·德乌纳穆诺的精神彻底垮了，在写完上面这些话两个半星期后便去世了。假如他知道1936年的暴行只是开始，他心里会有何感受。佛朗哥及其追随者对共济会怀有的仇恨，注定会把他们拖入执迷不悟的深渊，并让共济会陷入一种独特的境遇。但在追踪共济会陨落的轨迹之前，我们需要弄清楚西班牙右翼在镇压共济会方面比他们在意大利或德国的同类更残暴的根源是什么。最简单的答案是：天主教会。1936年夏秋季，加入西班牙军队叛乱的各股势力全盘吸收了西班牙教会反共济会的愤怒和恐惧。

一场完全具有共济会特色的政治革命

共济会在西班牙发展初期经历坎坷，异端裁判所紧盯着它的动向。拿破仑于1808年入侵西班牙后，共济会获准在这里合法地建立会所；但在1814年恢复君主制后，它们再次被查禁。

此后，与在其他欧洲天主教国家一样，西班牙共济会的历史成为教会和世俗自由主义势力之间持久的文化战争的一部分。实际上西班牙教会在抵御世俗主义威胁方面成就斐然。就算共济会在1868年被合法化，但在君主立宪制下（1876~1923年）的西班牙，天主教仍然是国教：教育属于天主教的领地，任何人不得公开宣扬其他宗教。西班牙教会在享有优越地位的同时，仍对世俗主义者已经取得的成就心存嫉恨，其中包括共济会的合法化。天主教徒在许多政治问题上存在分歧，比如棘手的区域自治问题。然而，他们在憎恨共济会方面的立场则完全一致。在1880年代，莱奥·塔克希勒的作品一经问世便被迅速翻译成西班牙语。大量本土反共济会出版物也纷纷出现。

教会将共济会与世俗主义等同起来并不是完全错误的。在

19 世纪余下的 25 年里，西班牙共济会终于迎来了史上首个蓬勃发展的时期——当然，与法国和意大利等其他天主教国家相比，无论从规模还是实力上它都差得很远。在这一时期，会员增加到了一万多人，他们创办了 8 种共济会报刊。共济会会员自视为少数觉悟的人，坚决反对大众表现出的宗教狂热。他们积极撰文并发表在反教会的报纸上，兴办世俗学校。然而，就如在欧洲其他地方一样，西班牙石匠们也分属几个相互竞争的总会所，因此他们无法步调一致，难以发挥集体影响力。

共济会命运的转折点在 1898 年不期而至。这一年，西班牙在军事上惨败于美国，由此失去了它在美洲的最后一笔财富。持续了 4 个世纪的新世界帝国走到了尽头。西班牙天主教徒将这种国耻归咎于共济会会员——无论是居住在本土的，还是古巴的和菲律宾的。警方突袭了西班牙大东方和全国大东方会所设在马德里的总部，这是该国两个最重要的共济会管理机构。此后，共济会的会员人数逐渐下降。继 1898 年战败之后，军队内部也开展了反共济会运动。整整两代军官受到了一种信念的熏陶，那就是由共济会会员组成的第五纵队导致了西班牙的失败，也阻止了西班牙在摩洛哥开疆拓土。

20 世纪初社会变迁加速，强化了人们在教会与国家政权关系问题上的分歧，也让人们在许多类似议题上具有了立场更鲜明的主张。尽管共济会发展的势头受到了遏制，但教会对这个兄弟会的恐惧仍有增无减。天主教圣统制基于信仰、财产、秩序和家庭观念的社会愿景在现行秩序中渗透得越深，现行秩序就越无力应对现代化的挑战，教会也会树敌更多。自由主义者发起了世俗化运动，无神论社会主义的威胁隐约可见。国内已经发生了几次反教会权力的暴乱。在 1909 年巴塞罗那工人阶级的暴动高潮，即所谓的"悲剧周"期间，激进分子、社会党人和无政府主义者砍掉了一些宗教人物雕像的头，毁坏宗教

330

人士的墓地，并纵火焚烧教堂。这不是对神职人员和教会财产仅有的一次攻击。到第一次世界大战结束时，西班牙社会中的所有阶层都憎恨教会，尤其是城市中的工人阶级和南方大庄园中性情日益残暴的农民。西班牙共济会的命运岌岌可危：它与自由派思想的命运紧密相连，而自由派的思想日益受到左派和右派的蔑视。

1923 年，在罢工、骚乱和国际社会对布尔什维克革命的恐惧中，米格尔·普里莫·德里维拉（Miguel Primo de Rivera）发动政变，废除了宪政，建立了军事独裁，这让教会中的许多人非常满意。共济会受到骚扰，但未遭到查禁。在独裁的军政府统治期间，《锡安长老议定书》与它的犹太－共济会阴谋的报告一道，首次被翻译成西班牙语。从此以后，犹太人就与自由石匠在虚构的阴谋中结成了密不可分的伙伴。但犹太人的威胁基本上停留在虚幻层面，部分原因是早在 1492 年犹太人就被大量驱逐出境，那算是西班牙历史上的污点，侥幸留下来的人极少。相比之下，共济会会员的存在就显得尤为真实了。

没过几年，普里莫·德里维拉的独裁政权就垮台了，因为它试图推行回归传统的改革，招致了社会各界的抵制，甚至军队内部也有人站出来反对改革。它在倒下的同时，还拖垮了教会的老朋友——君主政体。当一个民主的共和国于 1931 年 4 月宣布成立时，世俗现代性的势力终于有机会引导西班牙远离教会，走向未来。共济会一向支持宪政理念，许多共济会会员在推进宪政过程中发挥了主导作用。在 1931 年 6 月选出负责起草共和国宪法的 468 名制宪会议代表中，有 149 人被认为是共济会会员——将近三分之一。考虑到全国只有大约 5000 名共济会会员，这个比例实在太高了。虽说共济会会员在制宪会议中的占比较高，但仍属于少数。但这并没有妨碍他们将共和国视为自己取得的成就。苏格兰礼共济会经办的杂志在一篇社论中指出："没有什么比西班牙的政治革命更具有共济会特征的了，它处处都表现出节制、公正、秩序、温和、人道、宽容和虔诚。"

这种志得意满、欢庆胜利的姿态，不由得让天主教徒，甚至是共和国的支持者，开始相信共济会的确有不可告人的阴谋。共和国宪法本身也令人生疑。除了信仰自由，它还引入了公证结婚和离婚。宪法还禁止修士、修女和教士组成的宗教团体在教育领域发挥任何作用。"西班牙不再是天主教国家了。"著名的共和党人部长曼努埃尔·阿萨尼亚（Manuel Azaña）在 1931 年 10 月得意地说。让天主教徒感到沮丧的是，阿萨尼亚将继续担任共和国总理，后来还当上了总统。政府发布了挑衅性政令，禁止公众举行宗教葬礼和游行活动。

这些措施只会激发人们反抗共和国的斗志和决心。仇视共济会俨然成了表明右翼立场的标签，而且肯定会在以共和国为敌的所有不同派别中赢得掌声。宣传的音量现在提高了好几个等级。天主教主办的《辩论报》刊文称，毫无疑问，"共济会会所的幽灵"正在幕后活动。有一次，西班牙王室正统派（Carlists）成员在帕伦西亚（Palencia）举行集会，他们追求近乎神权政治版君主制，其中一位重要人物在演讲时称："我们受制于少数共济会会员，我要大声宣告，假如他们想在我们中间持续推行去基督化，那么，我们完全有权利用一切手段反对他们。"1932 年，一个天主教青年运动组织发表行动宣言，公开向共济会"宣战"。天主教内反对共和国的各派都聚集到了新政党"西班牙自治联合会"（CEDA）旗下，该党的言论和作风均以纳粹主义为样板。该党的宣传贯穿着反共济会的基调："这个国家陷入了悲惨的境地，在痛苦中挣扎，根源就在于共济会组织和国际犹太人组织收买和指挥的疯子犯下的罪恶

332

和暴行……他们打破了教会和国家之间的神圣纽带。"

右派赢得了 1933 年的选举，这一度遏制了世俗主义前进的步伐。1934 年 10 月，西班牙自治联合会领导人出任战争部长，一履职便迅速采取行动，严禁共济会会员参军，6 名将军因此被解职。在 1936 年 2 月新一轮选举中，反共济会再次成为右翼阵营的战斗口号。"绝不能让他们得逞！绝不能让共济会得逞！"

虽然右翼口号喊得震天响，但也无力回天，1936 年的选举结果让左翼再次掌权，反教权势力回潮。西班牙社会的两极分化急剧加速。双方都组建了民兵。暗杀事件层出不穷。

在这种情况下，意在推翻共和国的军事叛乱计划迅速出笼。酝酿这些计划的核心人物埃米利奥·莫拉（Emilio Mola）将军认为，共和国本身就出自"一个种族的仇恨，这种仇恨是通过一个精心管理的组织传播的：我所指的不是别人，就是犹太人和共济会"。1936 年 6 月 30 日，莫拉向他在摩洛哥的同谋发出了一长串指示，叛乱将在那里开始。指示的内容包括"消灭左派分子：共产党人、无政府主义者、工团主义者、共济会会员等"。

两周后战斗开始，双方都进行了残酷的报复。郁积了几十年的怨恨突然不可遏制地喷发出来。在共和区爆发了反教权的屠杀浪潮，接近 7000 名神职人员遇难，其中包括 13 名主教和 283 名修女。这些谋杀往往采取具有一定象征意义的虐杀形式。在托莱多（Toledo）附近的托里霍斯（Torrijos），教区神父被剥光衣服鞭打，然后被迫喝醋，戴上荆棘王冠，背上扛着一根横梁。最后，那些折磨他的人决定开枪打死他，而不是把他钉在十字架上。极少或者几乎没有证据表明，共济会会员参与了西班牙内战之前和内战期间爆发的大规模反教权暴力事件。但没人关心他们是否真的参与了。

在民族主义者一边，主教们称颂右翼起义是"十字军东征"。他们为士兵和民兵的枪支祝福，称它们是捍卫基督教文明的工具。一个多世纪以来，天主教会释放的反共济会恶意已牢牢锁定了这个兄弟会，使它变成了必须予以粉碎的"反西班牙"势力的一部分。1936年9月，在长枪党经办的报纸上，一篇报道写道："整个西班牙都在要求尽快惩处那些狡诈且嗜血的共济会会员，要杀一儆百。"更糟糕的是，由于一个悲剧性的历史巧合，在英属直布罗陀的影响下，共济会会所集中分布在西班牙的西南角，也就是加的斯（Cádiz）、韦尔瓦（Huelva）和塞维利亚一带——正是在内战最初几个月里被野蛮"清洗"的地区。几十年来充满宗教色彩的反共济会言论最终导致了内战开始时对共济会会员的残酷迫害。

墨索里尼反共济会的历史比较长。但他的法西斯运动不是天主教势力，除了政治策略上的考虑，宗教在他的反共济会中没有发挥任何作用。反犹太主义也一样。希特勒是一个反犹主义者，这一点确定无疑，尽管如此，他在反共济会方面与墨索里尼一样，也没有掺杂宗教因素。德国元首与意大利领袖在战术上都很灵活。他们对共济会的敌意总是服从于战略目标：夺取权力、粉碎所有实际或潜在的反对派、发动种族战争。相比之下，佛朗哥将军领导下的西班牙式法西斯主义是彻头彻尾天主教的。反共济会以及对其成员的迫害，是民族主义的宣传和行动中的基本要素。

334

从 APIS 到 DERD 再到 TERMC

军队让民族主义区的局势渐趋稳定，共济会会员的境遇也随之改善，他们更有可能被关进拘禁营地或编入劳改队，而不是被行刑队处决。然而，在整个西班牙内战期间，他们随时随地会遭受暴力侵害。据报道，1937年10月，在马拉加

（Málaga），80 名囚犯仅仅因为是共济会会员而被处决。凶残的程度触目惊心。更有甚者，战争开始时的迫害行动直到内战结束后也没有停止。无论是德国元首还是意大利领袖，一旦他们将共济会这个组织摧毁，就不再特别热衷于迫害个别前共济会会员。相形之下，西班牙的考迪罗表现出了不把共济会赶尽杀绝就誓不罢休的偏执。

作为一名天主教徒、一名在摩洛哥战役中发迹的职业军人，弗朗西斯科·佛朗哥将军最终会背负起反共济会的重任，这对他来说应该是责无旁贷的。当然，他与共济会之间也可能存在个人恩怨。有证据表明，他曾分别在 1926 年和 1932 年试图加入共济会，期望共济会能有助于他的军事生涯，但两次努力均告失败。据称，他第二次申请入会时，他的哥哥拉蒙（Ramón）在投票时否决了他。拉蒙拥护共和制，是一名优秀的空军飞行员；两人关系非常紧张。假如传闻属实的话，佛朗哥自然会责怪共济会阻碍了他的升迁。

内战开始后，佛朗哥在担任民族主义派最高领导人之前，就开始将其反共济会理论付诸实践。1936 年 9 月中旬，佛朗哥宣布在他的地盘上的共济会是非法组织，并宣布顽固不化的成员犯有"叛乱罪"。1938 年 12 月，他宣布将销毁所有"可能被判定为冒犯教会"的共济会主题和铭文。

佛朗哥的部队不断扩大战果，这在很大程度上要归功于德国和意大利在军事上的支持，不管怎样，军事上的顺利推进让他有了底气。他开始采取措施，清除西班牙的共济会瘟疫。1939 年 2 月臭名昭著的《政治责任法》（Law of Political Responsibilities）将支持共和国的行为定为犯罪，在法庭判定罪名成立后，罪犯的财产将被没收；自由石匠也适用这个条款。1939 年发布的新的学校课程大纲包括了一门讲授犹太-共济会是怎样在共和国幌子的掩护下，将国家交给了共产主义的课程。

佛朗哥还养成了一个习惯，用充满性暗示的西班牙术语"el contubernio"来指称共济会与各种颠覆分子密谋的方式。它的意思是"姘居"——一种肮脏的不正当关系，犹如姘妇与其情人的关系。这是一个形容贪婪恐惧症的词语。不久，有人认为佛朗哥的恐惧症需要补充养分了。

内战于 1939 年 4 月结束。第二次世界大战于同年 9 月开始，佛朗哥的西班牙将保持中立。大约在这个时候，一个告密者网络开始运作，直接向佛朗哥传递国际共济会针对西班牙的阴谋活动的高级别信息。这个网络非常神秘：它在官方通信中被称为"APIS"，但迄今没有一位历史学家发现这些字母代表什么。人们只知道，在接下来的四分之一世纪里，西班牙首脑读到的情报质量惊人。APIS 文件的亮点包括罗斯福、丘吉尔、蒙哥马利、艾森豪威尔和北约秘书长等的来往信件。但更有价值的情报则涉及共济会会员在西班牙持续活动的情况汇报，以及他们为渗透进佛朗哥政权做了哪些事。

这类珍贵情报通过 3 位迷人的女性流向佛朗哥。"深喉"是一位能接触到共济会最高级别战略的女人。她自称"A.de S."（来自 S 的 A），她的丈夫被称为 R，是国际共济会协会（Association Maçonnique International）的高级成员。该协会由许多不同国家的总会所组成。"A.de S."与马德里 APIS 基地的联络人是她孩子的保姆，被称为埃莉萨（Elisa）。在马德里，编辑这些报告并为最终呈交给首脑做准备的女性是玛丽亚·多洛雷丝·德纳韦兰（María Dolores de Naveràn），她在一所师范学院当教授，过着另一种生活。首脑经常向他的随从透露，幸亏有这样的间谍帮忙，他才有机会了解共济会密谋的内情。

显然，他信任这些消息来源。但这对他来说有些可悲，因为几乎所有由 APIS 提供的有关共济会阴谋的重要信息都是假的。有很多线索可以证明这一点。国际共济会协会早在 1950 年就解散了，但 APIS 整理的有关这个协会恶行的报告在 1965 年前不断出现在首脑的办公桌上。APIS 特工从来没有窃取到任何英文文件的原件，只有西班牙文翻译文件。那些翻译文件为了做样子引用的原文经常包含滑稽可笑的英语拼写和语法错误。"A.de S." 很可能是虚构的。

APIS 相当于 19 世纪末期塔克希勒大骗局的间谍版。佛朗哥完全上当了。目前正在研究这些文件的人员不知道幕后黑手是谁，最多会说编辑报告的玛丽亚·多洛雷丝·德纳韦兰可能是同谋。最大可能是某个人，而且是深藏在独裁政权中的某个人，在设法蒙蔽佛朗哥，以利用他对共济会的仇恨打击自己的政治对手。无论 APIS 骗局的起因是什么，共济会会员或者那些被怀疑是共济会会员的人都会为此付出代价。

如今的萨拉曼卡是一个远离喧嚣的美丽去处：一座散发着中世纪气息的城市，比利亚马约尔软石料建筑各式各样，披着亮丽雕刻的外衣，泛着清晨阳光下黄油般的光泽，令频频自拍的观光客和获得伊拉斯谟（Erasmus）奖学金的外国留学生欣喜不已。有些要深度游的观光客走街串巷，终于找到了坐落于大教堂后面一条小街上的博物馆，而大教堂前门对面就是萨拉曼卡大学，当年米格尔·德乌纳穆诺就在那里发表了他平生最后一次演讲。这个小博物馆的重量级展品是一个没有窗户的共济会会所小屋，或者至少声称是共济会的。推开沉重的双扇门进入，可见一个灯火通明、有着黑白格子地板的四方盒子，里面摆满了共济会的东西：直角尺和圆规、石块、立柱和一个饰有苏格兰礼双头鹰的祭坛。血红色的墙上挂满了被砍掉的头颅的图片、黄道十二宫图、希伯来语铭文和黑色墓碑："朱比罗（Jubelo）躺在这里，野心驱使他杀害了户兰·亚比。"你会看到远处的墙上，有3个穿黑色长袍坐着的假人用画在他们头罩上凸出的眼珠瞪着你。中间的假人胸部画着骷髅图，面前桌子上放着一个眼睛发光的微型头骨。所有这些都为了让人感觉毛骨悚然。但大多数游客只是显得迷惑不解，或者觉得挺好玩的。

"萨拉曼卡会所"是欧洲仅存的此类样本。它是由佛朗哥当局在1940年代出于宣传上的需要而建造的。里面的所有陈设都是警方突袭会所时没收来的真品。佛朗哥的手下从他们的收藏品中挑出一些零碎东西，拼凑出他们认为极其惊悚的场景。事实上，想让共济会看起来诡异并不难做到。

纳粹也曾在德国和他们占领的国家举办过类似展览。纳粹党卫军经常会在查禁一些会所后，在里面放上骨骼标本，并邀请公众进去参观。在法西斯主义统治下的欧洲，大家听到的宣传都是国民的大救星最终消除了共济会的威胁，并将共济会的秘密大白于天下，人人可以看清它的真面目。

萨拉曼卡会所展品位于西班牙内战总档案馆一楼。只有学者才能进入位于二楼的档案馆内部。这里存放着数以吨计的涉及佛朗哥之敌（共济会）的政府文件，其中包括一些触目惊心的证据，从中可以看出考迪罗对共济会赶尽杀绝的决心。这里的一个房间沿墙排列着许多深色木柜，它们都是索引卡片柜，经过政府职员数十年反复抽拉，装满卡片的抽屉有些磨损。每个柜子的顶端都标着"T.E.R.M.C."这样几个打印的字母，它们是西班牙语"Tribunal Especial para la Represión de la Masonería y el Comunismo"（镇压共济会和共产党的特别法庭）的缩写。形象地说，这个索引卡片系统算是这台官僚机器的曲柄摇手。

萨拉曼卡的原始核心藏品是加泰罗尼亚神学家胡安·图斯奎茨·特拉茨（Juan Tusquets Terrats）神父的私人档案。神父是 1930 年代初期许多反共济会辩论家中观点最偏激的一位。身材瘦长、金发碧眼、异常活跃的图斯奎茨发展了自己的间谍网络，专门探听共济会的秘密并搜集相关资料；有一次，他甚至在巴塞罗那的一个会所放火，趁着大家忙着灭火的当口，偷出了一些文件。1932 年，图斯奎茨写了一本畅销书，指责犹太人和共济会创建了共和国。佛朗哥将军对此书爱不释手。

佛朗哥在萨拉曼卡安顿下来之后，立刻请图斯奎茨来做他女儿的家庭教师，并让他负责情报部门的犹太 – 共济会分部，任务是设法搜集共济会会员的信息。

对图斯奎茨来说，这相当于拿到了一张无所顾忌地展现其躁狂症的许可证。他开始确信，他能根据一个人将手帕折叠并放入胸前口袋的动作分辨出这个人是否染上了共济会的症状。他的热情如此之高，以至于已不满足于仅仅调查共和党一方。就像一个精神紧张的长枪党党员所说的那样，"图斯奎茨看谁都是共济会会员"。1936 年末，在佛朗哥的帮助下，图斯奎茨成立了一家出版社——反教派刊本社，专门出版他的调查结果。它出版的许多书销量很大。他在西班牙民族主义区巡回宣传自己的观点，声称裸体主义者、素食者和说世界语的人都参与了共济会的阴谋活动。他每次演讲完，都会呼吁消灭共济会会员。

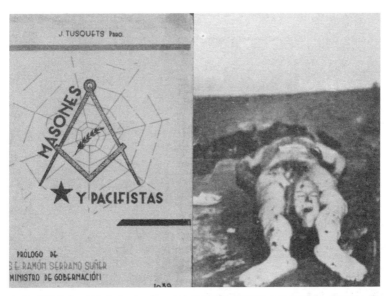

胡安·图斯奎茨·特拉茨（1901~1998 年）的代表作《共济会会员与和平主义者》（1939年）的封面。书中这张令人毛骨悚然的图片展示了爱德华·洛佩斯·奥乔亚（Eduardo López Ochoa）将军的尸体，他在 1936 年被左翼暴民私刑处死。图斯奎茨声称他的死状是共济会的复仇仪式

　　1937 年 6 月，佛朗哥任命他的一个朋友负责一个军事化的研究机构，进一步强化对共济会会员的调查工作，该机构就是后来人们熟知的"国家文件复原专办处"（西班牙语缩写为 DERD）。图斯奎茨对自己被以这种方式边缘化深表不满，但最终同意交出他的所有档案资料。截至 1938 年底，专办处报告称，它已收集了 500 万份文件，均存放在 17 世纪的一座孤儿院里。上述文件迄今仍被放在这座位于萨拉曼卡的建筑内。堆积如山的资料终究派上了用场。佛朗哥当局借此清洗了公务员队伍中的"反西班牙"分子，包括共济会会员。即使是忠心耿耿的民族主义者也失去了工作。共和党囚犯如果被发现参与了"赤色叛乱"并涉嫌加入了共济会，就有可能被处决。

　　1940 年 3 月，就在 APIS 间谍网开始向佛朗哥提供情报前

后，他成立了一个镇压共济会和共产党的特别法庭。在法庭审理的案件中，极少数是被打上"共产党"标签的案子，因为大家都知道，共济会才是真正要打击的对象。萨拉曼卡的档案资料从此以后就被用作证据，起诉涉嫌的共济会会员，并将他们带到马德里的一个专门法庭进行审理。与此同时，档案数量不断增加。在接下来的十几年里，针对共济会成员的判决书超过2.6万份。

镇压共济会特别法庭的法官由当局提名。他们假定每个被带到他们面前的人都是有罪的，无罪释放是极其罕见的。犯人最高可被判 30 年监禁，最轻也要被判服刑 12 年零一天。如果共济会会员想要减刑，他必须声明彻底断绝与兄弟会的关系，而且最好是当着主教的面宣布。但是很难证明他是否真心实意。毕竟，所有亲身经历过共济会仪式的人，最终都被改造成了伪装者和说谎者，或者法官们是这么认为的，因为自修道院院长德巴吕埃尔之后，所有反共济会的宣传家都有过这种经验教训。因此，法官们想出了一招，让嫌疑人告发同伴，以提高他供述的可信度。确实有几个共济会会员很幸运，在对同伙提出最具杀伤力的控诉后未被判刑，只是被解除了在公共部门的工作。但大多数被告都供认不讳，从而将更多证据送进萨拉曼卡的档案库。

被特别法庭提审的共济会会员大都是安守本分的中产阶级人士。不少人还是民族主义事业的支持者。有些只是扶轮社（Rotary Club）或人权联盟的成员，这些组织在法律上被视为共济会的幌子组织。许多被告只是蜻蜓点水般接触了一下共济会，之后就退出了，因为他们太忙，觉得太无聊，或者因为手头拮据，没钱付会费。这种情况在任何地方都不少见，只有一小部分人经历过入会仪式后留下来，成了石匠。经常被共济会会员视为自己人的温斯顿·丘吉尔就是一个中途退出的例子。

但是，面对俯拾皆是的事实，特别法庭始终坚定地认为西班牙是某个纪律严明的国际组织密谋打击的目标。他们一通折腾之后发现被抓住的只是一些小鱼小虾，最终量刑也并不出格——至少严格限定在法律规定的范围之内。有人估计，大约76%的被告获得了最低限度的刑期。只有流亡海外的资深共济会会员在缺席判决的情况下，才获得了较长的刑期——大概是因为他们带走了共济会最见不得光的机密，并与全球阴谋集团领导层联手操纵西方民主国家对抗西班牙。

在成千上万个案例中，有个实例可以用来说明整件事多么残酷和荒谬。阿蒂拉诺·科科·马丁（Atilano Coco Martin）是基督宗教新教牧师，也是米格尔·德乌纳穆诺的朋友，1936年秋被拘留在萨拉曼卡期间，因身为共济会会员而被杀害。然而，在萨拉曼卡的反共济会档案中，涉及他的文件却注明他被释放后潜逃了，因此追踪他的工作持续进行。1940年3月，两个共济会会员在他们的供词中举报他是同门兄弟。马德里和萨拉曼卡的警察都尽职尽责地向特别法庭报告说，他们追查牧师的工作没有取得任何进展。这个死人于1942年在特别法庭接受缺席审判，并被判处16年徒刑。

共济会是一头全身光溜溜的野兽。佛朗哥身边的人似乎已经认定，他们在拼死抓住共济会的斗争中表现得很英勇，同时也特别辛苦——比纳粹与犹太人之间的战斗棘手得多。毛里西奥·卡拉维利亚（Mauricio Carlavilla），一位反共济会的专家调查员，在1945年评论道："希特勒真幸运！在授予或拒绝他人国籍时，他只需要通过鹰钩鼻或一种犹太法典的习俗就能判定。我们真倒霉！要否决一个人的国籍，我们就必须依靠不太明显的指标，比如共济会会员的忏悔，而且也无法断定他是否真的在忏悔。"

特别法庭的镇压工作做得越细致，共济会阴谋的幽灵就越显得可怕。当著名的共济会会员哈里·S.杜鲁门于 1945 年就任美国总统时，佛朗哥将这一动向解读为共济会取得了重大进展，很快就能实现"将美国总统的最高行政权力与共济会的最高权力融于美国总统职位之中"的目标。1951 年，佛朗哥用笔名发表了一篇文章，暗示在最后审判日到来之前，共济会难以被战胜："恶魔的女儿，它的恶魔精神在失败中幸存下来，并以新的生命形式复活。"

内战爆发之初，西班牙大约有 5000 名兄弟。在内战结束之前，未被杀害或抓捕的共济会会员都逃亡海外。没人知道当民族主义者取胜时幸存者还有多少。最多 1000 人？在西班牙的土地上，共济会肯定已经被摧毁了。共济会的威胁是一种幻觉。然而，萨拉曼卡的索引卡片系统最终收录了 8 万名嫌疑兄弟的档案。

这个特别法庭直到 1964 年才停止运作，但在决定释放哪些政治犯和允许哪些流亡者回国时，当局有关部门仍要查阅萨拉曼卡档案。佛朗哥强调要永远警惕他想象中的敌人。

1975 年，西班牙已面貌一新，完全不同于 1930 年代末被内战撕裂的样子。历史变迁的迹象之一，就是每年夏天北欧游客涌入这里的海滩。另一个是电视，这是现在西班牙人最喜欢的消遣方式。1975 年 10 月 1 日，数以百万计的人收看了一段演讲，因为播送信号欠佳，画面和声音都模糊不清，发表演讲的不是别人，正是担任国家首脑长达 39 年的佛朗哥将军。此刻站在马德里王宫阳台上发表讲话的首脑看上去非常虚弱，面庞干瘪，戴着一副超大号的"雷朋"墨镜。身患帕金森病的佛朗哥将军朝着阳台下的群众无力地挥动着右手。聚集在东方广场上的众人聆听着扩音器里传来的尖细、颤抖的声音。然而，他发出的信息却异常清晰和坚定。他警告全国人民，要对"与社会上的社会主义－恐怖主义的颠覆分子私通的，政治阶层中

的左派 – 共济会的阴谋"提高警惕。

反共济会的理念已成为首脑生命的一部分，并已在他不遗余力地推动下彻底融入了独裁体制之中。在发表演讲时，他着了凉，健康状况不断恶化。此后他再也没有公开露面。医生们拼尽全力救助，也只是将他的生命勉强维持到同年11月20日。

在民主回归之前，共济会在西班牙一直被认定为一种犯罪组织。2007年之后，随着《历史记忆法》的颁布，萨拉曼卡的共济会会所展览品才被附上了一段视频，用以解释它们只是佛朗哥时代的宣传品。

第 15 章 纽约：美国的黄金世纪终结了

NOVUS ORDO SECLORUM①

在美国，1860 年代的南北战争之后，兄弟会进入了一个黄金时代，这个时代将一直延续到 19 世纪末。组建兄弟会的风潮曾在 1930 年代陷入低迷，但很快再次高涨，并持续到 1960 年代。

1865 年至 1900 年，美国人创立的兄弟会数量惊人，多达 235 个，成员总数达到了 600 万——其中绝大多数是男性。据估计，这相当于 21 岁以上男性人口的 40%。红人改进会（Improved Order of Red Men）、皮西厄斯骑士会（Knights of Pythias）、全国田庄农牧业保护人社团（National Grange of the Order of Patrons of Husbandry）、麋鹿仁慈保护会（Benevolent and Protective Order of Elks）、驼鹿忠诚会（Loyal Order of Moose）、世界樵夫会（Woodmen of the World），所涉主题林林总总。美国人对兄弟会表现出如此高的热情，可以说任何事情都能激发他们的灵感，成为组建兄弟会的由头。宾虚部落（Tribe of Ben-Hur）于 1894 年在印第安纳州成立，仪式仿照了卢·华莱士（Lew Wallace）1880 年的基督教小说《宾虚：一个基督徒的故事》中的情景。上述这些团体及另外几十个团体都与共济会无关，但它们显然从共济会那里学到了很多。1899 年，《兄弟会百科全书》绘制出全美兄弟会的谱系树，从中可以看出它们的共同祖先就是共济会，

① 拉丁语，字面意思是"时代新秩序"，由查尔斯·汤姆森于 1782 年 6 月初创。古罗马诗人维吉尔用《牧歌集》中的诗句"Magnus ab integro seclorum nascitur ordo"（时代的伟大征程重新开始）表达了对和平和幸福新时代的渴望。身为拉丁语教师的汤姆森受此启发，创造了这句格言，用以表示始于 1776 年《独立宣言》的新时代。

即"母会"。"在熟悉这个情况的人中，很少有人会否认'石匠兄弟会'是所有现代秘密社团直接或间接的母组织，无论是好的、坏的，还是无所谓好坏的。"

组建兄弟会的冲动一直延伸到社会最底层。到 1890 年代中期，号称"穷人的共济会"的"怪人独立会"（Independent Order of Odd Fellows）的成员数量超过了共济会会员数量。天主教信徒也不甘落后：哥伦布骑士团（Knights of Columbus）于 1882 年在康涅狄格州成立，这可以被视为替代共济会的天主教社团；在发展了 25 年后，它拥有近 23 万名会员。尽管如此，共济会仍然保持着在兄弟会世界的核心地位。在共和国成立之初大行其道的共济会游行和奠基仪式重新兴起。1884 年 8 月 5 日，纽约州的总会长在上纽约湾的贝德罗岛（Bedloe），即自由女神像的选址地，就主持了这样一个仪式。共济会在一些城市的黄金地段建造了与大教堂规模相当的总会所大楼，例如 1873 年竣工的费城共济会圣殿就坐落在市政厅的对面，中间只隔着一条街。这类建筑通常包括会议室、办公室、宴会厅、图书馆、吸烟室和女士休息室。这些女士的丈夫已经成为世界上最自豪的兄弟会成员，他们发下了兄弟誓言，穿上了兄弟们专享的怪异制服，而且也并非巧合，都会成为慈善事业的捐赠人。

慈善活动，或者至少是互帮互助，可以用来解释为什么美国人会对兄弟会有如此高涨的热情。中产阶级的可支配收入比以往任何时候都多，但他们缺乏安全网。共济会和其他兄弟会在社会加速变革之际，给众人提供了稳定感和福利制度，如孤儿院、养老院、人寿保险、健康保险、丧葬保险等。共济会还为高度流动的人口提供了一个全国性的友情网，比如随着铁路不断向西部延展，共济会会所也纷纷出现在铁路沿线。每一波进入美国的移民都会推动一批互助社团和兄弟会的创立，它们主要在新来的瑞典人、犹太人、波兰人、匈牙利人、斯洛伐克人、西班牙人等群体中吸收会员。

共济会也让人们的社会生活变得丰富多彩。在纽约，坐落在第六大道的曼哈顿"荷兰人之屋"成了爱喝酒的石匠聚会的场所，有几位石匠尤其喜欢围坐在二楼一张桌边纵酒狂欢。1870 年的一天，围坐在桌旁的 13 名共济会会员边吃午餐边设想在共济会内专门组建一个寻欢作乐的兄弟会，一番商议后，他们最终成立了基于阿拉伯风情的"古阿拉伯神秘圣地贵族团"（Ancient Arabic Order Nobles of the Mystic Shrine）。简单地说，"圣地兄弟会"（Shriners）就是"石匠们的游乐场"。他们设计的仪式夸张到令人发笑的地步，大体上是中东文化的大杂烩，其中包括对或许源自伊斯兰教法的惩罚手段的模仿。他们选择红色"非斯帽"作为兄弟会的礼帽，这种帽子也被称为土耳其帽，是饰有长黑缨的圆筒形无边毡帽；兄弟会的首领则被赋予帝国君主的头衔。圣地兄弟会迄今仍是共济会众多分支中最引人注目的，他们会开着标志性的迷你汽车参加各种游行。他们的幽默并不符合每个人的口味，但圣地兄弟们确实向他们经营的儿童医院系统捐赠了大量资金；他们于 1922 年在路易斯安那州兴办了第一所儿童医院。圣地兄弟会的象征——包括弯刀、新月、狮身人面像头和一个星星在内的东方图案集合体，成为美国最容易识别的兄弟会标志。

共济会和其他兄弟会在 20 世纪初的美国继续蓬勃发展。南方邦联将军艾伯特·派克改造过的苏格兰礼也在他于 1891 年去世后的几年里迅猛发展。派克曾设想将苏格兰礼打造为共济会精英会员的道德学院。但它出乎意料地受到人们的追捧，崇拜者蜂拥而至，领导层顶不住压力，只好敞开大门。派克为 33 个级别的会员设计的伦理课，本来是会员在会堂内举行晋级仪式时私下传授的。现在，这些仪式被营造成一种盛大的场面，在会堂里演示给一大群翘首以盼的新人。会员人数因此暴增。

其他兄弟会也各显神通，寻到了满足新观众需求的方式。成立于 1905 年的扶轮社将共济会特有的仪式、标志和头衔从其理念中剥离；它独有的职业会员只穿商务正装，专注于聚会和为社区工作。1915 年，D.W. 格里菲思（D.W.Griffith）拍摄的电影《一个国家的诞生》带动了美国兄弟会中名声最差的三 K 党的重新崛起。不过，接连不断的新花样并没有改变新生兄弟会逐渐减少的趋势。共济会会员的增长曲线也开始渐渐走平。导致这种趋势的重要原因不过是世代循环：对年轻人来说，白发苍苍的兄弟会领导层难免让会所氛围有些沉闷。

就像在欧洲一样，第一次世界大战结束后，美国共济会会员人数再次激增：1924 年，共济会会员总数超过了 300 万。在美国日益壮大的商人群体中，共济会会员身份变成了一个人可信度和公平交易的标志。地方上的会所以及广泛的共济会网络，也成了提升个人声誉的有效途径；这在一个人竞选作为政治生涯敲门砖的低级司法或行政职位时，可能会有不小的用处。哈里·S.杜鲁门就属于这种情况。他的父亲是一个苦苦挣扎的密苏里州农民，他本人则是一个起早贪黑的商人，最终一跃成为美国总统，他堪称平民总统的典型例证。1909 年，25 的杜鲁门加入共济会，认识他的人后来回忆称他是一个"表现非常好的会员"，他毕生都热爱共济会倡导的友情、仪式、精神教诲和传统。他几乎同步开启了自己的共济会经历和早期的政治生涯：1922 年，他成为杰克逊县东部区域的法官，翌年又当选杰克逊县第 59 共济会区副总会长。和许多同僚一样，杜鲁门热衷于加入各种俱乐部。除了共济会，到 30 年代初，他还加入了美国退伍军人协会（American Legion）、海

347

外战争退伍军人协会（Veterans of Foreign Wars）、麋鹿俱乐部（Elks）、老鹰俱乐部和国际熟人同盟（International Acquaintance League）等组织。杜鲁门这类人是新一轮修造共济会圣殿建筑浪潮的幕后推手，宏伟壮观的建筑在美国各地接连落成。1926年，在密苏里州圣路易斯市，大约5万人参加了一座12层圣殿的落成典礼，它里面有一个可容纳3000人的宴会厅，其外立面的底部和顶部均装饰着巨大的柱廊。然而，圣路易斯市共济会创下的建筑纪录很快就被底特律的兄弟打破了。当年下半年，大约6万人见证了世界上规模最大的共济会建筑的落成。它内部共有1030个房间，占据了半个街区，厨房可以满足5000人同时进餐。

年轻时的哈里·S.杜鲁门（1884~1972年），未来的美国总统，骄傲地佩戴着共济会徽章。这是他加入共济会不久后拍摄的照片

然而，不久之后，大萧条使共济会的发展势头暂时发生了逆转。1930 年至 1935 年，超过 60 万兄弟因为付不起会费被迫脱离共济会。其他兄弟会的情况更糟。

正是在这个发展低点，美国有了它最著名的共济会标志：349
全视之眼（All-Seeing Eye），即在金字塔顶三角形内的一只眼睛。这一标志被印在一美元纸币的背面，究其原因，有两种说法。第一种认为光明会把它印在了纸币背面，因为他们建立了美国，并在暗中控制着它。金字塔下面的拉丁格言"NOVUS ORDO SECLORUM"，是在宣告光明会建立一个"时代新秩序"或"新世界秩序"的计划。这个理论存在一个重大漏洞。既然光明会是一种在暗中运作的神秘力量，它如此明目张胆地宣扬自己的意图究竟会有什么好处，这实在令人费解。然而，为了公平对待该理论的支持者，我们可以有把握地假设，当你能够通过三角形实现精神控制时，一切皆有可能。

350 　　另一种说法有更多的证据支持。"全视之眼"是一个无所不知的上帝的表现形式，这个上帝的概念存在于诸多文化中，并且源远流长。这就是美国开国元勋在 1782 年设计美国官方大纹章（Great Seal）时加入"上帝之眼"（当时的叫法）图案的真实用意。它表达的理念是上帝在看护这个新生的、由金字塔（意思是它被建造得牢固持久）及其 13 级（代表 13 个初始州）代表的共和国。在历史的这一时刻，共济会的象征物描述中还没有为"全视之眼"赋予与共济会相关的特殊意义。就我们所知，鉴于不完整的历史记录，大纹章的设计者中没有一个是共济会会员。它背面的图案此后没有用于任何官方目的，很多人根本不知道它的存在。

　　大纹章的正反面是在 1935 年富兰克林·德拉诺·罗斯福总统当政期间，重新设计美元纸币图案时才被印在了 1 美元纸币上。这个想法好像出自当时的农业部长亨利·A. 华莱士。他在罗斯福总统提议重新设计美元时给出了这个建议。他俩都是 32 级共济会会员，都知道"全视之眼"已经被确立为代表全知全能者的共济会标志。然而，最让他们动心的不是它具有的共济会意义，而是那句格言"NOVUS ORDO SECLORUM"（时代新秩序）。对 1782 年的开国元勋来说，这几个词语暗指《独立宣言》开启的美利坚新时代。华莱士和罗斯福认为这可以粗略地引申为"新政"——当然，这是罗斯福为推行国家干预经济的政策发明的口号。罗斯福不是执意要把共济会的标志印在国家货币上，相反，他一度担心使用共济会的"全视之眼"会冒犯天主教选民。在信仰天主教的邮政局长向他保证不存在冒犯一说之后，他才批准了这个设计。

351 　　第二次世界大战结束后，从欧洲和太平洋战场返乡的士兵、水手和飞行员重新点燃了全国人民加入共济会的热情。在 1945 年后的 15 年里，共济会成员新增了 100 万，总数超过了

400 万。也就是说，到了 1960 年代初，每 12 个成年男性中就有一个是兄弟。美国共济会会员的数量几乎是世界其他地方兄弟人数总和的两倍。这个数字当然非同寻常。但当我们意识到它其实排除了以共济会为模板的其他美国兄弟会组织的会员时，它就变得更令人瞠目了。此外，许多美国人的收入仍然未达到负担得起共济会会费的水准。在 1945 年美国 1.399 亿人口中，许多人来自欧洲天主教国家，那些地方在敌视共济会方面有着深厚传统，具体地说，当时人口中有 230 万爱尔兰人、290 万波兰人和 450 万意大利人。简而言之，在中产阶级、男性、新教的美国，人们对石匠围裙和奇怪的握手已习以为常。

20 世纪 50 年代和 60 年代初的美国害怕很多东西，比如暗藏在床下的赤色分子、俄国人的原子弹、火星人和青少年。但是不像世界上大多数地方，共济会在美国没有引起任何疑惧。事实上，人们反倒觉得它是自由的保障。它的核心价值观让美国人对其善意和愿望的普适性感到放心。罗斯福、杜鲁门、约翰逊也让人们觉得让一个共济会会员担任总统也没什么不好。

共济会已深入民心，美国人民以前所未有的乐观态度憧憬着未来。美国国际商用机器公司（IBM）宣布计算机时代即将到来。首个载人航天项目"水星计划"（Project Mercury）向前推进，美国开启了《生活》杂志所称的"人类最伟大的冒险"。崭新的郊区住宅里充斥着新奇的日用品：空调和冰箱、圆珠笔和录音机。中产阶级的美国变成了自动挡小汽车在四车道高速公路上疾驰的形象。这简直就是卡通剧《摩登原始人》（*The Flintstones*）中以活泼幽默的手法描绘的"古奇"（Googie）国度——受到汽车文化等新技术影响的未来主义风格，这个卡通剧集将美国郊区的一家人置于石器时代的背景中，他们使用着根本不符合那个时代的各种技术和产品，从而营造出十分滑稽的喜剧效果。不用说，弗雷德·"打火石"（Fred Flintstone）和他的朋友巴尼·"毛石"（Barney Rubble）经常离开他们购物上瘾的全职太太，去当地水牛忠诚会的会所聚会——这是在对美国男性热捧共济会致意。

共济会出人意料的受欢迎程度孕育了人们的自信和开放精神。纽约兄弟会的杂志《帝国州石匠》刊登的广告象征着共济会的社会地位，同时也是会员身份的骄傲展示：共济会游轮，以及表壳上刻着共济会符号的金表。共济会开始以前所未有的自信尽情地向世俗世界展示自己。纽约一个会所赞助了一个儿童棒球队，他们队服的胸前位置傲然印着"共济会"字样。1957 年，《生活》杂志发表了共济会成员举行庆祝活动的集体照，其中包括从未公开过的入会仪式的照片。《生活》杂志还十分肯定地说加入共济会是一个人职业生涯中的明智选择："石匠们喜欢彼此的陪伴，有时发现这种关系在生意场上很有用，在社会生活中几乎是不可或缺的。"共济会会员好像也没觉得这种说法有什么不妥。共济会里的名人随处可见，比如吉恩·奥特里（Gene Autry）、奥迪·墨菲（Audie Murphy）、道格拉斯·麦克阿瑟（Douglas MacArthur）、J. 埃德加·胡佛（J.Edgar Hoover）、罗伊·罗杰斯（Roy Rogers）和阿诺德·帕尔默（Arnold Palmer），等等。诺曼·皮尔（Norman Peale）是 1952 年出版的自助指南《积极思考的力量》的作者，也是一名 33 级苏格兰礼石匠。他的这部畅销书售出数百万册。皮尔在俄亥俄州"共济会展示"项目的一次演讲中告诉兄弟们，积极思考是自己在共济会生活的核心内容。共济会"教导我们，难题是为了创造伟大人类而存在的"，"在面对生活中的问题时，任何遭受挫败感折磨的人，都能在共济会里发现信仰、性格和坚韧的精神，这将帮助他像个男人一样坚强。这就是共济会对我的意义"。

　　纽约世界博览会成为美国 20 世纪中期乐观精神和石匠自信心最后一次华丽的展示。以"增进理解，实现和平"为主题的世界博览会，是美国在技术和生活方式上居于世界领先地位的盛况的展示。它分别于 1964 年和 1965 年的 4 月至 10 月在皇后区的法拉盛草原可乐娜公园（Flushing Meadows Corona Park）举行，累计吸引了 5160 万游客——相当于美国人口的四分之一以上。游客可以在美国无线电公司（RCA）展馆内看到第一台彩色电视机，或在福特公司展馆体验一下闪闪发光的"野马"（Mustang）牌新车。贝尔电话公司带来了"可视电话"。富美家（Formica）公司用自家装饰板和防火板在现场搭建了一个世界博览会之家：这个七室之家充分展示了塑料的各种用途，其中包括里外面都光洁美观的塑料墙板。大块糖果公司（Chunky Candy）展馆给观众演示糖果在工厂里的制作过程。华特·迪士尼的"音频 – 电子动画仪"，也就是"会说话的机器人"，被配置在多个展馆中，人们看到它时都会发出一声惊叹。通用汽车公司馆以其引人遐想的"未来世界全景预览"（Futurama）集中阐释了此次博览会的精神，向观众展示了一系列令人叹为观止的新技术和新产品，其中包括月球爬行者、太空郊区通勤车、水下汽车旅馆，以及能够轻松砍伐世界上所有森林的激光伐木机。由通用雪茄公司赞助的"魔法大厅"，则用一台能将直径 20 英尺的烟圈吹到空中的机器来表现"未来世界的魔法"。

　　世界上有几十个国家来到这个现代化国度炫耀它们的商品。日本拿出了微型电子产品，瑞士馆让观众乘坐尖端技术的"空中缆车"游览整个博览会。

　　艺术和历史遗产也得到了很好的展示。南非馆里的祖鲁族舞蹈令观众兴奋不已，泰国馆展示了一座佛教寺庙。西班牙馆不仅有弗拉门戈舞表演，还展出了与委拉斯开兹（Velázquez）和毕加索风格相近的一些画家的作品，同时带来了克里斯托弗·哥伦布当年从西班牙出发，最终发现新大陆所乘船只的全尺寸复制品。西班牙展馆取得了巨大成功，以至于世博会主席专程飞往欧洲向弗朗西斯科·佛朗哥总司令赠送了一枚祝贺的金牌。但是梵蒂冈的举动就连西班牙人也自愧不如，他们从圣彼得大教堂运来了米开朗琪罗雕刻的《圣母怜子像》（*Pietà*）。偷懒的英国人只运来了一个"英国狮子酒吧"。苏联干脆拒绝参加。

纽约世博会有着不可否认的魔力，并将成为大众永久的记忆。在展会中心的巨型地球仪，一个 140 英尺高的钢制地球模型，成了这次展会的标志。环绕它的巨大金属环暗示了轨道火箭的飞行路线。如果你从地球仪所在位置出发，走不了多远，穿过瑞士馆的空中缆车，就来到了英国狮子酒吧，你会看到它旁边有一座矗立在景观花园中间，外观是亮白色，曲面造型的建筑。它就是纽约州总会所精心打造的共济会兄弟中心。

如果游客想进去看看，就得先穿过一个 5 层楼高的玻璃纤维拱门，它的造型是一个巨大的直角尺和圆规，下面悬挂着一个金色的字母 G。（当然，G 代表几何和伟大的宇宙建筑师。）游客接着穿过一座拱桥，桥下是椭圆形倒影池，向空中喷出一道道弯曲的水流。人们从镀金格网下方一扇高玻璃门进入共济会兄弟中心。这座建筑的内部墙面都镶着胡桃木饰板，安装了空调并铺着厚实的地毯，在最醒目的位置矗立着一个 11 英尺高、身着共济会礼服的伟人乔治·华盛顿的大理石雕像。在"我们国家的建筑大师"的脚下，头发梳得油光锃亮、戴着天蓝色臂章的兄弟们准备带游客参观陈列柜。

共济会兄弟中心讲述了有 600 多年历史的兄弟会的故事——"其根源要上溯很多世纪"。为了证明这一点，这里展出了有关石匠的中世纪手抄本和哥特式大教堂的图片，甚至还有一个所罗门神殿应有样式的模型。可能神殿就该是这个样子吧。初版的《共济会宪章》文本与本杰明·富兰克林于 1734 年再版的文本一同在这里展出。

共济会兄弟中心里的许多珍贵文物都证明了共济会在国家诞生和发展中所起的作用。它们中间有乔治·华盛顿穿过的围裙、他的一绺头发和他宣誓就任总统时用过的共济会《圣经》。首任总统在 1793 年国会大厦奠基仪式上用过的工具被放在一张海报下方，海报上有这样一段话："石匠是自由的捍卫者。因此，任何暴君或独裁者都不能容忍他的国家里有共济会。"中心还展出了身为共济会会员的美国 14 任总统的肖像。

大楼的两端用硕大的金色字母写下了"兄弟情：世界和平的基础"的口号。至于共济会这种封闭形式的兄弟情怎样实现世界和平，没人能说清楚。然而，我们不能否认，它与美国一些最深切的希望和恐惧是一致的。这句口号出自总会长哈里·奥斯特罗夫（Harry Ostrov），他是一位杰出的律师，也是第一个成为纽约州共济会最高领导人的犹太人。在 1962 年 10 月古巴导弹危机将西方带到核战争边缘后不久，他提出了修造共济会兄弟中心的设想。他当时向会内兄弟解释说："除非世界接受这一挑战，并将兄弟情谊作为其生活的一部分，否则我们的文明将无法幸存。"

该中心的小册子给石匠们对自由的热爱涂上了冷战的色彩："我们的总会所和会所遍布铁幕和竹幕以外的世界。"这种说法基本上与事实相符，简短回顾共济会兄弟中心的历史即可证明这一点。

在苏联内部，共济会之光确实已被彻底熄灭。在许多地方，如东德、捷克斯洛伐克和罗马尼亚，摆脱了纳粹的共济会

356　刚刚开始复活，又被莫斯科再次查禁。1950 年，匈牙利的一个总会所刚刚恢复运作，共济会就遭到查禁，它的总高级督导员宁肯自杀，也不愿意落入秘密警察的手中。据说，当可怕的敲门声响起时，他和他的孪生兄弟，一个会所的尊者尊主，紧握双手，从窗户跳了下去。对匈牙利当局来说，共济会会所是"共产主义人民共和国的敌人、资产阶级分子和西方帝国主义追随者的聚集地"。整个东欧集团都持相同的看法。

　　在古巴，菲德尔·卡斯特罗密切监视着共济会会所，但允许它们继续运作。他承认，共济会对古巴左翼的文化和历史记忆来说具有重要意义。在 19 世纪末，共济会会所曾是古巴脱离西班牙独立运动的孵化器，许多共济会会员在这场斗争中发挥了主导作用。作为古巴独立运动的"使徒"，何塞·马蒂（José Martí）本人就是一个狂热的共济会会员，他在 1895 年与西班牙人作战时牺牲，成为国家烈士。卡斯特罗政权尊奉马蒂为自身意识形态的先驱。

　　在共济会兄弟中心参展期间，共济会在伊斯兰世界的大部分地区受到了压制，就像它在旧奥斯曼帝国时期的遭遇一样。在那里，共济会与反共济会都是从西方输入的，但后者显然更成功。共济会自进入伊斯兰世界之后，其发展就一直限定在殖357　民飞地的范围内。法国是中东大部分地区的主导力量，那里的法国共济会会员与在印度的英国人不一样，他们更不情愿让当地人加入共济会。他们担心阿拉伯人可能最终会认真起来，按字面意义理解共济会宣扬的兄弟情和平等相待。只有在个别地方，西化的知识分子和当地精英人士欣然接纳了共济会，例如 19 世纪 60 年代和 70 年代活跃在伊斯坦布尔的民族主义秘密团体"青年奥斯曼人"（Young Ottomans）及其继承者 20 世纪初的"青年土耳其人"（Young Turks）。

　　伊斯兰世界中的许多前殖民地独立建国后，共济会就慢慢

消失了。领导印度尼西亚摆脱了荷兰殖民统治的苏加诺总统在
1961 年查禁了共济会。埃及总统迦玛尔·阿卜杜尔·纳赛尔
于 1964 年采取了同样的行动。民族主义者认为共济会是西方
帝国主义和资本主义的代理人。君主们视它为马克思主义的代
理人。劳苦大众认为它是富人的代理人。伊斯兰神职人员将共
济会视为撒旦的代理人。1948 年以色列建国后，凡是对共济
会略知一二的人都认为它是犹太复国主义和／或国际犹太人阴
谋的代理人。

　　因此，共济会借助于纽约世博会的共济会兄弟中心，全
力打造其作为自由和民主象征的正面形象。除了国会大厦的照
片，游客还可以看到一群石匠的照片，他们在当时的美国政治
中占据着重要地位：42% 的国会议员，以及超过半数的参议员
和州长。

　　该中心当然不会放过这个展示兄弟会光荣榜的大好时机，
一一列出过去和现在的杰出人物，从美国革命英雄保罗·里维
尔和拉法耶特侯爵，到"水牛比尔"、棒球名人泰·科布和作
曲家欧文·柏林。还有众多成就斐然的世界名人，如诗人罗伯
特·彭斯、南美解放者何塞·德·圣马丁、奥地利作曲家弗朗
茨·约瑟夫·海顿、英王爱德华七世……有些人物还享有展出
特制半身像的殊荣，如沃尔特·司各特爵士、伏尔泰……另一
些人物有随身物品一同亮相，如西蒙·玻利瓦尔的围裙、加里
波第的遗嘱、拉迪亚德·吉卜林送给"母亲会所"的小木槌，
以及沃尔夫冈·莫扎特和让·西贝柳斯手写的乐谱。这个名人
录难免让人以为即便共济会的成就再辉煌，也都是过去的事
了。共济会兄弟中心里的其他展品却证明，兄弟会秉承的古老

价值是可供塑造太空竞赛时代所需人才的一种宝贵资产，其中最受欢迎的是伴随共济会会员戈登·"戈多"·库珀在1963年5月携带并环绕地球22圈的共济会旗帜，这是"水星计划"中最惊险刺激的一次行动。

《该死的密西西比》

这个中心的使命是将共济会置于美国生活方式的核心，成为美国男人应具备的重要品质的标志。但它在炫耀这种生活方式的同时，却又毫无遮拦地展现出它是如何排斥占人口总数约10.6%的群体的。因为展示在共济会兄弟中心墙上的一张张面孔与大楼的外观差不多一样白，这实在是匪夷所思。事实上，值得人们称颂的著名黑人共济会会员为数不少，比如布克·T. 华盛顿（Booker T.Washington）、纳京高（Nat King Cole）和舒格·雷·罗宾逊（Sugar Ray Robinson），等等。当然，问题在于所有这些名人都是共济会普林斯·霍尔分会会员——美国各地白人共济会组织都想回避的非裔美国人共济会。

在兄弟会风起云涌的整个黄金时代，非裔美国人一直与他们的盎格鲁-撒克逊新教徒（WASP）同胞一样热衷于加入各种兄弟会。事实上，考虑到他们在日常生活中经历的被歧视和不安全感，他们有一种特别强烈的冲动去寻求社会支持网络和互助组织，如非裔美国社会服务社活动家范妮·巴里耶·威廉姆斯（Fannie Barrier Williams）在1905年记述的那样——

359　　　　在影响人民社会生活的重要性方面，仅次于黑人教堂的是秘密社团。这些社团影响着他们社会生活的每个阶段，代表着这个种族在组织方面的最佳成就……没有任何组织形式能使兄弟关系和相互扶助的概念具备如此重要的意义。

　　因为白人保险公司经常拒绝卖保单给黑人，兄弟会就成了他们财务安全的重要保障。因为白人墓地经常禁止黑人下葬，他们就需要集资另外购买一片墓地，这常常促使人们建立一个互惠互利的社团，无论是教会还是兄弟会。

　　有一些是独具特色的非裔美国人兄弟会，如1872年成立的塔波鼓骑士团（Knights of Tabor）。但更多的是照搬了白人创建的组织，因此就有了黑人版的"怪人团"（Odd Fellows）、皮西厄斯骑士会、樵夫会、麋鹿会和驼鹿会。普林斯·霍尔分会还发展了他们专属的苏格兰礼和圣地兄弟会，以及他们自己的东方之星会——一种由男性设计的共济会附属会社，专门接纳兄弟们的女性亲属。东方之星会建立于1874年，其中的姐妹们与她们的兄弟们建立了比较密切而平等的联系，她们在这方面比主流共济会组织表现得好很多。

　　对非裔美国人来说，与白人同胞一样，成为共济会会员就相当于贴上了体面的中产阶级身份标签。申请加入普林斯·霍尔分会的黑人会经受审查，以确保他们足够受人尊敬。面试官会向候选人提出一些典型的问题，如"他是一个清白、正直、头脑清醒、勤奋努力的人吗？他有什么会导致道德败坏的习惯吗？他是否尽到了身为丈夫的义务，与家人同住并养家糊口？"在1950年版的《美国有色人种名人录》中，大约三分之一的男性是普林斯·霍尔分会的成员。

　　兄弟般的归属感自然而然地体现在政治斗争中，这在美国的黑人群体中表现得最为明显。非裔美国人在整个社会中遭受歧视、隔离，被剥夺权利；共济会成为白人专属组织的做法公然冒犯了它崇尚的神圣原则，这更令人义愤填膺。普林斯·霍尔分会的兄弟们以他们的废奴主义创始人为榜样，一直积极

投身争取黑人权利的斗争中。共济会普林斯·霍尔分会石匠
W.E.B. 杜波伊斯（W.E.B.Dubois）是美国全国有色人种协进
会（NAACP，1909 年）的三位创始人之一，而这个机构后来
以法律为武器在法庭上为黑人争取公民权利，且卓有成效。原
因在于该机构中的非裔共济会成员在领导力方面接受的培训，
以及他们小心培育的社会地位得到了有效利用。

到了 1960 年代，争取公民权利的斗争已经成为当时举足
轻重的政治问题。在南方腹地，黑人和白人共济会都已明确了
立场。

以亚拉巴马州为例。该州的白人石匠在蒙哥马利一家酒
店举行了他们 1967 年的年度交流会（与年度股东大会类似），
该酒店以内战时期南方的美利坚联盟国总统杰弗逊·戴维斯的
名字命名。总会所的总司讲在其热情的演讲中，将"种族完整
性"描绘成一种美国传统，而这种传统正受到威胁。他呼吁各
方培养种族自豪感，声称圣典并不提倡种族"混杂化"，并劝
诫父母向孩子传授种族完整性的概念。很难想象还有什么样的
演讲能比这个更缺乏共济会的特性了。尽管它认为黑人和白人
具有"不同但平等的"地位，但其实是一份要借助暴力实施的
种族隔离宣言。亚拉巴马州白人兄弟在这位总司讲结束演讲时
长时间起立鼓掌。

同年，普林斯·霍尔的亚拉巴马州辖区总会所在莫比尔举
行年度交流会，总会长在讲话中宣布——

361　　　　　我想请你们牢记一点，我的兄弟们，黑人必须成为
　　　　美国政治体不可或缺的部分。无论如何，他们必须重获自
　　　　由、有效和不受限制地投票的权利，不论是在密西西比州
　　　　还是马萨诸塞州，在亚拉巴马州还是亚利桑那州，在南卡
　　　　罗来纳州还是纽约州……当今政府（也就是政治）日益关

注国家经济结构，没有选票的黑人将很快沦落到找不到一份像样工作的境地，从此作为社会结构中无足轻重的一部分，依靠从更有政治头脑的群体堆满大鱼大肉的餐桌上掉下来的面包屑为生。

最新一代的普林斯·霍尔分会会员不仅将这一席话牢记在心，还付诸行动。1951 年，黑人总会长们联合创建了全国有色人种协进会附属的"普林斯·霍尔共济会会员法律研究基金会"。全国有色人种协进会针对公立学校"不同但平等的"种族隔离原则打了一场官司，即布朗诉教育委员会案（1954 年），最终取得了历史性胜利，其部分资金就来自普林斯·霍尔分会的捐赠。该会一位伟人瑟古德·马歇尔（Thurgood Marshall）出席了在最高法院进行的辩论。1958 年，在创建法律研究基金会的工作中立下汗马功劳的马歇尔，公开感谢他的共济会兄弟，并表示如果没有他们的帮助，许多有争议的民权案件就不会在最高法院胜诉。1965 年，在纽约世界博览会期间，马歇尔被任命为美国司法部副部长，成为史上第一位担任这一职务的非裔美国人。1966 年，马歇尔荣获普林斯·霍尔共济会第 33 级会员身份，分会为此在华盛顿哥伦比亚特区举办了"庆祝晚宴"，并由他向来自全国各地的会所会长们发表演讲。这次晚宴的主题是"瑟古德·马歇尔：变革的象征"。

在亚拉巴马州，全国有色人种协进会的蒙哥马利分会有位名叫罗莎·帕克斯（Rosa Parks）的文员，她也是一个共济会组织的成员。如今罗莎·帕克斯被誉为"民权运动之母"，并被美国内外的儿童奉为学习榜样。1955 年 12 月，衣着整齐、戴着眼镜的帕克斯坐在公交车上，因拒绝给一名白人乘客让座而被捕，由此引发了蒙哥马利黑人拒绝搭乘公交车的著名运动。她的爷爷和父亲都是普林斯·霍尔共济会会员，她本人也

瑟古德·马歇尔（1908~1993 年）：普林斯·霍尔共济会会员、民权斗士（戴礼帽的同门兄弟身份不明。）

是东方之星会的活跃分子。在提高黑人地位的事业中，东方之星会做出了引以为豪的贡献，培养了优秀的黑人女性，使她们在这场运动中具备了担任领导角色的能力。

就在筹建世博会的共济会兄弟中心期间，梅德加·埃弗斯（Medgar Evers）恰好是全国有色人种协进会在密西西比州的现场干事。在当时的密西西比州，95% 的非裔美国人被以不正当和暴力的手段剥夺了投票权，而且生活在该州的黑人比在其他州更有可能遭受被他人殴打、被警察棒击、被私刑处死或下落不明的厄运。1954 年之后，埃弗斯在密西西比州巡回调查出于种族动机的谋杀案，并号召黑人团结一致，奋起反抗。他开着奥尔兹莫比尔 V8 车跑了数千英里——之所以选择这辆车，是因为它足够大，可以在仅限白人入住汽车旅馆的地方用来过

363

夜；它的车体也足够重，不会轻易被撞飞；它还足够快，一旦遇到突发状况可以快速驶离危险地带。他知道自己已经被人盯上了。

从背景看，埃弗斯是普林斯·霍尔分会中典型的代表。他是参加过第二次世界大战中诺曼底登陆战的老兵，职业是保险推销员。他的经历也说明了共济会黑人会员与民权运动的关系多么密切。他在全国有色人种协进会的办公室设在杰克逊市林奇街 1072 号，即当地普林斯·霍尔分会的会所圣堂里。1955年，正是瑟古德·马歇尔为它举行了落成典礼。建造它是为了让黑人在相对安全的地方开展政治活动。其他南方州的会所建筑大抵如此。全国有色人种协进会密西西比州分会在林奇街共济会圣堂组织过不少活动，莉娜·霍恩（Lena Horne）曾在这里举行公益音乐会。正是在这次活动中，埃弗斯发表了他平生最后一次演讲，他说："自由从来都不是白来的。我深爱着我的孩子，深爱着我的妻子，假如我的死能让他们过上更好的生活，我愿意赴死，而且无怨无悔。"

仅仅过了 5 天，埃弗斯就被人当着他家人的面枪杀。刺客小拜伦·德拉·贝克威思（Byron De La Beckwith Jr）是一个白人至上主义者、三 K 党人、共济会会员。事实上，几名目击者指认了贝克威思的车，因为他的车窗上贴着圣地兄弟会独有的会徽——弯刀、新月、狮身人面像头和星星。他在 1960年代两次被全白人陪审团宣告无罪，直至 1994 年才最终被判罪名成立。

埃弗斯的遗体在共济会圣堂停放 3 天供人凭吊，5000 人走出家门，不顾虎视眈眈的警犬和 39℃ 高温，加入绵延两英里长的队伍，前往灵堂吊唁。全国的报纸都报道了他的悼念仪式。埃弗斯之死成为激励妮娜·西蒙（Nina Simone）创作《该死的密西西比》（"Mississippi Goddam"）这首歌的原因之一；她在世界博览会开幕前一个月在卡内基音乐厅演唱了这首歌，随后以单曲发行，并很快成为民权运动的赞歌。鲍勃·迪伦（Bob Dylan）创作的歌曲《他们游戏中的棋子》（"Only a Pawn in Their Game"）也是关于埃弗斯的，也是在1964年上市发行的。

埃弗斯是在纽约世博会开幕前9个月被谋杀的。他对民权和普林斯·霍尔共济会的贡献或许没有引起筹划共济会兄弟中心的白人兄弟们的注意，但纽约的普林斯·霍尔共济会会员们不同。1963年，普林斯·霍尔纽约总会所经办的杂志《普林斯·霍尔哨兵》在头版以《自由的烈士》为题，刊登了埃弗斯的大幅照片。该会所的兄弟们还汇了500美元给埃弗斯的遗孀，并致信普林斯·霍尔密西西比州总会所表示哀悼；该会所紧接着又设立了"即刻自由基金会"（Freedom Now Fund）来支持这场斗争。1964年，该基金会在纽约哈莱姆区举行集会，并有马丁·路德·金到场助威，随后将募集到的一万美元分发给包括全国有色人种协进会在内的民权组织。在这次集会上，组织者还举行了梅德加·埃弗斯纪念奖的首次颁奖仪式，以表彰在争取权利斗争中表现突出的黑人兄弟。

《普林斯·霍尔哨兵》跟踪报道了民权运动以及普林斯·霍尔共济会在其中所起的作用，但它对共济会兄弟中心只字未提。

纯真美国的最后一口气

纽约世界博览会被称为"纯真美国的最后一口气"。民权运动只是世博会期间纯真即将消亡的一个迹象而已。1964年8月，北部湾事件标志着美国开始更直接地介入越南战争。1964年，42%的美国人吸烟——这是统计上的最高值。当年1月，美国卫生局局长发布了一份有关香烟危害的报告，后来成为公众对香烟态度的分水岭。烟草毕竟不是"未来的魔法"。1965年 8 月，洛杉矶瓦茨区持续 6 天的骚乱，充分暴露了住房方面的种族主义带来的种族聚居问题。在美国各地掀起的修路热潮，推动着美国白人逃离市中心，住进交通变得很方便的远郊区牧场式住宅，从而出现了放克音乐家乔治·克林顿（George Clinton）后来所称的"巧克力城和香草郊区"现象。

无论如何，纽约世界博览会终究无法压制住喧嚣和骚乱。歧视性招聘的抗议者在联合国大楼周边竖起标语牌，上面写着"结束博览会上的种族隔离""纯白种人劳工建造了非洲展馆"。约翰逊总统在开幕日的演讲被现场诘难者打断，他们大喊"吉姆·克劳 (Jim Crow) 必须走开！"两天后，路易斯安那展馆里令人不适的吟游诗人表演被终止。南非馆的 12 名祖鲁族舞蹈演员申请避难，从而脱离种族隔离的迫害，此举得到了哈里·贝拉方特（Harry Belafonte）和马丁·路德·金之类人物的支持。西班牙难民在他们国家的展馆外发起了抗议，他们喊出的口号是"大赦所有政治犯"。

企业主导博览会的状况也招致了批评。艺术评论家罗伯特·休斯愤怒地斥之为"一场美国商业的促销狂欢……从你进入法拉盛草原的那一刻起，你就成了鼓胀的商业子宫里的胎儿，悬浮在自吹自擂和奇技淫巧的羊水中。"更多的评论家只是觉得博览会已经过时了。这种感觉并非没有来由，它在博览会提供的音乐娱乐中得到了证实：甲壳虫乐队只有制作手法低劣的蜡像出现在博览会现场；代替最新潮乐队的是"盖伊·隆巴尔多和他的皇家加拿大人"（Guy Lombardo and his Royal Canadians），他们自 1924 年之后一直在演奏老掉牙的"天堂这边最美妙的音乐"。

共济会兄弟中心的展品再有价值，也无法与《时代》所谓的世界博览会"呼和嗖"声及其"花里胡哨的巫术"媲美。共

366

济会吸引来的游客数量远远不及最热门的展馆：通用汽车公司在"未来世界全景预览"上的高额投入没有白费，多达 2900 万人进馆参观，其中 2700 万人乘坐太空郊区通勤车从米开朗琪罗的《圣母怜子像》旁边走过。但是共济会的 125 万人访问量也令人不可小觑。纽约总会所为它举办的展示自豪，仅在第一季期间就募集到了 52875.32 美元善款。这笔善款将被捐给共济会在纽约州北部开办的一家儿童看护中心。事实上，博览会的大部分地方都呈现出"俗气的、不自然的、转瞬即逝的景象，就好像它是一座用信用卡建造的城市"，而共济会兄弟中心则散发着沉思中的永恒意味。参观它是为了感受其中的乡土精神和传统意识，这种精神和传统扶持着共济会走过了百年。

然而，1960 年代的变革对整个美国以及共济会都产生了深远影响。共济会兄弟中心站在了组织发展史上的巅峰处，从那之后，它的成员数量和影响力都将下降。身为共济会会员的杰拉尔德·福特于 1974 年就任美国总统时，共济会会员人数是 350 万，低于 1959 年 410 万人的最高水平。会员数量平稳下降，且无任何逆转迹象。1984 年，会员人数已降至不足 300 万。1998 年，降至 200 万以下。2017 年是有数据可查的最后一年，会员只剩下 100 多万——仅为半个世纪前的四分之一。共济会日渐衰落。共济会普林斯·霍尔分会经历着类似的趋势，尽管难以得到精确数字。许多国家也出现同样的趋势。有人深入研究过英语文化圈的数据，发现共济会最严重的问题是会员保留会籍的时间越来越短。共济会日益成为人们在一生中经历的一个阶段，而不再是一个长期的承诺。共济会的终身会员变老、离世，他们留出的空当没有得到填补。

导致共济会衰落的问题很多，而且由来已久——这种趋势同样出现在其他领域。

纽约世界博览会投射出的未来美国形象是假的。支撑这个形象并同时支撑共济会的，是一种无声的假想。当时引起广泛关注的一本书称之为"女性的奥秘"（Feminine Mystique）。贝蒂·弗里丹（Betty Friedan）于1963年出版的女权主义经典著作《女性的奥秘》，有理有据有力地破除了人们的固有观念，即住在郊区的家庭主妇拥有各种华而不实的消费品，就是最值得追求的美好生活。除此之外我们再加上一条，丈夫还是个受人尊敬的共济会会员。

共济会兄弟中心在传播"女性的奥秘"方面也尽了力，它将身穿银色宇航服的男人塑造为当代美国男子汉的典范。绰号"戈多"的戈登·库珀应该像所有其他宇航员一样，是一个干净利落、稳重可靠的大丈夫，而且对婚姻忠贞不渝。他的共济会会员身份与美国宇航局想要的形象完美契合。但现实情况非常不同。他正当因有外遇，与妻子特鲁迪闹离婚的时候，得到了参与"水星计划"的机会。夫妇俩商定要表现出婚姻美满幸福的样子，共同收获太空明星的光环带来的奖赏。于是，原本是训练有素的飞行员的特鲁迪，开始学着其他宇航员妻子的样子，在公共场合抛头露面，对着镜头微笑，尽职尽责地宣称她为自己的男人感到骄傲。与此同时，戈多忙着与被太空竞赛的英雄们戏称为"海角甜姐儿"或"航天追星族"的众多年轻女性调情。

在卡纳维拉尔角之外的地区，男人在周末和晚上出去完善自我——熟记和演练各种仪式并汲取其中的伦理教诲，讨论支持哪些慈善机构，吃吃喝喝，增进友情，所有这些都是以他们的妻子更长时间地待在厨房为代价。但这种状况不可能持续。在接下来的几十年里，"女性的奥秘"烟消云散了。她们开始回归校园和职场，开始晚婚，养育的孩子也更少了，开始提出离婚要求了。有个显而易见的现象是，在1970年代初，美国宇航局宇航员群体中出现了离婚潮。男人也变了，从前男人养家糊口的模式变成了男女共同持家的模式。朝九晚五、从大学

368

毕业一直干到退休的工作模式变得越来越罕见，这进一步蚕食了用来培养兄弟情谊的空闲时间。共济会活动还不得不与日益发达的休闲行业争夺男性的时间，后者以更低的成本、更简单的方式和更宽松的性别包容性，让人们体验到更多的乐趣，比如看电视，在餐馆聚餐，去健身房和体育俱乐部，听音乐会，自驾游等。

1960 年代初出现的另一个变化是代沟明显扩大。青少年和 20 多岁的年轻人获得了专属身份，这种身份与老一辈人的思维模式迥然不同，甚至是完全对立的。他们听不同的音乐，穿不同的衣服，看不同的电影，表达不同的价值观。这一切都在冲击着共济会，使得它所珍视的理想生活叙事失去吸引力，这种叙事教导年轻人跟随他的父亲进入共济会，并在年长的兄弟们仁慈的目光注视下，踏上通往成熟和智慧的旅程。

共济会的式微也有非常现实的原因。当国家和 / 或雇主开始提供越来越多的福利时，通过兄弟会获得生活保障的做法就显得多余了。仅举一例，医疗保险是约翰逊总统在纽约世界博览会第二季期间推出的福利。在私营部门，金融证券成为我们这个时代发展最显著的行业之一。金融业直接取代了兄弟会。几个成立于 19 世纪晚期的兄弟会现在已经演变成金融服务组织，比如原世界樵夫会变身"伍德曼人寿"（Woodmen Life）、路德兄弟会变身"施力文保险公司"（Thrivent Insurance）、宾虚部落变身"宾虚寿险协会"（Ben-Hur Life Association）。

出于上述理由，美国共济会进入了衰退的境地。

第 16 章 阿雷佐：想当傀儡师的那个人

一份朋友花名册

利齐奥·杰利（Licio Gelli）生就一副不会引人注意的模样：身材中等偏小，戴着眼镜显得文质彬彬，灰色头发整齐地梳向一边。他在托斯卡纳小镇经营着一家服装厂。然而，在1970年代末，这个平淡无趣的人对意大利新闻界拥有一种催眠般的控制力。"在那些遥不可及的人士中，他是最遥不可及的。"

杰利住在阿雷佐城外一座僻静的别墅里，离他的工厂不远。有权有势的朋友会去他家，与他一起在花园里散步。他经常去罗马的五星级埃克塞尔西奥酒店（Hotel Excelsior）小住，在这家位于繁华的威尼托大街上的酒店套房里，接待前来与他密谈的贵宾。

他的权力既显而易见又深不可测。众所周知，他没有受过良好的教育，年轻时是一个斗志昂扬的法西斯分子。他在17岁时参加志愿军，在西班牙内战中站在佛朗哥一边战斗。有关他的传闻大多都是谣言。他被认为与美国总统吉米·卡特和阿根廷总统胡安·贝隆有私交。然而，调查记者怀疑并放言杰利卷入了众多勾当，从银行诈骗和绑架，到政治上的贪腐和新法西斯恐怖活动，等等。所有人确切知道的是，他的影响在某种程度上源于共济会的"第2号宣传会所"（Propaganda Due）或"P2"，他是该会所的会长。P2的名声不佳但又鲜为人知——是共济会保密性的新变体。

1980年10月5日，意大利最有声望的日报《晚邮报》（*Corriere della Sera*）刊登了一篇对杰利的深度采访。"P2是什么？"他被问道。"它是一个中心，只欢迎和团结那些有天分、教育水平高、智慧过人，尤其是慷慨的人。"杰利显然

利齐奥·杰利（1919~2015 年），第 2 号宣传
会所（P2）会长

感到很满意，他告诉《晚邮报》，关于他和他的会所的负面
宣传所起的作用就是让更多的人申请加入。但他拒绝透露 P2
中的兄弟们的情况，也不会透露他是如何与他们交流的："一
个有品位的情人从来不会透露他约会女人的方法。"他是否拥
有某种"神秘力量"？他称自己从来没有往那方面想过，但
他无法阻止别人这样想象他。我在意大利和国外有很多朋友。
不过有朋友是一回事，拥有某种能力是另一回事。这次采访
没有揭示出更多实质性内容，杰利对他本人及其神秘性的追
问含糊其词，用共济会做挡箭牌，不时提一个大人物的名字
来抬高自己，或者暗示点什么。采访最后才出现了一点有用
信息。

372

当你小的时候，别人问你长大后想干什么，你是怎么回答的？

当一个傀儡师。

本书中有关意大利的内容占据了不少篇幅，这是因为只有意大利才汇集了众多共济会发展史上的不同脉络。作为教宗的家乡，意大利有着悠久的共济会恐惧症传统，而且1738年共济会第一次被逐出教会以后，这一传统就不曾中断过。在19世纪初，拿破仑政权统治时期，意大利将共济会视为独裁政府的工具。然而，在烧炭党人那里，共济会式兄弟会又成了革命阴谋的工具。后来，准共济会演变为黑手党。在意大利统一之初，会所也发展成为权力的前厅。作为法西斯党的发源地，意大利也是共济会首次遭到极权政权镇压的地方。

法西斯党垮台后，共济会在意大利的创新没有停止。在1970年代，有一个共济会会员编织了一张影响相当广泛的关系网，以至于它被认为对意大利的民主构成了致命威胁。它似乎具备了阴谋论者一再警示人们注意的一切。这位兄弟名叫利齐奥·杰利，他创办的就是P2会所。

1945年，惨遭法西斯政权打压的意大利共济会东山再起，但发现它在新意大利的生存环境并没有改善。意大利共济会一向是从积极参与政治活动中获得很大声望。但是主宰战后意大利政治舞台的是两大如同水火的势力，分别是与梵蒂冈和西方资本主义集团结盟的基督教民主党（Democrazia Cristiana）和西欧最大的共产党组织、最初与苏联结盟的意大利共产党（PCI），联手遏制了共济会。在冷战结束之前，基督教民主党一直是意大利执政联盟的核心。相比之下，意大利共产党一直发挥着反对派的作用。在两代人的时间里，意大利政治的重中之重就是全力阻止共产党掌权，这种压倒一切的需要也使意大利政治生活陷入瘫痪。

意大利的基督教民主党和共产党之间几乎不存在共同点，对共济会的猜疑恐怕是少数几个能让两党克服冷战鸿沟，表现出一致立场的事务之一。基督教民主党继承了教会由来已久的反共济会传统。对意大利共产党来说，共济会一直是一个资产阶级阴谋集团。两党都不允许共济会会员加入。意大利的宪法条文也体现了基督教民主党和共产党对共济会的态度，两党均参与了宪法起草工作。在 1948 年 1 月 1 日生效的宪法，其第18 条严禁秘密结社。无论是基督教民主党还是意大利共产党都无法鼓足勇气明确提出将共济会纳入禁令——这样做将会令人不安地联想起法西斯主义政权的做法。但他们也拒绝了豁免它的提议。由于缺少对秘密社团的法律定义，兄弟会就落在了宪法的无人区。

战后意大利共济会也不得不应对一大堆内部问题。因为它看上去跟时代脱了节，申请入会的人很少。更糟糕的是，正因为它曾经是法西斯主义的受害者，如今反而成了前法西斯分子的理想去处，希望借此掩盖自己过去的恶行。共济会本身在组织上也是分裂的。在它的两大谱系中，成立时间较长、会员较多的是后来卷入 P2 风暴的那一支，即意大利大东方总会所。另一支是意大利总会所。我们无须纠结共济会两大支派在教义问题上的分歧，只要说两者都经受了分裂之苦就够了，而且它们之间的分歧呈现出了新的形式——特别是在 1956 年，意大利大旅馆创建了一个妇女会所。这两个共济会分支仍渴望再造辉煌，重现意大利共济会在 19 世纪晚期的盛景。一些领导人把希望寄托在重申以往反对天主教的立场上。另一些人则想充当抵御共产主义威胁的堡垒，从而换来英国和美国的友谊和青睐。由于各派争执不下，共济会一直无法制定目标明确的策略。

直到1960年代初，共济会才开始在数量和影响力范围上有了明显改善。长期执政的基督教民主党一直处于不稳定的状态，作为权宜之计，只能选择与中间和中间偏左的党派联合组阁，而共济会在那些党派中更受欢迎。在罗马教宗若望二十三世（Pope John XXIII）的领导下，梵蒂冈转向更加自由和开放的立场，来自共济会和教会的一些知识分子在相互试探中展开对话。

就像在共济会势力更强大的国家一样，意大利共济会也不可避免地受到了20世纪60年代到70年代重大社会变革的冲击。如今的意大利已是一个工业强国，城市规模随着大量农业人口涌入而日益扩大，居民家里充斥着各类消费品，劳工阶层渴望从国家增加的财富中分一杯羹，妇女要争取更多权利，年轻人在尝试新的生活方式和政治立场。意大利的形势也有其特殊性。国家体制亟需改革，但基督教民主党及其联合执政伙伴忙于相互讨价还价，并把政府公职分配给它们的朋友们，根本无暇顾及变革。效率低下、结党营私、贪污腐化和黑手党的影响全面而深入地渗透到了国家机构当中。各种丑闻接二连三地曝光。诸如此类的情形给了意大利共产党机会，它通过营造自身诚实可信的声誉，逐渐赢得更多选民的支持。在1963年的大选中，它获得了四分之一的选票。在1976年经济危机的背景下，它史无前例地赢得了超过三分之一的最高票数。在意大利的比例代表体系中，这已足以让它掌握权力了。

与此同时，在议会之外，政治局势更加动荡不安。进入1960年代末，社会矛盾终于爆发，学生的反抗和工人的罢工此起彼伏。1969年12月，有人在米兰大教堂拐角处、丰塔纳广场上的一家银行引爆了一枚炸弹，造成 16 人死亡，意大利政治生活由此进入了一个充斥着骚乱和暴力活动的新时代。警方试图拿无政府主义者是问，但收效甚微，并在坚持数月后因一起事故而宣告失败。一名无政府主义嫌疑人从警察总部四楼坠楼身亡，死因十分可疑。调查记者很快给出了一个合理的解释——有证据表明，制造爆炸案的罪魁祸首是与意大利特务机关关系密切的右翼恐怖分子，而不是无政府主义者，但警方故意忽略了相关证据。这使整件事无论怎么看，都像是有人在实施"紧张策略"——利用恐怖活动制造一种紧张氛围，推动意大利向右转，甚至发动右翼政变。更多暴行随之而来。

丰塔纳广场爆炸事件后的 10 年里，左翼和右翼激进分子的街头暴力活动屡见不鲜，与此同时，特别是从 1976 年开始，暗杀活动也时有发生。1978 年 3 月，一个名为"红色旅"（Red Brigades）的极左恐怖组织绑架了前基督教民主党总理阿尔多·莫罗（Aldo Moro），整个国家陷入了停顿。在持续了 55 天的绑架中，"红色旅"私设公堂审判了莫罗，政客们为如何应对争吵不休，最终莫罗被杀害。

1980 年 8 月 2 日，正当共产党的支持率开始下降，"紧张策略"似乎已被放弃的时候，一枚威力巨大的炸弹摧毁了共产党执政的博洛尼亚市的火车站，造成 85 人死亡。

在博洛尼亚火车站爆炸两个月后，局势严峻且紧张，《晚邮报》发表了对利齐奥·杰利的采访。他那带有预言性的神秘声明表明，他乐于让人们感到更加不安。他毫不掩饰自己是右派的事实，但他回避了关于他涉嫌与特务机关有联系的问题，并讲述了一则令人不安的逸事来掩盖他的观点。当采访者问杰利对民主有何看法时，他没有直接回答问题，而是开始讲他与两年前被"红色旅"杀害的前总理奥尔多·莫罗的一次谈话。众所周知，莫罗对改革的态度十分谨慎，他告诉杰利，民主就像锅里的豆子：想要它好吃，就必须小火慢炖很长时间。杰利打断了莫罗，说："小心别烧干了锅，要加够水，不然豆子就会被烧糊。"

在意大利的民主制度岌岌可危、民众对制度的信任直线下降时，杰利选择无视共济会长期尊崇的远离"政治"的传统，即它对权力机构表现出一成不变的忠诚，隐晦地暗示可以烧毁民主。兄弟会从未表现得如此阴险。

在《晚邮报》发表杰利采访之后数月，当局在调查米凯莱·辛多纳（Michele Sindona）的过程中也逐渐发现了 P2 的真面目。辛多纳是西西里的税务律师，拥有一个由银行和离岸金融公司组成的复杂网络。当这个金融帝国的财务状况出现了一些问题后，辛多纳开始在货币投机中承担更大的风险，野心也随之膨胀。1972 年，尽管有传言称他与黑手党有牵连，但他还是获得了美国第 20 大银行——富兰克林国民银行的控股权。两年后富兰克林国家银行破产，辛多纳因涉嫌欺诈在美国接受调查。意大利央行下令关闭他在意大利的银行，并提出引渡他的请求。

辛多纳不顾一切地想要拯救他的帝国，并开始向执政的基督教民主党支付大笔款项，希望后者能实施救助计划。他还帮黑手党洗黑钱并将巨额毒资投入各种项目。1979 年 7 月，意大利央行指定的辛多纳资产清算人，在拒绝了各种贿赂企图后，被一名职业杀手谋杀。

不久之后，辛多纳从纽约消失，并以一个绑架受害者的面目重新出现在西西里，他声称自己被"为实现真正公道的颠覆性无产阶级委员会"绑架。其实他说的这个组织根本就不存

377

在，真正的幕后操纵者是深度参与跨大西洋海洛因交易的黑手党。为了让这场骗局更逼真，辛多纳甚至让一位对他言听计从的医生给自己打麻药，然后在他腿上开了一枪。他们这样做的目的是发布他被"扣押"期间泄露的敏感信息，借此勒索政客们拯救他、他的银行，以及黑手党的钱。此举并未奏效。辛多纳仍然一口咬定自己被绑架，并在后来故意让人在曼哈顿的一个电话亭里发现自己，当时的他受了点方便给人看的皮肉伤，头发蓬乱，样子很狼狈。1980 年，他因金融犯罪被美国法院判处 25 年徒刑。

在意大利的米兰，当局仍在调查辛多纳。一些线索指向了利齐奥·杰利及其 P2 会所。杰利的私人联系方式在辛多纳的日记里有详细记录。在《晚邮报》的访谈中，他突然提及与辛多纳之间的交情。这位可敬的会长还为名誉扫地的银行家写了一份宣誓书，希望阻止美国将他引渡到意大利，他声称，由于共产党渗透了整个司法系统，在意大利是不可能举行公平审判的。在绑架闹剧期间，给辛多纳打麻药并朝他腿部开枪的医生，曾在西西里岛和杰利家之间来回奔波，这个医生自称是一个"感情丰富的国际共济会会员"。显然，这位可敬的会长为了拯救辛多纳，毫不吝啬地动用了自己的神秘威望。

事情接下来是这样的，1981 年 3 月，在绝对保密的情况下，从米兰出发的一小队金融警察（Guardia di Finanza）突袭了杰利在阿雷佐的房地产。他们在他的服装厂办公室里找到了他们要找的东西——甚至比他们要找的多得多。书桌旁边放着一个手提箱，里面有 33 个装满文件的信封；每个信封上都有杰利的签名，并标有与近年来一些重大商业和政治丑闻相关的人名。警察截住了想要逃走的杰利的秘书，从他身上搜出了保险箱的钥匙。他们在里面找到了一份 P2 成员花名册。他们还意外发现一个标着"金融警察"的文件夹，正在搜查的金融警察顿时兴趣大增，这一点都不奇怪。其内容显示，他们的最高级指挥官中有 5 名是 P2 成员。事实上，就在警察搜查的同时，指挥这次行动的警官收到了一条紧急通知，要他立刻联系总指挥，也就是金融警察的最高领导，后者对他说："我知道你在那里，你找到了一些人的名单。你该知道我的名字也在上面。小心行事，因为（国家的）高层人物也在名单上。千万当心，因为天要塌了。"搜查杰利办公室的警察乘坐一辆简朴的菲亚特汽车抵达现场。不等他们搜查完毕，回程已做好妥善安排，两辆满载着全副武装的警察的阿尔法 - 罗密欧汽车护送他们带着极具爆炸性的文件返回米兰。

负责此案的两名预审法官读到文件时都吓坏了，他们不惜多花些时间，给每一页都编上号，并复印多份放置在不同的安全地点。然后，他们约见总理。约好的会面时间到了，他们被总理的私人秘书带进了办公室前厅。这位秘书自始至终都面带微笑、彬彬有礼，堪称微笑服务的典范——尽管他是 P2 成员名单上的 962 个人之一，并且已经知道了两位法官要向总理透露的机密消息。他们看到总理阿纳尔多·福拉尼（Arnaldo Forlani）戴着一副方框眼镜，眨动着眼睛，准备装出一副泰然自若的样子。据一位预审法官说，他装得不够好："他想要对我们说些什么，但憋了好几分钟竟然一个词都没说出来。他嘴里发出喉音，给我们的感觉是，他认为不值得为这个话题大惊小怪的，但他不知道该怎么说。"在这次奇怪的会面之后，福拉尼总理决定拖延一下时间，并让一个由睿智者组成的三人委员会来判定 P2 是否可被算作意大利宪法禁止的秘密社团。与此同时，新闻和谣言开始传播。

直到 1981 年 5 月 22 日，也就是杰利在托斯卡纳的工厂被搜查两个多月后，众人才从报纸上看到了令人瞠目结舌的 P2 会员名单。

379

名单中包括 3 名现任政府部长，40 多名议员，其中几名也曾就任公职。

名单中政客的数量惊人，该会所对国家机器的渗透令人震惊。意大利人很快给他们起了个外号——"P2 党人"（piduisti）。名列其中的除了国防参谋长之外，还包括所有文职和军事情报机关的负责人，以及不少于 195 名陆、海、空三军军官，其中 92 名是将军或上校。另外还有 3 名 P2 将军与 1970 年流产的军事政变有牵连。

意大利各执法机构的高层人物也都赫然在列：除了 5 名金融警察高级官员外，还有 9 名宪兵部队（Carabinieri）的将军和两位国家警察高官。令人惶恐的是，在奥尔多·莫罗总理被"红色旅"绑架的 55 天里，政府部长们一直在征求由高级执法官员组成的协调委员会的意见，而这个委员会的成员中有 6 名是 P2 党人，占大多数。他们的存在是否导致了莫罗的悲惨结局？

花名册上还有 60 多名高级公务员和 9 名高级外交官。在财政部及其控制下的国有银行中，有 67 名 P2 主义者。

除了政府机关，杰利在社会和经济领域也有很多"朋友"。他的企业家朋友包括"安尼斯"（Agnesi）意面家族的成员，45 岁的米兰建筑商和电视商、会员编号 1816 的西尔维奥·贝卢斯科尼（Silvio Berlusconi），也有来自私营部门的银行家，比如 501 号成员、假绑架受害者米凯莱·辛多纳。辛多纳的学生和竞争对手罗伯托·卡尔维（Roberto Calvi）也是 P2 党人（后来的调查发现，他还通过他的安布罗夏诺银行为黑手党洗钱）。

杰利还与国际上一些炙手可热的人物有关联，比如 1979 年伊朗王国垮台之前的秘密警察头目。40 多名成员来自或驻在南美国家。阿根廷的成员显得尤其突出，其中有一位是海军上将埃米利奥·爱德华多·马塞拉（Emilio Eduardo Massera），他是1976年军事政变的主要人物，目前正参与策划军政府对政治对手的"肮脏战争"，在这场战争中，约3万人被杀害。

在加入P2会所的众多媒体名人中，最引人注目的是控制《晚邮报》的公司的所有者和总经理、报社的编辑，以及采访"傀儡师"的记者。

P2会所名单一经披露，震惊和愤怒的情绪随之在公众中蔓延开来。事态进展迅速，并产生了持久的影响。福拉尼的优柔寡断导致政府垮台。意大利议会专门成立了P2会所调查委员会，由基督教民主党人蒂娜·安塞尔米（Tina Anselmi）负责。蒂娜是一位杰出的政治人物，她曾是抵抗纳粹的英雄，也是意大利第一位出任政府部长的女性。P2很快就被当局根据宪法第18条制定的《安塞尔米法》予以取缔。

该会所的会长逃往瑞士，后来被当地警方逮捕；1983年8月，他从日内瓦的一所监狱逃出，并持阿根廷外交护照辗转前往南美。直到1988年，他才回到意大利接受审判。与此同时，针对P2涉嫌参与的大量腐败和右翼分子的颠覆活动案件的调查在进行中；接连不断的法律诉讼和公众争议也将持续多年。

左翼人士声称，在事情公开之后，罗马的当权派十分紧张，开始进行反击。1981年9月，负责对杰利的工厂实施搜查的米兰检察官曾接到命令，将所有与本案相关的文件转交给罗马的地方法官。众所周知，罗马的检察官机关在办理政治敏感案件时一向以拖延时间和息事宁人而闻名。

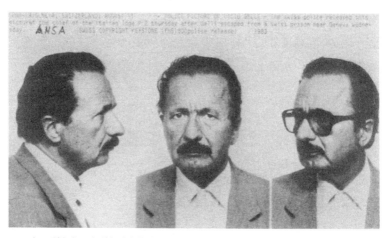

1983 年，利齐奥·杰利在瑞士越狱后不久，警方发布的他的照片

    P2 会所被曝光后，P2 党人罗伯托·卡尔维失去了以前享有的保护。翌年，他的安布罗夏诺银行宣告破产。1982 年 6 月，有人发现卡尔维吊死在英国伦敦黑衣修士桥（Blackfriars Bridge）下。直到今天，人们仍然无法确定他究竟是被谋杀的还是自杀的。1984 年，假绑架受害者米凯莱·辛多纳最终被引渡到意大利接受审判，并因金融犯罪入狱。1986 年 3 月，他还被判犯有雇凶杀害受命清算他名下银行的负责人的罪行。两天后，辛多纳因喝了一杯掺有氰化物的浓缩咖啡而死于狱中。尽管他很可能是畏罪自杀的，但人们普遍猜测他是被灭了口的。

    当局搜查杰利在乌拉圭首都蒙得维的亚的办公室，从中发现了属于意大利特工部门的高度机密文件。在乌拉圭搜到的大量文件中，只有一小部分落入了意大利当局手中。直到今天，人们仍然怀疑在阿雷佐的杰利工厂发现的 P2 会所成员名单并不完整，还有数百名重要人物未被公开。

    因为名单不完整，所以 P2 会所案从未真正结束。正如议会调查委员会主席蒂娜·安塞尔米所说，"[P2 的故事]充斥着模棱两可和具有双重意义的事实。某些证据看似支持某一说

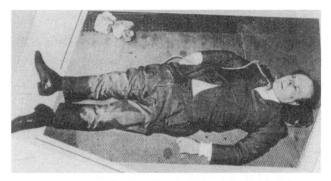

罗伯托·卡尔维（1920~1982 年）的尸体被人发现悬挂在伦敦黑衣修士桥下

米凯莱·辛多纳（1920~1986 年）的谋杀罪名成立，被判终身监禁后，喝了一杯掺了氰化物的浓缩咖啡

法，[……] 但每次都会出现一些情况，使得它们也能佐证其他说法"。调查委员会的成员也持与她相同的观点：在 1984 年提交调查结果时，他们提交了一份多数派报告文本和至少 5 份少数派报告文本。

多年后，这场大戏的参与者和历史学家仍然对杰利的会所评价不一。有些人认为，这是一个试图颠覆现行体制的法西斯主义阴谋；另一些人则认为这个会所不仅不存在颠覆意图，反而是从内部支撑现行政体的一种方式。无论怎样看待 P2 会所，大家都感觉中情局的影子隐现其中。蒂娜·安塞尔米说 P2 其实就是"双金字塔"的一部分。处于下方的金字塔是 P2 会所，利齐奥·杰利高踞它的顶端。但与此同时，杰利也处在一个倒金字塔的尖端位置，而它的大部分隐身于国家体制之中。安塞尔米暗示，整件事的罪魁祸首是隐身在倒金字塔中的神秘人物。许多人认为 P2 展现出了权力的真面目，正是透过这桩丑闻，意大利的民众才趁机瞥见了该国真正的决策地点。一位著名的共济会历史学家最近辩称，根本不存在 P2 阴谋：整件事是别有所图的左翼分子捏造的。利齐奥·杰利究竟是操纵木偶的傀儡师，还是权势更大的人手中的木偶；是一个犯罪团伙的头目，还是一个无权无势只会花言巧语的骗子；一个采用不正当手段的游说者，还是一长串被人误解的共济会会员中最新的一员？人们至今无法就此达成共识。

384

蒂娜·安塞尔米（1927~2016 年）

在长达30多年的时间里，杰利因一长串罪行持续受到调查和/或审判：与从事颠覆活动的组织有牵连、资助恐怖袭击、金融不端行为、政治腐败、诽谤、妨碍司法公正、合谋杀人（将罗伯托·卡尔维吊死在黑衣修士桥下）、与西西里黑手党和那不勒斯克莫拉合作、武器贩运和洗钱、逃税。考虑到这些罪名，以及人们对通过P2案揭露那个时代所有谜团的期待，最终成立的罪名数量不免令人失望——

- 1994年，杰利因与1980年博洛尼亚车站爆炸案有关的"带有恐怖主义目的的恶意诽谤"被判10年徒刑。法院认定，杰利与4名特工合谋，企图让当局对大屠杀的调查偏离轨道。该计划包括放置一个手提箱，里面装有在博洛尼亚车站大屠杀中使用的同一类炸药，目的是嫁祸给外国恐怖分子，帮助真正的罪犯意大利新法西斯分子脱身。
- 1998年，杰利因在安布罗夏诺银行破产中所起的作用被判服刑12年，最高法院终审后不久，他就潜逃了。这家由罗伯托·卡尔维经营的银行，因黑衣修士桥而恶名远扬。警方追捕4个月后，终于在法国南部将他抓获归案，当时他留着胡子，戴着一顶贝雷帽。
- 杰利还因诽谤调查他案情的地方法官而被定罪。但因超过了诉讼时效，定罪被取消了，只是被责令支付诉讼费。
- 杰利被一名记者指控诽谤，法院成功将他定罪，又因冒犯意大利总统的荣誉而被定轻罪。

总的来说，这些判决并没有明确支持众人对P2会所的各种解读。另一件事也没有得到佐证，即1996年，最高法院判定杰利和 P2 党人阴谋反对宪法和国家机关的罪名不成立。许多人认为这一判决是既得利益集团试图掩盖真相的结果；另一些人反驳说，阴谋反对国家政权的说法牵强附会，与成立 P2会所的宗旨根本不沾边。

我们永远不会知道全部真相。接下来，我要以应有的谨慎态度，追溯在杰利的工厂遭到搜查之前的那些年里 P2 会所的来龙去脉。

秘密会所

386

P2 会所并不是利齐奥·杰利创建的。它最初是在近一个世纪前在意大利大东方内部成立的，名为共济会宣传会所。它的首批会员是 1880 年代的显赫人物，其中包括两位总理和非官方的桂冠诗人焦苏埃·卡尔杜奇（Giosuè Carducci）。共济会宣传会所享有特殊地位：总部设在罗马，免除那些著名的、繁忙的、经常旅行的成员在其属地会所中应承担的义务。宣传会所的会员们也获得了更多的隐私，因为他们是在总会长独自主持下加入共济会的，这一过程被称为"在剑刃上入会"。总会长也不会公开他们的真实身份，或者用大东方的行话来说，是"天知地知你知我知"的秘密会员。因此，宣传会所是一个"隐蔽的会所"（又是石匠们的行话）。

所有这些都表明意大利共济会是多么热衷于接纳有权有势的朋友。隐蔽会员是为了保护他们的声誉，避免出现令人尴尬的情形，比如普通会所里可能会有遇事不动脑子的会员，逢人就吹嘘说自己与会所内的显要人物很熟络。

然而，宣传会所的历史中也有一些方面预示着它今后会遇到麻烦。这个会所与 1877 年加盟本会所的总会长阿德里亚诺·莱米（Adriano Lemmi）及其密友弗朗西斯科·克里斯皮总理关系最为密切，后者同为会所会员。我在第 15 章提到过，在两人相继卷入与政府烟草专卖和一家破产银行的丑闻后，他们的政治联盟损害了共济会的声誉。

第二次世界大战后，意大利共济会重出水面，它开始给现存的会所编号，宣传会所被编为2号，以体现它的重要地位。（1号会所是全国最古老的会所。）随着时间的推移，这个会所逐渐被人称为"2号宣传会所"或"P2"会所。

1965年，利齐奥·杰利初次加入共济会。两年后，他转到了2号宣传会所。到了1960年代末，他已经成了总会长的亲密伙伴。据那些认识他的人说，杰利富有魅力，甚至有感召力；而且他交际广泛，不知是真的还是他在自我吹嘘，反正他号称有很多关系，可以介绍一些要人加入共济会。

1970年，杰利被任命为2号宣传会所负责人，并被授予主持"在剑刃上入会"仪式的权力——这一向是总会长的专属特权。1971年，他被任命为2号宣传会所的组织干事，这是前所未有的角色，正式确立了他的特殊地位。一个专为配合他工作而设立的管理委员会没有实权。2号宣传会所逐渐变成了杰利的私人领地。

英国或美国共济会会员如果知道早在19世纪就存在宣传会所，恐怕都会目瞪口呆。在英国和美国，从来就不曾存在这种秘密会所，这种组织形态太容易被人滥用了。在利齐奥·杰利的领导下，它的确被滥用了。在杰利之前，2号宣传会所不过是会集了从兄弟中精挑细选出来的一批精英。但在他接手后，它变成了一个完全由他控制、寄生在共济会内部的实体。隐蔽的宣传会所变成了秘密的2号宣传会所。对于那些珍视共济会价值观的人来说，真正令人震惊的是，杰利在打造这个体系的过程中，得到了大东方领导层的全力配合以及众多资深共济会会员的合谋。

这里的核心人物就是耐人寻味的焦尔达诺·甘贝里尼

（Giordano Gamberini），他在 1960 年代大部分时间里担任大东方的总会长，也是其两位继任者依托的权力根基。甘贝里尼将杰利置于自己的羽翼之下，赋予他重振 2 号宣传会所的重任，然后赞助并保护他。然而，甘贝里尼绝非一个愚蠢或腐败的人物。他是一位温文尔雅的新教学者，留着山羊胡子，浑身散发着贵族气息。这也不奇怪，因为他确实出身于拉文纳一个贵族家庭。他毫不客气地指出意大利共济会的弱点。他的著作分析了意大利历史特点对共济会的影响，称它不同于共济会在英国或美国的历史，意大利共济会阻碍了植根于共济会且创立之初就有的、塑造优秀男人的伟大传统。他明确表示，从若阿尚·缪拉和烧炭党时代开始，意大利共济会就表现出极强的政治性，对此他感到痛惜，同时也不能无视。甘贝里尼坚信，共济会不应成为"一股政治力量、一个权力中心、一种意识形态流派"，要坚决抵制这种倾向。它还需要摆脱保守秘密和"兄弟之间相互偏袒"的坏习惯。

显然，甘贝里尼对共济会心怀的期望与 2 号宣传会所后来的演变结果背道而驰。这个现象实在是匪夷所思，如此坦荡的人竟然会把权力让给杰利这种心理扭曲的人。细究之下，根本原因在于共济会还存在甘贝里尼无法识别的其他缺点。与许多意大利石匠一样，他是一个坚定的反共分子。他乐于与偏执的共产主义者公开战斗，因为这将有助于共济会清除那些认为自己可以保持中立的"假兄弟"。在甘贝里尼看来，反共与否是共济会对男子气概的考验。

各地石匠总是有一种倾向，认为自己是伦理世界精英中的精英。甘贝里尼充分表现出了这种倾向。说白了，他过于自命不凡。他对共济会的设想也流露着一种自视甚高的大男子主义。他认为，共济会完善人格的方式不适合女性，因为她们"不同"，走在"不同的旅程"上。尽管他对女权主义嗤之以

总会长焦尔达诺·甘贝里尼（1915~2003 年）

鼻，但他对女性到底有什么不同却讳莫如深。甘贝里尼心目中的理想石匠是一个道德高尚的人，并且时刻准备站出来，勇敢且坚定地抵抗暴民。"共济会的教导专门面对个体，旨在帮助他成为一个完整意义上的'人'。当每个人都真正成为一个完整的人的时候，愚蠢、残酷的乌合之众将不复存在。"甘贝里尼也厌恶俗不可耐的媒体，它们除了传播损害共济会的错误信息以外没干什么好事。

自命不凡的甘贝里尼总会长十分青睐利齐奥·杰利混迹于上流社会的能力。出于不同的原因，他们都想吸收同一类型的人：不是过于沉迷于派系斗争的政客，而是国家机关里的高级公务员。在甘贝里尼眼里，这些都是真正的男人，他们有责任心和秩序感，不容易受大众的突发奇想影响。甘贝里尼和杰利之间的这种共识，构成了他们最初相互信任的基础。1969 年之后，随着意大利的政治气氛日趋紧张，甘贝里尼开始欣赏杰利的激烈反共立场。在甘贝里尼的心目中，因为社会受到腐败和左翼思潮的危害，一个重新焕发活力的宣传会所可以让兄弟会价值观成为一种道德增强剂，应用于处理公共事务的过程中。他认为，政治活动削弱了共济会，但是国家急需共济会的帮助。从这个意义上说，意大利共济会仍然可以自视居于政治斗争之上和之外，完全符合共济会不过问政治的传统戒律。

就这样，甘贝里尼总会长全力支持利齐奥·杰利对 2 号宣传会所的控制。得到正式授权的杰利带领会所迅速向右转，并更加隐秘。他给每个会员都起了代号，并在书信中用一个看似平常的名称做幌子，指代他的会所——"当代历史研究中心"。他还安排那些在国家机关高层中任职的会员举行特别会议，讨论政治局势。

根据杰利的说法，危险在于共济会的宿敌天主教徒和共产党人结成了邪恶的"教士－共产党人"同盟。他简述了该同盟的政治议程："与教权主义立场一致的共产党构成的威胁，天主教徒要夺取权力。警察无能。不道德行为不受控制地蔓延……教士－共产党人同盟夺权后的我方立场。与意大利政府的关系。"在给 2 号会所会员传阅的一份有关这些讨论的通知中，杰利悲观地谈到，或许需要制订"紧急计划"，以防"教士－共产党人"最终得势。

大概在召集这些会议的同时，1972 年 12 月 29 日，包括甘贝里尼总会长的继任者在内的宣传会所的高级官员，在佛罗伦萨的四星级酒店巴廖尼（Baglioni）开会。杰利在会上提出了一个管理会所信息的计划：先让兄弟们汇集消息上报，由宣传会所专家委员会评估，然后传递给友好的新闻机构。这样做的目的也没什么可保密的，就是勒索。

宣传会所中的民主党人和传统派会员开始警觉起来。有人听说杰利吹嘘说，他掌握的信息可能足以让总会长身败名裂。就在那个时候，"紧张战略"将意大利推向了极度危险的境地。1974 年 5 月，人们在布雷西亚市的洛贾广场（Piazza della Loggia）举行反对右翼恐怖主义的示威，一枚炸弹爆炸，当场炸死了 8 人，炸伤数十人。同年 8 月，一列火车在进入亚平宁山脉中的隧道后，一枚炸弹爆炸，又有 12 人丧生。然而，尽管当时政治气候险恶，宣传会所中也散发出明显的欺诈气息，但是几乎所有 2 号宣传会所的会员和资深大东方石匠都不为所动，一致决定不向当局反映他们的担忧。宣传会所的情况要保密——只能由共济会内部解决。

1974 年 12 月，大东方在一次大会上讨论了民主党人的担忧，最后投票决定将 2 号宣传会所转化为一个普通、正常的会所：不再从事神神秘秘的活动。但到了来年春季，这一决定本应得到最终批准并予以实施，但有人在幕后操作了一番，使得有关方面重新审议了该决定。据说杰利暗中散发了一些文件，暗示总会长涉嫌参与了金融欺诈活动。不久之后，杰利被正式任命为普通的 2 号宣传会所会长，这个明面上的会所仅有寥寥数个会员，但杰利暗中继续运作自创的 P2 会所，拥有数百个秘密会员。他甚至拿到一叠空白会员卡，可以随心所欲地吸收会员。可以说，杰利当家做主了。

大东方领导层显然认为，组织结构上的调整为他们提供了一个幌子，隔绝了杰利的 P2 会所可能对整个共济会造成的任何风险。1977 年，为了应付媒体，前总会长焦尔达诺·甘贝里尼接受了采访，他假意称，如今的 P2 只是一个普通的共济会会所，并不比其他会所有更多秘密。

与此同时，杰利投入了大量时间前往罗马与人面谈，不是在他装了 3 部电话的酒店套房，就是在套房隔壁的多尼酒吧。他吸收了太多"在剑刃上入会"的会员，最后不得不重组会所。在此之前，他一直依赖几个关系密切的同伙，他们都是这个会所的元老。从 1979 年开始，尽管最有权势的兄弟仍然与杰利保持单线联系，但在组织结构上，他已将会所的其余成员（约一半）分配给了地方上的小组，这些小组的组长会向上级传递请求。

这些小组形成了微型网络，而这正是 P2 会所成功的秘诀之一。会长通常会招募一个渴望利用会所人脉助力事业发展的人。之后，这个新会员就向杰利推荐一两个他认为有类似心思的熟人。通过这种方式，许多熟人组成的小圈子被纳入了 P2 体系。由三四个人组成的小圈子，一环一环向外扩展，不断与更广阔的世界建立联系。杰利当然也会从中获益，他吸收的会员与大多数共济会会员不同，他们都掌握着他人求之不得的资源，伺机与人互通有无。因此，他可以放心大胆地要求他们想办法帮助一个他们并不认识的会所成员。会长正把自己变成一台人情交易的交换机。

金融警察突击搜查杰利的工厂时，他们在杰利的档案里发现了 200 封信，其中三分之二是向共济会寻求支持。在大多数情况下，这种支持是指意大利人所称的推荐信（"raccomandazione"），即向雇主推荐他人的私人信件。推荐信不同于工作证明信。典型推荐信的遣词造句都很友好且有礼貌，但隐含着一个请求，即期待对方给被推荐人行个方便。这是一个有权势的人物要求另一个有权势的人物帮忙，以换取其他帮助。处理这类信件属于会长的日常事务。

杰利还分流了会所可供利用的极其丰富的人情资源，从而牢牢笼络住了大东方领导层。1980 年春天，在大东方的一次会议上，时任总会长（杰利得势期间的第 3 任总会长）面对人们对 P2 会所越来越多的担忧，当场解释说："只有求助于 P2 会所，也就是杰利先生，他才能满足众兄弟的无数请求。"

杰利会利用胁迫手段强化自己的体系。他建立了一个庞大的私人档案库，其中汇集了 P2 会所中每个既有会员以及将要吸收的会员的个人资料。信息就是杰利向他的手下索要的贡品：呈上来的材料越是不宜泄露，就越有价值。有些会员后来报告说，杰利逼着他们加入会所，否则就会爆他们的料。一位高级公务员后来出庭作证时说："[杰利] 让我意识到，他能够挖出我做过的任何违反规定的事，只有他才能保护好我。"

P2 会所给杰利提供了干预人事的各种手段。有时，他只需安排两位 P2 党人建立直接联系。例如，在 1970 年代末爆出的一桩丑闻中，某公司在价值数千亿里拉的石油进口业务中涉嫌逃税。涉案的几家意大利北方公司找到 P2 会所内的高级金融警察充当法律上的保护伞，这些警察又通过该会所内的银行家洗白了他们的非法获利，并在秘密特工会员的帮助下躲避了调查。多亏了 P2 会所内部的各种小网络，犯罪活动变成了一个完整系统。

杰利吸收金融警察高层入会之后，就可以很方便地向那些担心财务审查的人提供保护。这在一桩债务纠纷中体现得比较明显。建筑大亨安娜·博诺米（Anna Bonomi）与 P2 党人罗伯托·卡尔维名下的安布罗夏诺银行因 500 万美元的商业债务起了纠纷。杰利介入并顺利解决了问题。与要求公开更多财务信息的法院相比，杰利的调解有非常明显的好处，效率高，花费也少，还更安全。

杰利有能力把商业金融交易变成"朋友"之间的利益交换。意大利里佐利（Rizzoli）集团于 1974 年收购了《晚邮报》。这笔交易导致该集团负债过多，无法通过传统渠道获得更多的信贷来实施它的重组计划。这时杰利登场了。里佐利的所有者和高管们都加入了 P2 会所，会长从一小群银行那里筹集到了里佐利集团所需的资金；这几家银行都是 P2 党人名下的，其中 3

394 家是国有控股的，另一家，不出所料，又是罗伯托·卡尔维名下的安布罗夏诺银行。里佐利总经理亲口承认，该集团在 1975 年至 1980 年向杰利支付了 60 亿或 70 亿里拉（大约相当于今天的 2500 万欧元）的佣金。借助于安布罗夏诺银行（本身也开始陷入严重的财务和法律困境），杰利的 P2 会所逐步在幕后控制了里佐利集团。杰利的财务臂膀，翁贝托——奥尔托拉尼（Umberto Ortolani）进入了董事会，杰利本人出任集团的南美业务代表。

所有这些都让我们禁不住要琢磨 P2 究竟是怎样涉足政治的。人们可能没想到杰利对《晚邮报》的影响并没有导致其宣传路线的明显变化。甚至杰利的访谈，关于烧糊豆子之类的一切说法，在 1980 年 10 月刊出时也没有什么不妥之处，因为它属于关于意大利隐藏权力的系列报道。许多人担心杰利所说的话会惹麻烦，但当时没有人指责《晚邮报》给了他一个发言平台。不管它是什么，至少在 1975 年到 1981 年，这家意大利最大的日报不是 P2 的传声筒。要理解在这场微妙的政治游戏中杰利是怎么玩的，我们需要把眼光投向别处。

民主重生

1981 年夏天，P2 会所花名册在托斯卡纳被发现后不久，利齐奥·杰利的女儿从巴西乘飞机抵达罗马。海关官员当场拦下她，仔细检查了她随身携带的手提箱。他们发现手提箱内衬的接缝被打开过，然后又被粗糙地缝合上了。在简陋的夹层底下，海关官员发现了两套文件：包含瑞士银行账户在内的虚假指控原始材料，这些文件都是为了抹黑审理 P2 案的法官而捏造的；《民主重生计划》，P2 会所制定的推动意大利政治转向威权的方案。

395 P2 参与政治活动的问题是整个事件中最具争议和神秘的部

分。理解《民主重生计划》应是最佳切入点，由此可以梳理出杰利实现的政治目标。应该说，这个计划原本就不是一个意图彻底摧毁民主的计划。简单地说，它或许可以被定义为威权-保守主义，而不是法西斯主义。它制定的政策推崇基于家庭、国民和经济自由的价值观。按照计划，要全面搜捕"普通和伪政治暴徒"；警方可以采取一些稍微超出限度的审讯手段，不应像以前那样受到过多限制；司法机构须接受政府更严格的控制；媒体必须受到国家新闻机构的统一管理等。

该计划最引人注目的内容与政策无关，而是杰利对意大利政治失败的诊断。他描述的敌人都是阴谋分子。这已经是老生常谈了：所有的阴谋家都是阴谋论者。

意大利共产党是P2的头号敌人。杰利把意大利共产党形容为别有所图却假装自己是一个受人尊敬的、民主的、开明的、中产阶级可以接受的政党。根据杰利的说法，一些公开批评意大利共产党不够左倾的极左小团体，正暗中与意共采取一致的行动。更可怕的是，苏联秘密警察克格勃正在意大利土地上策划行动，目的是帮助意大利共产党夺取政权。换句话说，紧张战略是主流左翼推行的计划，与极右翼无关。

因此，《民主重生计划》的首要目标是阻止意大利共产党夺权。基督教民主党无法胜任这项工作：他们与梵蒂冈联系过于紧密，内部派系太多，太腐败，对商业的真正需求毫无感觉，因而没有多大用处。

按照这个逻辑，左翼阴谋已经在热火朝天地进行，P2可以组织起右翼进行反击。杰利的第一步是建立一个以扶轮社为蓝本的俱乐部，并与"国际共济会"建立紧密的联系。其成员人数设定在30~40人，从企业、金融、专业机构、法律和公务员的最高层中选出。只有极少数经过审查的政治家可以加入这个团队。杰利告诉我们，他选择的人应该"具有相同的洞察力、公正、诚实和道德上的严谨"。我们姑且把这个团体称为"扶轮社员俱乐部",它将是在 P2 内部运作的一个精英团体,一个由"担保人"组成的委员会,他们将负责监督那些肩负着实施《民主重生计划》重任的政客们。

下一个阶段的目标是向执政的基督教民主党渗透,清除至少 80% 的领导人,以便让它"重振雄风"。一大批年轻的公务员和专业技术人员将被派到基督教民主党在各地的俱乐部,或在由扶轮社员俱乐部监管的机构中接受培训。培训结束后,他们将被安置在各个政府机关中,确保这些机关走上正路。杰利声称,经过一番努力,意大利可能会由"一个诚实的政权有效发布明确的指令",然后由国家工作人员出于爱国责任和"扶轮社员纯洁的精神"来执行这些指令。

杰利的设想既离奇又阴险。他认为扶轮社是秘密接管政府的右翼英雄参照的好榜样,这实在是匪夷所思。同样不可思议的是,他给同谋者提供巨额经费,用于收买有权有势的人,但又要求他们具备无可挑剔的道德水准。大概他觉得只有道德高尚的人才能问心无愧地通过贿赂获得权力。

简而言之,《民主重生计划》让人读着就像幼稚的"傀儡师"的幻想,就是他在《晚邮报》访谈中所暗示的那种幻想。

《民主重生计划》也有一种独特的共济会风格——或者至少会让前总会长甘贝里尼心驰神往的风格。杰利设想中的扶轮社式成员,看起来很像甘贝里尼心目中真正共济会会员的样子。杰利最关心的是取得大东方领导层的支持,在国家机关内吸引一批对甘贝里尼关于 P2 可以帮助共济会的想法感兴趣的人。这也将赢得一些真心实意的反共人士,以及愿意共同努力,实现总会长甘贝里尼依靠共济会为国家注入新的道德能量的愿望之人。

但上述目标并非 P2 的核心使命。事实上,《民主重生计划》的真正意图并未明确。有一点很重要，它并不是刻意要保密的。它不是一个邪恶的幕后操纵者用密语写成的说明书，由言听计从的同谋们去执行。杰利或许有意要让人发现他女儿的手提箱里的东西，但可能不想让人一下子都拿到。此外，杰利之前已经公开提过类似想法；1975年，他向意大利共和国总统展示了《民主重生计划》的早期版本，名为"R方案"。这个计划不需要高度保密，因为不仅在P2内部，而且在意大利国家机关内部都有很多人可能会支持它。正如我们将要看到的，被曝光的《民主重生计划》正在以一种巧妙的方式向杰利的实际和潜在朋友发出信号。

在很大程度上，我们对"红色威胁"的真实态度左右着我们对《民主重生计划》以及P2事件的理解。在1970年代，许多意大利人害怕与共产主义有关的任何事情。然而，意大利共产党已经反复证明了它的民主资质，尤其是在设计意大利宪法方面出过力。

尽管如此，在战后的意大利体制中，很大一部分选民因为投票支持共产党而被排斥在政治权力游戏之外。另一部分数量稍小但也相当可观的选民群体因投票给新法西斯党遭排挤。在主流社会看来，这两个党都不能当选。因此，一个由基督教民主党人主导的中心，就成了人们默认的掌权者。不失时机地渲染共产主义威胁的做法很符合许多政治家和他们工商业界的朋友的心意。有位专门研究P2的历史学家就说过："在50年间，人们在反共斗争提供的避难所里，成就了令人眼花缭乱的政治和经济事业。"共产党构成的重大威胁是，一旦他们掌权，就可能要改革并清除腐败。

398

P2 的另一个关键议题是"紧张战略"。毫无疑问，在 1970 年代，意大利特工部门中有一股势力企图利用暴力颠覆活动的威胁，恫吓选民继续投票支持基督教民主党人，并设法推动该党向右转。几名高级特工人员被判犯有意大利人所说的误导罪——制造虚假线索误导调查人员，从而达到保护右翼恐怖分子的目的。

许多参与"紧张战略"的特工都是 P2 党人。但是杰利与他们之间究竟存在怎样的关系，一直扑朔迷离。蒂娜·安塞尔米领导下的议会调查委员会发现，杰利与情报机构之间的关系非常微妙，后者掌握了涉及他过去的大量档案。在议会调查委员会展开调查的过程中，另一件事浮出了水面。在第二次世界大战中，杰利曾担任意大利法西斯势力与纳粹党卫军之间的联络官，并积极参与围捕反纳粹活动分子，这些人后来被处决。但他同时也向共产党抵抗组织传递信息，随后又替盟军情报部门工作。他实际上是在两边下注。1950 年，一份报告称，1947 年以后，杰利一直充当东欧共产党情报机构的特工。奇怪的是，没人跟进这条线索。更奇怪的是，特工部门手握杰利的档案无所作为，也没有把它交给 1970 年代中期开始调查 P2 的人员。难道特工们是在利用他们掌握的黑材料控制他？他们不把手里的档案交出去是要保护自己人吗？

阴谋的气息在 1979 年突然变得更浓厚了，当时有人把杰利的档案交给了一名记者，米诺·佩科雷利。杰利以前找过这个记者，借他之手把别人不可告人的秘密公之于众。米诺·佩科雷利开始一点一点地将特工部门掌握的会长的资料透露给公众。等到全部资料公之于众，杰利作为一名反共分子的信誉恐怕就彻底破产了，但佩科雷利没等到那一天就被谋杀了。特工部是否已经厌倦了这位会长，并决定通过向佩科雷利提供敏感信息的方式扳倒他？为什么佩科雷利会被谋杀？（应该强调的是，杰利并非唯一有合理动机除掉他的人。）蒂娜·安塞尔米也只能耸耸肩："我们可以抽象地提出各种假设，但目前得出的结论都说得通。"

最有可能的结论是利齐奥·杰利是支持"紧张战略"的，正如他因博洛尼亚火车站爆炸案而被定罪证明的那样。杰利想要借助《民主重生计划》，就像他烧糊豆子的暗示一样，让众人清楚地认识到，他赞同为了反共而不择手段，哪怕是做些见不得人的事。但是"紧张战略"不是P2酝酿的阴谋，也不是杰利要达到的最终目的。不管那些特工是不是P2党人，他们都会实施歪曲正义的卑劣行动，因为在他们看来，他们的本职工作就是阻止共产主义得势。在这个过程中，杰利只是一个帮手，但不是他们的主谋。

相反，杰利的目标是吸引政治中心拥有权势的人。要做到这一点，他必须表明坚决反共的立场，同时也要给人提供足够多的好处。《民主重生计划》就是为此设计的：它是一张名片，用来赢得那些在"政治和经济领域取得了辉煌成就"的朋友。这些人并不关心计划中不切实际的方面——扶轮社员俱乐部之类的设想。对他们来说，重要的是他们可以让杰利充当替他们排忧解难的中间人。

因此，可敬的会长费尽心机的颠覆计划开始服务于建立人脉，即通过互通有无的利益交换，赢得足够的信誉来积累金钱和权力——米凯莱·辛多纳这类的政客与罗伯托·卡尔维这类不法银行家之间的交易，或者银行家们与里佐利集团这种陷入困境的公司之间的交易，是最有利可图的。

陶土花盆

P2的创建过程是共济会内部各种反腐措施被一一破除的过程。那些措施原本使共济会很难被用于不良目的，虽说绝非万无一失，但它们仍然至关重要。例如，新会员必须发誓不是为了谋取私利而入会，并且保证不会犯法。就誓言本身而言，它们未必能有效约束惯于撒谎的人，但确实在共济会内部创造了一种大家要坦诚相待的预期，这使得心怀不轨的石匠不太容易分辨出哪位同门兄弟是他的同类，或者看出他们是否要谨慎行事。

共济会还有其他形式的反腐抗体。因为共济会的聚会是大门紧闭的，许多人便浮想联翩，认为这就为暗中做坏事提供了方便条件。毫无疑问，会员可能会拒绝他们不喜欢的申请人入会，久而久之，一个会所就形成了自己独特的风格。理论上，这种风格可能是腐败的。但各个会所在一个重要方面是开放和透明的：它们必须敞开大门接待来访的其他会所的兄弟，一般来说他们由一个总会所管辖。到访最多的是高级石匠，他们的职责是确保财务管理完善、会所活动正常。一个会所也很难长久腐败，因为共济会会为践行兄弟平等的原则，定期更换领导人。另外，会所官员的任期只有一年，一个兄弟在担任尊者尊主之前，必须在五六个职位上工作过。

还有很重要的一点，共济会让会员花费大量时间举行各种仪式，研读共济会的条例规则，为慈善事业筹款以及单纯的交谈，这种做法会把许多另有所图的人挡在门外。如果你只对中饱私囊感兴趣，那么会所里的大多数活动都是在浪费你的时间和精力。

杰利创立的 P2 会所取消了共济会的全部仪式，也不再摆放具有道德寓意和深奥难懂的饰品。入会仪式结束，就没有其他仪式了。共济会悠久的内部民主传统也被废除了：P2 会所没有选举和宪章。会所内不保存会员记录，只有杰利一个人掌握所有成员的详细情况。此外，大约在 1974 年之后，P2 就再也没有举行聚会，由此确保每个会员只能通过会长认识其他

P2兄弟。他彻底改造了传统共济会组织去中心化的兄弟关系网，将它打造成了高度集中的信息中介。

理想的P2新人是这样的，他野心勃勃，不讲原则，一心要出人头地，等到飞黄腾达之后再报复他的敌人。申请入会的人会收到一份表格，要求他填写"职业生涯中遭受的不公正待遇（如果有的话）……由此导致的伤害和你认为哪些人、机构或环境伤害了你"。杰利还给每个新成员发了一份"规则摘要"，轻描淡写地提一下共济会怀有"努力改善整个人类"的真诚实意，其余则夹杂着训诫和保密的要求，并直言不讳地申明P2的目标："努力帮助朋友获得更大权力和影响力，因为只有每个人变得更强大，整个组织才会获得更多的权力。"用保密强化权力，这就是P2的使命。杰利的做法把语焉不详的共济会保密原则变成了类似于黑手党的缄默法则（Code of Omertà）。

通过这些手段，会长颠倒了共济会会员之间信任的伦理极性。一个人在共济会中的发展本应是通过将时间和精力投入会所的生活中，以建立良好的声誉；本应是向你尊敬的人学习，并让自己受到更年轻的石匠的尊敬。但P2则完全不同，一个会员的声誉只体现在他是一个值得信赖的便利渠道和敏感信息提供者。

杰利在按照他本人的喜好打造P2时，正好利用了甘贝里尼总会长指出的意大利共济会的痼疾：它在热衷于干预政治和钟爱权力人物方面无可救药；它害怕被镇压，缺乏安全感，不认为意大利现行宪法能给它足够的保障；以及在意大利日益污浊的政治文化中，"好工作留给关系户"的心态更加严重。

总之，杰利并不是邦德影片中的反派。与所有四处奔走、帮人做事的人一样，可敬的会长乐于夸耀自己神通广大，没有自己办不成的事，就像他在《晚邮报》的访谈中暗示自己是傀偏师那样。他私下里还向 P2 党人吹嘘了无数次。意大利共济会由此获得的"蝇营狗苟者俱乐部"的恶名，反过来又帮他做了宣传，使得他的名气更大了。事实上，归根结底，这就是杰利的本质：一个工于心计的复杂交易者，他在设计会所并使之为己所用方面具有惊人的、近乎邪恶的洞察力。

为了应对 P2 危机，大东方革除了杰利的会籍，以期挽救受损的声誉。他们还在适当的时候开除了前总会长焦尔达诺·甘贝里尼。但是，这都无济于事。大多数意大利人对会长与主流共济会之间微妙的关系漠不关心，早在对杰利终审之前，他们就形成了自己的想法。人们的头脑中浮现出的是一个精确且简单的等式：P2 = 阴谋 = 共济会。意大利共济会受到的损害恐怕永远都无法修复了。

利齐奥·杰利于 2015 年 12 月在其托斯卡纳别墅中去世，享年 96 岁，此前 14 年他一直被软禁在家。法律上的技术细节和他的高龄确保了他不必经受牢狱之苦，他在意大利监狱中一共也就待了几天时间。对他来说，最意味深长的墓志铭也许是一份资产清单。他经历过多次庭审，唯独 1990 年那次，法庭专门为审判他而列出了一份资产清单。除了在意大利和法国按 2019 年市价折合 550 万欧元的各种财产外，他还在瑞士多家银行有存款，其中包括 250 公斤金锭（折合 350 万欧元）、850 万美元和 1.17 亿瑞士法郎。1998 年，他的资产清单上又添上了一笔，人们在他阿雷佐别墅的露台上发现了藏在 6 个陶土花盆里的 165 公斤金条（价值 230 万欧元）。这可不是单靠经营一个中型服装厂就能赚到的财富。

第 17 章　遗产

共济会的现状如何？现在应该很明显，没有人能全面回答这个问题。共济会的理念在全球呈现出如此繁多的形式，甚至共济会会员也在遵循和服从着如此多相互冲突的准则。因此，想要回答有关共济会现状的问题，最起码要从编纂一套持续更新的数十卷百科全书做起。

尽管如此，比利时纪录片制作人特里斯坦·布拉尔（Tristan Bourlard）完成了为时两年环游世界的壮举，试图寻求有关共济会现状的确切答案。他在 2017 年成功推出了一部激动人心的电影《石匠的大地：环游世界八十个会所》（*Terra Masonica：Around the World in Eighty Lodges*），描绘了"地球上的共济会"当前的状况。

我在本书中没有提及南美洲的共济会，不过布拉尔游历了巴西和阿根廷，甚至还拜访了阿根廷的"世界尽头会所"（Lodge Fin del Mundo），这个会所建于火地岛乌斯怀亚，位于南极半岛以北仅 1238 公里处，之前此地被用作监狱。出于篇幅上的考虑，我只好跳过斯堪的纳维亚强大的、仅限基督信徒加入共济会的传统。胆识过人的布拉尔带着他的相机来到了位于北极圈深处、世界最北端的挪威哈默菲斯特市的会所。非洲大部分都不在我研究共济会历史时考察的范围内，但它没有被布拉尔的镜头忽略。就在撒哈拉以南的马里共和国，他发现了一个小小的共济会飞地，穆斯林在这个会所中占多数，他们与同是会员的新教徒、天主教徒和犹太人保持着兄弟般的关系。

布拉尔足够诚实，坦承自己令人失望，没能拜访那个位置最偏远的共济会会所，因为它太远了，距离地球 384400 公里。1969 年 7 月，共济会会员巴兹·奥尔德林（Buzz Aldrin）登上月球，他作为得克萨斯总会所的特命全权代表，创立了第

2000 号"宁静会所"。

布拉尔本人就是共济会会员，他有自己的偏见。然而，他不辞辛劳的环球旅行让他拥有拍摄一部富有情感的影片的权利。作为历史学家，我在最后这一章乃至整本书中想要达成的目标，就不像他的影片那样值得喝彩了。我试图以共济会的创始启蒙价值观为标杆，衡量世界不同地区的共济会组织。在这样做的过程中，我挑战了非共济会会员——尤其是那些假装是会员设法探听共济会秘密的人——对共济会的一些误解，也挑战了石匠们在回顾共济会历史时的叙事方式。为此，我更新了前几章讲述的故事，简要回顾了在过去 300 年间浓墨重彩地书写了共济会历史的那些国家：英国及其前帝国、法国、美国和意大利。

"平庸之辈的黑手党"

这本书开始于 1743 年的一则故事，涉及共济会的秘密，以及宗教裁判所对它的怀疑。如今，天主教会虽然已经放弃了用拷问台和吊刑架劝人归正，但对共济会仍然遵循和执行着古老的教条。1983 年，枢机主教拉青格（Ratzinger，未来的本笃十六世）以教义部（现在所知的"异端裁判"）负责人的身份发表了声明："教会对共济会的负面判断保持不变……继续禁止天主教徒加入共济会。加入共济会的信徒处于严重的罪恶状态，不能领受圣餐。"逐出教会的惩罚仍然有效。2013 年，教宗方济各，几十年来最自由的教宗，在一次采访中嘀咕着说一个神秘的"共济会游说团体"密谋反对教会。令人费解的是，现在仍然会有神职人员公开谴责共济会会所中存在的恶魔崇拜和性变态行为。对许多人来说，在"性变态"的问题上，教会似乎没有充足的底气教训他人。

罗马教廷并非唯一反共济会的宗教组织。在 1990 年代初，美国的一些福音派新教团体表达了自1890年代的塔克希勒骗局之后从未有过的共济会恐惧症。他们声称，最高级别的石匠都膜拜巴风特，这个山羊头的恶魔化身据称得到了14世纪圣殿骑士们的敬拜，后来又在19世纪塔克希勒虚构的帕拉斯礼中出现过。美国内战时期，南方联盟国将军、苏格兰礼领袖艾伯特·派克就被描绘成反教会的共济会中的敌教宗。

尽管美国南方浸信会在1993年认定，是否加入共济会全凭每个基督徒依照良心决定，但随后互联网迅速普及，针对共济会的胡言乱语越来越多。例如，艾伯特·派克去世后莫名其妙地承担了阴谋论中的主角，这种说法似乎将持续下去。派克最近又成了新闻热点，原因是据称他在1871年预言了基督教西方和伊斯兰世界之间的第三次世界大战。英国小报《太阳报》和《星报》在2016年率先报道了这个说法。紧接着，无数网站都开始大肆宣扬，光明会的秘密目标是让派克的预言成真。正如《太阳报》所说的那样，前景的确"令人不寒而栗"。只有你极其幼稚，完全没有历史记忆，才会相信这种胡话。

在世界的许多地方，反共济会势力是一种更加黑暗的力量。1960年代以后，共济会几乎从整个伊斯兰世界消失了。当英国对印度的统治在1947年结束时，共济会在印巴分治中幸存了下来。然而，在巴基斯坦，随着大多数英国白人迁出，共济会的会员和会所数量急剧下降。媒体在1968年开始讨伐共济会时，巴基斯坦的共济会会员仅剩下大约一千名，其中许多是穆斯林。共济会被指控是一个由中央情报局资助，用于掩护犹太复国主义活动的团体。佐勒菲卡尔·阿里·布托（Zulfikar Ali Bhutto）总统于1972年宣布它为非法组织。拉合尔的共济会圣殿（拉迪亚德·吉卜林在此加入共济会）如今成为一座容纳了多个政府部门的办公楼。

再举一个伊朗的例子，1951 年，在新国王穆罕默德·礼萨·巴列维（Mohammad Reza Pahlavi）的领导下，共济会作为一个贵族俱乐部重新出现，他利用这个俱乐部在精英群体和中产阶级中强化对其政权的忠诚。1979 年的伊斯兰革命将全部会所一扫而光，那些与被废黜国王关系密切的兄弟也遭到处决。

到 2019 年，除了黎巴嫩和摩洛哥，共济会在整个伊斯兰世界遭到查禁。巴勒斯坦伊斯兰抵抗运动（广为人知的"哈马斯"）宪章将共济会、狮子会和扶轮社斥为犹太人创建的"间谍网络"，目的是"摧毁社会和促进犹太复国主义事业"。

在西方民主国家，共济会神秘的名声继续考验着人们的宽容度，结果令人尴尬。共济会会员自视为向公众发出预警的金丝雀（Pit Canaries）①，防止结社自由和法治原则受到损害。甚至在共济会的发源地英国，也发生着这样的事情。

1976 年，年轻记者斯蒂芬·奈特（Stephen Knight）称，1888 年未破案的"开膛手杰克"连环凶杀案背后隐藏着共济会的阴谋。奈特的著作《开膛手杰克：最终解决方案》（*Jack the Ripper: The Final Solution*）被人斥为滑稽可笑的作品。但不管怎么样，他的故事引人遐想，读者数量多到足以让它发

---

① 英国 1911 年的《煤矿法》规定，为防止地下火灾或瓦斯爆炸，采煤矿井中必须放置两只以上金丝雀，以探测危险气体，特别是由地火生成的一氧化碳。金丝雀心跳次数比人快 100 倍，对一氧化碳的感知非常敏感，会因此停止鸣叫或表现怪异。这条规定直到 1996 年 2 月才被废除。

行 20 个版本。令人毛骨悚然的漫画小说《来自地狱》(*From Hell*，1989 年)和约翰尼·德普主演的同名恐怖电影(2001 年)，都受到了奈特的启发。

在《开膛手杰克：最终解决方案》畅销时期，英格兰联合总会所还在奉行由来已久的政策，即面对阴谋论者的不实指控，要保持不失尊严的沉默。斯蒂芬·奈特接下来的作品《兄弟会》(*The Brotherhood*，1983 年)将暴露这一政策的局限性。408

《兄弟会》是一个奇怪的混合体。它罗列出警察中的共济会会员日常行为不端的模糊证据，同时反复发出善意声明("我们不应该仅凭个体行为判断共济会整体")。书中也存在绝对错误的说法，即奈特揭露了共济会上层，他们隐藏得如此巧妙，就连绝大多数同门兄弟都不知道他们的存在。奈特还在有关 P2 会所漏洞百出的概述中提出，苏联情报部门策划了杰利的活动，目的是破坏敌方政府的信誉。他总结说，在英国，"克格勃利用共济会在政府机关的重要岗位上安插特工"可以说是"板上钉钉的"事实。

在《兄弟会》出版当年，奈特成了印度一个异教宗派领袖巴格万·什里·拉杰尼什(Bhagwan Shree Rajneesh)的追随者。两年后，他因拒绝采用常规方式治疗肿瘤而去世。尽管他缺乏权威影响力，他的书也存在刺眼的缺点，但《兄弟会》仍然产生了巨大的影响。关于奈特之死的阴谋论开始流行，另一名记者继承了他的衣钵，继续调查警察内部的共济会阴谋。假如共济会真像他们说的那样无辜，为什么还要保密？ 1988 年 6 月，时任后座议员，后来在 2015 年至 2020 年担任工党领袖的杰里米·科尔宾在国会宣布——

我们许多人对共济会的影响满怀疑虑。我坚决反对它

并抗拒其他秘密组织的影响，因为我相信它们会导致社会
严重腐败……共济会的影响是严重的……共济会与成为一
名警察是不相容的……我要说的是共济会施加给任何组织
的影响力都是邪恶和阴险的。

409   一旦牵扯到名声不佳的警察队伍，不太轻信的英国公众也
会说服自己这是真的，因为警方的确做了不少烂事，尤其是他
们把爱尔兰共和军的炸弹袭击栽赃到爱尔兰民众头上。那是臭
名昭著的吉尔福德四人案、马圭尔七人案和伯明翰六人案，以
及"乡下人行动"（调查伦敦市警察和职业罪犯之间的勾结）接
连发生的年代。对警察的不信任与几百年来围绕共济会秘密的
疑虑勾兑在一起，调成了一种浓烈的鸡尾酒。从此以后，报纸
编辑们都会想方设法从共济会的角度来看待任何错事或坏事。

    奈特所能提供的共济会搞阴谋的铁证，就是英格兰联合总
会所拒绝对他的指控给予任何答复。面对这个挑战，英格兰共
济会的应对方式就是认真审视自己的保密文化。结果发现，即
使是基层会员都认为，虽然没有明文规定，但他们还是应该缄
口不言自己的会员身份；一些人甚至没有把自己加入共济会一
事告诉家人。英格兰共济会领导层表示，从此以后，他们可以
公开谈论自己的身份。英格兰共济会还设立了一个新职位，专
门负责对外沟通和交流事务。1985 年，科文特花园的共济会
会堂首次向游客开放。英格兰共济会也一改以往松散的管理风
格，开始加强管束，被开除会籍的人数从 1934 年至 1986 年
的 12 人激增至 1987 年至 1996 年的 277 人。在 1990 年代初，
共济会以外的历史学家也获准进入总会所查阅档案。

    然而，共济会实行的这种"公开性"未能打消众人的猜
疑，而这种猜疑让议会于 1992 年采取行动，成立了一个跨党
派的民政特选委员会（Home Affairs Select Committee），

调查共济会在刑事司法系统中可能存在的影响。影射石匠个体和共济会整体的消息铺天盖地，而民政特选委员会的报告竟给人一种虎头蛇尾的感觉。是的，个别共济会会员犯了罪，其中一些共济会会员是警察。但是，不，这些人并不代表共济会本身，那些石匠的所作所为也与共济会没有丝毫联系。绝大多数声称共济会会员私相授受的证人都拿不出真凭实据。警察和司法部门中的共济会会员数量远远低于预期，而且在持续下降。保密性也仅限于共济会的仪式，但共济会本身并不比体育俱乐部或专业团体拥有更多秘密。

410

归根结底就是一个形象问题。对英国共济会的普遍不信任虽然毫无根据，但损害了公众对政府机构的信心。因此，特选委员会在 1997 年建议，这个问题的解决方式就是让司法机构中的所有石匠做出利益声明（Declaration of Interest）①。

最后这条建议听起来合情合理，1997 年上台的工党开始实施。向共济会这种古板的组织挥舞透明之剑，将有助于证明托尼·布莱尔提出的"新工党"口号中的"新"不是空口无凭的。从 1998 年起，司法任命人员必须申报他们是否是共济会会员。

然而，这一政策从未摆脱实际问题与法律异议的纠缠。如果没有证据证明共济会制造了麻烦，为什么要把它当靶子？难道利益申报政策不是对共济会成员的偏见，对他们进行有罪推定吗？如果它适用于共济会，有什么理由不将其应用于其他社团形式，如宗教团体或牛津大学？在 2000 年代初，欧洲人权法院对意大利的两起案件做出了裁决。在这两起案件中，当地政府试图对共济会实施与英国类似的政策。法院裁定该政策具有歧视性，侵犯了自由结社的权利。2009 年，眼看要失去权

---

① 英国针对公职人员的利益声明制度要求相关人员在参与决策之前，先说明拟决策事项是否关联到个人利益，防止以权谋私。

力的工党政府，悄无声息地放弃了该政策，承认它一无用处。

411
与此同时，一种假想早已在公众心中扎根：共济会是"平庸之辈的黑手党"，是一群大腹便便的男人，为了在职业生涯中获取先机并免受审查而结成的团体。英国人依然沉浸于共济会的各种都市传闻中。最近，又有一些报纸的头条新闻宣称，共济会会员粉饰了1912年"泰坦尼克号"沉没事件的调查报告，并隐瞒了在希尔斯堡体育场灾难中警方可怕的不当行为，这场发生在1989年的灾难导致96名利物浦球迷死亡。这类"爆料"通常很少引用或不引用任何证据，一般出现一次便销声匿迹了。头脑正常的人哪怕只是粗略回顾一下上述两个案例，也会发现阴谋论的解读思路实在牵强，毫无说服力。1912年的英国海运机构和1989年的南约克郡警察局都有令人信服的动机分别让"泰坦尼克号"船长和一群无辜的足球迷充当替罪羊，来掩盖自己造成的烂摊子。这两宗案子没有任何漏洞需要用共济会的阴谋论来填补。然而，知名报刊时常会给这类胡编乱造的故事开绿灯，这种现象实在令人费解。

哥 达

在西方民主国家中，对共济会怀有最广泛敌意的莫过于意大利。共济会的腐败程度也没有哪里比在意大利更严重的了。如今，在意大利最贫穷的地区，人们深信共济会与黑手党沆瀣一气，而黑手党又是兄弟会传统的一个杂种分支。

卡拉布里亚，这个位于意大利"靴子"上的"脚趾"区域，是"光荣会"（Ndrangheta）①的根据地。在世界上所有的黑帮兄弟会中，光荣会可谓全球性的：它的据点广泛分布在意大利

---

① 希腊语，意思是"勇气"或"忠诚"。光荣会成立于1860年代，被意大利政府放逐的一群西西里人来到卡拉布里亚定居并成立了小型犯罪集团，以勒索为生。

北部、北欧、北美和澳大利亚。几十年来，大区和地方政府一直受到有组织犯罪活动的困扰，一些在整个欧洲都排得上号的大毒贩盘踞在卡拉布里亚颓败的农村地区。光荣会绝非"平庸之辈的黑手党"。

2011年10月，在一个农村社区的一座农场建筑里，警方的监听设备记录下了当地光荣会老板，绰号"卢尼叔叔"的潘塔莱奥内·曼库索（Pantaleone Mancuso）说的一段话："光荣会已经不复存在了！……光荣会是共济会的一部分……或者更准确地说，它在共济会领导之下。但他们的规则和要干的事都一样……很久以前，光荣会属于富人！之后，他们把它留给了穷苦的草根阶层，乡巴佬，转身就创办了共济会！"不说别的，卢尼叔叔的一番话印证了一个事实，即共济会理念演变的历史仍在卡拉布里亚持续。这段话是在林巴迪（Limbadi）录下的，它与皮佐镇之间的直线距离也就25公里，巧的是，当年若阿尚·缪拉正是在皮佐镇说出了那句著名的临终遗言："瞄准心脏。别打到脸上。"

最近在卡拉布里亚有很多涉及共济会和光荣会之间关系的讨论。不是所有内容都很容易解释，但所有的内容都很令人担忧。以大学教授朱利亚诺·迪贝尔纳多（Giuliano Di Bernardo）的证词为例，他曾在1990年至1993年担任意大利最大、最负盛名的共济会大东方的总会长。2019年6月，迪贝尔纳多在卡拉布里亚的一个法庭出庭作证，当时他的胡子很长，身着阿玛尼服装。他回忆说，当他以总会长的身份考察卡拉布里亚的共济会组织时，所见所闻令他无比震惊："我发现32个会所中有28个是由光荣会控制的。就在那一刻，我决定离开大东方。"

卡拉布里亚传来的消息让阴谋论者像打了鸡血一样兴奋，一些报纸标题读起来既令人困惑又具有煽动性，它们大致上分

412

为两类——"黑手党老板说，共济会经营着光荣会"或者"[共济会]前任总会长坦白，光荣会掌管着共济会"。

2017 年 3 月 1 日黎明，根据议会反黑手党委员会的命令，警方对四大共济会组织的办公室展开突袭，并没收了成员名单。他们的搜索集中在卡拉布里亚和西西里岛的共济会，这两个地方是意大利最臭名昭著的黑手党温床。议会反黑手党委员会发起的突袭，唤起了共济会会员对 25 年前类似突袭场面的记忆。当时，一项广泛的刑事调查试图厘清数百个从事犯罪活动和进行利益交换的关系网，这些关系网涵盖了不同的共济会组织、会所和派别，其中包括常规的和非常规的，公开的和隐蔽的。1993 年，被没收的成员名单遭泄露，意大利的共济会会员在许多报纸上被点名。事后，一些兄弟报告称，他们收到了匿名威胁；还有人说，他们受到了朋友的冷落。（奇怪的是，报纸刊出详细名单时，隐去了一些女会员的名字。）最终，在2000 年，罗马的一家法院停止了调查，宣布当年启动调查的原因更多是人们对共济会的"集体想象"，而不是掌握了共济会为非法目的而渗透进公共机构的任何确凿证据。许多人认为这一裁决是在掩人耳目。而共济会会员都感到苦不堪言。

鉴于这段惨痛记忆，2017 年，议会反黑手党委员会成员和共济会领导层之间的信任彻底消失。该委员会的报告指责共济会最高领导人否认遭到黑手党渗透，并且"远未做到透明和合作"：4 位总会长拒绝交出成员名单。不久之后，大东方的总会长出版了一本小册子，将议会反黑手党委员会比作异端裁判所。（巧合的是，委员会在罗马举行听证会之地正是伽利略当年被迫签署声明放弃其科学发现的地点。）

因为我花了 5 年多的时间研究共济会的历史，还花了更长的时间研究光荣会的历史，我可能有机会透过这场论战的迷雾辨识出一些有意义的内容。在 2018 年夏天，我接受邀请前往卡拉布里亚山800米高处，在石匠们的聚会上发表演讲。掩映在山林间的一家平房酒店是这次聚会的地点，它的内部如溶洞般空旷，墙壁的颜色令人不悦，好像是用橙色、陶土色和鲜猪肉色调制成的。但是，众人对我表现出了热情的欢迎，与我在世界各地的共济会成员中间感受到的一样。

对那些一听到共济会的字眼就露出假笑或加以嘲笑的人，我建议你还是找机会与一位石匠坐下来，简单地问一下共济会究竟是怎么回事。我这样做过了太多次，从来没有遇到过冷场的情况。在大多数情况下，他们在回答我的询问之前，先是眼睛有些湿润，下唇开始颤抖，然后才开始滔滔不绝地讲述自己的感受。

414

在一次自助餐会上，有个20多岁神情紧张的小伙子与我交谈时，我能看出他满眼闪烁着真诚。几年前，他差点死于霍奇金淋巴瘤，这也让他感觉生活了无趣味。当病魔被驱走后，他开始寻求活着的意义。他直到加入了共济会，才找到了确切答案。在共济会中，他从更年长、更睿智的兄弟那里寻到了友情，并在这个独特的环境中，找到了理想的听众，他们会耐心聆听他的故事，他在生活中的各种经历和感受。他与兄弟们一起，开始把眼界投向更广阔的世界。

共济会是一个结合了仪式、道德训诫和男性纽带的混合物，一个仍然可以赋予人以尊严和不仅仅关乎自我的提升计划。只有最不愿动脑筋的怀疑论者，才会嘲笑共济会宣称的"让好人变得更好"——即使在卡拉布里亚也适用，这个区域急需共济会这种民间社会组织。

此行除了酒店装饰令我"大开眼界"、受到的热情接待令我感动之外，我那些积极发声的兄弟的怒火也让我震撼。一个人指责议会委员会为了打击共济会而挥霍公款，敲响了"自由和民主的警钟"。

卡拉布里亚之行给了我一种强烈的感觉，即共济会与议会反黑手党委员会之间争端的根源是双方都想在政治上博取眼球。有一点要记住，最资深的石匠都是选举产生的，他们是各自所属的小型民主体中的"总理和总统"。谴责对共济会的偏见，唤起众人对共济会殉道者的记忆，一直是会员呼喊的战斗口号，也成了一个非常实用的选举策略。另外，反黑手党委员会的成员也要做出样子，应付公众对共济会的敌意。例如，2017 年 2 月，意大利最重要的时事杂志刊发了标题为《让我们废除共济会》的头版文章。于 2018 年 6 月上台的民粹主义政党实施"五星运动"（Five-Star Movement），其中一项政策就是将共济会会员清除出党。共济会会员经常被它归入政府敌人的行列。

在误解和喧哗中，我们把寻获真相的最大希望寄托在审理一宗大案的法官们身上，这个被称为"哥达审判"的重大案件由卡拉布里亚法院审理。为了消除混乱，成千上万页的证据和法律论据已被呈交法庭。

从卡拉布里亚返回后，有一项艰巨的阅读任务等待着我：法官们发布了长达 2500 页的裁决书，阐述他们针对哥达审判中内容不多但意义重大的一部分所作裁决的理由。被告已对该判决提出上诉，所以我们距离最后的真相还有相当长的一段路。话虽如此，抛开涉案个人（我甚至不会在这里指名道姓）有罪或无罪的判定，裁决书至少对究竟发生了什么提供了一个可信的解释。正如我们将看到的，它与共济会的历史之间存在着不可思议的呼应。

光荣会是一个奇特的组织，其成员数量是西西里岛黑手党的两倍多，组织架构也复杂得多。例如，光荣会职业阶梯上的每个阶段都对应一个新等级，每个等级都有精心设计的晋级仪式。卡拉布里亚黑手党是共济会在黑社会中的翻版，它将会所特有的地方自治与国内外"品牌"控制结合在了一起，打造了所谓的"光荣会品牌或特许经营"模式，也就是说它的规则、等级和仪式等均由一个名为"犯罪"（il Crimine）①的组织机构集中控制。即使是去卡拉布里亚以外发展，光荣会也要寻求"犯罪"的授权来建立新的小组。但是光荣会同时又是去中心化的组织，因为它的单个小组会主动进行各种犯罪活动。例如，当他们走私一批毒品时，没有人需要向上级汇报。

416

1970 年代之后，随着光荣会依靠绑架、贩毒和参与公共工程项目获取的利润日益丰厚，形势开始发生变化。在源源不断流入的资金的推动下，"犯罪"兄弟会的结构发生了变化：在大多数基层成员不知道的情况下，高等级别的数量变得越来越多。顶级老板们希望通过这种方式，垄断从承建公共工程中获得的巨额资金，同时又防止他们内斗。但与共济会历史上的不同时期一样，级别和仪式的数量不断膨胀，直至失控，会员开始为垄断级别和仪式的授予权展开激烈的争斗。这种内部纷争是 20 世纪 70 年代和 80 年代光荣会发生惨烈内战的原因之一。

最终，在 2001 年前后，一些最有权势的老板结盟，在光荣会内部成立了一个完全独立且高度保密的团体——调查人员是这样认为的。该团体的成员包括一些具有专业技能和政治手腕的人，他们想要专攻工程承包的业务，而这种业务需要设法拉拢企业和政府机关的决策者。如此一来，老板们就可以自由发展，将他们不需要多少技巧的专长发挥到极致。在监听一些了解该团体的老板的过程中，调查人员发现他们用各种各样的

---

① 至少从 1910 年代开始，光荣会的地方首领们每年 9 月都要在圣卢卡市的波尔西圣母圣所附近开会。依照传统，这些一年一度名为"il Crimine"（直译为"犯罪"）的大会，成为讨论未来战略和解决当地争端的论坛。大会对所有光荣会组织的活动行使的监督权力很弱。每次会议都要选出一名临时性质的大老板。

名称，比如"隐形人"，来描述这个群体。而且卡拉布里亚黑帮和其他人一样，喜欢把"共济会"一词用于描述最为神秘的势力，因此，按照一个向警方告密的人的说法，他们也把这个新团体称为"类似共济会的某种东西"。

这就是光荣会老板、人称"卢尼叔叔"的潘塔莱奥内·曼库索在 2011 年被窃听时所做的事，当时他说共济会已经接管了光荣会。其实他只是用了一个比喻——但当媒体大肆报道卢尼叔叔的话时，几乎没有人指出这一点。

仅仅因为一个比喻就遭到围攻，这让无端受辱的意大利共济会会员愤愤不平，但此时还没到为捍卫名誉而大声疾呼的时候，因为哥达审判可能会带来更致命的后果。这里有一点至关重要，大家要明白，当光荣会提及共济会时，他们不仅仅是在比喻。共济会的会所——真正的共济会会所——构成了卡拉布里亚黑手党无处不在的网络系统的一部分。

法官们认为他们是以如下方式运作的。光荣会喜欢插手收集和处理垃圾，修建、维护道路和医院等方面的政府合同。光荣会利用中间人连哄带骗拿下合同，这些中间人包括政客、行政人员、企业家和律师。事实上，黑手党组织的实力取决于他们请来的中介有多大能耐；他们总是渴望推出新人上阵，并且会为达到目的使出贿赂、敲诈，以及威逼等手段。

P2 会所丑闻爆出之后，共济会一时竟成了一些狂妄之人追逐的热点，这些人与我在卡拉布里亚遇到的诚实的共济会会员几乎有着相同的职业背景，大多数是医生和律师。但当他们认清了作为诚实的石匠意味着什么后，便开始因无聊而另做打算。在卡拉布里亚共济会这个混乱的世界里，有大量小生态环境可供怀有不同心思的群体找到栖息地。法官在哥达审判的裁决中引证的大多数会所都属于未经意大利几大总会所授权的"秘密"或"非正规"会所。它们就像婚姻介绍所一样，专门替光荣会和拥有专业背景的中介候选人牵线搭桥，它们还能给各路人士带路，进入灰色地带的最顶端，让从事各种犯罪活动的黑社会与政商界人士接上头。但是正常的会所也面临着风险：只要一名遵纪守法的石匠私下接受了一个兄弟的帮助，而这个兄弟与光荣会暗通款曲，那么，无论帮的忙多么微不足道，这位诚实的兄弟都很可能落入敲诈勒索的网络。

如果哥达审判的初裁是正确的，那么就能找到既能维护共济会的利益又能打击黑手党的办法。共济会的主流组织机构可以寻求法律的帮助，在正常与不正常的会所之间划清界限。可惜，短期内没人想这么做。双方都没有多少人对合作感兴趣。共济会和反共济会之间持续了数百年的口诛笔伐似乎注定要继续。

418

拥有 5 万兄弟的女石匠

妇女群体在共济会里的经历丰富多彩，她们努力克服时代和地域上的制约，以各种方式获得了自我实现，这说起来也是极具震撼力的。我在前文讲述的 18 世纪法国的接纳会会所就说明了这一点。第二次世界大战结束之后，受到法国接纳会会所的启发，世界各地相继出现了男女混合和仅限女性的共济会。

然而，假如有人抱怨说本书没有更深入地探讨 18 世纪以来女性在共济会中发展的状况，我只能说，那是因为共济会中的女性一直是历史规则的例外：你必须是一个男人才能成为共济会会员。无论是接纳会会所，还是在各种以女性为中心的组织，如美国的东方之星会（只有共济会会员的女性亲属才有资格加入），妇女几乎总是只能获准进入附属或分支机构，在共济会生活中只起到有限和 / 或与主流隔离开来的作用。而历史上个别赋予妇女完整共济会地位的会所往往属于不被共济会认可的少数支派。

此外，留给妇女的大多数会员角色都带有性别歧视倾向，如尽职尽责的妻子、男性体面的标志、满怀同情心的天使、值得救助的寡妇、男性表演的观众等。男性继续垄断着共济会的权力。因为共济会在社会上拥有影响力，男人也垄断了那种影响力。

在世界大部分地区，共济会一直是纯粹的男性社会，它的历史告诉了我们有关男性身份重要的但有时不太光彩的事情。真正接纳女性的共济会会所不可能产生大英帝国共济会自视甚高的心态，或者像 P2 会所那种歪曲了共济会理想的怪胎。另外，沉迷于共济会阴谋幻想中的几乎一直都是男人，这个事实同样值得人们深思。正如一项研究猜想的那样，"阴谋论可能是专属于男人的歇斯底里"。我这本关于共济会历史的书，也许值得加上一个颇具挑衅性的副标题——"男性怪癖肆虐400年"。

所以，在 2010 年，两个半世纪里的第一次，法国大东方终于正式向妇女敞开大门，赋予她们与同门兄弟平等的会员地位，并使男女混合会所成为常态，这无疑是一个非凡时刻。在共济会的小世界里，这称得上一场革命——体现在一个女人身上的一场革命。2019 年 9 月，我前往大东方总部去拜会她。

位于大东方总部七楼的餐厅是欣赏巴黎景色的好去处，它还可以让客人品尝法式经典菜肴。我点了一份牛肚猪肉肠配香煎土豆，好吃极了。在阴郁的伦敦共济会会堂里，口腹之欲是不可能得到这种满足的。和我共进午餐的是奥利维亚·肖蒙（Olivia Chaumont），我们边吃边聊，不觉间过了很久。她是一个建筑师，虽然已经 60 多岁了，但显得很年轻，也很快乐。她热爱她的共济会生活。她心目中的共济会应是进步的、世俗的，只有法国大东方的共和价值观能满足这个愿景，同时她还希望共济会不受宗教教条的约束。（众所周知，法国大东方于 1877 年废除了石匠必须信仰"宇宙的伟大建筑师"的义务）。"在看待世界的方式上，我是偏自由主义的"，她说道。多年来，她也是一名为性少数群体（LGBT）争取权利的人士。对奥利维亚来说，共济会会所给了会员们实践自由、平等和友爱的空间，并激励其他社会成员。

420

因此，对奥利维亚来说，2010 年 2 月大东方准许她加入共济会，并让她成为第一个享有完全共济会会员身份的女石匠的那一刻，就是它践行自身原则的时刻。仅仅几个月后，也就是 2010 年 9 月，她在共济会大学（Université Maçonnique）会所中的兄弟们就选举她为首位女会长。更多的女性走上了她开辟的道路。"现在我们总共有 5.4 万名会员，其中有 2000 或者 2500 名女会员——我也说不准。虽然不多，但还不错。"这些姐妹中的一些人对奥利维亚心存感激。"有一些妇女一直梦想着加入共济会，但她们迟迟没行动，因为她们一心想着加入大东方。我收到了姐妹们发来的非常热情、感人至深的信息，说我改变了她们的生活。"奥利维亚告诉我，法国大东方与英国和美国的共济会的境遇不同，在吸引年轻人入会方面不存在任何问题，部分原因就在于大东方在这方面的革新。我在大堂与奥利维亚会面时还看到那里展示着入会候选人的照片，其中大概 20% 是女性。她告诉我，英语文化圈的问题只会越来越严重。

社会中男女之间越来越平等，趋向男性专属活动的俱乐部也越来越多，它们筑起牢固的屏障，让其成员维护单独与男性相处的特权。英国共济会就是这样做的……他们不想让夏娃进入他们的伊甸园。

我亲身经历的一些事佐证了奥利维亚的悲观预期。美国的一位资深石匠解释说，他相信共济会是对"文化女性化"和当代"极具女性化"的过度保护观念的一种防御。共济会其实有些冒险，它排斥妇女的时间拖得越长，它在一些国家的衰落就会持续越久，它的性别歧视倾向就会越严重。共济会在成立后的大部分时间里都起着男性俱乐部的作用，也许日益衰落的共济会会转型为厌女者俱乐部。

奥利维亚是一个女权主义者，她认为男性的性别认同往往是以一种有害的方式构建的，这种方式将女性和同性恋者置于社会中的劣势地位。奥利维亚认为男女混合会所在这方面会有所助益。它可以将其他类别的"行为规范"带入会所内的受控空间，从而帮助男性石匠"从男子气英雄的迷思中解放出来"。这实际上是共济会塑造更好男人的最初使命在性别平等的事业中得到了更新。

关于构建男性身份认同一事，奥利维亚还是略知一二的，因为她在自己生命50年的大部分时光中，努力构建了一个人造的身份。当她在1992年首次加入共济会时，她是生物意义上的男人。但在一个变性女人想要遵循本性就要以成为卡巴莱歌舞表演艺人或妓女为代价的社会里，她不得不继续保持男人的身份。因此她隐瞒了自己的真实性别，直到2002年51岁时，她觉得自己已经准备好，可以公开变性了。

整个过程颇费周折，她先是在2007年前往泰国做变性手术，然后又为改变公民身份打了一场官司，最终在2009年经法庭判决，正式从男性变为女性。我问她，为什么作为一个变性女人，她会被一个男性专属的兄弟会吸引。她解释说，在变性之前，她和别的女性一样，迷恋大东方石匠的精神气质，尽管那时它仍然是男性专属的组织——不同的是，她在生物意义上有资格加入。"仅这一次，拥有一个男人的身体对我很有用。"当我提到18世纪的变装间谍德翁骑士时，奥利维亚不由得露出笑容，这没有出乎我的意料：她为"历史上第一批有记载的变性女人之一"是共济会会员而感到自豪。

在奥利维亚的自传《从一个身体到另一个身体》中，有一段情节非常感人，她描述了自己在2007年向会所的兄弟们公开表明身份的情景。兄弟们先是惊愕不已，在沉默一阵之后，大家都向她表示热烈的支持——尽管在场的许多人几乎不知道什么是变性人。"他们曾经当我是兄弟，今后也会继续当我是姐妹。[根据大东方法律的规定]男女混杂后，会所就变成了非法运作的，但他们根本不在乎。"奥利维亚所在会所的成员甚至当面发誓，要在即将来临的争端中支持她，因为大家都清楚，一旦消息传到大东方理事会那里，一场轩然大波是不可避免的。在接下来的3年里，奥利维亚和大东方通过谈判解决了一系列错综复杂的问题。共济会领导层极力劝说她转到另一种接受女性的兄弟会，但她断然拒绝了。尽管他们在法律上有义务承认她作为女性的新公民身份以及她作为石匠的身份，但他们还是希望能将她的情况视为例外，不需要为了合法地容纳她而修改共济会的戒律，因为当初她是作为男性加入共济会的，并且在基因上仍然是男性。双方的角力在2010年达到了高潮，奥利维亚的会所推选她作为他们的代表，出席大东方在维希市举行的年会。有些人担心此举会招人嫉恨，甚至有可能在会上发生肢体冲突，但当她面对出席大会的1200名代表发言时，她受到了代表们的欢迎。不久之后，大会最终投票决定允许任何希望接受女性入会的会所自作决定。

奥利维亚并没有因自己取得的成就而得意。因为这条路还很长，许多省级会所至今仍在抵制女性入会，或者希望将女性限制在会所级别，远离大东方的高级职位："这里的玻璃天花板比世俗社会的还坚硬。"

在大东方总部大楼底层，有一处是富丽堂皇的共济会博物馆。不难看出，奥利维亚所做的一切令大东方上下感到尴尬。兴起于 18 世纪的接纳会会所占据了其中很大一部分空间。展品中有一条漂亮的女性围裙，它是丝质的，非常薄，有些褪色，上面有一棵智慧树和一条蛇的图案。另外还有一个完整的展示柜，详细叙述了 1877 年决定接受无神论者入会的始末。然而，在涉及 2010 年允许女性入会的部分，仅有两句话的简单介绍。而且这两句话被放在很不起眼的位置，没有任何修饰，没有配图，也没有进一步的解释。除非看得仔细，否则很难注意到它们。对奥利维亚也是只字未提，遑论展示她的照片了。由此看来，即使共济会改变了，它也不愿意重写它的故事。

历史丰碑

2009 年，美国各地的总会所都感受到了一种紧张气氛。起因是 6 年前，丹·布朗（Dan Brown）出版了揭露天主教会所掩盖的重大真相的《达·芬奇密码》，这部充满神秘、惊悚传闻的小说受到热烈追捧，销量堪比《哈利·波特》，并被改编成同名热门影片。如今，布朗的后续作品《失落的秘符》以华盛顿哥伦比亚特区为背景，以揭露共济会的秘密为主题，初版印刷量达到了破纪录的 650 万册。人们担心，无论丹·布朗这次捏造了兄弟会什么样的黑料，共济会都要付出代价，正如《达·芬奇密码》出版后梵蒂冈遭到各路怪人围攻一样。甚至在《失落的秘符》出版之前，位于首都华盛顿的苏格兰礼总部就定期向警方报告它收到的恐吓信。（与此同时，伦敦的共济会会堂已将收到的邮件从"古怪的人"转移到一个名为"疯子"的文档中。)

《失落的秘符》上市当日便售出了 100 万册。但事实证明共济会只是虚惊了一场。短短几周内,大众对共济会的兴趣就消退到了往常的水平。产生这种结局的部分原因在于小说本身。无论评论家口中的《失落的秘符》存在哪些缺陷,它终究以一种精巧的方式满足了我们对共济会秘密经久不衰的痴迷,同时又没有过度陷入愚蠢的迷思之中。最终,只有小说中那个被迷惑的、精神错乱的反派才相信共济会守护着惊天的秘密。相比之下,故事中的主角,"符号学家"罗伯特·兰登(Robert Langdon)教授给了兄弟会一个热情洋溢的好评:"女士,我要郑重声明,共济会的全部理念都是建立在诚实和正直的基础上的。共济会会员是你能遇到的最值得信赖的一群人。"《失落的秘符》里真正的明星是华盛顿哥伦比亚特区,它在想象中被重新打造了一遍,摇身变成了共济会迷宫,里面充斥着鲜有人知的暗道、高度戒备的实验室、地下避难所和加密的铭文。

424

在现实世界中,共济会在华盛顿拥有丰富的历史。然而,它非但没有被隐藏起来,反而显得过于张扬了。其中大部分历史体现在巨大的纪念碑上,它们都是那个黄金时代的产物,在当时的美国,共济会是男人生活的中心。美国的石匠要照管规模庞大的建筑遗产,这是西方世界其他共济会会员无法企及的。

首都最辉煌的共济会建筑是圣殿堂(House of the Temple,1915 年),它是苏格兰礼(南方辖区)总部所在地。它有一个美索不达米亚式金字塔形屋顶,正面是圆形柱廊造型,并由两座斯芬克斯雕像守护,其整体造型仿照的是古代世界七大奇迹之一、位于哈利卡纳苏斯、为赋予波斯帝国一位总督与神同行的地位而建的摩索拉斯陵墓(Mausoleum at Halicarnassus)。

长眠在圣殿堂中的人是南方联盟国将军艾伯特·派克：他的骨灰被封存在一个敬献给大捐赠者的圣坛旁。这座建筑的核心是圣殿室，这是苏格兰礼共济会至高无上的圣地：一个偌大的正方形大厅，由黑色大理石、紫色天鹅绒、俄罗斯胡桃木和青铜组合而成——在透过高处的窗户和天窗的天光的映照下，一切都显得光彩夺目。它对游客开放。

在坐地铁就能去的弗吉尼亚州亚历山德里亚市里，波托马克河对面的一座小山上矗立着乔治·华盛顿共济会国家纪念堂（1932 年），它当年是这位伟人加入会所之地。这座纪念堂的样式也仿照了古代世界七大奇迹之一，埃及亚历山大灯塔。它的中庭耸立着美国第一任总统、共济会会员、系着围裙的乔治·华盛顿高达 5.2 米的巨大铜像。它于 1950 年由第 33 任总统、共济会会员哈里·S. 杜鲁门揭幕。

这些历史丰碑铭记了共济会前辈的丰功伟绩，相形之下，如今的共济会已大为逊色。随着共济会的衰落，它失去了往日的英勇形象，随处可见的辉煌历史遗迹让会员们感觉有些尴尬。对于苏格兰礼共济会来说，圣殿堂无疑是一个沉重的财务负担：他们在 10 年间筹集了 4500 万美元用于翻新工程，但这还不算完，后续还需要更多资金用于持续不断的维修。乔治·华盛顿共济会国家纪念堂已显暗淡和凄凉，还在为了一个目标而苦苦支撑。虽然它保存着与伟人生前有关的一两件真品，但其余大部分都是华盛顿去世后共济会用于表达个人崇拜的残留物。参观纪念堂时，主管告诉我："这栋楼里展出的东西 90%都是刻意制作的，都是假的。"他紧接着又解释说，这样做不是为了蒙骗世人。人们珍惜这些物品，因为它们就像是"家庭生活的回忆"。

具有讽刺意味的是，电影业对这些建筑的保存起着至关重要的作用：它们为电影和广告制作提供了一种令人激动的场面，由此产生的收入被用于支付维护费用。尽管改编自《失落的秘符》的影片的拍摄工作已被搁置，但人们很难想象，除了圣殿堂之外，还有什么地方更适合拍摄这部电影，毕竟书中的高潮场面就设定在圣殿厅里，那是一个极具布朗风格的场景：扑朔迷离的秘符、打碎的窗户玻璃和嗡嗡响的直升机螺旋桨。

我最期待看到的共济会历史遗迹远不如圣殿堂或乔治·华盛顿共济会国家纪念碑那么壮观。没有人会想到在哥伦比亚特区的普林斯·霍尔总会所（1929 年）拍广告：这是一栋五层灰色小楼，顶部雕刻了一行共济会的符号；药房占据了一层的大部分空间。从这栋建筑的内外样式可以看出，非裔美国人共济会在调动可用资源方面，从未赶上过他们的白人兄弟。

普林斯·霍尔总会所向我们展示了一个非常独特的共济会理念。它坐落在 U 街的中心，这里也是黑人聚居区的核心地带，因此 U 街也成了黑人社区的代名词。南北战争后，获得自由的奴隶开始在 U 街地区扎营，该地区逐渐发展成了种族隔离时代的城中城。那时，白人经营的金融机构拒绝贷款给非裔美国人，所以后者唯一的资金来源就是工业银行。这家银行是由至尊主前总会长杰西·H. 米切尔（Jessie H. Mitchell）于 1934 年创建的，办公地点就在总会所对面，如今它还在那里开展业务。U 街曾经被称为"黑百老汇"，共济会会员凯比·卡洛威这样的人会来此演出。共济会会员埃林顿公爵来这里就像回家一样：他是社会会所第 1 号成员，这个会所过去和现在都在总会所的楼里聚会。几个街区之外的霍华德大学培养了一批黑人知识分子精英，其中包括共济会会员瑟古德·马歇尔，他于 1933 年从法学院毕业。事实上，公民权利的概念早已融入 U 街总会所的血液里。共济会会员布克·华盛顿在 1912 年来此地发表演讲时提出了建造这座总会所的计划。按照当时的规划，较低的楼层可以租出去，用于开办大餐厅和小商店，租

426

金收入可以为上层的共济会活动提供资金，这就是底层有个药房的缘由。时至今日，在总会所楼里一条走廊的尽头，你会看到由镜面塑料包着的一扇门，门两边是刻有凹槽的圆柱，门上的铭牌写着："全国有色人种协进会华盛顿哥伦比亚特区分部"。

然而 U 街已经不再拥有当初的那股力量了。因 1968 年马丁·路德·金遇刺而起的暴乱，摧毁了这个社区的核心精神。非裔美国人的生活发生了重大变化。在近年来雅皮士化的推动下，U 街开始缓慢复原；这个地方如今靠吃老本过活。普林斯·霍尔共济会也大不如前了，白人和黑人会员群体都进入了老龄化。

我来华盛顿的目的是了解美国共济会组织内部的种族划分情况。上了年纪的奥尔顿·G.朗德特里（Alton G.Roundtree）是普林斯·霍尔总会所（哥伦比亚特区）的前总史官和档案保管员，曾与他人一道兢兢业业地记录该会的历史。他毕业于霍华德大学，而且和我在美国遇到的很多共济会会员一样，也当过兵。我俩在总会所档案室中交谈，身边满是尘封已久的历史文件，他的手机铃声是电影《铁杆神探》（*Shaft*）的主题曲，间或响起，打断我们的谈话。

奥尔顿向我解释说，白人和黑人石匠的融合"不在议程上"：依照共济会崇尚的价值观，组成多种族兄弟会的梦想已经破灭。这两个支派独立运作的历史太久了，没人会想到要联合起来。双方都有太多的既得利益者在作梗，而人数较少的普林斯·霍尔成员也不想被白人占多数的兄弟会吞没。所以，现在的问题与其说是合并，不如说是承认——换句话说，双方承认对方是合法的共济会会员。这种承认也可以延伸到互访，即一个支派的兄弟可以参加另一个支派主办的聚会。这种关系实际上是全世界共济会内部通行的做法。唯独美国的共济会比较特殊，它是由扎根已久的种族关系和长期的奴隶制阴影塑造而成的。一些美国教会，尤其是循道会（Methodists），有着非常相似的种族分裂历史。

普林斯·霍尔和主流（白人主导的）共济会都不是全国性的，而是州一级的组织，因此任何涉及相互承认的举措都必须经由相关州、相关总会所做出。直到1989年，也就是美国共济会分裂200多年后，才有了第一次相互承认，首先做出改变的是康涅狄格州。此后相互承认的进程十分缓慢。到2006年，南方仍有11个州的白人共济会组织不承认他们的黑人兄弟。正是这11个州，在南北战争时期组成了美利坚联盟国。时光快进到2019年，仍有7家白人总会所拒绝承认黑人兄弟。最后，奥尔顿以一种听天由命的口吻结束了谈话。

> 这种情况是可耻的。从前的蓄奴州迟迟不承认普林斯·霍尔分会。我从小在种族隔离的环境中长大，更糟糕的是，我的家人都是佃农，我对生活的期望值很低。随着前蓄奴州一些年迈的白人石匠去世，这才出现了变化。在融合法[1965]通过后成长起来的白人兄弟更倾向于承认普林斯·霍尔分会。尽管如此，他们仍在进行艰苦的努力。

428

我在首都华盛顿和南卡罗来纳州（仍未相互承认的州）查尔斯顿拜访的主流共济会领导人也有类似的感受。他们坦承，艾伯特·麦基为不承认普林斯·霍尔分会而臆想出的"技术性"理由只是种族主义的借口。但是，他们认为说服前蓄奴州的基层老会员改变立场是徒劳的。一位资深白人石匠很乐见全美各地的共济会会所能够相互承认，他甚至打趣说："我们只需要多举行几次共济会葬礼。"

我也注意到了一些乐观的迹象。当我拜访U街总会所尊者昆西·G.甘特（Quincy G.Gant）总会长时，他刚刚作为特邀嘉宾参加了主流石匠们组织的莫扎特共济会音乐会。这两个一白—黑的总会所最近联手，共同赞助在哥伦比亚特区举办的特殊奥林匹克运动会。"我们在哥伦比亚特区合作得很愉快"，他告诉我。

在华盛顿逗留期间，我还与奥斯卡·阿莱恩（Oscar Alleyne）一起吃了泰国菜。奥斯卡是一位流行病学家，忙于落实公共卫生项目；同时又深谙共济会历史，是一位具有非凡魅力的讲师。更重要的是，他是纽约总会所自1782年成立以来，第一位被选入主流会所领导层的黑人，他目前任初级总督导员。如果一切顺利的话，这个在1964~1965年纽约世界博览会上建起白人共济会兄弟中心的总会所，可能很快就会有一个有色人种的总会长。谈到自己以压倒性优势当选的情景时，奥斯卡说："一片欢腾……有人流下了激动的眼泪。大厅里的人们只是简单地觉得'总算等到这一天啦'。"

黑白相间

布拉尔用纪录片展现的"地球上的共济会"，绝对是大英帝国的产物。正因如此，共济会中的帝国遗产也许是结束本章最恰当的话题。

2019年秋，我邀请一位到访的资深石匠在伦敦共济会会堂附近的餐厅共进午餐，向他讨教印度共济会的现状。巴拉特·V. 埃普尔（Bharat V. Epur）浑身散发着一种源自内心的安详，不愧是一位在印度总会所多个高级职位上历练过的老会员，在那些职位中，最值得称道的是他曾担任东印度地区的总会长。巴拉特出生于金奈（也就是帝国时代的马德拉斯），于1998年加入共济会。几年前他卖掉了自己的保险公司，现在周游世界，处理共济会在各地的事务。他还抽时间撰写了《企鹅印度问答集》。他认为共济会"多层次呈现了浓缩历代精华的智慧"。他认为其仪式不过是"业余戏剧表演"，源于西方经验，但它最深刻的真理则源于印度。

巴拉特对共济会推崇备至，但说到他家乡共济会的现状时，则给出了实事求是的评估："我们是得过且过。"与早期的印度总会所相比，如今的会所已无法再激发社会上对"顶级阶层"的兴趣，部分原因在于经费。印度会所建筑往往暴露出与当初帝国基础设施的不解渊源：会所建筑占用的土地是从铁路公司或军队长期租赁的。随着印度的发展，土地的价值暴增。长期租约到期后，兄弟们就面临着严峻挑战，若想续约，就得付出翻了很多倍的租金，否则就无法保留他们集体活动的场所。

招收不到新会员也是个大问题。许多受过教育的年轻人根本没时间参加会所的活动。那些受雇于迅猛发展的信息技术行业的人需要长时间工作，而且通常是按照美国或欧洲时间工作，他们的办公室远离共济会圣殿所在的老城中心。

印度共济会绝对不会受到不宽容这种事的困扰。印度总会所于 1961 年建立时，便推选出了一位穆斯林担任第一任总会长；最近担任过总会长的包括一个锡克教徒和一个帕西人；南方辖区总会所现任领导人是一个叙利亚基督徒。印度各地会所都承认至少 5 种圣典，其中包括《薄伽梵歌》《古兰经》《圣经》《古鲁·格兰特·沙哈卜》《阿维斯陀》。巴拉特甚至表示理解《母亲会所》的作者拉迪亚德·吉卜林当时的表现，说他的种族主义不过是"时代的反映"。事实上，印度总会所官方网站主页就并排展示着吉卜林与莫蒂拉尔·尼赫鲁的肖像，他们是安拉阿巴德时代的会内兄弟。

因此，至少在印度，英国共济会的作用基本是积极向上的。在其他地方，共济会会员为了克服历史阴影，需要付出极大的努力。澳大利亚就是一个很好的例子。在第一批白人于1788 年抵达后的数百年里，澳大利亚原住民遭受了非人待遇，

430

其中之一是对原住民墓地的破坏，而在原住民部族眼中，墓地是他们与自然景观联系的关键纽带。有些原住民团体一直在积极争取确认并重新安葬祖先的遗骸。2002 年大赦之后，共济会向墨尔本博物馆移交了大量但未记录在案的原住民骸骨，"通常是头盖骨和肱骨或股骨"。维多利亚州的会所曾多年在仪式上使用这些从原住民墓地里偷来的"死亡象征"。博物馆原住民咨询委员会的一名成员听闻此事，无比惊骇。

431　　这些材料被送来时未加任何说明，比如这些骸骨的来源或收集起来的缘由。我们的许多祖先被共济会抓在手里，这太可耻了！更可恶的是，他们说不清那些骸骨来自何处。如果我们都不知道祖先来自哪里，我们怎么可能重新安葬他们？

难怪最近澳大利亚一位著名艺术家借着一件获奖画作，要求共济会解释它在殖民地发展史上所起的作用，这件作品目前在澳大利亚国立美术馆展示。达尼·梅勒（Danie Mellor）的画作《从仪礼到仪式》描绘了共济会会所内部场景及其相关的符号：立柱、黑白相间的地板、棺材和骷髅及交叉股骨图形。画面采用了与绘有中国世俗场景的蓝柳纹样陶瓷餐具一致的蓝色调。蓝柳纹样陶瓷餐具于 18 世纪晚期首次出产于英国，是当时帝国经济中的一种典型消费品，而这一时期也是共济会向全球扩张的时期。在蓝色底色的衬托下，用彩色绘制的澳大利亚特有动物，如考拉、袋鼠和红翅鹦鹉，显得十分突兀。圣殿地板的中央是幽灵般的原住民男子跳着仪式舞蹈。这幅画提醒我们在致命而贪婪的殖民地事业中，共济会如何讲述着一个庄严而和谐的封面故事。

然而，达尼·梅勒意识到了共济会的自相矛盾，他曾是共济会会员，还是原住民和欧洲血统的混血儿。他告诉我："没错，共济会的确具有包容性，当我还是这个组织的一员时，我感觉我们对同属'人类大家庭'的宽容和认可是真实可信的。"《从仪礼到仪式》描绘了西方共济会和澳大利亚本土文化之间脆弱的共同点，如将知识融于仪式之中，以及将死亡视为人类体验的核心。

澳大利亚共济会会员中也有一些原住民社区中的杰出人物，比如道格拉斯·尼科尔斯（Douglas Nicholls）爵士，他是澳式足球精英球员、社会活动家，并在 1970 年代中期当选南澳大利亚州州长。浏览一下当地的报纸就可以发现，尼科尔斯并非孤例。历史地看，共济会成员可能从世界不同文化中采撷了一些符号用于自己的仪式中，各地会所也一次又一次地证明，它们是文化对话的发源地。

共济会一向注重历史感。但正如我努力强调的那样，共济会会员经常将他们的全部历史一股脑地塞进一种美好的身份叙事当中。就拿达尼·梅勒来说，我相信如果他探索出另一种叙事方式，少一点共济会的和谐，多一点社会张力，或许会更接近共济会内在的价值观，也会让外界感觉更真实。共济会的过去就像会所的地板一样也是黑白相间的。

即使是我们这些从未梦想过加入共济会的人，也可以透过共济会的镜头审视历史，从中吸取教训。全球化和互联网正迫使我们重新思考和重塑人类的基本需求：社群。此时此刻，在我们追寻幸福生活的旅程中，或许有一种做法会大有裨益，那就是静下心来好好想想，诞生于全球化初期的社群形态如何在践行人类一些理想的过程中演绎出悲喜交加的故事。

致　谢

　　我对《共济会四百年》一书怀有的最大希望之一，就是读者能够分享我在潜心研究它的过程中获得的一些乐趣。乐趣也分先后，我最先感受到的就是有机会跟随共济会会员，走进我作为历史学家和作家全然不知的时代和地方。让好奇心带路，既能体验到刺激，也要冒一些风险。我确信，人们可以从这本书的缺陷中看出那些风险的迹象，而所有缺陷的责任全由我一人承担。我只希望读者在指出我所犯的错误时，牢记我所冒的风险。然而，许多人帮助我发现了如此多的机会，也避免了如此多的弯路与陷阱，可以说没有他们的慷慨相助，本书不可能顺利出版。我亏欠了以下共济会会员、学术界同事和新老朋友太多人情，我能做的也只是在有限的篇幅里一一列出他们的姓名，而这远不足以偿还他们的恩情。尽管如此，我还是觉得应特别向两人致以感谢，他们比任何人做得都多，使我的研究得以顺利展开：伦敦共济会博物馆的马丁·谢里（Martin Cherry）和苏珊·斯内尔（Susan Snell）——他们是学者们梦寐以求的那种图书管理员／档案管理员。他们在共济会博物馆的同事、大英图书馆和其他图书馆与档案馆的工作人员，也都值得我特别致谢。

奥斯卡·阿莱恩	斯蒂芬·本内茨	托马斯·K.伯德
焦亚·阿万塔贾托	迈克尔·伯科维茨	罗杰·H.布拉德
佛朗哥·贝尼尼奥	斯特凡诺·比西	安德鲁·坎贝尔
阿莱西亚·坎迪托	吉姆·卡罗尔	乔治·卢卡斯
凯丽·尼科尔斯	奥利维亚·肖蒙	若泽·路易斯·埃尔南德斯·路易斯
加埃塔诺·帕奇	劳埃德·克里斯托弗	鲍勃·詹姆斯

萨尔沃·帕拉佐洛　　凯瑟琳·克拉克　　普鲁·詹姆斯

乔瓦尼·潘多尔福　　肯恩·柯林斯　　安迪·詹姆森

甘希亚姆·M.帕特尔　　克劳迪奥·科尔多瓦　　迪尔温·诺克斯

萨拉·彭妮　　尼古拉斯·克朗克　　鲁珀特·兰开斯特

萨德·彼得森　　恩里科·达尔·拉戈　　卡尔·莱维

克莱夫·普里德尔　　西蒙·德尚　　朱塞佩·隆巴尔多

雅姬·兰斯顿　　巴拉特·V.埃普尔　　奥利维亚·洛佩尔菲多

奥尔顿·G.朗德特里　　托特·埃文斯　　弗朗西斯科·鲁伊斯

阿德里安·弗莱明　　朱塞佩·卢米亚　　朱利叶斯·鲁伊斯

约翰·富特　　马里奥·马里灿　　伊万·斯科特

瓦希德·福斯达尔　　朱塞佩·马维利亚　　加金德拉·辛格

昆西·G.甘特　　达尼·梅勒　　西蒙·萨瑟顿

埃米利奥·金　　彼得·梅勒　　戴维·史蒂文森

克里斯蒂安·格舍尔　　托马斯·R.梅特卡夫　　马克·塔贝特

安德鲁·哈德菲尔德　　拉多伊卡·米列维奇　　道格·泰勒

里克·哈尔彭　　吉列尔莫·米拉　　贝妮代塔·托巴吉

杰西卡·L.哈兰－雅各布斯　　卢西奥·莫利卡　　法比奥·特鲁佐利洛

彼得·欣克斯　　詹姆斯·R.摩根三世　　詹姆斯·范齐尔

斯蒂芬·希奥特　　布伦特·莫里斯　　法比奥·文齐

斯蒂芬·卡特罗维茨　　斯特凡诺·穆索利诺　　加雷思·伍德

迪尔德丽·利斯克　　弗洛里安·穆斯格努格

参考文献

为了让本书尽可能通俗易懂，我没有使用脚注或尾注。我们这些身为大学教授、有幸以阅读为生的人，太容易忘记许多人为了抽出时间阅读，尤其是阅读非小说类书籍，而付出的巨大努力。或许我们可以做些力所能及的事来照顾一下这样的读者，那就是在写作时争取做到平铺直叙，不受太多参考文献的拖累，不必向晦涩难懂的学术辩论致意，并避免罗列学术盟友和对手的姓名。

尽管如此，脚注确实有许多用处，也蕴含着不少乐趣。以下注释权当不尽完美的脚注替代品。我希望它们至少能发挥其应有的作用，即激发人们进一步阅读的兴趣，认可他人的研究成果给予我的帮助，表明我用来阐述和证实论点的资料出处，并充当一条线索，将人们引向我无暇顾及或未加详述的有趣议题。欢迎对我的资料感兴趣的学者通过电子邮件与我联系。

书中全部外语资料均由本人翻译，除非另有说明。

我使用了如下缩略词：AQC=Ars Quatuor Coronatorum（共济会研究资料年度汇编）。

第 1 章　里斯本：约翰·库斯托的秘密

R. Beachy, 'Club Culture and Social Authority: Freemasonry in Leipzig, 1741–1830', in F. Trentmann (ed.), *Paradoxes of Civil Society: New Perspectives on Modern German and British History*, 2nd edn, New York, 2003.

F. Braggion, 'Managers and (Secret) Social Networks: The Influence of the Freemasonry', *Journal of the European Economic Association*, 9 (6), 2011.

R. Burt, 'Freemasonry and Business Networking during the Victorian Period', *The Economic History Review*, 56 (4), 2003.

G.M. Cazzaniga, 'Il complotto: metamorfosi di un mito', in Cazzaniga (ed.), *Storia d'Italia. Annali, 21. La Massoneria*, Turin, 2006.

J. Coustos, *The Sufferings of John Coustos, for Free-Masonry, and for His Refusing to turn Roman Catholic, in the Inquisition at Lisbon*, London, 1746. 'That he has infring'd the Pope's Orders', p. 52. (The original quote varies between the first and third person. I have made it uniform throughout for ease of reading.) 'As Secrecy naturally excited Curiosity', p. 33. 'Not a little honoured in belonging to a Society', p. 27. 'Charity and Brotherly Love', pp. 25–31. 'If this Society of Free-Masons was so virtuous', p. 33.

J.A. Ferrer Benimeli, *Masoneria, Iglesia e Ilustracio. Un conflicto ideologico-politico-religioso*, Madrid, 1976, vol. 2. For inquisition trials in Lisbon, pp. 133–94, esp. pp. 183–91 for Coustos.

J.A. Ferrer Benimeli, 'Origini, motivazioni ed effetti della condanna vaticana', in G.M. Cazzaniga (ed.), *Storia d'Italia. Annali, 21. La Massoneria*, Turin, 2006.

J.-C. Flachat, *Observations sur le commerce et sur les arts d'une partie de l'Europe, de l'Asie, de l'Afrique, et même des Indes Orientale*, vol. 1, Lyon, 1766, p. 420; on hatred of Masons in the Ottoman Empire.

W. McLeod, 'John Coustos: His Lodges and His Book', AQC, 92, 1979.

G. Simmel, 'The Sociology of Secrecy and of Secret Societies', *American Journal of Sociology*, 11 (4), 1906.

G. Tarantino, 'The mysteries of popery unveiled: Affective language in John Coustos's and Anthony Gavin's accounts of the Inquisition', in S. Broomhall (ed.), *Spaces for Feeling: Emotions and Sociabilities in Britain 1650–1850*, London, 2015.

S. Vatcher, 'John Coustos and the Portuguese Inquisition', AQC, 81, 1968. Contains a translation of Coustos's interrogation and other papers. 'In [our] Fraternity, it is not permitted to speak of religious matters', p. 56.

第 2 章　无名之地：户兰·亚比的离奇死亡

Anon., *The Scottish Ritual of Craft Freemasonry: With Tracing Boards*, Edinburgh (no date). I consulted the rituals followed by my grandfather in 1919 in my outline of the Craft ceremonies.

L. Corsi, *Tommaso Crudeli, Il calamaio del Padre Inquisitore*, Udine-Florence, 2003. Masturbation ritual, p. 121.

M.C. Duncan, *Duncan's Masonic Ritual and Monitor*, New York, 1966. The source of all the images in this chapter.

S. Vatcher, 'John Coustos and the Portuguese Inquisition', AQC, 81, 1968: 'As the

Sun gives light to the day', p. 71. 'To be recognised in any part of the World', p. 48. 'Placing his thumb on the first knuckle-joint', p. 62. '[Coustos] said: that the only purpose they have', p. 54. 'Abbreviated, evasive and deceitful', p. 73.

M. Vigilante, 'Crudeli, Tommaso', *Dizionario Biografico degli Italiani*, 31, Rome, 1985.

第 3 章　爱丁堡：记忆术

D. Allan, 'Moray, Sir Robert (1608/9?–1673)', *Oxford Dictionary of National Biography*, Oxford University Press, 2004, online edn, October 2007 [http://www.oxforddnb.com/view/article/19645, accessed 23 February 2017].

P. Beal, 'Dicsone [Dickson], Alexander (bap. 1558, d. 1603/4), philosophical writer and political agent', *Oxford Dictionary of National Biography*, consulted online 21 February 2017.

I. Campbell and A. MacKechnie, 'The "Great Temple of Solomon" at Stirling', *Architectural History*, 54, 2011. Earliest Renaissance building of its kind in Britain, p. 91.

H. Carr and J.R. Dashwood, *The Minutes of the Lodge of Edinburgh, Mary's Chapel, no. 1, 1598–1738*, Masonic Reprints, vol. XIII, London, 1962. Initiation of Civil War officers in Edinburgh, pp. 118–19.

I.B. Cowan and D. Shaw (eds), *The Renaissance and Reformation in Scotland*, Edinburgh, 1983.

P. Croft, *King James*, Basingstoke, 2003.

T. De Moor, 'The Silent Revolution: A New Perspective on the Emergence of Commons, Guilds, and Other Forms of Corporate Collective Action in Western Europe', *International Review of Social History*, 53(S16), 2008.

S. Epstein, 'Guilds and Metiers', in J.R. Strayer (ed.), *Dictionary of the Middle Ages*, New York, vol. 6, 1985.

W. Fraser, *Memorials of the Montgomeries, Earls of Eglinton*, vol. 2, Edinburgh, 1859, pp. 239–44. Contains the text of the Schaw statutes. 'Tryall of the art of memorie', p. 243.

D. Harrison, *The Genesis of Freemasonry*, Addlestone, 2014.

M. Hunter, 'Ashmole, Elias (1617–1692)', *Oxford Dictionary of National Biography*, Oxford University Press, 2004, online edn, May 2006 [http://www.oxforddnb.com/view/article/764, accessed 23 February 2017].

G.P. Jones, 'Building in stone in medieval Western Europe', in M.M. Postan and E. Miller (eds), *The Cambridge Economic History of Europe*, vol. II: *Trade and Industry in the Middle Ages*, 2nd edn, Cambridge, 1987.

C.H. Josten, 'Elias Ashmole, FRS (1617–1692)', *Notes and Records of the Royal Society of London*, vol. 15, July 1960.

C.H. Josten (ed.), *Elias Ashmole (1617–1692): His Autobiographical and Historical Notes, his Correspondence, and Other Contemporary Sources Relating to his Life and Work* Oxford: Clarendon Press, vol. IV, 1966. 'I was the Senior Fellow among them', p. 1701.

A.L. Julhala, 'The Household and Court of King James VI of Scotland', PhD Thesis, University of Edinburgh, 2000.

D. Knoop and G.P. Jones, *The Genesis of Freemasonry*, Manchester, 1947.

D. Knoop and G.P. Jones, *The Mediaeval Mason: An Economic History of English Stone Building in the Later Middle Ages and Early Modern Times*, Manchester, 1967.

D. Knoop and G.P. Jones (eds), *The Early Masonic Catechisms*, Manchester, 1963. 'Secrets which must never be written', quoted p. 5. 'Being buried within the floodmark, where no man shall know', quoted p. 36. The 'Sisterhood of Free Sempstresses', reproduced pp. 226–8.

M. Lynche (ed.), *Oxford Companion to Scottish History*, Oxford, 2001. See the entry on the Royal court.

D. MacCulloch, *Reformation: Europe's House Divided, 1490–1700*, London, 2003. For a summary of the Scottish Reformation, see pp. 291–5 and *passim*. 'The great temple of Solomon', quoted p. 110.

E. Miller and J. Hatcher, *Medieval England: Towns, Commerce and Crafts 1086–1348*, London, 1995.

R. Plot, *Natural History of Stafford-shire*, Oxford, 1686, The account of the Acception quoted here, pp. 316–18.

L.F. Salzman, *Building in England Down to 1540: A Documentary History*, Oxford, 1967.

M.D.J. Scanlan, 'Freemasonry and the mystery of the Acception, 1630 to 1723 – a fatal flaw', in R.W. Weisberger et al. (eds), *Freemasonry on Both Sides of the Atlantic*, New York, 2002. This important study also contains the best explanation of the meanings of the term freemason.

M.D.J. Scanlan, 'The origins of Freemasonry: England', in H. Bogdan and J. Snoek (eds), *Handbook of Freemasonry*, Leiden, 2014.

M.K. Schuchard, *Restoring the Temple of Vision: Cabalistic Freemasonry and Stuart Culture*, Leiden, 2002. On Hermeticism and the Scottish court, pp. 200–206.

D. Stevenson, *The Origins of Freemasonry: Scotland's Century, 1590–1710*, Cambridge, 1988. I have drawn heavily on this classic study throughout this chapter. For the figure of 80 per cent of Schaw Lodges still being around today, see p. 216. For that of there being thirty Schaw Lodges across Scotland by 1730, see p. 213. 'Som secret signe delivered from hand to hand', quoted p. 143.

D. Stevenson, 'Schaw, William (1549/50–1602)', *Oxford Dictionary of National Biography*, Oxford University Press, 2004 http://www.oxforddnb.com/view/article/24799, consulted 21 February 2017.

D. Stevenson, 'Four Hundred Years of Freemasonry in Scotland', *The Scottish Historical Review*, XC (2), 2011, p. 230.

H. Swanson, *Medieval Artisans: An Urban Class in Late Medieval England*, Oxford, 1989.

S.L. Thrupp, 'The gilds', in M.M. Postan, E.E. Rich and E. Miller (eds), *The Cambridge Economic History of Europe*, vol. III. *Economic Organization and Policies in the Middle Ages*, Cambridge, 1963.

E.M. Veale, 'Craftsmen and the economy of London in the 14th century', in R. Holt and G. Rosser (eds), *The Medieval Town, 1200–1540*, London, 1990.

F.A. Yates, *The Art of Memory*, London, 1966. The classic study of the art of memory and its Renaissance adaptations.

The text and translation of the Regius Poem are available at http://www.freemasons-freemasonry.com/regius.html, consulted 3 April 2017.

第 4 章　伦敦：在鹅和烤架酒馆的招牌处

J. Anderson, *The constitutions of the Freemasons: Containing the history, charges, regulations, etc. of that ... fraternity*, London, 1723.

J. Anderson, *The New Book of Constitutions of the ... Fraternity of Free and Accepted Masons ... collected and digested, by order of the Grand Lodge, from their old records ... and lodge-books*, London, 1738.

Anon, 'Cunningham, James, fourteenth Earl of Glencairn (1749–91)', *The Burns Encyclopedia*, consulted online, http://www.robertburns.org/encyclopedia/CunninghamJamesfourteenthEarlofGlencairn174915191.255.shtml, on 14 April 2017. 'My first, my dearest Patron'.

R. Beachy, 'Masonic apologetic writings', in M. Fedelma Cross (ed.), *Gender and Fraternal Orders in Europe, 1300–2000*, Basingstoke, 2010.

F. Benigno, 'Assolutezza del potere e nascita della sfera pubblica: critica di un modello', in M. Rospocher (ed.), *Oltre la sfera pubblica: Lo spazio della politica nell'Europa moderna*, Bologna, 2013.

R.A. Berman, 'The Architects of Eighteenth-Century English Freemasonry, 1720–1740', University of Exeter PhD Thesis, 2010. Especially on Desaguliers and Whig networks. 'Many London Freemasons represented precisely the type of men the Whig government would have favoured', p. 155.

R.A. Berman, *The Foundations of Modern Freemasonry: The Grand Architects, Political Change and the Scientific Enlightenment, 1714–1740*, Brighton, 2012.

J. Black, *Eighteenth-Century Britain, 1688–1783*, 2nd edn, Basingstoke, 2008.

M. Blackett-Ord, *Hell-Fire Duke: The Life of the Duke of Wharton*, Shooter's Lodge, 1982.

'Boniface Oinophilus' (pseud. of A.-H. de Sallengre), *Ebreitatis Encomium, or The Praise of Drunkenness*, London, 1812. 'When the King Enjoys his Own Again', p. 90. ''Tis wine, ye Masons, makes you Free', p. 83.

A.T. Carpenter, *John Theophilus Desaguliers: A Natural Philosopher, Engineer and Freemason in Newtonian England*, London, 2011. Walpole as Mason, p. 104.

W.J. Chetwode Crawley, 'Notes on Irish Freemasonry, no. VI, The Wesleys and Irish Freemasonry', *AQC*, 15, 1902.

J.C.D. Clark, *English Society 1660–1832*, Cambridge, 2000.

P. Clark, *British Clubs and Societies 1580–1800*, Oxford, 2000. The authority on the area, upon which I have drawn heavily. On Burns's networking, pp. 230–1. Two thousand coffee houses, p. 163.

R. Clutterbuck, *The History and Antiquities of the County of Hertford; compiled from the best printed authorities and original records preserved in public repositories and private collections: Embellished with views of the most curious monuments of antiquity, and illustrated with a map of the County*, vol. 1, London, 1815. On the Strongs, pp. 166–70.

H.T. Dickinson, 'Whiggism in the eighteenth century', in J. Cannon (ed.), *The Whig Ascendancy: Colloquies on Hanoverian England*, London, 1981.

K. Downes, *Christopher Wren*, London, 1971. For a death notice mentioning Freemasonry, p. 182.

P. Elliott and S. Daniels, 'The "school of true, useful and universal science"? Freemasonry, Natural Philosophy and Scientific Culture in Eighteenth-Century England', *The British Journal for the History of Science*, 39 (2), 2006.

A. Everitt, 'The English Urban Inn, 1560–1760', in A. Everitt (ed.), *Perspectives in English Urban History*, London, 1973.

M. Goldie, 'The English system of liberty', in M. Goldie and R. Wokler (eds), *The Cambridge History of Eighteenth-Century Political Thought*, Cambridge, 2006.

J. Habermas, *The Structural Transformation of the Public Sphere: An Inquiry into a Category of Bourgeois Society*, Cambridge, MA, 1989.

D.G. Hackett, *That Religion in Which All Men Agree: Freemasonry and American Culture*, Berkeley, CA, 2014. Another fundamental study. Accounts of Masonic procession in Charleston, quoted p. 19. The book also has a fine chapter on Native-American Masonry.

E. Hatton, *New View of London: or an Ample account of that City*, London, 1708. A 'fraternity of … many of the Nobility and Gentry', p. 611.

J. Herron Lepper, 'The Earl of Middlesex and the English Lodge in Florence', *AQC*, 58, 1945.

C. Hobson, 'Valentine Strong – Cotswold Stonemason', *Fairford History Society Occasional Paper*, 3, 2006.

M.C. Jacob, *Living the Enlightenment: Freemasonry and Politics in Eighteenth-Century Europe*, Oxford, 1991. A ground-breaking study I have drawn on across the London and Paris chapters. On Masonry as a 'phantom' of Liberty, see p. 203.

M.C. Jacob, *The Origins of Freemasonry: Facts & Fictions*, Philadelphia, PA, 2006.

L. Jardine, *On a Grander Scale: The Outstanding Career of Sir Christopher Wren*, London, 2002.

D. Knoop and G.P. Jones, *The London Mason in the Seventeenth Century*, Manchester, 1935.

B. Krysmanski, 'Lust in Hogarth's *Sleeping Congregation* – Or, How to Waste Time in Post-Puritan England', *Art History*, 21, 3 September 1998; on a cartoon of Desaguliers giving a boring sermon.

J.M. Landau, 'Muslim Opposition to Freemasonry', *Die Welt des Islams*, 36 (2), 1996.

J. Lane, *Masonic Records 1717–1894* (2nd edn), London, 1895.

J. Lang, *Rebuilding St Paul's after the Great Fire of London*, Oxford, 1956.

N. Leask, 'Robert Burns', in G. Carruthers and L. McIlvanney (eds), *The Cambridge Companion to Scottish Literature*, Cambridge, 2012.

J. Macky, *A Journey Through England in Familiar Letters from a Gentleman Here, to his Friend Abroad*, 2nd edn, London, 1722, i. 'An infinity of CLUBS, or SOCIETIES', p. 287.

R.K. Marshall, 'Davison [Davidson], Jeremiah (c. 1695–1745)' *Oxford Dictionary of National Biography*, Oxford, 2008. Online version consulted 23 April 2017.

H. Morrison, '"Making Degenerates into Men" by Doing Shots, Breaking Plates, and Embracing Brothers in Eighteenth-Century Freemasonry', *Journal of Social History*, 46 (1), 2012. Covers Mozart and Haydn's revels in their Lodge.

M. Mulvey Roberts, *British Poets and Secret Societies*, London, 1986; on Burns.

A. Newman, 'Politics and Freemasonry in the Eighteenth Century', *AQC*, 104, 1991.

R. Péter, 'The "Fair Sex" in a "Male Sect": Gendering the Role of Women in Eighteenth-Century English Freemasonry', in M. Fedelma Cross (ed.), *Gender and Fraternal Orders in Europe, 1300–2000*, Basingstoke, 2010.

A. Pink, 'Robin Hood and Her Merry Women: Modern Masons in an Early Eighteenth-Century London Pleasure Garden', *Journal for Research into Freemasonry and Fraternalism*, 4 (1–2; single issue), 2013.

M.G.H. Pittock, *Inventing and Resisting Britain: Cultural Identities in Britain and Ireland, 1685–1789*, Basingstoke, 1997.

W. Read, 'Let a man's religion ... be what it may', *AQC*, 98, 1985. Cites the case of English Freemasonry's first Catholic Grand Master.

C. Révauger, 'Les femmes et la franc-maçonnerie, des origines à nos jours', *REHMLAC: Revista de Estudios Históricos de la Masonería Latinoamericana y Caribeña*, 4 (2), December 2012 to April 2013. On some exceptional early cases of female Masons.

M.D.J. Scanlan, 'Freemasonry and the mystery of the Acception, 1630 to 1723 – a fatal flaw', in R.W. Weisberger et al. (eds), *Freemasonry on Both Sides of the Atlantic*, New York, 2002, 'A Great Convention at St Paul's of the Fraternity of Accepted Masons', quoted p. 171.

S. Schaffer, 'The Show That Never Ends: Perpetual Motion in the Early Eighteenth Century', *The British Journal for the History of Science*, 28 (2), 1995. Very useful on Desaguliers.

J.M. Shaftesley and M. Rosenbaum, 'Jews in English Regular Freemasonry, 1717–1860', *Transactions & Miscellanies (Jewish Historical Society of England)*, 25, 1973–5.

J.M. Shaftesley, 'Jews in English Freemasonry in the 18th and 19th Centuries', *AQC*, 92, 1979.

D.S. Shields, 'Franklin and the republic of letters', in C. Mulford (ed.), *The Cambridge Companion to Benjamin Franklin*, Cambridge, 2008.

Ev. Ph. Shirley, 'Remarkable Clubs and Societies, 1748', *Notes and Queries*, 27 July 1878. For names of strange clubs, p. 65.

L.B. Smith, 'Wharton, Philip James, duke of Wharton and Jacobite duke of Northumberland (1698–1731)', *Oxford Dictionary of National Biography*, Oxford, 2008. Online version consulted 3 May 2017.

W. Speck, 'Whigs and Tories dim their glories: English political parties under the first two Georges', in J. Cannon (ed.), *The Whig Ascendancy: Colloquies on Hanoverian England*, London, 1981.

D. Stevenson, *The Origins of Freemasonry: Scotland's Century, 1590–1710*, Cambridge, 1988. 'An exclusive cell within the London Company', p. 281. '1000 ridiculous postures and grimmaces', quoted p. 137.

D. Stevenson, 'James Anderson, Man and Mason', *Heredom: Transactions of the Scottish Rite Research Society*, 10, 2002.

P. Sugden, 'Veil, Sir Thomas de (1684–1746)', *Oxford Dictionary of National Biography*, Oxford, 2004. Online version consulted 1 May 2017.

A. Tinniswood, *His Invention So Fertile: A Life of Christopher Wren*, London, 2001.

A. Vickery, *The Gentleman's Daughter: Women's Lives in Georgian England*, New Haven, CT, 1998.

E. Ward, *A Compleat and Humorous Account of All the Remarkable Clubs and Societies in the Cities of London and Westminster*, London, 1756. 'Crepitations', p. 31.

S. Wren (ed.), *Parentalia Or Memoirs of the Family of the Wrens Viz. of Mathew Bishop of Ely, Christopher Dean of Windsor ... But Chiefly of --- Surveyor-general of the Royal Buildings ... Now Published by Stephen Wren*, London, 1750. For the account of the topping-out ceremony, p. 293.

J. Wright, *Phoenix Paolina: A Poem on the New Fabrick of St Paul's Cathedral*, London, 1709.

第 5 章　巴黎：向基督及其崇拜开战；向国王及其王权开战

L. Aimable, *Une Loge Maçonnique d'avant 1789: les Neuf Soeurs*, Paris, 1897.

Anon., *L'adoption ou La maçonnerie des femmes*, Paris(?), 1775. The opening quotation, from pp. 10f., has been reorganised to be clearer in this context.

P. Barbier and F. Vernillat, *Histoire de France par les Chansons*, vol. 4, *La Révolution*, Paris, 1957. 'We Masons have a zealous Brother', pp. 20–1.

A. Barruel, *Mémoires pour servir à l'histoire du jacobinisme*, 5 vols, Hamburg, 1798–9. 'Everything in the French Revolution, everything right down', vol. 1, p. viii. 'If Jacobinism triumphs', vol. 1, p. 3. 'War on Christ and his cult', vol. 2, p. 280. Final stages of the conspiracy convergence in vol. 4, ch. XI. On losing incriminating letters, vol. 2, p. 465. 'Exterminating Angel', vol. 2, p. 468.

P.-Y. Beaurepaire, *L'autre et le frère: L'étranger et la Franc-Maçonnerie en France au XVIII siècle*, Paris, 1998; 'all those profanes [i.e. non-Masons] who have the misfortune to be Jews', quoted p. 566.

R. Berman, *The Foundations of Modern Freemasonry: The Grand Architects, Political Change and the Scientific Enlightenment, 1714–1740*, Brighton, 2012.

J.H. Bloch, 'Women and the reform of the Nation', in E. Jacobs et al. (eds), *Woman and Society in Eighteenth-Century France*, London, 1979.

C. Brinton, 'Revolutionary Symbolism in the Jacobin Clubs', *The American Historical Review*, 32 (4), 1927.

J.M. Burke, 'Through Friendship to Feminism: The Growth in Self-Awareness Among Eighteenth-Century Women Freemasons', *Proceedings of the Annual Meeting of the Western Society for French History*, 14, 1987.

J.M. Burke, 'Freemasonry, Friendship and Noblewomen: The Role of the Secret Society in Bringing Enlightenment Thought to Pre-revolutionary Women Elites', *History of European Ideas*, 10 (3), 1989. 'She was imprisoned and summarily executed', p. 289.

J.M. Burke, 'Leaving the Enlightenment: Women Freemasons after the Revolution', *Eighteenth-Century Studies*, 33 (2), *Colonial Encounters* (Winter, 2000). 'There is no question that an incipient type of feminism', p. 256.

J.M. Burke and M.C. Jacob, 'French Freemasonry, Women, and Feminist Scholarship', *The Journal of Modern History*, 68 (3), 1996.

S. Burrows, J. Conlin, R. Goulbourne, V. Mainz (eds), *The Chevalier D'Eon and his*

Worlds: Gender, Espionage and Politics in the Eighteenth Century, London, 2010.

J. Casanova de Seingalt, *Histoire de ma vie. Suivie de textes inédits*, Paris, 1993. 'In this day and age, any young man', tome I, vol. 3, ch. VII p. 553. 'Fine suppers in the company of pretty girls', tome III, vol. 12, ch. VI, p. 957.

R. Chartier, *The Cultural Origins of the French Revolution*, London, 1991. On Masonry and secularization, pp. 92–110.

E. Chaussin, 'D'Éon and Tonnerre', in S. Burrows, J. Conlin, R. Goulbourne and V. Mainz, 2010, *op cit*. 'Despite her transformation', p. 78.

W.J. Chetwode Crawley, 'The Chevalier d'Éon', *AQC*, 16, 1903. 'If we are permitted to conjecture', p. 251.

P. Chevallier, *Les Ducs sous l'Acacia. Les premiers pas de la Franc-Maçonnerie française, 1725–1743*, Paris, 1964.

P. Chevallier, *Histoire de la Franc-Maçonnerie Française. Tome I. La Maçonnerie: École de l'Égalité, 1725–1799*, Paris, 1974. 'Inextricable Scottish mess', Gaston Martin, quoted p. 185.

L.F. Cody, 'Sex, Civility, and the Self: Du Coudray, D'Eon, and Eighteenth-Century Conceptions of Gendered, National, and Psychological Identity', *French Historical Studies*, 24 (3), 2001.

R. Darnton, *Mesmerism and the End of the Enlightenment in France*, London, 1968.

R. Darnton, 'Cherchez la Femme', *New York Review of Books*, 10 August 1995. Review of *Monsieur d'Eon is a Woman: A Tale of Political Intrigue and Sexual Masquerade* by G. Kates.

S. Desan, 'What's After Political Culture? Recent French Revolutionary Historiography', *French Historical Studies*, 23 (1), 2000.

C. Francovich, 'Balsamo, Giuseppe', *Dizionario biografico degli Italiani*, vol. 5, Rome, 1963.

P. Friedland, *Seeing Justice Done: The Age of Spectacular Capital Punishment in France*, Oxford, 2012.

G. Giarrizzo, *Massoneria e illuminismo*, Venice, 1994.

D. Goodman, *The Republic of Letters: A Cultural History of the French Enlightenment*, Ithaca, NY, 1994. On Guillotin's Masonry, *passim*.

R.F. Gould, *The Concise History of Freemasonry*, revised by F.J.W. Crowe, New York, 2007 (1920).

R. Halévi, 'Les origines intellectuelles de la Révolution française: de la Maçonnerie au Jacobinisme', in É. François (ed.), *Sociabilité et société bourgeoise en France, en Allemagne et en Suisse, 1750–1850*, Paris, 1986.

G. Hivert-Messeca and Y. Hivert-Messeca, *Comment la Franc-Maçonnerie vint aux femmes: Deux siècles de Franc-Maçonnerie d'adoption féminine et mixte en France, 1740–1940*, Paris, 1997. Eighty-two per cent of Adoption Lodge women were aristocrats, pp. 115–21.

R. Hofstadter, 'The Paranoid Style in American Politics', *Harper's Magazine*, November 1964.

O. Homberg and F. Jousselin, *Un aventurier au XVIIIe siècle. Le Chevalier d'Éon (1728–1810)*, Paris, 1904. 'I enclose an invitation to this ceremony', from d'Éon's unpublished papers cited p. 279. 'His – or her – chin is adorned', quoted p. 206.

S.J. Horowitz, 'What's Behind Hip Hop's Illuminati Music Obsession?', http://www.complex.com/music/hip-hop-illuminati-obsession; consulted 2 March 2017.

J.I. Israel, *Democratic Enlightenment: Philosophy, Revolution, and Human Rights 1750–1790*, Oxford, 2011. 'Traitorous and hostile to religion', quoted p. 842.

A. Joly, *Un mystique Lyonnais et les secrets de la Franc-Maçonnerie, 1730–1824*, Macon, 1938. On Willermoz.

C. Jones, *The Great Nation: France from Louis XV to Napoleon, 1715–99*, London, 2002.

F. Jupeau Réquillard, *L'initiation des femmes, ou, Le souci permanent des francs-maçons français*, Monaco, 2000. 'Oh my Sisters! How sweet it is', quoted p. 300.

G. Kates, 'The Transgendered World of the Chevalier/Chevalière d'Eon', *The Journal of Modern History*, 67 (3), 1995.

M.L. Kennedy, *The Jacobin Clubs in the French Revolution: The First Years*, Princeton, NJ, 1982.

R. Le Forestier, *Les Illuminés de Bavière et la Franc-Maçonnerie Allemande*, Paris, 1914.

R. Le Forestier, *La Franc-Maçonnerie templière et occultiste aux XVIIIe et XIXe siècles*, Paris, 1970.

E. Lever, *Philippe Égalité*, Paris, 1996.

D. Ligou (ed.), *Chansons Maçonniques 18e et 19e siècles*, Paris, 1972.

D. Ligou, *Dictionnaire universel de la Franc-Maçonnerie*, Paris, tome 2, 1974. Among my sources for the strange varieties of rites and Degrees, pp. 1105–31.

D. Ligou (ed.), *Dictionnaire de la Franc-maçonnerie*, Paris, 1987. On Chaillon de Jonville, pp. 209–10. On Orléans/Égalité, pp. 874–5. On Condorcet, p. 289. On Guillotin, p. 550. On Égalité's wife and sister, p. 154.

D. Ligou (et al.), *Histoire des francs-maçons en France 1725–1815*, Toulouse, 2000.

K. Loiselle, *Brotherly Love: Freemasonry and Male Friendship in Enlightenment France*, Ithaca, 2014. On the prominence of suspicions of sodomy surrounding French Freemasonry, pp. 94–5. On the use of Masonic terms in gay subculture, pp. 94–8; 1777, Adoption procedures used as a pretext to invite prostitutes into Lodges, p. 99.

S. Mandelbrote, 'Ramsay, Andrew Michael [Jacobite Sir Andrew Ramsay, baronet] (1686–1743)', *Oxford Dictionary of National Biography*, Oxford, 2004, online edn, consulted 21 July 2017.

D.M. McMahon, *Enemies of the Enlightenment: The French Counter-Enlightenment and the Making of Modernity*, Oxford, 2001. 'The whole of the wonderful narrative', quoted p. 113.

P. McPhee, *The French Revolution, 1789–1799*, Oxford, 2002.

D. Menozzi, 'Cattolicesimo e massoneria nell'età della Rivoluzione francese', in Cazzaniga (ed.), *Storia d'Italia. Annali, 21. La Massoneria*, Turin, 2006.

P. Négrier (ed.), *Textes fondateurs de la tradition maçonnique 1390–1760: Introduction à la pensée de la franc-maçonnerie primitive*, Paris, 1995. Ramsay discourse reproduced pp. 303–35.

C. Porset, 'Cagliostro e la massoneria', in Cazzaniga (ed.), *Storia d'Italia. Annali, 21. La Massoneria*, Turin, 2006.

J. Quéniart, *Culture et Société Urbaines dans la France de l'Ouest au XVIIIe siècle*, Paris, 1978. On priests and curates as Masons in Angers and Mans, p. 450.

M. Rapport, 'The international repercussions of the French Revolution', in P. McPhee (ed.), *A Companion to the French Revolution*, Oxford, 2013.

M. Riquet, *Augustin De Barruel: Un jésuite face aux Jacobins francs-maçons, 1741–1820*, Paris, 1989.

H.G. Riqueti, comte de Mirabeau, *De la monarchie Prussienne sous Frederic le Grand*, tome 5, London, 1788. 'Oddities, contradictions and mysteries', and other quotes on German Masonry, pp. 64–9.

J.M. Roberts, *The Mythology of the Secret Societies*, London, 1972. The classic history, which I have drawn on repeatedly in the eighteenth- and early nineteenth-century chapters of this book. On Shelley and Barruel, pp. 211–13.

J. Robison, *Proofs of a Conspiracy against all the Religions and Governments of Europe, carried on in the secret meetings of Freemasons, Illuminati and Reading Societies*, New York, 1798 (1797).

D. Roche, 'Sociabilitiés et politique de l'Ancien Régime à la Révolution', *French Politics and Society*, 7 (3), 'Commemorating the French Revolution' (Summer 1989).

J.M.J. Rogister, 'D'Éon de Beaumont, Charles Geneviève Louis Auguste André Timothée, Chevalier D'Éon in the French nobility (1728–1810)', *Oxford Dictionary of National Biography*. Online version dated 4 October 2012, consulted 4 August 2017.

J. Smith Allen, 'Sisters of Another Sort: Freemason Women in Modern France, 1725–1940', *The Journal of Modern History*, 75 (4), December 2003. On the difficulties of calculating the number of female Masons, p. 803.

J. Snoek, *Initiating Women in Freemasonry: The Adoption Rite*, Leiden, 2012.

J. Snoek, 'The Adoption Rite, its Origins, Opening up for Women, and its "Craft" Rituals', *REHMLAC: Revista de Estudios Históricos de la Masonería Latinoamericana y Caribeña*, 4 (2), December 2012 to April 2013.

W.R.H. Trowbridge, *The Splendour and Misery of a Master of Magic*, London, 1910. On Cagliostro's initiation, pp. 111ff.

R. Van Dülmen, *The Society of the Enlightenment: The Rise of the Middle Class and Enlightenment Culture in Germany*, Cambridge, 1992. Sixty-four of the 454 members clergymen or theologians, p. 109. 'Princes and nations shall disappear', quoted p. 113.

J. Van Horn Melton, *The Rise of the Public in Enlightenment Europe*, Cambridge, 2001.

R.W. Weisberger, *Speculative Freemasonry and the Enlightenment: A study of the Craft in London, Paris, Prague, and Vienna*, New York, 1993.

R.A. Wells, *The Rise and Development of Organised Freemasonry*, London, 1986.

W.D. Wilson, 'Weimar Politics in the Age of the French Revolution: Goethe and the Spectre of Illuminati Conspiracy', *Goethe Yearbook*, 5, 1990.

G.S. Wood, 'Conspiracy and the Paranoid Style: Causality and Deceit in the Eighteenth Century', *The William and Mary Quarterly*, 39 (3), 1982.

https://vigilantcitizen.com/ 'Symbols Rule the World', consulted 4 August 2019.

第 6 章　那不勒斯：一种癌症

J.-C. Bésuchet de Saunois, *Précis historique de l'ordre de la franc-maçonnerie: depuis son introduction en France jusqu'en 1829*, Paris, 1829, vol. 2. 'Perhaps never was an Adoption Lodge', p. 153.

J.H. Billington, *Fire in the Minds of Men: Origins of the Revolutionary Faith*, London, 1980. 'The modern revolutionary tradition', p. 87.

D. Bocchini, 'Breve storia filosoficha delle sette del Regno di Napoli', in Archivio di Stato di Napoli, Archivio Tommasi, busta XI. Now reproduced in Gin, *L'aquila, il giglio e il compasso*. Twenty-three thousand Trinitarians, p. 204.

M.A. Caffio, *Il gioco delle appartenenze. Strategie associative e pratiche del potere in Terra d'Otranto (1760–1821)*, Bari, 2007.

A. Capece Minutolo (Duke of Canosa), *Abbozzo riservato di un piano politico-morale onde neutralizzare il Sistema massonico, paralizzarne i progressi e farlo divenire utile ai sovrani, alla religione cattolica ed ai stati*, in Carte Canosa, Archivio di Stato di Napoli, Archivio Borbone, vol. 729, 'Memorie ed opuscoli antirivoluzionari ed anti liberali (1797–1832)'.

'Career', entry in *The New Shorter Oxford English Dictionary*, Oxford, 1993.

C. Cassani, 'De Attellis, Orazio', in *Dizionario Biografico degli Italiani*, vol. 33, 1987.

N. Castagna, *La sollevazione d'Abruzzo nell'anno 1814*, Rome, 1884.

G.M. Cazzaniga, 'Origini ed evoluzioni dei rituali carbonari italiani', in Cazzaniga (ed.), *Storia d'Italia. Annali, 21. La Massoneria*, Turin, 2006.

E.M. Church, *Chapters in an Adventurous Life: Sir Richard Church in Italy and Greece*, London, 1895.

Z. Ciuffoletti, 'La Massoneria napoleonica in Italia', in Z. Ciuffoletti and S. Moravia, *La Massoneria. La storia, gli uomini, le idee*, 2nd edn, Milan, 2016.

F. Collaveri, *La franc-maçonnerie des Bonaparte*, Paris, 1982.

P. Colletta, *Storia del Reame di Napoli dal 1734 al 1823*, tomo III, Capolago, 1834. Murat's entry into Naples 1808, p. 93. 'Aim at the heart. Spare my face', p. 53. 'If the accused are Charcoal-Burners', pp. 63–4.

F. Conti, 'La Massoneria e la costruzione della nazione italiana dal Risorgimento al fascismo', in Z. Ciuffoletti and S. Moravia, *La Massoneria. La storia, gli uomini, le idee*, 2nd edn, Milan, 2016.

N. Cortese, 'Le prima condanne murattiane della Carboneria', *Archivio Storico per le Province Napoletane*, 34, 1955. 'Cultivating democratic principles', quoted p. 234. 'These clandestine unions use brotherly love', quoted p. 306.

N. Cortese, 'Il Murat e la Carboneria napoletana nella prima metà del 1814', *Studi Storici in onore di Gioacchino Volpe*, vol. 1, Florence, 1958.

J.A. Davis, *Naples and Napoleon: Southern Italy and the European Revolutions (1780–1860)*, Oxford, 2006.

M. Dayet, 'Pierre-Joseph Briot. Lucien Bonaparte et les Carbonari', *Annales Historiques de la Révolution Française*, 1, 1953.

A. De Francesco, *Vincenzo Cuoco. Una vita politica*, Rome/Bari, 1997. Caroline Bonaparte believed Maghella was behind the creation of the *Carbonari*, p. 115.

A. De Francesco, 'La Carboneria in Sicilia: notabilato politico o politica notabilare', in G. Berti and F. Della Peruta (eds), *La Carboneria. Intrecci veneti, nazionali e internazionali*, Rovigo, 2004.

C. De Nicola, *Diario napoletano dal 1799 al 1825*, Archivio Storico per le Province Napoletane, 1903.

J. Dickie, *Cosa Nostra: A History of the Sicilian Mafia*, London, 2003. 'An intangible sect whose organization', quoted p. 69.

O. Dito, *Massoneria, Carboneria e altre società segrete nella storia del Risorgimento italiano*, Turin/Rome, 1905.

J.-P. Garnier, *Murat. Roi de Naples*, Paris, 1959.

F. Giampietri, 'Rapporti Giampietri al Re', Archivio di Stato di Napoli, Ministero di Grazia e Giustizia, busta 2083. 'Rapporti su carbonari fra popolani e carcerati, e massoni', ibid., busta 2080. 'Men hardened by the path of crime', Giampietri to King, 8 June 1818 in busta 2083.

J.-C. Gillet, *Murat 1767–1815*, Paris, 2008.

E. Gin, *Sanfedisti, Carbonari, Magistrati del Re. Il Regno delle Due Sicilie tra Restaurazione e Rivoluzione*, Naples, 2003. 'Ready to plunge itself into anarchic horrors', quoted p. 53.

E. Gin, *L'aquila, il giglio e il compasso. Profili di lotta politica ed associazionismo settario nelle Due Sicilie (1806–1821)*, Salerno, 2007. 'I tell you again, Sire', quoted p. 67. Murat contemplated simply killing the leadership, p. 75.

V. Haegele, *Murat. La solitude du cavalier*, Paris, 2015.

Y. Hivert-Messeca, *L'Europe sous l'Acacia. Histoire des franc-maçonneries européennes du XVIIIe siècle à nos jours*, 2 *Le XIXe siècle*, Paris, 2014.

R. Lansdown, 'Byron and the Carbonari', *History Today*, vol. 41, 1991. 'The C[arbonari] seem to have no plan', quoted p. 24.

D. Laven and R. Riall (eds), *Napoleon's Legacy: Problems of Government in Restoration Europe*, Oxford, 2000.

F.M. Lo Faro, 'Maghella, Antonio', *Dizionario biografico degli Italiani*, vol. 67, Rome, 2006. For descriptions of Maghella as 'shadowy' and 'enigmatic' see *passim*.

A. Lucarelli, *Il brigantaggio politico del Mezzogiorno d'Italia*, Bari, 1942. 'A raving sickness', quoted p. 153. Descriptions of Ciro Annicchiarico, quoted p. 107. Six thousand Cauldron-Beaters in 1815, p. 24.

B. Marcolongo, 'Le origini della Carboneria e le Società segrete nell'Italia Meridionale dal 1810 al 1820', *Studi Storici*, Pavia, vol. XX, nuova serie vol. II, Pavia, 1911–12.

G. Masi, 'Federici, Vincenzo, detto Capobianco', in *Dizionario biografico degli Italiani*, vol. 45, Rome, 1995.

F. Mastroberti, *Pierre Joseph Briot. Un giacobino tra amministrazione e politica (1771–1827)*, Naples, 1998.

W. Maturi, *Il principe di Canosa*, Florence, 1944. 'By the different sects and by perverse philosophy', quoted p. 3.

C. Porset and C. Révauger (eds), *Le Monde maçonnique des Lumières*, vol. 1, Paris, 2013. On Josephine and Masonry, pp. 289–93.

A. Postigliola, 'Capece Minutolo, Antonio, principe di Canosa', *Dizionario Biografico degli Italiani*, vol. 18, Rome, 1975.

A.M. Rao, 'La massoneria nel Regno di Napoli', in Cazzaniga (ed.), *Storia d'Italia. Annali, 21. La Massoneria*, Turin, 2006.

R.J. Rath, 'The Carbonari: Their Origins, Initiation Rites, and Aims', *The American Historical Review*, 69 (2), 1964; for estimate of numbers of Carbonari at the peak.

G. Rota, 'Società politica e rivoluzione nel Mezzogiorno: la Carboneria palermitana, 1820–22', *Rivista Italiana di Studi Napoleonici*, 1991.

A. Scirocco, *L'Italia del Risorgimento*, Bologna, 1990.

J. Smyth, 'Freemasonry and the United Irishmen', in *The United Irishmen: Republicanism, Radicalism and Rebellion*, D. Dickson et al. (eds), Dublin, 1993.

R. Sòriga, 'Gli inizi della Carboneria in Italia secondo un rapporto segreto del Generale Giuseppe Rossetti', in *Le società segrete, l'emigrazione politica e i primi moti per l'indipendenza*, Modena, 1942.

R. Sòriga, 'Le società segrete e i moti del 1820 a Napoli', in *Le società segrete, l'emigrazione politica e i primi moti per l'indipendenza*, Modena, 1942.

J. Tulard, *Murat. Ou l'éveil des nations*, Paris, 1983.

A. Valente, *Gioacchino Murat e l'Italia meridionale*, Turin, 1965.

A. Zazo, 'Il principe Canosa e le sette nel Regno di Napoli (1815–1818)', *Samnium*, VIII, 3–4, 1935.

第 7 章　华盛顿：美德之会所

C.L. Albanese, *Sons of the Fathers: The Civil Religion of the American Revolution*, Philadelphia, PA, 1976.

A. Allyn, *Ritual of Freemasonry*, Philadelphia, PA, 1831. Version of Royal Arch ceremony, pp. 127–8.

Anon., *An account of the reception of General Lafayette in Savannah*, Savannah, GA, 1825.

G.J. Baldasty, 'The New York State Political Press and Antimasonry', *New York History*, 64 (3), 1983. By the end of 1827, there were twenty-two anti-Masonic papers in New York State; p. 266.

D. Bernard, *Light on Masonry*, Utica, NY, 1829. Version of Royal Arch ceremony, p. 130. 'I do promise and swear … that I will promote a companion R[oyal] A[rch] Mason's political preferment', ibid.

Book of Mormon, https://www.churchofjesuschrist.org/study/scriptures/bofm/, consulted 15 November 2017. 'And it came to pass that [the Gadianton robbers] did have their signs', The Book of Helaman. ch. 6, verses 22 and 24. 'Fill the judgment-seats–having usurped the power and authority of the land', The Book of Helaman, ch. 7, verse 4. 'A lamb-skin about their loins', 3 Nephi, ch. 4, verse 7.

K.R. Bowling, *The Creation of Washington, DC: The Idea and Location of the American Capital*, Fairfax, VA, 1991.

F.M. Brodie, *No Man Knows My History: The Life of Joseph Smith*, 2nd edn, New York, 1995. Two thousand repetitions of 'it came to pass', p. 63. Number of Smith's wives, pp. 334–47. 'Is there no help for the widow's son?', reported pp. 393–4.

J.L. Brooke, *The Refiner's Fire: The Making of Mormon Cosmology, 1644–1844*, Cambridge, 1996. On the Smith family's Masonic connections, and other links to his early followers, see pp. 140–4 and pp. 157–9. On Masonic and other influences on the portrayal of Gadianton bands, pp. 149–83.

H. Brown, *A Narrative of the anti-Masonick Excitement*, Batavia, NY, 1829. 'The masons arrayed in robes of royalty', quoted p. 151.

S.M. Brown, *In Heaven as it is on Earth: Joseph Smith and the Early Mormon Conquest of Death*, Oxford, 2012. On Smith's marriage to Morgan's widow, p. 11.

D.J. Buerger, 'The Development of the Mormon Temple Endowment Ceremony', *Dialogue: A Journal of Mormon Thought*, 20 (4), 1987. On Masonic ceremonies as a copy of those of the Mormons', p. 92.

S.C. Bullock, *Revolutionary Brotherhood: Freemasonry and the Transformation of the American Social Order, 1730–1840*, Chapel Hill, NC, 1996. A fundamental study I have drawn on heavily in this chapter. 'The first temple dedicated to the sovereignty', quoted pp. 137–8. There were more Lodges in America than there had been in the whole of the rest of the world, p. 138. Figures on the expansion of Masonry in New York State before 1825, pp. 187–8.

R.L. Bushman, *Joseph Smith: Rough Stone Rolling*, New York, 2006.

E. Bussiere, 'Trial by Jury as "Mockery of Justice": Party Contention, Courtroom Corruption, and the Ironic Judicial Legacy of Antimasonry', *Law and History Review*, 34 (1), 2016.

J.A. Carroll and M.W. Ashworth, *George Washington*, vol. VII, *First in Peace*, London, 1957. GW's funeral, pp. 627–31.

J.J. Ellis, *His Excellency George Washington*, New York, 2004. For GW's religious beliefs, p. 45.

R.P. Formisano and K. Smith Kutolowski, 'Antimasonry and Masonry: The Genesis of Protest, 1826–1827', *American Quarterly*, 29 (2), 1977.

K.W. Godfrey, 'Joseph Smith and the Masons', *Journal of the Illinois State Historical Society*, 64 (1), 1971. By 1843 more Mormon than non-Mormon Masons, p. 89.

P. Goodman, *Towards a Christian Republic: Antimasonry and the Great Transition in New England, 1826–1836*, Oxford, 1988. On the religious roots of anti-Masonry, pp. 54–79. On the evolution of anti-Masonic politics, pp. 105–19.

D.G. Hackett, *That Religion in which All Men Agree: Freemasonry in American Culture*, Berkeley, CA, 2014. A key study I have drawn on repeatedly here. Forty-two per cent of GW's generals, p. 287. In the first quarter of the nineteenth century, membership more than tripled, p. 72.

C.M. Harris, 'Washington's Gamble, L'Enfant's Dream: Politics, Design, and the Founding of the National Capital', *The William and Mary Quarterly*, 56 (3), 1999.

S. Hayden, *Washington and His Masonic Compeers*, New York, 1869. 'See WASHINGTON, he leads the train', quoted p. 51. 'With unspeakable pleasure we gratulate you', quoted p. 132. 'The fabric of our freedom is placed', p. 135. 'A sanctuary for brothers, and a lodge for the virtues', quoted p. 165. GW's funeral, pp. 197–208.

M.W. Homer, *Joseph's Temples: The Dynamic Relationship between Freemasonry and Mormonism*, Salt Lake City, UT, 2014.

H.B. Hopkins, *Renunciation of Freemasonry*, Boston, MA, 1830. 'Supported by all the wisest and best of men in every age', and on Hopkins' Royal Arch exaltation, pp. 5–8.

G.E. Kahler, *The Long Farewell: Americans Mourn the Death of George Washington*, Charlottesville, VA, 2008. 'Genius of Masonry', pp. 86–104.

O. Lohrenz, 'Thomas Davis, Jr.: Officiating Clergyman at the Funeral and Burial of President George Washington', *Anglican and Episcopal History*, 73 (2), 2004.

P.K. Longmore, 'The Enigma of George Washington: How Did the Man Become the Myth?', *Reviews in American History*, June 1985.

P.K. Longmore, *The Invention of George Washington*, Berkeley, CA, 1988.

W.D. Moore and J.D. Hamilton, 'Washington as the Master of his Lodge: History and Symbolism of a Masonic Icon', in B.J. Mitnick (ed.), *George Washington: American Symbol*, New York, 1999.

S.P. Newman, *Parades and the Politics of the Street: Festive Culture in the Early American Republic*, Philadelphia, PA, 1997.

B.E. Park, 'Joseph Smith's Kingdom of God: The Council of Fifty and the Mormon Challenge to American Democratic Politics', *Church History*, 87 (4), 2018. 'That this honorable assembly receive from this time henceforth', quoted p. 1048.

D. Persuitte, *Joseph Smith and the Origins of the Book of Mormon*, Jefferson, NC, 2000. For borrowings from the Morgan affair, pp. 192–8.

J.H. Pratt, *An authentic account of all the proceedings on the fourth of July, 1815, with regard to laying the corner stone of Washington monument*, Baltimore, MD, 1815. 'Honourable sir, on behalf of the free and accepted masons', p. 15.

S. Pruitt, 'Contents of Boston Time Capsule Buried by Samuel Adams and Paul Revere Unveiled', 7 January 2015, http://www.history.com/news/contents-of-boston-time-capsule-buried-by-samuel-adams-and-paul-revere-unveiled, consulted 7 August 2017.

S.J. Purcell, *Sealed with Blood: War, Sacrifice, and Memory in Revolutionary America*, Philadelphia, PA, 2002. On Lafayette's tour, pp. 171–209.

E.L. Queen II, et al. (eds), *The Encyclopedia of American Religious History*, Boston, 2009. Entry on Church of LDS, pp. 127–8, includes figure of 16 million members.

D.M. Quinn, *Early Mormonism and the Magic World View*, Salt Lake City, UT, 1998.

C. Raible, '"The threat of being Morganized will not deter us": William Lyon MacKenzie, Freemasonry, and the Morgan Affair', *Ontario History*, Spring 2008. 'To be executed with savage cruelty', quoted p. 18.

K.L. Riley, *Lockport: Historic Jewel of the Erie Canal*, Charleston, SC, 2005. On the ceremony at the locks, p. 46.

K. Smith Kutolowski, 'Freemasonry and Community in the Early Republic: The Case for Antimasonic Anxieties', *American Quarterly*, 34 (5), 1982.

K. Smith Kutolowski, 'Antimasonry Reexamined: Social Bases of the Grass-Roots Party', *The Journal of American History*, 71 (2), 1984.

K. Smith Kutolowski, 'Freemasonry revisited: Another look at the grassroots bases of antimasonic anxieties', in R.W. Weisberger et al. (eds), *Freemasonry on Both Sides of the Atlantic*, New York, 2002. On the social and religious profile of Masons in Genesee County, pp. 589–92.

F. Somkin, *Unquiet Eagle: Memory and Desire in the Idea of American Freedom, 1815–1860*, Ithaca, NY, 1967. On Lafayette's tour, pp. 131–74.

H.G. Spafford, *A Gazetteer of the State of New York*, Albany, NY, 1824. 'American Mediterranea', p. 102.

W.L. Stone, *Letters on Masonry and Anti-Masonry*, New York, 1832. The most important contemporary account. 'Morgan is considered a swindler', quoted p. 133. 'Two swivels, fifteen or twenty guns, and several pistols', p. 153. Judge Enos T. Throop's remarks, p. 201. 'Mountebank Anti-masonic professors of Masonry', p. 294. 'As well might they think of establishing Mahometanism', p. 563. All but two convicted were Royal Arch Masons, p. 414.

L. Travers, '"In the greatest solemn dignity": the Capitol cornerstone and ceremony in the early Republic', in D.R. Kennon (ed.), *A Republic for the Ages: The United States Capitol and the Political Culture of the Early Republic*, Charlottesville, VA, 1999. The best account of the ceremony.

M. Twain, *Roughing It*, Hartford, CT, 1873. His account of Mormonism, pp. 127–35. 'Chloroform in print', p. 127.

W.P. Vaughn, *The Antimasonic Party in the United States, 1826–1843*, Lexington, KY, 1983. 'There is blood upon the order of Masonry', and for religious anti-Masonry, pp. 14–24. On collapse in Masonic membership, p. 52 and *passim*.

D. Vogel, 'Mormonism's "Anti-Masonick Bible"', *The John Whitmer Historical Association Journal*, vol. 9, 1989.

Watch Tower, Cooperstown, NY. For anti-Masonic newspaper coverage of the Morgan affair. 'A profanation and a mockery of sacred and holy ordinances', article on Anti-Masonic convention held in Cooperstown in county of Otsego, 14 July 1828. 'The hand of an overruling Providence', 29 October 1927.

T.S. Webb, *The Freemason's Monitor; or, Illustrations of Masonry*, Salem, MA, 1818. 'Indescribably more august, sublime, and important', p. 127.

G.S. Wood, *The Creation of the American Republic, 1776–1787*, New York, 1993 (1969).

G.S. Wood, *Empire of Liberty: A History of the Early Republic, 1789–1815*, Oxford, 2009.

See http://www.mormonthink.com/temple.htm#didthemasons, consulted 16 November 2017, for a detailed table of parallels between Mormonism and Masonry, and changes made in 1990 to the Temple ceremony.

第 8 章　查尔斯顿：非洲人缔造了这个神秘而美好的社团

T. Adeleke, 'Martin R. Delany's Philosophy of Education: A Neglected Aspect of African American Liberation Thought', *The Journal of Negro Education*, 63 (2), 1994.

T. Adeleke, 'Race and Ethnicity in Martin R. Delany's Struggle', *Journal of Thought*, 29 (1), 1994.

T. Adeleke, '"Much learning makes men mad": Classical Education and Black Empowerment in Martin R. Delany's Philosophy of Education', *Journal of Thought*, 49 (1–2), 2015.

K. Allerfeldt, 'Murderous Mumbo-Jumbo: The Significance of Fraternity to Three Criminal Organizations in Late Nineteenth-Century America', *Journal of American Studies*, 50 (4), 2016.

T. Anbinder, *Nativism and Slavery: The Northern Know Nothings and the Politics of the 1850's*, New York, 1992.

N.L. Bailey, et al. (eds), *Biographical Directory of the South Carolina Senate, 1776–1985*, Columbia, SC, 1986, vol. I. Entry on Gleaves.

R. Blackett, 'In Search of International Support for African Colonization: Martin R. Delany's Visit to England, 1860', *Canadian Journal of History/Annales Canadiennes d'Histoire*, 10 (3), 1975.

W.L. Brown, *A Life of Albert Pike*, Fayetteville, AR, 1997.

The Builder, December 1922, reproduced at http://www.masonicdictionary.com/mackey.html, consulted 29 April 2018. On Mackey: 'he made enemies', 'he did not forgive'.

M.C. Carnes, *Secret Ritual and Manhood in Victorian America*, New Haven, CT, 1989.

G.M. Cazzaniga, 'Nascita del Grande Oriente d'Italia', in G.M. Cazzaniga (ed.), *Storia d'Italia. Annali, 21. La Massoneria*, Turin, 2006.

M.R. Delany, *The Condition, Elevation, Emigration, and Destiny of the Colored People of the United States* (1852), New York, 1968.

M.R. Delany, *The Origin and Objects of Ancient Freemasonry: Its Introduction into the United States, and Legitimacy among Colored Men: A Treatise Delivered Before St. Cyprian Lodge No. 13 June 24th AD 1853–AL 5853*, in R.S. Levine, *Martin R. Delany: A Documentary Reader*, Chapel Hill, NC, 2003. 'Africans were the authors of this mysterious', p. 55. 'Learned in all the wisdom of the Egyptians', p. 53. 'All men, of every country, clime, color and condition', p. 57. 'Will it be denied that the man who appeared before Pharaoh', p. 64.

M.R. Delany, *Blake; or, The Huts of America* (ed. J. McGann), Cambridge, MA, 2017 (1861–2).

P.L. Dunbar, 'Hidden in Plain Sight: African American Secret Societies and Black Freemasonry', *Journal of African American Studies*, 16 (4), 2012.

R.L. Duncan, *Reluctant General: The Life and Times of Albert Pike*, New York, 1961.

L.F. Emilio, *A Brave Black Regiment: The History of the 54th Massachusetts, 1863–1865*, Boston, MA, 1894. For an account of the Lodge meeting after the attack on Fort Wagner, pp. 129, 313. 'The first colored regiment organized in the North', quoted p. xi. 'Fort Wagner became a mound of fire', p. 80. 'You must remember you have not proved yourselves soldiers', quoted p. 130. Description of Montgomery, p. 40.

M.W. Fitzgerald, *Splendid Failure: Postwar Reconstruction in the American South*, Chicago, 2007.

E. Foner, *Reconstruction: America's Unfinished Revolution, 1863–1877*, New York, 1988. 'A mass of black barbarism', from J.S. Pike, *The Prostrate State*, quoted p. 525.

E. Foner, 'South Carolina's black elected officials during Reconstruction', in J.L. Underwood and W.L. Burke Jr (eds), *At Freedom's Door: African American Founding Fathers and Lawyers in Reconstruction South Carolina*, Columbia, SC, 2000.

W.L. Fox, *Lodge of the Double-Headed Eagle: Two Centuries of Scottish Rite Freemasonry in America's Southern Jurisdiction*, Fayetteville, AR, 1997. On Northern and Southern Jurisdictions of the Scottish Rite, pp. 30–1. On the Masonic affiliation of officers at Fort Sumter, p. 70. 'We mean that the white race, and that race alone, shall govern', quoted p. 439. On Pike and KKK, pp. 81–3. Pike's move to Washington DC, pp. 99–103.

R. Freke Gould, *A Concise History of Freemasonry*, London, 1904. For Port-au-Prince, p. 507, and for the spread of the Scottish Rite around the world, *passim*.

P. Gilroy, *The Black Atlantic: Modernity and Double Consciousness*, Cambridge, MA, 1993.

C.E. Griffith, *The African Dream: Martin R. Delany and the Emergence of Pan-African Thought*, University Park, PA, 1975.

R.B. Harris, *Eleven Gentlemen of Charleston: Founders of the Supreme Council,*

Mother Council of the World, Ancient and Accepted Scottish Rite Freemasonry, Washington DC, 1959.

W.C. Hine, 'Black Politicians in Reconstruction Charleston, South Carolina: A Collective Study', *Journal of Southern History,* 49 (4), 1983.

T. Holt, *Black over White: Negro Political Leadership in South Carolina during Reconstruction,* Urbana, IL, 1977. On Mackey's job as Collector of the Port, pp. 117–18.

W.L. Jenkins, *Seizing the New Day: African Americans in Post-Civil War Charleston,* Bloomington, IN, 1998. On Delany's role in establishing calm after Lincoln's assassination, p. 40.

R.M. Kahn, 'The Political Ideology of Martin Delany', *Journal of Black Studies,* 14 (4), 1984.

S. Kantrowitz, '"Intended for the better government of man": The Political History of African American Freemasonry in the Era of Emancipation', *The Journal of American History,* 96 (4), 2010.

S. Kantrowitz, *More than Freedom: Fighting for Black Citizenship in a White Republic, 1829–1889,* New York, 2012. On Gleaves and the National Grand Lodge, pp. 376–82.

S. Kantrowitz, 'Brotherhood denied: black freemasonry and the limits of reconstruction', in P. Hinks and S. Kantrowitz (eds), *All Men Free and Brethren: Essays on the History of Africa American Freemasonry,* Ithaca, NY, 2013. On accusations against Gleaves, pp. 1019–20.

S. Kaplan and E. Nogrady Kaplan, *The Black Presence in the Era of the American Revolution,* revised edn, Amherst, MA, 1989. For a biography of Prince Hall, pp. 202–14. 'In the Bowels of a free & Christian country', quoted p. 202. 'They are *ashamed* of being on *equality* with blacks', quoted p. 212. 'Enjoins upon us to be peaceable subjects', quoted p. 205.

A.M. Kass, 'Dr Thomas Hodgkin, Dr Martin Delany, and the "return to Africa"', *Medical History,* 27, 1983.

E.J. Kytle, 'African dreams, American realities: Martin Robison Delany and the emigration question', in *Romantic Reformers and the Antislavery Struggle in the Civil War Era,* New York, 2014.

P.D. Lack, 'An Urban Slave Community: Little Rock, 1831–1862', *The Arkansas Historical Quarterly,* 41 (3), 1982.

R.S. Levine, *Martin Delany, Frederick Douglass, and the Politics of Representative Identity,* Chapel Hill, NC, 1997.

R.S. Levine, *Martin R. Delany: A Documentary Reader,* Chapel Hill, NC, 2003. 'Near-mystical sense of his potential as a black leader', p. 9.

D. Ligou, *Histoire des francs-maçons en France,* vol. 1, *1725–1815,* Toulouse, 2000. On de Grasse-Tilly, pp. 230–2.

A. Mackey, *The Principles of Masonic Law: A Treatise on the Constitutional Laws, Usages and Landmarks of Freemasonry,* New York, 1856. 'The slave, or even the man born in servitude', ch. I: 'Of the Qualifications of Candidates'.

A. Mackey, *The Voice of Masonry,* Debate on 'The Color Question', moderated by Mackey, January–June 1876. 'Masonry recognizes no distinction', 'Here then, I rest my case, and bid adieu', June 1876, pp. 424–5.

A. Mackey, An *Encyclopedia of Freemasonry and Its Kindred Sciences: Comprising the Whole Range of Arts, Sciences and Literature as Connected with the Institution*, new and revised edn, Philadelphia, PA, 1884.

The News and Herald, Winnsboro, SC, 'In the toils', 11 June 1877. Among many newspapers that cover the Gleaves trial.

[A. Pike], *Thoughts on Certain Political Questions by A Looker On*, Washington, DC, 1859. 'The negro in his best condition', pp. 31–2.

A. Pike, 'The Ku-Klux Klan', *Memphis Daily Appeal*, 16 April 1868.

A. Pike, *Morals and dogma of the Ancient and accepted Scottish rite of freemasonry: Prepared for the Supreme council of the thirty-third degree, for the Southern jurisdiction of the United States, and published by its authority*, Charleston, SC, 1871. 'The important manifestations of Occultism coincide', p. 823.

[A. Pike], *Liturgy of the Ancient and Accepted Scottish Rite of Freemasonry for the Southern Jurisdiction of the United States*, part IV, Charleston, SC, 1878. 'Whatever is worth doing at all in this world, is worth doing *well*', p. 247. 'To be true, just, and upright is the basis of all virtue', p. 243. Knight Kadosh Degree ending in 'No Apron is worn', p. 231.

A. Pike, *Foulhouzeism and Cerneauism scourged: dissection of a manifesto*, New York, 1884.

A. Pike, *Indo-Aryan Deities and Worship as Contained in the Rig Veda* (1872), Washington DC, 1930.

J. Porter, *Native American Freemasonry: Associationalism and Performance in America*, Lincoln, NE, 2011. On similarities between Masonry and Native-American belief systems, pp. 140–52. 'At the vanguard of a historical movement that was preordained', p. 179.

B.E. Powers Jr, *Black Charlestonians: A Social History, 1822–1885*, Fayetteville, AR, 1994. Fifty-fourth Regiment paid in the Citadel and establishing school, p. 139. Delany's medical practice, p. 171.

L. Reece, 'Righteous lives: a comparative study of the South Carolina scalawag leadership during Reconstruction', in M.B. Bonner and F. Hamer (eds), *Southern Carolina in the Civil War and Reconstruction Eras*, Columbia, SC, 2016.

F.A. Rollin, *The Life and Public Services of Martin R. Delany*, Boston, 1883. 'I entered the city, which, from earliest childhood', quoted pp. 197–8.

A.G. Roundtree and P.M. Bessel, *Out of the Shadows: The Emergence of Prince Hall Freemasonry in America – Over 225 Years of Endurance*, Camp Springs, MD, 2006.

A.G. Roundtree, 'Richard Howell Gleaves', *The Phylaxis*, XLV (1), 2018.

H. Rubin III, *South Carolina Scalawags*, Columbia, SC, 2006. On 'negro assembly' and Mackey as a money-grubbing, drunken fraud, pp. 26–30.

T. Shelby, 'Two Conceptions of Black Nationalism: Martin Delany on the Meaning of Black Political Solidarity', *Political Theory*, 31 (5), 2003.

T.D. Smith, 'Indian territory and Oklahoma', in F.E. Hoxie (ed.), *The Oxford Handbook of American Indian History*, Oxford, 2016.

D. Sterling, *The Making of an Afro-American: Martin Robison Delany – African Explorer, Civil War Major, & Father of Black Nationalism*, New York, 1971. 'The Moral Elevation of the Africo-American', p. 81. 'Damned nigger Democrat', quoted p. 312.

W.H. Upton, *Negro Masonry: Being a Critical Examination of Objections to the*

Legitimacy of the Masonry Existing Among the Negroes of America, Cambridge, MA, 1902. Pike's views on 'negro Masonry' from 1875 quoted, pp. 214–15.

W.C. Wade, *The Fiery Cross: The Ku Klux Klan in America*, New York, 1987. On Pike as nominally KKK commander in Arkansas, p. 58.

C.D.B. Walker, *A Noble Fight: African American Freemasonry and the Struggle for Democracy in America*, Chicago, IL, 2008. For *Blake* and the influence of the Masonic model on it, pp. 107–15.

J.A. Walkes Jr, *Black Square and Compass: 200 Years of Prince Hall Freemasonry*, privately published, 1979. For Vogelsang biography, pp. 46–9.

M.O. Wallace, '"Are we men?": Prince Hall, Martin Delany, and the black masculine ideal in black Freemasonry, 1775–1865', in *Constructing the Black Masculine: Identity and Ideality in African American Men's Literature and Culture, 1775–1995*, Durham, NC, 2002.

C.H. Wesley, *The History of the Prince Hall Grand Lodge of the State of Ohio 1849 to 1971*, Columbus, OH, 1972.

第 9 章　罗马 – 巴黎：19 世纪的魔鬼

J. Bernauer and R.A. Maryks (eds), *'The Tragic Couple': Encounters Between Jews and Jesuits*, Leiden/Boston, 2014.

M. Borutta, 'Anti-Catholicism and the culture war in Risorgimento Italy', in S. Patriarca and L. Riall (eds), *The Risorgimento Revisited: Nationalism and Culture in Nineteenth-Century Italy*, Basingstoke/New York, 2012.

A. Bresciani, *Della Repubblica Romana. Appendice a L'Ebreo di Verona*, 2 vols, Milan, 1855.

A. Bresciani, *L'Ebreo di Verona*, 2 vols, Naples, 1861. 'The pandemonium of the secret societies', vol. 1, p. 74. Death of Babette d'Interlaken, vol. 2, p. 52. 'In his perfidious church', vol. 1, p. 84.

A. Bresciani, *Lionello*, 3 vols, Milan, 1877.

The Catholic Times and Catholic Opinion, 'Leo Taxil interviewed', 31 July 1885. 'Supernatural change of heart', p. 5.

La Civiltà Cattolica, Rome. 'Le logge israelitiche segrete pienamente illustrate', 1896: 'It would be a credit to the most erudite historian', p. 160. 'Le mopse. Origini, riti, gradi, educazione rituale', 1896: Diana as instrument of providence, p. 684. Denying having fallen for the hoax and the Pope's 'great serenity', 'Cronaca', 8 May 1897, pp. 30ff.

C. Clark and W. Kaiser (eds), *Culture Wars: Secular-Catholic Conflict in Nineteenth-Century Europe*, Cambridge, 2004.

F. Conti, *Storia della massoneria italiana: dal Risorgimento al fascismo*, Bologna, 2003. 'Priestly pox', Adriano Lemmi quoted, p. 143.

F. Conti, 'Massoneria e sfera pubblica nell'Italia liberale, 1859–1914', in Cazzaniga (ed.), *Storia d'Italia. Annali, 21. La Massoneria*, Turin, 2006.

J. Dickie, 'Antonio Bresciani and the Sects: Conspiracy Myths in an Intransigent Catholic Response to the Risorgimento', *Modern Italy*, 22 (1), 2017.

R. Gildea, *Children of the Revolution: The French, 1799–1914*, London, 2008.

The Glasgow Herald, 26 July 1870, 'The storm, to many a superstitious mind'.

Humanum genus. Text consulted on 25 November 2019 at http://www.vatican.va/content/leo-xiii/en/encyclicals/documents/hf_l-xiii_enc_18840420_humanum-genus.html.

A. Halpern, 'Freemasonry and Party Building in Late Nineteenth-Century France', *Modern & Contemporary France,'* 10 (2), 2002.

D. Harvey, 'Lucifer in the City of Light: The Palladium Hoax and "Diabolical Causality" in Fin de Siècle France'. *Magic, Ritual, and Witchcraft,* 1, 2008.

M. Jarrige, *L'Église et les Francs-maçons dans la tourmente. Croisade de la revue La Franc-maçonnerie démasquée,* Paris, 1999.

W.R.A. Jones, 'Palladism and the Papacy: an Episode of French Anticlericalism in the Nineteenth Century', *Journal of Church and State,* 12 (3), 1970.

D. Kertzer, 'Religion and society, 1789–1892', in J.A. Davis (ed.), *Italy in the Nineteenth Century,* Oxford, 2000.

D. Kertzer, *Prisoner of the Vatican: The Popes' Secret Plot to Capture Rome from the New Italian State,* Boston, MA, 2004.

H.-C. Lea, *Léo Taxil, Diana Vaughan et L'église romaine. Histoire d'une mystification,* Paris, 1901.

O. Logan, 'A journal. *La Civiltà Cattolica* from Pius IX to Pius XII (1850–1958)', in R.N. Swanson (ed.), *The Church and the Book,* Woodbridge, 2004 (Studies in Church History 38).

G. Miccoli, 'Leo XIII e la massoneria', in G.M. Cazzaniga (ed.), *Storia d'Italia. Annali, 21. La Massoneria,* Turin, 2006. On Taxil and Vaughan supposedly being murdered before press conference, p. 236.

A. Mola, 'Muratori del Belpaese', in *Storia e Dossier,* August 1994. Numbers of Italian Lodges, p. 94.

P. Nord, *The Republican Moment: Struggles for Democracy in 19th-Century France,* Cambridge, MA, 1995. Some 40 per cent of civilian ministers of the Third Republic were on the Square, pp. 15–30.

A. Pike, *A Reply for the Ancient and Accepted Scottish Rite of Free-Masonry to the Letter 'Humanum Genus' of Pope Leo XIII,* Charleston, SC, 1884. 'A declaration of war against the human race', p. 28.

J.F. Pollard, *Money and the Rise of the Modern Papacy: Financing the Vatican, 1850–1950,* Cambridge, 2005.

J.F. Pollard, *Catholicism in Modern Italy: Religion, Society and Politics since 1861,* London, 2008.

T. Rouault, *Léo Taxil et la Franc Maçonnerie satanique: analyse d'une mystification littéraire,* Rosières-en-Haye, 2011. Reproduces newspaper reports of final press conference in Taxil story, which I have drawn on for my account.

La Semaine religieuse du diocèse de Rouen, 15 March 1887.

Syllabus of Errors, text consulted on 25 November 2019 at http://www.papalencyclicals.net/pius09/p9syll.htm.

L. Taxil, *La chasse aux corbeaux,* Paris, 1879. A collection of his journalism.

L. Taxil, *Les soutanes grotesques,* Paris, 1879.

L. Taxil, *Le Fils du Jésuite, précédé de Pensées Anti-Cléricales,* 2 vols, with an introduction by G. Garibaldi, Paris, 1879.

L. Taxil, *Les amours secrètes de Pie IX,* Paris, 1881.

L. Taxil, *La Bible amusante. Pour les grands et les petits enfants,* Paris, 1881.

L. Taxil, *La vie de Jésus*, Paris, 1882.

L. Taxil, *Un Pape femelle (Roman historique)*, Paris, 1882.

L. Taxil, *Calotte et Calotins. Histoire illustrée du clergé et des congregations*, vol. 1, Paris, 1885.

L. Taxil, *Révélations complètes sur la Franc-Maçonnerie*, vol. 1, *Les Frères Trois-Points*, Paris, 1885. 'Grotesque and hateful rituals', p. 4. For the figure of 1,060,005 Brothers in total, see p. 119. 'Do not laugh. Do not believe that Freemasonry is joking', p. 254.

L. Taxil, *Les soeurs maçonnes*, Paris, 1886.

L. Taxil, *Confessions d'un ex-libre penseur*, Paris, 1887. 'Inextricable labyrinth of evil', p. 8.

L. Taxil, *Les Assassinats maçonniques*, Paris, 1890.

L. Taxil, *Y a-t-il des femmes dans la Franc-Maçonnerie?*, Paris, 1891. 'The incarnation of Satanism, as if Lucifer's blood was flowing in her veins', p. 390.

L. Taxil, *Révélations complètes sur la Franc-Maçonnerie*, vol. 3, *Les Sœurs maçonnes*, Paris, 1895. 'French mothers! Lock up your daughters!', p. 9. 'Now that we have grasped the secret meaning in Masonic jargon', p. 110.

L. Taxil (writing as 'Dr Bataille'), *Le diable au XIXe siècle ou les mystères su spiritisme*, 2 vols, Paris, 1896. 'The devil has now turned himself into a bacteriologist', vol. 1, p. 543. 'The Arcula Mystica is nothing other than a diabolic telephone', vol. 1, p. 392. 'Stupefying credulity', vol. 1, p. 710.

L. Taxil (writing as 'Miss Diana Vaughan'), *Le 33e Crispi. Un Palladiste Homme d'État Démasqué*, Paris, 1896.

L. Taxil (writing as 'Miss Diana Vaughan'), *Mémoires d'une ex-Palladiste, parfaite Initiée, Indépendante*, Paris, 1895–97. 'The Great-Grandmother of the Antichrist', p. 284.

L. Taxil and K. Milo, *Les débauches d'un confesseur*, Paris, 1883.

L. Taxil and K. Milo, *Les Maîtresses du Pape. Roman historique anti-clérical*, Paris, 1884.

R. Tombs, *The Paris Commune 1871*, Harlow, 1999.

L'Univers, 'Léo Taxil', 14 July 1885 and 25 July 1885.

Vatican Council of 1870 on Infallibility, consulted on 25 November 2019 at http://traditionalcatholic.net/Tradition/Council/Vatican/Fourth_Session,_Chapter_4.html; 'Is possessed of that infallibility'.

E. Weber, *Satan Franc maçon. La mystification de Leo Taxil*, Paris, 1964. The classic account on which I have drawn heavily. It reproduces many key documents from the case, notably the speech in which Taxil exposed his hoax that gives a narrative of events.

E. Weber, 'Religion and Superstition in Nineteenth-Century France', *The Historical Journal*, 31 (2), 1988.

第 10 章　安拉阿巴德：帝国的母亲会所

(With reference to Rudyard Kipling titles, note that in most cases I have consulted the Kipling Society's online edition of many of his works, which contains very useful notes. For example, 'The Mother Lodge' (http://www.kiplingsociety.co.uk/poems_

motherlodge.htm) and 'Cities and Thrones and Powers', http://www.kiplingsociety. co.uk/poems_cities.htm.)

Anon., *Resumé of the History of the District Grand Lodge of Barbados 1740–1936*, Bridgetown, Barbados, 1937.

Anon., 'Chronicle'. Brief account of Lodge Rising Star meeting in Bloemfontein, *AQC*, 14, 1901. 'We are pleased to note that not only were there many Boer Brothers', pp. 95–6.

S.R. Bakshi, *Indian Freedom Fighters: Struggle for Independence – Vol. 10: Motilal Nehru*, New Delhi, 1990.

S. Basu, *For King and Another Country: Indian Soldiers on the Western Front, 1914–18*, New Delhi, 2015.

C.A. Bayly, *The Local Roots of Indian Politics: Allahabad 1880–1920* (1975), in *The C.A. Bayly Omnibus*, Oxford, 2009. Three per cent of the population, p. 52. On the Masonic Lodge as one of the few integrated institutions, p. 56.

J. Beamish Saul, *Historical Sketch of the Lodge of Antiquity*, Montreal, 1912.

Lord Birkenhead, *Rudyard Kipling*, London, 1980. Such was Kipling's love of things Masonic and clubby that, while in Bloemfontein, he tried to get his fellow journalists to create a brotherhood with a rite rather like the Masons, pp. 209–10.

J.M. Brown, 'India', in in J. Brown and W.R. Louis (eds), *The Oxford History of the British Empire – Volume IV: The Twentieth Century*, Oxford, 1999.

Caribbean Disaster Emergency Response Agency (2005), 'NEMO remembers the great hurricane of 1780', consulted 1 August 2018 at https://web.archive.org/ web/20131004223823/http://www.cdera.org/cunews/news/saint_lucia/ article_1314.php.

G. Chakravarty, *The Indian Mutiny and the British Imagination*, Cambridge, 2005.

A. Conan Doyle, *Memories and Adventures* (1924), Oxford, 1989.

K.R. Cramp and G. Mackaness, *A History of the United Grand Lodge of Ancient, Free and Accepted Masons of New South Wales*, vol. 1, Sydney, NSW, 1938.

G.H. Cumming, *The Foundations of Freemasonry in Australia*, Sydney, NSW, 1992.

G.H. Cumming, *Freemasonry and the Emancipists in New South Wales*, Sydney, NSW, 2015.

S. Deschamps, *Franc-maconnerie et pouvoir colonial dans l'Inde britannique (1730–1921)*, PhD thesis, Université Bordeaux Montaigne, 2014. Umdat-ul-Umrah Bahadur, pp. 178–81. 'Our race differ[s] in every essential point from that of the Asiatic', quoted p. 374.

S. Deschamps, 'Freemasonry and the Indian Parsi Community: A Late Meeting on the Level', *Journal for Research into Freemasonry and Fraternalism*, 3 (1), 2012.

S. Deschamps, 'Looking to the East: Freemasonry and British Orientalism', *Journal for Research into Freemasonry and Fraternalism*, 5 (2), 2014.

S. Deschamps, 'From Britain to India: Freemasonry as a Connective Force of Empire', *E-rea*, 14 February 2017, consulted online 12 July 2018.

J. Fingard, 'Race and Respectability in Victorian Halifax', *The Journal of Imperial and Commonwealth History*, 20 (2), 1992.

J. Fingard, J. Guildford and D. Sutherland, *Halifax: The First 250 Years*, Halifax, NS, 1999.

W.K. Firminger, *The Early History of Freemasonry in Bengal and the Punjab*, Calcutta, 1906.

V.J. Fozdar, 'Constructing the "Brother": Freemasonry, Empire and Nationalism in India, 1840–1925', PhD thesis, University of California, Berkeley, 2001. Important work on Masonry in India, particularly Bombay. '*Jadughar*, or "magic-house" ... *bhutkhana*, or "demon-house"', p. 332. 'A Parsi, a Moslem draughtsman, a Sikh', p. 285. Between 1885 and 1907, 43 per cent of Congress presidents were Masons, p. 450.

V.J. Fozdar, 'Imperial brothers, imperial partners: Indian Freemasons, race, kinship, and networking in the British empire and beyond', in D. Ghosh and D. Kennedy (eds), *Decentring Empire: Britain, India, and the transcolonial world*, London, 2006.

V.J. Fozdar, '"That Grand Primeval and Fundamental Religion": The Transformation of Freemasonry into a British Imperial Cult', *Journal of World History*, 22 (3), 2011.

The Freemasons' Quarterly Review, 'Nova Scotia', 31 March 1854, p. 171.

P. Fussell, Jr, 'Irony, Freemasonry, and Humane Ethics in Kipling's "The Man Who Would be King"', *ELH*, 25 (3), 1958.

D. Gilmour, *The Long Recessional: The Imperial Life of Rudyard Kipling*, London, 2002. 'The dark places of the earth', quoted p. 126. For Kipling's various hates, see p. 212 and *passim*. Kipling on babus, p. 64. On the Andrew Hearsey episode, p. 73. Kipling as Laureate of Empire, pp. 119–24. 'Great War' and 'the Hun', p. 117.

D. Griffiths, *Fleet Street: Five Hundred Years of the Press*, London, 2006. On *Daily Mail* circulation, pp. 132–3.

I.H. Haarburger, '*Charity': A Masonic Analysis. An address delivered in the Lodge Rising Star, no. 1022, at Bloemfontein, by W. Bro ... Ivan H. Haarburger and read in the Lodge 'Star of Africa', Jagersfontein, by W. Bro ... Chas. Palmer, on 18th April, 1900*, Jagersfontein, 1900.

I.H. Haarburger, *A Mourning Lodge Convened by the Rising Star Lodge no. 1,022, Bloemfontein*, Bloemfontein, 1901.

J.L. Harland-Jacobs, 'All in the Family: Freemasonry and the British Empire in the Mid-Nineteenth Century', *Journal of British Studies*, 2 (4), 2003.

J.L. Harland-Jacobs, *Builders of Empire: Freemasons and British Imperialism, 1717–1927*, Chapel Hill, NC, 2007. A ground-breaking survey of its subject. My section on Masonic events from Barbados, Sydney, etc. is meant to summarise her findings and draws partly on her work. 'Passport in all parts of the globe', quoted p. 246. 'The Society of Freemasons increases in numbers and prosperity' Proceedings of United Grand Lodge of England 7 September 1887, quoted p. 254. 'That unite the Dominions with the Mother Country', quoted p. 11.

J.B. Harrison, 'Allahabad: a sanitary history', in K. Ballhatchet and J. Harrison (eds), *The City in South Asia: Pre-modern and Modern*, London, 1980. 'A noisome ditch, with crawling fetid contents', sanitary report 1879, quoted p. 186. 'If the natives chose to live amidst such insanitary surroundings', p. 167.

W. Henley, *History of Lodge Australian Social Mother no. 1, 1820–1920*, Sydney, 1920.

R. Holland, 'The British Empire and the Great War, 1914–1918', in J. Brown and

W.R. Louis (eds), *The Oxford History of the British Empire – Volume IV: The Twentieth Century*, Oxford, 1999.

T. Hunt, *Ten Cities that Made an Empire*, London, 2014. See the chapter on Bridgetown for its colonial economy and society.

B.L. Huskins, *Public Celebrations in Victorian Saint John and Halifax*, PhD thesis, Dalhousie University, Halifax, NS, 1991.

A. Jackson, *The British Empire: A Very Short History*, Oxford, 2013. For figures on the extent of the British Empire, p. 5.

R. Jaffa, *Man and Mason: Rudyard Kipling*, Milton Keynes, 2011.

D. Judd and K. Surridge, *The Boer War: A History*, London, 2013.

H.G. Keene, *A hand-book for visitors to Lucknow: with preliminary notes on Allahabad and Cawnpore*, London, 1875.

G. Kendall, 'Freemasonry during the Anglo-Boer War 1899–2002', AQC, 97, 1984. Contains a misleading account of Masonic events in Bloemfontein during the war.

R. Kipling [writing as Anon.], 'A Study of the Congress', *The Pioneer*, 1 January 1889. In Sussex University Kipling Papers collection, Printed Material, 1. Press-Cuttings, a. Bound Volumes, 28/4, *Stories, Poems, Articles*, 1887–91.

R. Kipling, *Something of Myself: An Autobiography* (1937), London, 2007. 'Large-boned, mountainous, wooded', p. 75. 'Here I met Muslims, Hindus, Sikhs', p. 38.

R. Kipling, *The Complete Barrack-Room Ballads of Rudyard Kipling*, ed. C. Carrington, London, 1974.

R. Kumar and D.N. Panigrahi, *Selected Works of Motilal Nehru, vol. 1 (1899–1918)*, New Delhi, 1982.

R. Lethbridge, *The Golden Book of India*, London, 1893. On the Maharaja of Kapurthala, p. 233.

Library and Museum of Freemasonry, London, *English Freemasonry and the First World War*, Hersham, 2014. For numbers of English Constitution Lodges in 1914, pp. 10–11. For growth in membership after the war, and lifting of the ban on the disabled, pp. 93–4.

The London Gazette, 28 May 1886. For Sir John Edge's transfer, p. 2572.

R.S. Longley, *A Short History of Freemasonry in Nova Scotia*, Halifax, NS, 1966.

P. Longworth, *The Unending Vigil: A History of the Commonwealth War Graves Commission*, Barnsley, 2010. Canadian units digging own graves, p. 22. 'To keep alive the ideals for the maintenance and defence', quoted p. 28.

A. Lycett, *Rudyard Kipling*, London, 2015.

P. Mason, *Kipling: The Glass, the Shadow and the Fire*, London, 1975. 'Soul-cleansing routine', p. 25. 'To belong to an inner circle, with secret passwords', p. 84.

The Masonic Illustrated, July 1901. 'Thrill[s] the heart of every Craftsman', p. 214.

J. McBratney, 'India and Empire', in H.J. Booth (ed.), *The Cambridge Companion to Rudyard Kipling*, Cambridge, 2011.

B. Metcalf and T. Metcalf, *A Concise History of Modern India*, Cambridge, 2002. On Allahabad in this period, pp. 108–9.

R.J. Moore, 'Imperial India, 1858–1914', in A. Porter (ed.), *The Oxford History of the British Empire: Volume III: The Nineteenth Century*, Oxford, 1999.

M. Mukherjee, *India in the Shadows of Empire: A Legal and Political History, 1774–1950*, New Delhi, 2010. On vakils and lawyers in Congress, pp. 105–49.

B.R. Nanda, *The Nehrus: Motilal and Jawaharlal*, Bombay, 1962.

B.R. Nanda, *Motilal Nehru*, New Delhi, 1964.

T. Pakenham, *The Boer War*, London, 1979.

A. Pershad and P. Suri, *Motilal Nehru: A Short Political Biography*, Delhi, 1961. 'A people ripening into nationhood', quoted p. 17.

B. Phillips, 'Rudyard Kipling's war, Freemasonry and misogyny' in D. Owen and M.C. Pividori (eds), *Writings of Persuasion and Dissonance in the Great War: That Better Whiles May Follow Worse*, DQR Studies in Literature, vol. 61, 2016.

T. Pinney (ed), *The Letters of Rudyard Kipling*, vol. 2, *1890–99*, London, 1990. 'My affection for England', pp. 155–6. 'Naturally I believe there has been no civilizing experiment', p. 235.

T.H. Raddall, *Halifax: Warden of the North*, Toronto, 1948.

J. Ralph, *War's Brighter Side: The story of The Friend newspaper edited by the correspondents with Lord Roberts's Forces, March–April 1900*, London, 1901. Date Kipling left Bloemfontein, p. 258.

J. Ranston, *Masonic Jamaica and the Cayman Islands*, Kingston, Jamaica, 2017. The only possible objection to the conclusion that the Lodge of 'In the Interests of the Brethren' is all-white is that Kipling mentions that one of the Masons came from Jamaica. Ranston's research, and a conversation with the author, leads me to conclude that the picture in his mind is of a Jamaican Brother from among the white planters.

Rising Star Lodge no. 1,022, *Minutes of a Mourning Lodge held 31st January 1901 in Memory of her Late Most Gracious Majesty Queen Victoria*, Bloemfontein, 1901.

M. Roberts, *British Poets and Secret Societies*, London, 1986. On Kipling, pp. 102–25.

B. Russell, *Unpopular Essays*, Oxford 2009 (1950). 'The most refined religions are concerned', p. 105.

R. Sohrabji Sidhwa, *District Grand Lodge of Pakistan (1869–1969)*, Lahore, 1969.

'Solving the mystery of Rudyard Kipling's son', 18 January 2016, https://www.bbc.co.uk/news/magazine-35321716.

Statistical, Descriptive and Historical Account of the North-Western Provinces of India, vol. VIII, part II, *Allahabad*, Allahabad, 1884.

J. Summers, *Remembered: The History of the Commonwealth War Graves Commission*, London, 2007.

Thacker's Indian Directory, Calcutta, 1890, Part 1. For Lodge meeting days in Allahabad, p. 227.

United Indian Patriotic Association, *Pamphlets issued by the United Indian Patriotic Association no. 2, Showing the Seditious Character of the Indian National Congress*, Allahabad, 1888. Esp. 'The *Pioneer* on sedition', pp. 79–91.

G.E. Walker, '250 Years of Masonry in India', *AQC*, 92, 1979. 'They were not obligated to be present at the Initiation of a Turk', quoted p. 177.

F. Ware, *The Immortal Heritage: An Account of the Work and Policy of the Imperial War Graves Commission during Twenty Years, 1917–1937*, Cambridge, 1937.

K. Watson, *The Civilized Island: Barbados – A Social History 1750–1816*, Barbados, 1979.

L.H. Wienand, *The First Eighty-One Years: A Brief History of the Rising Star Lodge from 1864 to 1945*, Bloemfontein, 1955. Reproduces press reports and other documents I have drawn on for Bloemfontein Lodge meetings. 'They are eternal. In our day and generation', p. 50.

C.G. Wyndham Parker, *Thirty-Five Masters: The Story of the Builders of the Silent Cities Lodge*, London, 1962.

C. Wynne, *The Colonial Conan Doyle: British Imperialism, Irish Nationalism, and the Gothic*, London, 2002.

A.M. Zaidi and S. Zaidi (eds), *The Encyclopedia of Indian National Congress, vol. 1, 1885–1890, The Founding Fathers*, New Delhi, 1976. On Allahabad Congress, pp. 233ff.

Archival sources from the Museum and Library of Freemasonry, London

Letter of John Seed, Secretary of the Union Lodge, No. 362 [erased], Bridgetown, Barbados, 28 December 1795, GBR 1991 AR/1273/3. 'Labour in all brotherly love, for the future Welfare and Support'.

Copy of the minutes of the St John's Day Celebrations at the Union Lodge, No. 362, Bridgetown, Barbados, 28 December 1795, GBR 1991 AR/1273/4.

Freemason Membership Registers, 1751–1921, available on Ancestry.com. Analysed for various Indian Lodges, especially those of Kipling and Nehru.

Loyal Address from several Lodges in Bengal, India to Queen Victoria, 1887. GBR 1991 LA 1/2/179.

第 11 章　汉堡：从深处

F.J. Böttner, *Aus der Geschichte der Großen Loge von Hamburg 1914–1935: Cäsar Wolf zum Gedächtnis*, Bayreuth, 1988.

N. Cohn, *Warrant for Genocide*, London, 1996 (1967).

A. Di Fant, 'Stampa cattolica italiana e antisemitismo alla fine dell'Ottocento', in C. Brice and G. Miccoli (eds), *Le racines chrétiennes de l'antisémitisme politique (fin XIXe–XXe siècle)*, Collection de l'Ecole française de Rome, vol. 306, 2003.

R. Esposito, *Chiesa e Massoneria*, Fiesole, 1999. Repeats the Hamburg Grand Lodge story on p. 148.

R. Freke Gould, *A Concise History of Freemasonry*, London, 1904. For origins of German Masonry, pp. 455ff.

B. Hamann, *Hitler's Vienna: A Portrait of the Tyrant as a Young Man*, London, 2010. On Hitler as a reader of von List, pp. 206–16.

J. Holtorf, *Die verschwiegene Bruderschaft: Freimaurer-Logen: Legende und Wirklichkeit*, Munich, 1984.

J. Katz, *Jews and Freemasons in Europe, 1723–1939*, Cambridge, MA, 1970.

E. Levi, *Mozart and the Nazis: How the Third Reich Abused a Cultural Icon*, New Haven, CT, 2010.

J. MacPherson, 'The Magic Flute and Freemasonry', *University of Toronto Quarterly*, 76 (4), 2007.

G. Miccoli, 'Santa Sede, questione ebraica e antisemitismo fra Otto e Novecento', in C. Vivanti (ed.), *Gli ebrei in Italia. vol. II. Dall'emancipazione a oggi*, Turin, 1997.

G.L. Mosse, *The Crisis of German Ideology: Intellectual Origins of the Third Reich*, London, 1964. On von List, pp. 72–5.

G.L. Mosse, *Germans and Jews: The Right, the Left, and the Search for a 'Third Force' in Pre-Nazi Germany*, London, 1970. On *völkisch* ideology, pp. 8–26.

J. Rogalla von Bieberstein, 'The Story of the Jewish-Masonic Conspiracy, 1776–1945', *Patterns of Prejudice*, 11 (6), 1977.

K. Thomson, 'Mozart and Freemasonry', *Music & Letters*, 57 (1), 1976.

F. Venzi, *Massoneria e Fascismo*, Rome, 2008. Contains a version of the Hamburg Grand Lodge closure story on p. 23.

第 12 章　罗马：烘烤落汤鸡

Avanti!, 28 April 1914. Reproduces Mussolini's speech at Ancona.

C. Baldoli, 'L'ossimoro cremonese. Storia e memoria di una comunità fra Bissolati e Farinacci', *Italia Contemporanea*, June 1997. On Farinacci as Freemason.

R.J.B. Bosworth, *Mussolini's Italy: Life under the Dictatorship, 1915–1945*, London, 2005. For the battering in the parliamentary toilets, p. 173.

Camera dei Deputati, *Atti Parlamentari*, XXVII Legislatura del Regno d'Italia, 16 May 1925. 'Camorra', from a speech by Gioacchino Volpe, p. 3645. 'Parasitic intoxication', from a speech by Egilberto Martire, p. 3655. Gramsci's speech, pp. 3658–61.

F. Conti, 'Massoneria e sfera pubblica nell'Italia liberale, 1859–1914', in Cazzaniga (ed.), *Storia d'Italia. Annali, 21. La Massoneria*, Turin, 2006, esp. pp. 606–10.

F. Conti, *Storia della massoneria italiana. Dal Risorgimento al fascismo*, Bologna, 2006. On Lemmi's Grand Mastership, pp. 115–47. For an evaluation of the evidence about Masonic funding for the March on Rome, pp. 289–90. Destruction of Torrigiani's villa, p. 317.

F. Conti, 'From Universalism to Nationalism: Italian Freemasonry and the Great War', *Journal of Modern Italian Studies*, 20 (5), 2015.

Corriere della Sera, 17 May 1925; for the description of Gramsci as 'a little hunchback'.

R. De Felice, *Mussolini il rivoluzionario 1883–1920*, Turin, 1965. For the context of the Ancona speech, see pp. 177–95.

M. Di Figlia, *Farinacci. Il radicalismo fascista al potere*, Rome, 2007; for Farinacci's career. On Farinacci as a Mason, pp. 98–9.

Fascio e compasso. RAI3 documentary, first shown in 2018, which cites Domizio Torrigiani's congratulatory telegram.

M.A. Finocchiaro, *Beyond Right and Left: Democratic Elitism in Mosca and Gramsci*, New Haven, CT, 1999. For an analysis of Gramsci's speech, pp. 179–200.

D. Forgacs, 'Gramsci Undisabled', *Modern Italy*, 21 (4), 2016.

A.M. Isastia, 'Massoneria e fascismo: la grande repressione', in Z. Ciuffoletti and S. Moravia (eds), *La Massoneria. La storia, gli uomini, le idee*, 2nd edn, 2004. On *squadrista* violence against Masons from 1923, pp. 202–3. On episodes where Masons loyal to one Grand Lodge used the violence as cover to get one over on their Brothers from a rival branch, see p. 235.

A. Lyttelton, *The Seizure of Power: Fascism in Italy, 1919–1929*, London, 1973. On

the anti-Masonry campaign as an instrument against the bureaucracy, p. 177.
Farinacci and Masonry, p. 281. On the violence in Florence, p. 282.

P. Mattera, *Storia del PSI, 1892–1994*, Rome, 2010. Reports of Mussolini's speech
at Ancona cited on pp. 56–9.

A.A. Mola, *Storia della Massoneria dall'Unità alla Repubblica*, Milan, 1976. On
Masons absenting themselves from the Chamber to make it inquorate, pp. 476ff.
Farinacci, Masons should be 'shot *en masse*', quoted p. 503. On the reaction
against Masons following the Zaniboni assassination attempt, pp. 509–10.
'Bedraggled chicken', quoted p. 513.

C. Palmieri, *Mussolini e la Massoneria*, Milan, 2017.

Rivista Massonica. The following issues document Fascist raids on Lodges: January
1924; September 1924; December 1924. The issue of September to October 1925
contains Torrigiani's order closing down all Lodges in Florence.

G. Salvemini, 'Il <<Non Mollare>>', in G. Salvemini, E. Rossi and P. Calamandrei,
Non Mollare (1925), Florence, 1955, for an account of the violence in Florence.
'Masonry must be destroyed', quoted p. 23.

G. Sircana, 'Farinacci, Roberto', in *Dizionario Biografico degli Italiani*, Rome, 1995.

La Stampa. The Turin newspaper looks back over its coverage of Freemasonry, and
in particular of its 'electoral choreography', in the issue of 21 June 1896. For a
report on the Freemasonry debate, which mentions Fascists listening attentively
to Gramsci, and Gramsci leaning on a Fascist (Italo Balbo) to finish his speech,
17 May 1925.

G. Vannoni, *Massoneria, fascismo e Chiesa Cattolica*, Rome/Bari, 1979. On Farinacci
supposedly being part of Masonic plot to replace Mussolini, pp. 234–41.

第 13 章　慕尼黑：啤酒馆战略

I. Abrams, 'The multinational campaign for Carl von Ossietzky'. A paper presented
at the International Conference on Peace Movements in National Societies, 1919–
39, held in Stadtschlaining, Austria, 25–9 September 1991, consulted at http://
www.irwinabrams.com/articles/ossietzky.html on 16/1/20: 'a trembling, deadly
pale something …'

H. Arendt, *Eichmann in Jerusalem*, London, 1963. Arendt (pp. 28–9) mentions that
Eichmann tried to join 'the Freemasons' Lodge Schlaraffia' in Austria early in
1932 before he joined the SS. However, Schlaraffia is not a Masonic organisation,
and has more frivolous aims.

M. Berenbaum (ed.), *A Mosaic of Victims, Non-Jews Persecuted and Murdered by
the Nazis*, New York, 1990.

D.L. Bergen, *War and Genocide: A Concise History of the Holocaust*, New York,
2003.

C. Campbell Thomas, *Compass, Square and Swastika: Freemasonry in the Third
Reich*, PhD thesis, Texas A&M University, 2011. On Masonic informers, p. 76.
On the 2,000 membership of Leopold Müffelmann's strand of Masonry, p. 48.
'Poster child of Masonic victimization and courageous resistance', p. 17.

R.J. Evans, *The Coming of the Third Reich*, London, 2003. Most writing by
Freemasons on the Nazi repression lacks even a minimum understanding of the

context. I have drawn mainly on Evans and Kershaw (below) to provide that context.

R.J. Evans, *The Third Reich in Power, 1933–1939: How the Nazis Won Over the Hearts and Minds of a Nation*, London, 2006. On Carl von Ossietzky, *passim*.

R.J. Evans, *The Third Reich at War: How the Nazis Led Germany from Conquest to Disaster*, London, 2008.

A. Hitler, *Mein Kampf*, translated by R. Manheim, London, 1992 (1943). On Freemasonry, p. 285.

A. Hitler, 'Rede Hitlers zur Neugründung der NSDAP am 27. Februar 1925 in München', downloaded 31 January 2019 from: http://www.kurt-bauer-geschichte. at/lehrveranstaltung_ws_08_09.htm. 'Either the enemy walks over our corpse', p. 6. On the importance of a single enemy, p. 7.

C. Hodapp, *Freemasons for Dummies*, Hoboken, NJ, 2013. The implausible claim of 200,000 Masons killed by the Nazis is on p. 85. It should be said that Hodapp is an engaging and fair-minded Masonic writer, and this introduction is recommended.

E. Howe, 'The Collapse of Freemasonry in Nazi Germany, 1933–5', *AQC*, 95, 1982. On sales of Ludendorff's book, p. 26. On the attacks on Lodges in Düsseldorf and Landsberg an der Warthe, pp. 29 and 32. Suicide of Walter Plessing, p. 33.

J. Katz, *Jews and Freemasons in Europe, 1723–1939*, Cambridge, MA, 1970. On *The Protocols*, pp. 180–94. On the proportion of Jews in German Lodges, pp. 189–90.

I. Kershaw, *Hitler: 1889–1936: Hubris*, London, 1998. On Hitler's speech at the Bürgerbräukeller in 1925, pp. 266–7. Hitler accuses Ludendorff of being a Mason, p. 269. On Hjalmar Schacht, p. 356 and *passim*.

I. Kershaw, *Hitler 1936–45: Nemesis*, London, 2000.

R.S. Levy (ed.), *Antisemitism: A Historical Encyclopedia of Prejudice and Persecution*, Santa Barbara, CA, 2005, vol. 2. Entry on *The Protocols of the Elders of Zion*, pp. 567–70.

E. Ludendorff, *Destruction of Freemasonry Through Revelation of Their Secrets* (trans. J. Elisabeth Koester), Los Angeles, 1977.

Masonic Encyclopedia, 'Österreich 1938–1945: 692 Freimaurer wurden Opfer des Nazi-Terrors', which summarises research on the Nazi repression of Masonry in Austria. https://freimaurer-wiki.de/index.php/%C3%96sterreich_1938-1945:_692_Freimaurer_wurden_Opfer_des_Nazi-Terrors, consulted 12 February 2019.

R. Melzer, 'In the Eye of a Hurricane: German Freemasonry in the Weimar Republic and the Third Reich', *Totalitarian Movements and Political Religions*, 4 (2), 2003. For the number of Masons and Lodges in 1925, p. 114.

R. Melzer, *Between Conflict and Conformity: Freemasonry during the Weimar Republic and Third Reich*, Washington DC, 2014. By far the most systematic and authoritative study, which I have drawn on heavily for my interpretative framework and on many points of detail. May 1923, an Old Prussian Lodge invited Ludendorff, p. 85. Old Prussian Lodge in Regensburg adopted the Nazi swastika as its badge, p. 157. In 1926, two of the three Old Prussian Grand Lodges considered introducing 'Aryan' symbols, p. 81. Göring snubbed the Masons' emissary, pp. 99–100. 'Our German Order is *völkisch*', quoted pp. 95–6. In Hamelin Lodge, a Master appears in SS uniform, p. 177. Letter to Hitler offers assurance that the

Lodges would stay true to their 'national and Christian tradition', quoted p. 151. 'You damned pigs, I need to throw you and this Jew-band in a pot!', quoted p. 153. Lodges adopt swastika as symbol, p. 159. 'Grand National Lodge of Freemasons of Germany' becomes 'German Christian Order', p. 154. 'We are no longer Freemasons', quoted p. 156. Humanitarian Lodges Aryanised, pp. 162–72. Confusion and hesitancy in Nazi policy, pp. 188–91. On Adolf Eichmann, p. 188. Hamburg Grand Lodge only open to 'German men of Aryan descent', quoted p. 170. On Leopold Müffelmann, pp. 173–5.

S. Naftzger, '"Heil Ludendorff": Erich Ludendorff and Nazism, 1925–1937', PhD thesis, City University New York, 2002. On von Kemnitz, pp. 23–30 and *passim*.

R.M. Piazza, 'Ludendorff: The Totalitarian and *Völkisch* Politics of a Military Specialist', PhD thesis, Northwestern University, 1969.

L.L. Snyder, *Encyclopedia of the Third Reich*, London, 1976. For the SA and its numbers, p. 304.

R. Steigmann-Gall, *The Holy Reich: Nazi Conceptions of Christianity, 1919–1945*, Cambridge, 2003. On Ludendorff, pp. 87–91.

C. Thomas, 'Defining "Freemason": Compromise, Pragmatism, and German Lodge Members in the NSDAP', *German Studies Review*, 35 (3), 2012.

P. Viereck, *Metapolitics: The Roots of the Nazi Mind*, New York, 1961 (1941). On Mathilde von Kemnitz, p. 297.

第 14 章　萨拉曼卡：土狼和姘妇

G. Álvarez Chillida, *El Antisemitismo en España*, Madrid, 2002. 'One race's hatred, as transmitted through a skilfully managed organisation', quoted p. 320.

V.M Arbeloa Muru, 'La masonería y la legislación de la II República', *Revista Española de Derecho Canónico*, 37 (108), 1981. For Masons involved in drawing up the Republican constitution, p. 369. 'There has been no more perfectly Masonic political revolution', quoted from *Boletín Oficial del Supremo Consejo del Grado 33 para España y sus dependencias*, p. 374. 'The spectre of the Lodges', quoted p. 380.

J. Blazquez Miguel, *Introduccion a la historia de la Masonería española*, Madrid, 1989. Particularly for the late nineteenth-century membership figures and newspapers, pp. 92–105.

R. Carr, *Spain: 1808–1975*, 2nd edn, Oxford, 1982. On Masonry and the origins of 'culture war' in Spain, pp. 127–8.

J. de la Cueva, 'The assault on the city of Levites: Spain', in C. Clark and W. Kaiser (eds), *Culture Wars: Secular-Catholic Conflict in Nineteenth-Century Europe*, Cambridge, 2004.

J. Domínguez Arribas, *L'ennemi judéo-maçonnique dans la propagande franquiste (1936–1945)*, Paris, 2016. On the origins of Franco's anti-Masonry, pp. 93–118. See the brilliant pages on APIS, from which my account is drawn, pp. 119–45. On Tusquets, pp. 221–73.

J. Dronda Martínez, *Con Cristo o contra Cristo. Religión e movilización antir-republicana en Navarra (1931–1936)*, Villatuerta, 2013. 'We are governed by a small number of Freemasons', quoted p. 285.

J.A. Ferrer Benimeli, *Masonería española contemporánea. Vol. 2. Desde 1868 has nuestros días*, Madrid, 1980. The key starting point for this topic. For the widely cited early estimates for the number of Masonic victims of the Nationalist repression, pp. 144–50. 'The country is writhing in the anguish of a tragic agony', quoted p. 122. CEDA's leader as Minister of War moved to ban Masons in the military, pp. 287ff. 'Freemasonry shall not pass!', quoted p. 278. 'All of Spain is calling for exemplary and rapid punishment', quoted p. 143. Málaga, October 1937, eighty prisoners executed for being Masons, p. 146. On Franco's supposed attempts to become a Mason, pp. 169–70. Franco outlaws the Craft under his command in September 1936, 'crime of rebellion', 'could be judged offensive to the Church', pp. 140–1. 'Lucky Hitler!', Mauricio Karl, quoted p. 141. Card index system in Salamanca contains 80,000 suspected Brothers, estimate p. 157.

J.A. Ferrer Benimeli, *El contubernio judeo-masónico-comunista*, Madrid, 1982. Catholic youth movement manifesto 'declaring war' on Masonry, p. 274.

J.A. Ferrer Benimeli (ed.), *Masoneria, politica y sociedad*, vol. II, Zaragoza, 1989. In particular the following important essays: J.-C. Usó i Arnal, 'Nuoevas aportaciones sobre la repression de la masonería Española tras la Guerra Civil'; J. Ortiz Villalba, 'La persecución contra la Masonería durante la Guerra Civil y la Post-guerra'; R. Gil Bracero and M.N. López Martínez, 'La repression antimasónica en Granada durante la guerra civil y la postguerra'; F. Espinosa Maestre, 'La represión de la Masonería en la Provincia de Huelva (1936–1941)'.

N. Folch-Serra, 'Propaganda in Franco's time', *Bulletin of Spanish Studies*, 89 (7–8), 2012. Judges on the Special Tribunal nominated by the regime, p. 235. Continued use of Salamanca archive after 1964, pp. 234–7.

R.G. Jensen, 'Jose Millan-Astray and the Nationalist "Crusade" in Spain', *Journal of Contemporary History*, 27 (3), 1992.

F. Lannon, 'The Church's crusade against the Republic', in P. Preston (ed.), *Revolution and War in Spain 1931–1939*, London, 1984.

F. Lannon, *Privilege, Persecution, and Prophecy: The Catholic Church in Spain, 1875–1975*, Oxford, 1987. For figures of the number of clergy killed in the Civil War, p. 201.

F. Lannon, *The Spanish Civil War*, Oxford, 2002.

D. Manuel Palacio, 'Early Spanish Television and the Paradoxes of a Dictator General', *Historical Journal of Film, Radio and Television*, 25 (4), 2005; on the background to Franco's last speech.

P. Preston, 'Juan Tusquets: a Catalan contribution to the myth of the Jewish–Bolshevik–Masonic conspiracy', in A. Quiroga and M. Ángel del Arco (eds), *Right-Wing Spain in the Civil War Era*, London, 2012. 'Tusquets saw Freemasons everywhere', quoted p. 183.

P. Preston, *The Spanish Holocaust: Inquisition and Extermination in Twentieth-Century Spain*, London, 2012. 'Eliminate leftist elements', quoted on p. 133 from Mohammad Ibn Azzuz Hakim, *La Actitud de los moros ante el alzamiento: Marruecos 1936*, Málaga, 1997. Tusquets starts a fire to cause a distraction, pp. 35–7. On the birth of the Salamanca archive, pp. 487–90.

P. Preston, *Franco: A Biography*, London, 1993. On Franco's anti-Masonry, p. 4 and *passim*.

J. Ruiz, 'A Spanish Genocide? Reflections on the Francoist Repression after the Spanish

Civil War', *Contemporary European History*, 14 (2), 2005. All of Ruiz's writing on this topic is fundamental, and I have drawn on him heavily throughout this chapter, such as for the workings of the anti-Masonic tribunal.

J. Ruiz, *Franco's Justice: Repression in Madrid after the Spanish Civil War*, Oxford, 2005. Those found to have taken part in the 'red rebellion' were singled out for execution if they were suspected of being Masons, p. 200. Rotary Club and League for the Rights of Man as Masonic front organisations, p. 202.

J. Ruiz, 'Fighting the International Conspiracy: The Francoist Persecution of Freemasonry, 1936–1945', *Politics, Religion & Ideology*, 12 (2), 2011. This essay also contains a useful short history of Spanish Masonry. On the supposed Judeo-Masonic conspiracy in the school curriculum, 1939, p. 181. Seventy-six per cent of those brought before the Special Tribunal receive the minimum sentence, p. 191. 'Fusion within the Presidency of the United States of supreme executive power and the supreme Masonic powers', quoted p. 194. 'Daughter of evil', quoted p. 195.

H. Thomas, *The Spanish Civil War*, London, 2003 (1961). On Unamuno's speech, pp. 486–9. On the stripping and flogging of the parish priest in Torrijos, near Toledo, p. 260.

J. Treglown, *Franco's Crypt: Spanish Culture and Memory since 1936*, London, 2013. On the archive in Salamanca, pp. 57–84.

M. De Unamuno, *Epistolario inédito II (1915–1936)*, Madrid, 1991. 'Lately they've killed the Protestant pastor', pp. 353–5.

The archival documentation on the posthumous trials of Atilano Coco Martin are in the records of the Tribunal Especial para la Represión de la Masonería y el Comunismo in Ministerio de Educación, Cultura y Deporte – Centro Documental de la Memoria Histórica, Salamanca.

The images of Franco's final speech can be viewed at https://www.youtube.com/watch?v=qCpQocHBRFk, consulted 11 March 2019.

The video in the Salamanca museum explaining its context can be viewed at http://www.culturaydeporte.gob.es/cultura/areas/archivos/mc/archivos/cdmh/exposiciones-y-actividades/audiovisuales.html, consulted 16 May 2019.

第 15 章　纽约：美国的黄金世纪终结了

Anon., *Freemasonry among Men of Color in New York State*, New York, 1954.

J.L. Belton, 'The missing Master Mason', http://www.themasonictrowel.com/leadership/management/membership_files/the_missing_master_mason_by_belton.htm, consulted 30 May 2019. A useful analysis of the decline of American Masonry.

B.C. Cooper, '"They are nevertheless our Brethren": The Order of the Eastern Star and the Battle for Women's Leadership, 1874–1926', in P.P. Hinks and S. Kantrowitz (eds), *All Men Free and Brethren: Essays on the History of African American Freemasonry*, London, 2013.

M.A. Clawson, 'Masculinity, Consumption and the Transformation of Scottish Rite

Freemasonry in the Turn-of-the-century United States', *Gender & History*, 19 (1), 2007.

S. Cordery, 'Fraternal orders in the United States: a quest for protection and identity', in M. van der Linden (ed.), *Social Security Mutualism: The Comparative History of Mutual Benefit Societies*, Bern, 1996. Especially on the importance of fraternalism for new immigrants. On the need to band together to buy a burial ground as a prompt for African Americans, pp. 87–8.

V. Danacu, *Partial Study about 'the Occult': The Oppression of Freemasonry by the Security of the Communist Regime in Romania*, Bucharest, 2010.

R.V. Denslow, *Freemasonry in the Eastern Hemisphere*, Trenton, MO, 1954. On the double suicide of Masons in Hungary, p. 193. 'Meeting places of the enemies of the people's Communist republic', quoted p. 195. On Masonry in Communist China, pp. 312–23.

B. Elkin, 'Attempts to Revive Freemasonry in Russia', *The Slavonic and East European Review*, 44 (103), 1966.

The Empire State Mason, September–October 1964, 'Reports of our Masonic Center at the World's Fair'; November–December 1964, 'Our Masonic Brotherhood Center'; see January–February 1966, 'Our Masonic Brotherhood Center: It's gone … But is it?', for total number of visitors.

B. Friedan, *The Feminine Mystique*, New York, 1963. Drop in marriage age and education of women, p. 16.

Grand Lodge of F. & A. M. of Alabama, *Proceedings of the Grand Lodge of F. & A. M. of Alabama at the 147th Annual Communication*, 21–2 November 1967, Montgomery, Alabama. 'I feel that there is something very valuable in preserving the racial integrity', pp. 131–5.

C. Haffner, *The Craft in the East*, Hong Kong, 1977.

W.S. Harwood, 'Secret Societies in America', *The North American Review*, 164 (486), 1897.

C. Hodapp, *Solomon's Builders: Freemasons, Founding Fathers, and the Secrets of Washington DC*, Berkeley, CA, 2007. For an admirably patient take-down of the various conspiracy theories surrounding Masonic symbols on the Great Seal, in Washington DC, etc. etc., see chapter 8.

R.L. Huish, 'Made of Paper and Stone: The Place of José Martí in Cuban National Identity', MA thesis, Queen's University, Kingston, Ontario, 2003.

J. Huyghebaert and W.E. Parker, 'History of Freemasonry in the Czech Republic', 2010, available at https://u3h.webnode.cz/news/history-of-freemasonry-in-the-czech-republic/, consulted 29 May 2019.

R. Khambatta, 'The District Grand Lodge of the Punjab', *AQC*, 103, 1990.

L. Koppel, *The Astronaut Wives Club*, London, 2013. Gordon 'Gordo' Cooper and his wife, pp. 18–21. Cape Cookies, pp. 47–9.

J.M. Landau, 'Muslim Opposition to Freemasonry', *Die Welt des Islams*, 36 (2), 1996.

Life Magazine, 'The US Masons', 8 October 1956; 4 February 1957, 'Masons enjoy each other's company, sometimes find it useful in business', p. 25.

M. Mazzucato, *The Value of Everything: Making and Taking in the Global Economy*, London, 2018. On growth in the financial security industry, p. 143.

D. McCullough, *Truman*, New York, 1992. On his Masonry, see p. 78 and *passim*.

S.B. Morris, 'The Public Image of Freemasonry: A Survey of the Literature Describing

American Freemasonry', paper presented to The August Scene, 7 August 1982, Deep Creek Lake, Maryland. Kindly provided by the author.

S.B. Morris, 'Boom to Bust in the Twentieth Century: Freemasonry and American Fraternities', Anson Jones Lecture, Texas Lodge of Research, 19 March 1988. An insightful study of Masonry's declining numbers.

S.B. Morris, 'Masonic Membership Myths', *The Scottish Rite Journal*, 97 (11), 1990.

G. Moshinsky, *Behind the Masonic Curtain: The Soviet Attack on Masonry*, Denver, CO, 1986.

W.A. Muraskin, *Middle-Class Blacks in a White Society: Prince Hall Freemasonry in America*, Berkeley, CA, 1975. 'Is he a clean, right-living man, sober and industrious?', quoted p. 44. Prince Hall Brothers in *Who's Who in Colored America*, p. 56. On Prince Hall Masonry and Civil Rights, see chapters 10 and 11. Medgar Evers Memorial Award, pp. 234–5.

W.H. Murphy, 'A History of Freemasonry in Cuba', *Walter F. Meier Lodge of Research no. 281 Masonic Papers*, vol. 4, 1974.

The New Age Magazine, April 1964, LXXII, 4, 'Masonry only fraternity at 1964 World's Fair'; July 1964, LXXIII, 7, 'A Masonic image at the New York World's Fair'.

M. Novarino, 'Dalle "scominiche" dell'Internazionale Comunista alle repressioni in Unione Sovietica e nelle Repubbliche democratiche popolari', in M. Cuzzi et al. (eds), *Massoneria e totalitarismi nell'Europa tra le due guerre*, Milan, 2018.

M.J. O'Brien, *We Shall Not Be Moved: The Jackson Woolworth's Sit-In and the Movement it Inspired*, Jackson, MS, 2013; on Medgar Evers. 'Freedom has never been free', quoted p. 189. Evers' funeral, pp. 214–15.

J.T. Patterson, *Grand Expectations: The United States, 1945–1974*, Oxford, 1996. Important for the context of this whole period. For figures of those with origins in countries with a Catholic tradition of anti-Masonry, p. 15. Of the US population, 10.6 per cent (in 1960) is African American, p. 380; 95 per cent of African Americans were denied the vote in Mississippi, p. 413. For the Surgeon General's report on the dangers of smokng, see p. 445. 'Chocolate cities and vanilla suburbs', quoted by Patterson from Parliament, *Chocolate City*, title track of the 1975 album.

R.S Patterson and R. Dougall, *The Eagle and the Shield: A History of the Great Seal of the United States*, Washington DC, 1976. For the pyramid design on the Great Seal and then on the dollar bill, see pp. 402–7 and pp. 529–32.

N.V. Peale, 'What Masonry Means to Me', *The Short Talk Bulletin*, February 1973. (Text of a lecture given in 1970.) The quote is from p. 8.

Prince Hall Sentinel, 16 (3), 1963, 'Martyr to Freedom', with Evers' photo on front cover.

Prince Hall Grand Lodge, Jurisdiction of the State of Alabama, *97th Annual Communication*, Mobile, Alabama, 25–7 July 1967. 'Let me impress upon you my brothers', p. 46.

D. Richter, 'Fidel Castro & the Curious Case of Freemasonry in Cuba', http://www.thebohemianblog.com/2016/12/fidel-castro-the-curious-case-of-freemasonry-in-cuba.html, consulted 30 May 2019.

J.L. Romeu, 'Characteristics and Challenges of Cuban Freemasons in the Twentieth Century: A Demographic Approach', *Revista de Estudios Históricos de la Masonería*, 2015.

L.R. Samuel, *The End of the Innocence: The 1964–1965 New York World's Fair*, New York, 2007. 'The final gasp of American innocence', p. xviii. I have drawn heavily on this book for my account of the World's Fair and its troubles. 'A promotional orgy for American business', quoted p. 95. 'Whoosh and voom' and figures for visitors to the most popular attractions, p. 83.

T. Skocpol, A. Liazos, M. Ganz, *What a Mighty Power We Can Be: African American Fraternal Groups and the Struggle for Racial Equality*, Princeton, NJ, 2006. 'Next to the Negro church in importance, as affecting the social life of the people, are the secret orders', quoted p. 8.

A.C. Stevens, *The Cyclopaedia of Fraternities*, New York, 1899. 'Few who are well informed on the subject will deny', pp. v–vii, xv.

M.A. Tabbert, *American Freemasons: Three Centuries of Building Communities*, NY, 2005. One of the best examples of Masonic history written by a Mason, which is notable also for embracing both Prince Hall and mainstream traditions. I have drawn on it extensively for my account of the 'Golden Age' of fraternalism and the early twentieth century. Like Tabbert, historians generally use 'Golden Age of Fraternalism' to refer to the second half of the nineteenth century, but I have extended its use here for reasons set out in my narrative. Between 1865 and 1900, 235 brotherhoods founded, with six million members, p. 87. The Independent Order of Odd Fellows, pp. 87, 112. Knights of Columbus, p. 100. Shriners, pp. 127–31. Rotary Club, pp. 162–4. On the scale of new Grand Lodge buildings in the late nineteenth century, including the Philadelphia Masonic Temple, p. 135. On the importance of Masonry to an increasingly mobile population, p. 124. And on its importance for the growing business class, p. 166. Figures for the scale of Masonic Temples in St Louis and Detroit, p. 172.

N. Thompson, *Light this Candle: The Life and Times of Alan Shepard – America's First Spaceman*, New York, 2004. 'Man's greatest adventure', quoted p. 175. Marital break-ups among astronauts, p. 370.

Time Magazine, 'The World's Fair', 5 June 1964, 'A tacky, plastic, here-today-blown-tomorrow look', p. 46.

C.D.B. Walker, *A Noble Fight: African American Freemasonry and the Struggle for Democracy in America*, Chicago, IL, 2008.

J. Williams, *Eyes on the Prize: America's Civil Rights Years, 1954–1965*, New York, 1987. For Evers' Oldsmobile, p. 209.

T. Zarcone, *Le Croissant et le Compas. Islam et franc-maçonnerie de la fascination à la detestation*, Paris, 2015. For French reluctance to spread Masonry to the colonies, p. 64. Young Ottomans and Young Turks, pp. 71–81. President Sukarno banned Freemasonry in 1961, p. 112.

My figures for Masonic membership in the USA are from https://www.msana.com/msastats.asp, consulted 28 May 2019.

The permanent exhibition 'The Golden Age of Masonic Architecture' at the George Washington Masonic National Memorial, Alexandria, VA, is an invaluable resource on America's great Masonic temples. Visited 14 April 2019.

The documentation from the creation, building and running of the Masonic

Brotherhood Center, including its brochure, is all held in the archive of The Chancellor Robert R Livingston Masonic Library, 71 West 23rd Street, 14th floor, New York.

I have also consulted a great deal of documentation about the Masonic Brotherhood Center in the Museum of Freemasonry in London.

'Testimonial Dinner' in Washington DC, 1966, to mark Thurgood Marshall's appointment as a Thirty-third Degree Prince Hall Freemason. Programme for the evening kindly supplied to the author by Ken Collins.

Rosa Parks' Eastern Star documentation can be accessed online via the Library of Congress site: https://www.loc.gov/resource/mss85943.001520/?sp=1, viewed 24 May 2019. I would like to thank James R. Morgan III, a relative of Rosa Parks', for the information about her Masonic father in a personal communication.

Information on the Prince Hall Temple in Jackson: https://issuu.com/visitjacksonms/docs/2014_civilrightsdrivingtourweb, consulted 24 May 2019.

For the trials of Medgar Evers' assassin, https://caselaw.findlaw.com/ms-supreme-court/1046038.html, consulted 20 August 2019.

第 16 章　阿雷佐：想当傀儡师的那个人

Camera dei Deputati / Senato della Repubblica, VIII Legislatura, *Commissione parlamentare d'inchiesta sul caso Sindona e sulle responsabilità politiche ad amministrative ad esso eventualmente connesse, Relazione conclusiva* (relatore G. Azzaro), 24 March 1982. Esp. pp. 60–75 and 161–78.

Camera dei Deputati / Senato della Repubblica, VIII Legislatura, *Commissione parlamentare d'inchiesta sulla Loggia massonica P2.* The vast and unwieldy documentation from the P2 Inquiry can be consulted here: http://www.fonti taliarepubblicana.it/DocTrace/. I consulted the following in particular from the above: *Relazione Anselmi*: http://www.fontitaliarepubblicana.it/documents/121-000-relazione-anselmi.html: '[The P2 story] is uniquely rich in ambivalence and in facts with a double meaning', p. 145. 'The threat of the Communist Party, in agreement with clericalism, which is close to conquering power', quoted pp. 16–17. The 'double pyramid', p. 154. On Gelli's past and the secret services, pp. 60ff. 'The threat of the Communist Party, in agreement with clericalism', quoted pp. 16–17. 'We can formulate all kinds of abstract hypotheses, and no conclusion is obviously absurd', p. 76. 'Injustices (if any) suffered during your career', quoted p. 53; Piano di Rinascita democratica: 09-leg-doc-xxiii-n-2-4quater-3-tomo-7-bis-ocr.pdf; A. Corona, 'Libro bianco sulla Loggia Massonica P2', in Allegati alla relazione, Serie II: Documentazione raccolta dalla Commissione, vol. VI Loggia P2 e Massoneria, Tomo XV, Rome, 1987; Audizione Rosseti: 09-leg-doc-xxiii-n-2-3ter-03-ocr.pdf; Auduzione Bozzo: http://www.fontitaliarepubblicana.it/documents/257-09-leg-doc-xxiii-n-2-4quater-3-tomo-3-ocr.html; Audizione Tassan: Din 09-leg-doc-xxiii-n-2-3ter-01-ocr.pdf p. 294.

G. Colombo, *Il vizio della memoria*, Milan. First-hand account by one of the magistrates who discovered the P2 documentation. 'He tried to say something to us, but for a good couple of minutes he couldn't articulate a single word', p. 58.

A. Comba, 'I volti della Massoneria nel secondo dopoguerra', in Z. Ciuffoletti and S. Moravia (eds), *La Massoneria. La storia, gli uomini, le idee*, 2nd edn, Milan, 2004.

F. Cordova, 'Ricostituzione della massoneria italiana e riconoscimenti internazionali (1943–48)', in Cazzaniga (ed.), *Storia d'Italia. Annali, 21. La Massoneria*, Turin, 2006.

Corriere della Sera, 5 October 1980, 'Il fascino discreto del potere nascosto. Parla, per la prima volta, il signor P2'. Maurizio Costanzo's famous interview of Licio Gelli.

Costituzione della Repubblica Italiana, articolo 18; https://www.mondadorieducation.it/media/contenuti/pagine/campus_economico_giuridico/o2_discipl_giuridiche/2_biennio/10_costituzione_commentata/articoli/art18.html, consulted 19 June 2019.

M. della Campa, 'Da Garibaldi al dopo Gelli', in M. della Campa and G. Galli, *La Massoneria Italiana. Grande Oriente: più luce. Due opinioni a confronto*, Milan, 1998.

N.M. Di Luca, *La Massoneria. Storia, miti e riti*, Rome, 2000.

R. Fabiani, *I Massoni in Italia*, Rome, 1978. For details of Gelli's biography, pp. 8–12.

S. Flamigni, *Trame atlantiche. Storia della Loggia massonica segreta P2*, Milan, 1996.

G. Galli, *La venerabile trama. La vera storia di Licio Gelli e della P2*, Turin, 2007. The most convincing of the many scholars to devote their attention to P2: my conclusions follow his. The figures for money confiscated from Gelli are from loc. 1791 Kindle edition. 'For fifty years, in the shelter furnished by the struggle against Communism, people built dazzling political and economic careers', loc. 1228.

G. Gamberini, *Attualità della Massoneria. Contenti gli operai*, Ravenna, 1978. 'A political force, a power-centre, an ideological school', p. 11. 'False Brothers', p. 189. On women's 'different road'. On feminism, pp. 138–9. 'Masonic teaching exclusively addresses the individual', p. 182. For the disingenuous claim that P2 was now just a normal Masonic Lodge, see p. 252.

L. Magnolfi, *Networks di potere e mercati illeciti. Il caso della loggia massonica P2*, Soveria Mannelli, 1996. This is an extremely interesting account of P2's structure under Gelli, which I have drawn on here. For an analysis of P2 *raccomandazioni*, pp. 61–6. 'Only by turning to P2, that is to Mr Gelli, could he satisfy the numerous requests for solidarity', quoted p. 25. Gelli browbeats members into joining the Lodge, p. 54. '[Gelli] made me realize that he was able to acquire knowledge of anything', quoted p. 54. On P2 and the tax-dodging oil importation scheme, pp. 110–13. On Anna Bonomi, pp. 92–4. On Rizzoli, pp. 89ff.

F. Martelli, 'La Massoneria italiana nel periodo repubblicano (1948–2005)', in Cazzaniga (ed.), *Storia d'Italia. Annali, 21. La Massoneria*, Turin, 2006.

A.A. Mola, *Storia della Massoneria italiana. Dalle origini ai nostri giorni*, Milan, 2001. On Gelli thought to have circulated compromising documents on the Grand Master, pp. 749–51.

A.A. Mola, *Gelli e la P2. Fra cronaca e storia*, Foggia, 2008.

La Repubblica, 'Licio Gelli, al centro di innumerevoli casi giudiziari', 16 December

2015 (for a summary of the legal actions against Gelli); 'La P2 non cospirò contro lo Stato', 28 March 1996; 'Gelli e la P2, capitolo chiuso', 22 November 1996.

D. Speroni, *L'intrigo saudita. La strana storia della maxitangente Eni-Petromin*, Rome, 2015.

La Stampa, 'Gelli riacciuffato a due passi dalla Croisette', 11 September 1998 (on his escape and recapture in disguise); 'Gelli e la P2. Assoluzione definitiva', 22 November 1996 (on legal costs); '"Diffamò Montanelli" Gelli è condannato', 14 November 1992.

G. Turone, *Italia Occulta*, Milan, 2019. An important account of the P2 affair, which draws on documents such as first-hand accounts by *Finanzieri* of the search of Gelli's properties, by one of the magistrates who led the investigation; loc. 4027 Kindle edition.

'Pots of gold', BBC News online, 14 September 1998. http://news.bbc.co.uk/1/hi/world/europe/170679.stm, consulted 8/8/2019. On the gold discovered in Gelli's garden.

My calculations of Gelli's riches in today's values come from https://inflationhistory.com/, consulted 15 August 2019.

第 17 章　遗产

G. Baldessarro, '"Affiliazioni irregolari e inquinamento malavitoso". E il Grande Oriente d'Italia sospende la loggia', *La Repubblica*, 17 November 2013.

C. Blank, 'For Freemasons, Is Banning Gays or Being Gay un-Masonic?', NPR, 22 March 2016, https://www.npr.org/2016/03/22/471414979/for-freemasons-is-banning-gays-or-being-gay-un-masonic?t=1580893580748, consulted 14 August 2019.

D. Brown, *The Lost Symbol*, New York, 2010. 'For the record, ma'am, the entire Masonic philosophy', p. 99.

A. Brown-Peroy, 'La franc-maçonnerie et la notion de secret dans l'Angleterre du XXe siècle', PhD thesis, University of Bordeaux Montaigne, 2016; for the whole Knight-Brotherhood affair in the UK. Number of expulsions rocketed from twelve, between 1934 and 1986, to 277, between 1987 and 1996, p. 289.

P. Calderwood, *Freemasonry and the Press in the Twentieth Century: A National Newspaper Study of England and Wales*, London, 2013.

M.W. Chapman, 'Pope Francis: "Masonic Lobbies ... This Is the Most Serious Problem for Me", CNS News, 2 August 2013, https://www.cnsnews.com/news/article/pope-francis-masonic-lobbies-most-serious-problem-me, consulted 20 January 2020.

O. Chaumont, *D'un corps à l'autre*, Paris, 2013.

O. Chaumont and A. Pink, 'A Sister with Fifty Thousand Brothers', *Journal for Research into Freemasonry and Fraternalism*, 4 (1–2; single issue), 2013.

J.T. Chick, *The Curse of Baphomet*, Dubuque, IA, 1990.

Commissione parlamentare d'inchiesta sul fenomeno delle mafie e sulle altre associazioni criminali, anche straniere, 'Relazione sulle infiltrazioni di Cosa Nostra e della 'ndrangheta nella Massoneria in Sicilia e Calabria', relatore R. Bindi, 27 December 2017.

Congregation for the Doctrine of the Faith (J.A. Ratzinger), 'Declaration on Masonic Associations', 26 November 1983. Can be consulted at http://www.vatican.va/ roman_curia/congregations/cfaith/documents/rc_con_cfaith_doc_19831126_ declaration-masonic_en.html.

C. Cordova, *Gotha. Il legame indicibile tra 'ndrangheta, massoneria e servizi deviati*, Rome, 2019. An invaluable overview of the charges in the vast Gotha trial.

Il Dispaccio, 'Masso-'ndrangheta, parla l'ex Maestro Di Bernardo: "La situazione in Calabria mi spinse a dimettermi dal GOI"', http://ildispaccio.it/reggio-calabria/216683-masso-ndrangheta-parla-l-ex-maestro-di-bernardo-la-situazione-in-calabria-mi-spinse-a-dimettermi-dal-goi, consulted 12 September 2019.

F. Forgione, *Oltre la cupola, massoneria, mafia e politica*, Milan, 1994.

A. Heidle and J.A.M. Snoek (eds), *Women's Agency and Rituals in Mixed and Female Masonic Orders*, Leiden, 2008.

C. Hodapp, 'The Moon, the Masons, and Tranquility Lodge', 16 July 2019, http://freemasonsfordummies.blogspot.com/2019/07/the-moon-masons-and-tranquility-lodge.html, consulted 26 August 2019.

S. Knight, *The Brotherhood: The Secret World of the Freemasons*, with a new foreword by M. Short, London, 2007. Short's foreword contains biographical information on Knight.

G. Leazer, *Fundamentalism and Freemasonry: The Southern Baptist Investigation of the Fraternal Order*, New York, 1995.

L. Mahmud, 'The Name of Transparency: Gender, Terrorism, and Masonic Conspiracies in Italy', *Anthropological Quarterly*, 85 (4), 2012.

L. Mahmud, '"The world is a forest of symbols": Italian Freemasonry and the Practice of Discretion', *American Ethnologist*, 39 (2), 2012.

M. Maqdsi, 'Charter of the Islamic Resistance Movement (Hamas) of Palestine', *Journal of Palestine Studies*, 22 (4), 1993.

R. Mckeown, 'Mystery 200-year-old letter revealed World War 3 plans – and final battle against Islam', *Daily Star*, 7 March 2016.

R. McWilliams, 'Resting Places: A History of Australian Indigenous Ancestral Remains at Museum Victoria', downloaded from https://museumsvictoria.com. au/about-us/staff/robert-mcwilliams/, consulted 5 February 2020.

A.A. Mola, *Storia della massoneria in Italia. Dal 1717 al 2018: tre secoli di un ordine iniziatico*, Milano, 2018. For a review of recent Church positions on Masonry, pp. 643–50.

L. Musolino, 'Calabria, Grande Oriente chiude 3 logge massoniche: "Infiltrate dalla 'ndrangheta"', *Il Fatto Quotidiano*, 18 March 2015, https://www.ilfattoquotidiano. it/2015/03/18/musolino-logge-massoniche/1508927/, consulted 2 August 2019.

H. Richardson, 'Chilling letter written almost 150 years ago predicted both world wars and a THIRD battle against Islamic leaders', the *Sun*, 7 March 2016.

R.S. Sidhwa, *District Grand Lodge of Pakistan (1869–1969)*, Lahore, 1969.

M.A. Tabbert, *American Freemasons*, New York, 2005. On fundamentalist Christianity and Masonry, pp. 213–14.

Tribunale Ordinario di Roma, Sezione dei giudici per le indagini preliminari Ufficio 22, Decreto di archiviazione, 3 July 2000. (On the Cordova investigation into Freemasonry.)

Tribunale di Reggio Calabria, Sezione G.I.P.–G.U.P., Ordinanza su richiesta di applicazione di misure cautelari, De Stefano, Giorgio + 7, 12 July 2016 ('Inchiesta Mammasantissima').

Tribunale di Reggio Calabria, Processo Gotha. Rito abbreviato. Motivazioni della sentenza, 1 March 2018.

United Grand Lodge of England, 'Gender reassignment policy', https://www.ugle.org.uk/gender-reassignment-policy, consulted 25 August 2019.

T. Zarcone, *Le Croissant et le Compas. Islam et franc-maçonnerie de la fascination à la detestation*, Paris, 2015. On the fate of Masonry, and of Kipling's Mother Lodge, in Pakistan, p. 113. On Iran, p. 115.

I owe the phrase 'the mafia of the mediocre' to the BBC series *Line of Duty*, series 4 episode 4. Interestingly, the character who uses the phrase (Thandie Newton as Detective Chief Inspector Roz Huntley) is trying to defend herself against charges of corruption by hurling accusations back at her accusers. She turns out to be guilty. Transcript available here: https://subsaga.com/bbc/drama/line-of-duty/series-4/episode-4.html, consulted 20 January 2020.

文本权利说明

作者已尽一切合理努力确认本书中所包含受版权保护材料的所有权。任何可能发生的错误都是无意的，并将依照作者收到的书面通知在后续版本中予以更正。作者感谢以下机构允许引用已发表的资料：

Quatuor Coronati Lodge no. 2076 / QC Correspondence Circle Ltd for permission to use various quotes from S. Vatcher, 'John Coustos and the Portuguese Inquisition', *AQC*, 81, 1968.

Taylor & Francis for permission to quote from J.M. Burke, 'Freemasonry, Friendship and Noblewomen: The Role of the Secret Society in Bringing Enlightenment Thought to Pre-revolutionary Women Elites', *History of European Ideas*, 10 (3), pp. 283–93, (p. 289).

The National Trust for Places of Historic Interest or Natural Beauty for permission to quote from T. Pinney (ed.), *The Letters of Rudyard Kipling*, vol. 2, 1890–99, London, Cape, 1990.

Most Worshipful Prince Hall Grand Lodge F & AM of Alabama for permission to quote from Prince Hall Grand Lodge, Jurisdiction of the State of Alabama, 97th Annual Communication, Mobile, Alabama, 25–7 July 1967.

The Masonic Service Association for permission to quote from N.V. Peale, 'What Masonry Means to Me', *The Short Talk Bulletin*, February 1973.

Avv. Giorgio Assumma, in his capacity as legal representative of Dr Maurizio Costanzo, for permission to quote several passages from the interview with Licio Gelli in the *Corriere della Sera*, 5 October 1980.

© Giangiacomo Feltrinelli Editore, Milano, for permission to quote from G. Colombo, *Il vizio della memoria*, Milan, Feltrinelli, 1991. Prima edizione in 'Serie Bianca', novembre 1996. Prima edizione in 'Universale Economica', ottobre 1998.

Angelo Longo Editore for permission to quote from Giordano Gamberini, *Attualità della Massoneria. Contenti gli operai*, Ravenna, Longo, 1978.

图片版权说明

（此部分页码为原书页码，即本书页边码）

p. 339: Author's own - from Juan Tusquets Terrats, Masones y Pacifistas (Burgos, 1939)
p. 348: © Harry S. Truman Library
p. 349: Public domain
p. 362: © J.B. Anderson Collection, Kenneth Spencer Research Library, University of Kansas
p. 371: © The History Collection / Alamy Stock Photo
p. 381: © Sipa/Shutterstock
p. 382 Calvi: © TopFoto/PA Images
p. 382 Sindona: © Sipa/Shutterstock
p. 384: © Keystone-France/Gamma-Keystone via Getty Images
p. 388: Used with kind permission of the Grande Oriente d'Italia and Grand Master Stefano Bisi

Inset 1
p. 1: © Bridgeman Images
p. 2 top: © Balfore Archive Images / Alamy Stock Photo
p. 2 bottom: © RIEGER / Hemis/ Superstock
p. 3 top: © National Galleries Of Scotland/Getty Images
p. 3 bottom: © Universal History Archive/Getty Images
p. 4 top left: © The Picture Art Collection / Alamy Stock Photo
p. 4 top right: © Bridgeman Images
p. 4 bottom: © Abbus Archive Images / Alamy Stock Photo
p. 5 top: © akg-images / Elie Bernager
p. 5 bottom left: © Museum of Freemasonry, London
p. 5 bottom right: © Photo 12 / Alamy Stock Photo
p. 6 top: © Bridgeman Images
p. 6 bottom: © Chronicle / Alamy Stock Photo
p. 7: © Chronicle / Alamy Stock Photo
p. 8 top: Library of Congress, Prints & Photographs Division/LC-DIG-pga-01949
p. 8 bottom: © The History Collection / Alamy Stock Photo

Inset 2
p. 1 top: © Leonard de Selva / Bridgeman Images
p. 1 bottom: © The Picture Art Collection / Alamy Stock Photo
p. 2 top left: © Bridgeman Images
p. 2 top right and bottom: © Museum of Freemasonry, London
p. 3 top: Photograph author's own
p. 3 bottom: © Swim Ink 2, LLC/CORBIS/Corbis via Getty Images
p. 4 top: Courtesy of NYPL/ Harry A. Williamson Photograph Collection/ Schomburg Center for Research in Black Culture, Photographs and Prints Division/b11922867/image ID 06SCHAW
p. 4 bottom left: © Greta Kempton. Harry S. Truman Library
p. 4 bottom right: © Ralph Morse/The LIFE Picture Collection via Getty Images
p. 5 top: © Bettmann/ Getty images
p. 5 bottom: Photograph author's own
p. 6 top: © Giulio Broglio/AP/Shutterstock
p. 6 bottom: © Anonymous/AP/Shutterstock
p. 7 top: Photograph author's own, used with kind permission of Olivia Chaumont
p. 7 bottom: Photograph author's own, used with kind permission of James R. Morgan III
p. 8: © Danie Mellor *From Rite to Ritual* 2009, Wax pastel, wash with oil pigment, watercolour and pencil on paper 178 x 133.5 cm, Collection: National Gallery of Australia [acquired 2009] Courtesy the artist and Tolarno Galleries, Melbourne. Photography: National Gallery of Australia, 2009. The author would particularly like to thank Danie Mellor for generously granting permission to use the image.

索　引

（此部分页码为原书页码，即本书页边码）

图书在版编目（CIP）数据

共济会四百年 / (英) 约翰·迪基 (John Dickie)
著；迩东晨译. -- 北京：社会科学文献出版社，
2023.5（2023.11重印）
书名原文: The Craft: How the Freemasons Made
the Modern World
ISBN 978-7-5228-0694-5

Ⅰ.①共… Ⅱ.①约… ②迩… Ⅲ.①社会团体－历
史－研究－世界 Ⅳ.①C231

中国版本图书馆CIP数据核字（2022）第170886号

共济会四百年

著　　者 / 〔英〕约翰·迪基（John Dickie）
译　　者 / 迩东晨

出 版 人 / 冀祥德
组稿编辑 / 段其刚
责任编辑 / 周方茹
责任印制 / 王京美

出　　版 / 社会科学文献出版社·联合出版中心（010）59367151
　　　　　　地址：北京市北三环中路甲29号院华龙大厦　邮编：100029
　　　　　　网址：www.ssap.com.cn
发　　行 / 社会科学文献出版社（010）59367028
印　　装 / 南京爱德印刷有限公司

规　　格 / 开　本：889mm×1194mm 1/32
　　　　　　印　张：15.625　插页：0.5　字　数：385千字
版　　次 / 2023年5月第1版　2023年11月第4次印刷
书　　号 / ISBN 978-7-5228-0694-5
著作权合同
登 记 号 / 图字01-2021-7585号
定　　价 / 89.00元

读者服务电话：4008918866